“中国村庄发展：浙江样本研究”丛书

主编　陈野

电商兴村

丽水北山村发展研究

INVIGORATION BY E-COMMERCE

DEVELOPMENT STUDY OF BEISHAN VILLAGE, LISHUI

应焕红等◎著

ZHEJIANG UNIVERSITY PRESS
浙江大学出版社

图书在版编目（CIP）数据

电商兴村：丽水北山村发展研究 /应焕红等著. —
杭州：浙江大学出版社，2021.11
（“中国村庄发展：浙江样本研究”丛书 / 陈野主编）
ISBN 978-7-308-21328-8

Ⅰ. ①电… Ⅱ. ①应… Ⅲ. ①农村经济发展—研究—
丽水 ②农村—电子商务—研究—丽水 Ⅳ. ①F327.553
①F724.6

中国版本图书馆CIP数据核字（2021）第082449号

电商兴村：丽水北山村发展研究

应焕红 等 著

丛书策划 陈丽霞 宋旭华 赵 静
丛书统筹 赵 静 王荣鑫
责任编辑 蔡 帆
责任校对 吴 庆
装帧设计 林智广告
出版发行 浙江大学出版社
（杭州市天目山路148号 邮政编码 310007）
（网址：http：//www.zjupress.com）
排 版 杭州林智广告有限公司
印 刷 浙江省邮电印刷股份有限公司
开 本 710mm×1000mm 1/16
印 张 22.5
插 页 4
字 数 380千
版 印 次 2021年11月第1版 2021年11月第1次印刷
书 号 ISBN 978-7-308-21328-8
定 价 98.00元

浙江大学出版社市场运营中心联系方式：0571-88925591；http：//zjdxcbs.tmall.com

浙江省文化研究工程指导委员会

“中国村庄发展：浙江样本研究”项目组研究人员名单

“中国村庄发展：浙江样本研究”丛书

丛 书 主 编 陈 野

首 席 专 家 闻海燕 顾益康

“电商兴村：丽水北山村发展研究”课题组简介

课题组组长 应焕红

课题组成员 沈映春 吕 尛 吴晓露 陈怀锦 宗素娟
应洁莹 朱国勇 吕晓阳 陈渭清 陈淑婉
麻松亘 吕丰平 吕吉人 赵琼英 施 星
杨伶俐 应孟荣 吕小橙 郑 军 吕笑欧
吕朱缙 陈 颖 周闽尧（排名不分先后）

北山村村口（应焕红摄）

北山村街景（应焕红摄）

授予：浙江省丽水市缙云县壶镇镇北山村
中国"淘宝村"
阿里研究中心
中国社会科学院信息化研究中心
首届中国淘宝村高峰论坛（丽水）
二〇一三年十二月

中国"淘宝村"（应焕红摄）

2018 年 7 月，北山太极队参加“震元堂杯”第十三届浙江国际传统武术比赛，获得“发展中华武术特别贡献奖”（应焕红摄）

2018 年正月初八北山村举办北山第二届烧饼文化节（应焕红摄）

2019 年 1 月 13 日北山太极一周年庆典活动（应焕红摄）

吕琼公祠
（应焕红摄）

天灯坛上“长生供养“四字
（应焕红摄）

洋深塘水库（应焕红摄）

和尚岙摩崖石刻（应焕红摄）

浙江文化研究工程成果文库总序

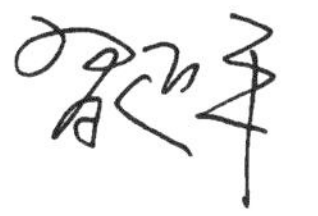

有人将文化比作一条来自老祖宗而又流向未来的河，这是说文化的传统，通过纵向传承和横向传递，生生不息地影响和引领着人们的生存与发展；有人说文化是人类的思想、智慧、信仰、情感和生活的载体、方式和方法，这是将文化作为人们代代相传的生活方式的整体。我们说，文化为群体生活提供规范、方式与环境，文化通过传承为社会进步发挥基础作用，文化会促进或制约经济乃至整个社会的发展。文化的力量，已经深深熔铸在民族的生命力、创造力和凝聚力之中。

在人类文化演化的进程中，各种文化都在其内部生成众多的元素、层次与类型，由此决定了文化的多样性与复杂性。

中国文化的博大精深，来源于其内部生成的多姿多彩；中国文化的历久弥新，取决于其变迁过程中各种元素、层次、类型在内容和结构上通过碰撞、解构、融合而产生的革故鼎新的强大动力。

中国土地广袤、疆域辽阔，不同区域间因自然环境、经济环境、社会环境等诸多方面的差异，建构了不同的区域文化。区域文化如同百川归海，共同汇聚成中国文化的大传统，这种大传统如同春风化雨，渗透于各种区域文化之中。在这个过程中，区域文化如同清溪山泉潺潺不息，在中国文化的共同价值取向下，以自己的独特个性支撑着、引领着本地经济社会的发展。

从区域文化入手，对一地文化的历史与现状展开全面、系统、扎实、有序的研究，一方面可以藉此梳理和弘扬当地的历史传统和文化资源，繁荣和丰富当代的先进文化建设活动，规划和指导未来的文化发展蓝图，增强文化软实力，为全面建设小康社会、加快推进社会主义现代化提供思想保证、精神动力、智力支持和舆论力量；另一方面，这也是深入了解中国文化、研究中国文化、发展中国文化、创新中国文化的重要途径之一。如今，区域文化研究日益受到各地重视，成为我国文化研究走向深入的一个重要标志。我们今天实施浙江文化研究工程，其目的和意义也在于此。

千百年来，浙江人民积淀和传承了一个底蕴深厚的文化传统。这种文化传统的独特性，正在于它令人惊叹的富于创造力的智慧和力量。

浙江文化中富于创造力的基因，早早地出现在其历史的源头。在浙江新石器时代最为著名的跨湖桥、河姆渡、马家浜和良渚的考古文化中，浙江先民们都以不同凡响的作为，在中华民族的文明之源留下了创造和进步的印记。

浙江人民在与时俱进的历史轨迹上一路走来，秉承富于创造力的文化传统，这深深地融汇在一代代浙江人民的血液中，体现在浙江人民的行为上，也在浙江历史上众多杰出人物身上得到充分展示。从大禹的因势利导、敬业治水，到勾践的卧薪尝胆、励精图治；从钱氏的保境安民、纳土归宋，到胡则的为官一任、造福一方；从岳飞、于谦的精忠报国、清白一生，到方孝孺、张苍水的刚正不阿、以身殉国；从沈括的博学多识、精研深究，到竺可桢的科学救国、求是一生；无论是陈亮、叶适的经世致用，还是黄宗羲的工商皆本；无论是王充、王阳明的批判、自觉，还是龚自珍、蔡元培的开明、开放，等等，都展示了浙江深厚的文化底蕴，凝聚了浙江人民求真务实的创造精神。

代代相传的文化创造的作为和精神，从观念、态度、行为方式和价值取向上，孕育、形成和发展了渊源有自的浙江地域文化传统和与时俱进的浙江文化精神，她滋育着浙江的生命力、催生着浙江的凝聚力、激发着浙江的创造力、培植着浙江的竞争力，激励着浙江人民永不自满、永不停息，在各个不同的历史时期不断地超越自我、创业奋进。

悠久深厚、意韵丰富的浙江文化传统，是历史赐予我们的宝贵财富，也是我们开拓未来的丰富资源和不竭动力。党的十六大以来推进浙江新发展的实践，使我们越来越深刻地认识到，与国家实施改革开放大政方针相伴随的浙江经济社会持续快速健康发展的深层原因，就在于浙江深厚的文化底蕴和文化传统与当今时代精神的有机结合，就在于发展先进生产力与发展先进文化的有机结合。今后一个时期浙江能否在全面建设小康社会、加快社会主义现代化建设进程中继续走在前列，很大程度上取决于我们对文化力量的深刻认识、对发展先进文化的高度自觉和对加快建设文化大省的工作力度。我们应该看到，文化的力量最终可以转化为物质的力量，文化的软实力最终可以转化为经济的硬实力。文化要素是综合竞争力的核心要素，文化资源是经济社会发展的重要资源，文化素质是领导者和劳动者的首要素质。因此，研究浙江文化的历史与现状，增强文化软实力，为浙江的现代化建设服务，是浙江人民的共同事业，也是浙江各级党委、政府的重要使命和责任。

2005 年 7 月召开的中共浙江省委十一届八次全会，作出《关于加快建设文化大省的决定》，提出要从增强先进文化凝聚力、解放和发展生产力、增强社会公共服务能力入手，大力实施文明素质工程、文化精品工程、文化研究工程、文化保护工程、文化产业促进工程、文化阵地工程、文化传播工程、文化人才工程等“八项工程”，实施科教兴国和人才强国战略，加快建设教育、科技、卫生、体育等“四个强省”。作为文化建设“八项工程”之一的文化研究工程，其任务就是系统研究浙江文化的历史成就和当代发展，深入挖掘浙江文化底蕴、研究浙江现象、总结浙江经验、指导浙江未来的发展。

浙江文化研究工程将重点研究“今、古、人、文”四个方面，即围绕浙江当代发展问题研究、浙江历史文化专题研究、浙江名人研究、浙江历史文献整理四大板块，开展系统研究，出版系列丛书。在研究内容上，深入挖掘浙江文化底蕴，系统梳理和分析浙江历史文化的内部结构、变化规律和地域特色，坚持和发展浙江精神；研究浙江文化与其他地域文化的异同，厘清浙江文化在中国文化中的地位和相互影响的关系；围绕浙江生动的当代实践，深入解读浙江现象，总结浙江经验，指导浙江发展。在研究力量上，通过课题组织、出版资助、重点研究基地建设、加强省内外大院名校合作、整合各地各部门力量等途径，形成上下联动、学界互动的整体合力。在成果运用上，注重研究成果的学术价值和应用价值，充分发挥其认识世界、传承文明、创新理论、咨政育人、服务社会的重要作用。

我们希望通过实施浙江文化研究工程，努力用浙江历史教育浙江人民、用浙江文化熏陶浙江人民、用浙江精神鼓舞浙江人民、用浙江经验引领浙江人民，进一步激发浙江人民的无穷智慧和伟大创造能力，推动浙江实现又快又好发展。

今天，我们踏着来自历史的河流，受着一方百姓的期许，理应负起使命，至诚奉献，让我们的文化绵延不绝，让我们的创造生生不息。

2006 年 5 月 30 日于杭州

浙江文化研究工程成果文库序言

袁家军

浙江是中华文明的发祥地之一，历史悠久、人文荟萃，素称“文物之邦”“人文渊薮”，从河姆渡的陶灶炊烟到良渚的文明星火，从吴越争霸的千古传奇到宋韵文化的风雅气度，从革命红船的扬帆起航到新中国成立初期的筚路蓝缕，从改革开放的敢为人先到新时代的变革创新，都留下了弥足珍贵的历史文化财富。纵览浙江发展的历史，文化是软实力、也是硬实力，是支撑力、也是变革力，为浙江干在实处、走在前列、勇立潮头提供了独特的精神激励和智力支持。

2003 年，习近平同志在浙江工作时作出“八八战略”重大决策部署，明确提出要进一步发挥浙江的人文优势，积极推进科教兴省、人才强省，加快建设文化大省。2005 年 7 月，习近平同志主持召开省委十一届八次全会，亲自擘画加快建设文化大省的宏伟蓝图。在习近平同志的亲自谋划、亲自布局下，浙江形成了文化建设“3+8+4”的总体框架思路，即全面把握增强先进文化的凝聚力、解放和发展文化生产力、提高社会公共服务力等“三个着力点”，启动实施文明素质工程、文化精品工程、文化研究工程、文化保护工程、文化产业促进工程、文化阵地工程、文化传播工程、文化人才工程等“八项工程”，加快建设教育、科技、卫生、体育等“四个强省”，构建起浙江文化建设的“四梁八柱”。这些年来，我们按照习近平同志当年作出的战略部署，坚持一张蓝图绘到底、一任接着一任干，不断推进以文铸魂、以文育德、以文图强、以文传道、以文兴业、以文惠民、以文塑韵，走出了一条具有中国特色、时代特征、浙江特点的文化发展之路。

文化研究工程是浙江文化建设最具标志性的成果之一。随着第一期和第二期文化研究工程的成功实施，产生了一批重点研究项目和重大研究成果，培育了一批具有浙江特色和全国影响的优势学科，打造了一批高水平的学术团队和在全国有影响力的学术名师、学科骨干。2015 年结束的第一批浙江文化研究工程共立研究项目 811 项，出版学术著作千余部。2017 年 3 月启动的第二期浙江文化研究工程，已开展了 52 个系列研究，立重大课题 65 项、重点课题 284 项，出版学术著作 1000 多部。特别是形成了《宋画全集》等中国历代绘画大系、《共和国命运的抉择与思考——毛泽东在浙江的 785 个日日夜夜》等领袖与浙江研究系列、《红船逐浪：浙江“站起来”的革命历程与精神传承》等“浙 100 年”研究系列、《浙江通史》《南宋史研究丛书》等浙江历史专题史研究系列、《良渚文化研究丛书》等浙江史前文化研究系列、《儒学正脉——王守仁传》等浙江历史名人研究系列、《吕祖谦全集》等浙江文献集成系列。可以说，浙江文化研究工程，赓续了浙江悠久深厚的文化血脉，挖掘了浙江深层次的文化基因，提升了浙江的文化软实力，彰显了浙江在海内外的学术影响力，为浙江当代发展提供了坚实的理论支撑和智力支持，为坚定文化自信提供了浙江素材。

当前，浙江已经踏上了实现第二个百年奋斗目标的新征程，正在奋力打造“重要窗口”，争创社会主义现代化先行省，高质量发展建设共同富裕示范区。文化工作在浙江高质量发展建设共同富裕示范区中具有决定性作用，是关键变量；展现共同富裕美好社会的图景，文化是最富魅力、最吸引人、最具辨识度的标识。我们要发挥文化铸魂塑形赋能功能，为高质量发展建设共同富裕示范区注入强大文化力量，特别是要坚持把深化文化研究工程作为打造新时代文化高地的重要抓手，努力使其成为研究阐释习近平新时代中国特色社会主义思想的重要阵地、传承创新浙江优秀传统文化革命文化社会主义先进文化的重要平台、构建中国特色哲学社会科学的重要载体、推广展示浙江文化独特魅力的重要窗口。

新时代浙江文化研究工程将延续“今、古、人、文”主题，重点突出当代发展研究、历史文化研究、“新时代浙学”建构，努力把浙江的历史与未来贯通起来，使浙学品牌更加彰显、浙江文化形象更加鲜明、中国特色哲学社会科学的浙江元素更加丰富。新时代浙江文化研究工程将坚守“红色根脉”，更加注重深入挖掘浙江红色资源，持续深化“习近平新时代中国特色社会主义思想在浙江的探索与实践”课题研究，努力让浙江成为践行创新理论的标杆之地、传播中华文明的思想之窗；擦亮以宋韵文化为代表的浙江历史文化金名片，从思想、制度、经济、社会、百姓生活、文学艺术、建筑、宗教等方面全方位立体化系统性研究阐述宋韵文化，努力让千年宋韵更好地在新时代“流动”起来、“传承”下去；科学解读浙江历史文化的丰富内涵和时代价值，更加注重学术成果的创造性转化，探索拓展浙学成果推广与普及的机制、形式、载体、平台，努力让浙学成果成为有世界影响的东方思想标识；充分动员省内外高水平专家学者参与工程研究，坚持以项目引育高端社科人才，努力打造一支走在全国前列的哲学社会科学领军人才队伍；系统推进文化研究数智创新，努力提升社科研究的科学化水平，提供更多高质量文化成果供给。

伟大的时代，需要伟大作品、伟大精神、伟大力量。期待新时代浙江文化研究工程有更多的优秀成果问世，以浙江文化之窗更好地展现中华文化的生命力、影响力、凝聚力、创造力，为忠实践行“八八战略”、奋力打造“重要窗口”，争创社会主义现代化先行省，高质量发展建设共同富裕示范区，提供强大思想保证、舆论支持、精神动力和文化条件。

丛书序言

P R E F A C E

中国乡村曲折艰难的现代化进程，步履艰难而又波澜壮阔。其意蕴之丰沛，与中国生活、中国社会和中国文化深切相连。回溯中国乡村自1840年中国社会开启现代转型以来走过的兴衰起伏之命运轨迹，可谓千回百转、曲折萦纡。数辈乡民身居不同时代，应对多重挑战，以吃苦耐劳、隐忍柔韧、顽强进取的品格精神，维系了村庄命脉和厚重历史。

一

当代乡村发展，承历史之重，开乡村现代化之时代新局。改革开放以来，浙江乡村变化巨大，以其走在前列的先行先试，开乡村发展的时代新局，呈现了发展中国家走向现代化的轨迹，为中国乡村的现代化发展提供了分析参照的样本。有鉴于此，本套丛书以“中国村庄发展：浙江样本研究”为主题，着力于从以下方面开展研究，并取得相应成果。

改革开放40多年，特别是自2003年习近平同志在浙江工作后，作为习近平新时代中国特色社会主义思想的重要萌发地，浙江乡村发展迈入新阶段，呈现城乡融合、“五位一体”全面发展的新态势。习近平同志以以人为本、执政为民的治理理念和统揽全局的思维方式，对浙江乡村发展全面布局，实施“千村示范，万村整治”等重点工程，从推动产业新发展、建设新社区、培育新农民、树立新风尚、构建新体制等维度全面推进乡村发展。习近平同志有关乡村发展的理性思考、创造性实践和历史性成果，是我们选择浙江村庄作为中国村庄发展样本加以研究的重要遵循和行动指南。

村庄是最基层的社会单位之一，是最为鲜活丰沛的日常生活之地，是中华历史文化传统的重要根基，是我国全面建成小康社会、开启全面建设社会主义现代化国家新征程的重要建设领域。然而，由古至今，村庄也是最缺乏历史记载和文献档案系统、最难听到它本真的话语呼声、最难触摸到它脉动的心灵、最难见到它在历史进程中完整形影的场所。本丛书旨在以长时段的历史研究视野，观察、记录和研析作为基层生活共同体的中国村庄，在面对社会转型期的急剧巨变时，如何通过调整、舍弃、更新、吸纳共同体内在结构和要素的策略，重建与生活、与生产、与社会、与时代均相契合的新型乡村社会生活的规则和秩序，以此维系村庄生存，推动村庄发展，提升村庄品质。同时，亦拟以翔实细致的个案性剖析，探求乡村传统建构的实际场景和内在机制。故此，在各专著框架中，特设“史地篇”，追寻村庄过往在其当下时段中的历史投射，记述村庄的整体性历史进程，定位其当今发展在乡村文明进程中的历史坐标，为观察、研究村庄建立长程的历史背景；特设“访谈篇”，以大量的村民口述访谈和全面系统的乡村档案收集整理，为一直以来缺乏史料积淀的村庄建立由文献、田野调查和口述访谈为架构的资料系统，记下了村民传承、维系、建设、发展村庄的种种心声；尤其重视以经济、政治、治理、文化、生态等各篇组合的整体性研究，通过深度驻村调研、深层次介入村庄内部生产生活环境，为不同类型村庄在当代社会变革时期所做的探索与发展，建立起完整的事实记录和分析样本，在浩瀚苍茫的历史时空中留下了我们这个时代的乡村社会发展印记，见证了乡村传统建构中的众多真实过程。

乡村研究是社会学、历史学、政治学、文化学等学科的重要领域，村庄个案研究、专题研究、历史断代研究、现实问题研究等成果丰硕。本套丛书以11个村庄为研究对象，以各个村的纵向历史发展特别是改革开放40多年来的乡村发展基本轨迹为历史纵轴，以独具浙江特色的村庄经济、政治、文化、社会、治理、生态等为记述研究主体，从不同角度记述浙江乡村发展轨迹，并从中提炼具有普遍意义的发展路径、特征和价值，为相关学科深化乡村研究提供了丰富个案和鲜明的地方资源。

乡村发展在我国改革开放史中具有众多首创之功和重要的历史地位，目前乡村振兴背景下来自各级党委、各级政府、社会各界和广大村民等的积极作为，是当代中国历史进程的重要组成部分。本套丛书各部专著所述浙江村庄历史和改革开放40多年来的乡村建设历程、发展成就和价值意义，以来自乡村一线这种最为社会基层的真实场景、鲜活实践和全方位的研究阐释，极大地丰富了浙江以至中国当代发展研究的内涵，为党史、新中国史、改革开放史、社会主义发展史的研究，输送了来自乡村大地的源头活水，增强了研究的内在活力。

本套丛书积极探索学术研究对接当下社会需求的内在理路，将来自改革前沿的现实问题研究与学术研究紧密结合，在全面系统记述乡村历史、开展理论研究的同时，直面乡村建设发展中的困境、不足和问题，走进当代社会实践，走向乡村基层，走进乡民群体，在与政府、乡村和农民的互动中开展现实问题专题研究，发挥学术研究参与现实社会建设的作用和价值，以理性分析、务实举措从村庄发展现实问题中提炼可供下一步乡村振兴所需的理论资源和对策建议，撰写多个智库报告，得到省委省政府领导多项肯定性批示，实现了学术研究中问题意识、现实关切和人文关怀的有机关联，提升了人文社科研究在基层社会的知晓度和影响力。

二

自项目正式实施以来，项目组科研人员深入全省相关市县宣传、文化、旅游、建设、农办等政府部门和百余个村庄开展深入调研。从东部海岛到西部田园，从浙南山区到浙北平原，课题组成员顶着烈日酷暑、冒着风雨严寒，克服诸多困难，走进田间地头，结交农民朋友，深入农户开展深度访谈，全方位多视角实地考察村庄发展实况。5 年来深入乡村的实践探索和项目研究，让我们收获良多，也给我们带来很多启示。

在本套丛书研究和撰写过程中，乡镇村干部群众一致认为本研究在梳理村庄历史、增强集体认同、提升文化自信、提供发展资源、理清发展思路等方面，与乡镇和村的建设需求十分契合，对项目研究给予极大肯定，表现出极高的参与和配合热情，尤其热切地表达了对专业性强、学术水平高的人文社科研究的衷心期待。蕴含于乡村大地的家园故土寻根意愿、强烈的文化自觉意识、丰富的创业创新业绩、高昂进取的精神面貌和积极态度，以及存在于一些村庄的老龄化、空心化、业态陈旧、过度开发、贫富差距、文化生活单调等发展中的问题和不足，均让我们深切感受到村庄发展的巨大需求空间，看到了乡村社会发展对专家学者的热切期盼。广阔的乡村大地，正是开展人文社科研究、获取厚重科研成果的丰富沃土。

习近平总书记指出:“人民的需要和呼唤，是科技进步和创新的时代声音。”社会科学工作者只有走出书斋，积极探索学术研究对接当下社会需求的内在理路，深入开展脚踏实地的基层调研，将哲学社科理论研究与社会实践紧密结合，将来自改革前沿的现实问题与学术研究紧密结合，准确了解社情民意、把握时代脉搏，实现学术研究中问题意识、现实关切和人文关怀的有机关联，才能克服从书本到书本、从理论到理论的研究局限，强化基础理论研究厚重感，提升应用对策研究针对性，取得适应现实所需、彰显学术价值、具有中国气派的哲学社会科学研究成果。

以重大系列项目构建综合性学术团队，开展集聚多学科、多梯队联合共事的集体攻关项目，既整合了原先相对分散的科研力量，也在团队的协同共进、交流互鉴、相互砥砺中营建起浓厚的学术氛围、深厚的同事情谊，为年轻科研人员的成长提供了优质平台，达到了既出成果又出人才的双赢效果。

5 年来的学术劳作和辛勤付出，让我们收获满满，既有研究专著的丰硕成果，也是一次整合院内乡村研究相关科研力量、以团队合作形式开展重大主题研究的实战历练，为我院培育乡村研究平台、打造乡村研究品牌、历练乡村研究队伍、承担乡村研究重大课题，做出了有益尝试，取得了扎实成效。创新不易，守成更难，开拓尤需勇气、毅力和实力。衷心祝愿项目组和各位科研人员以本套丛书出版为新起点，勉力精进，深耕勤研，取得更多丰硕成果。

浙江省社会科学院副院长、研究员

“中国村庄发展：浙江样本研究”项目负责人、丛书主编　陈　野

2020 年 12 月 6 日

丛书绪论

I N T R O D U C T I O N

中国是一个历史悠久的农业大国，农业是关系到国计民生的基础产业，农民是占人口最多的社会群体，农村是最广阔的地域空间。“三农”问题在我们党和国家发展中占有重中之重的地位。村庄作为中国最古老的社区，既是农民的集居地，也是农业赖以发展的基础，亦是农耕文明、农耕文化、地域文化生存发展之地。从一定意义上来说，村庄发展就是“三农”发展的缩影，村庄发展演变也反映着社会的变革趋势，特别是城乡关系的发展变化趋势。

村庄是乡村经济社会发展最基础、最基本的单元，村庄发展也是整个中国经济社会发展演变的一个风向标。无论是城市发展还是农村发展、工业发展还是农业发展都会在村庄的发展上表现出来，所以研究中国村庄发展实际上是解剖中国经济社会变革的“麻雀”，“麻雀虽小、五脏俱全”，我们通过对改革开放 40 多年来村庄发展的一些样本的解剖，可以揭示中国改革开放 40 多年来政治、经济、社会、生态和文化等方面的发展轨迹与发展规律，起到“窥一斑、见全貌”的作用。

一、改革开放 40 多年来浙江村庄发展的基本经验

浙江是 5000 年中华文明实证地、中国革命红船起航地、改革开放先行地和习近平新时代中国特色社会主义思想的重要萌发地。浙江作为中国东部沿海发达的代表省之一，市场化、工业化、城镇化进程走在全国的前列，同时浙江也是地域差异性十分明显的省份，“七山一水二分田”的基本省情和兼有山海之利的特点，使得浙江村庄发展的多样性特色十分明显。由浙江省第二期文化研究工程重大系列项目“中国村庄发展：浙江样本研究”形成的这套丛书，选取的 11 个村庄研究样本，既来自 11 个地（市），也兼顾了发达地区明星村与欠发达地区的后发村、平原村与山区村、城郊区村

与纯农区村、少数民族村与海岛渔村等不同类型的地域村庄。这11个不同村庄在浙江既有一定的代表性，也隐含了发展的普遍性与多样性相统一的规律性。特别是改革开放的伟大变革是从农村开始的，改革开放的先行者和主力军也是农民。“春江水暖鸭先知”，从一定意义上来说，浙江村庄也是浙江变革最早、最快的地方，因此这11个样本村庄的研究就有了多方面的意义与价值。

丛书的11个不同类型的浙江村庄个案，每个研究基本上都由史地、经济、社会、治理、生活、生态、文化、访谈、文献等篇组成，从而分析每个村庄发展基础，记述发展历史，总结发展经验，解释发展动因，揭示发展本质，提炼样本价值。浙江这11个样本村庄地域位置各异，资源禀赋不一，发展水平参差不齐，但通过对这11个个案村改革开放40多年来的发展历程、发展实绩、发展经验、发展动因等的整体分析，我们大致上可以揭示浙江农村40多年改革开放的基本经验，也可以从中寻找到浙江40多年改革开放与发展之所以能够走在全国前列的内在原因。正如时任浙江省委书记习近平同志总结的，浙江发展快是因为农村发展快，浙江富是因为农民率先富，浙江活是因为农村搞得活。从这11个个案样本村的发展总体情况来分析，浙江村庄40多年改革开放中值得全国村庄借鉴的发展经验主要有以下五点：

一是坚持走以“人民大众创造财富、人民政府创造环境”为运行机制的大众市场经济的创新发展之路。改革开放以来浙江把家庭联产承包制改革对农民生产力的解放运用到了极致，通过千百万农民率先闯市场，鼓励农民以市场为导向调整优化农业结构，鼓励农民务工经商，大力发展乡镇经济、家庭工业和个私经济，率先在全省快速推进市场化、工业化和城镇化的进程，促进农民分工分业分化，让千百万农民成为自主创业创富的市场经营主体，形成了“百万能人创业创富、千万农民就业致富”的新格局。以乡镇企业、个私经济为主体的民营经济不仅带动了农民快速致富，也成为推动浙江工业化、市场化最强大的力量。花园村、上园村、邵家丘村、缪家村等村庄的发展都实证了这一以农民大众为创业创新主体力量的创新发展之路。农民大众和民营企业成为全省市场经济绝对的主体力量，市场化、工业化、城镇化中的浙江农民的创造力得到了前所未有的爆发。同时，浙江各级政府按照时任省委书记习近平的“以人为本谋‘三农’”的要求，为农民自由全面发展创造环境，大力改善基础设施、公共服务和人居环境，推进“最多跑一次”改革，形成了“人民大众创业致富、人民政府管理服务”“人民大众创造财富、人民政府创造环境”的大众市场经济的创新发展模式。这一发展路子非常全面地体现了以人民为中心的发展思想，做到了发展为了人民、发展依靠人民、发展成果为人民共享，浙江这一大众市场经济的运行机制使浙江“三农”发展表现了极大的创造力。

二是坚持走“城乡融合发展、一二三产业融合发展”的城乡一体化的协调发展之路。城乡关系在“三农”问题解决上起着极为重要的作用。改革开放以来，浙江逐步改革了城乡二元分割体制，允许农民到城镇务工经商，走出了一条农民城镇农民建的城镇化之路，县城和小城镇成为农民首选的安居乐业之地。特别是从新世纪以来，时任浙江省委书记习近平亲自制定《浙江省统筹城乡发展　推进城乡一体化纲要》，实施了新型城镇化与建设新农村双轮驱动的新战略，实施千村示范、万村整治的工程，大力推动城市基础设施向农村延伸、城市公共服务向农村覆盖、城市现代文明向农村辐射，快速缩小了城乡在基础设施、公共服务和现代文明方面的差距。经过十几年坚持不懈的建设，我们这 11 个个案村庄无一例外地都变成了生态宜居的美丽乡村，农村人居环境得到了根本性改善。在这一背景下，城市出现了逆城市化和新一轮“上山下乡”的热潮，追求绿色生态的城市消费者热衷于到美丽乡村来休闲度假、养生养老，城市有识之士和城市资本技术也开始出现了“上山下乡”，到美丽乡村发展民宿等美丽经济和现代农业。传统农业也出现了加速向现代农业转变的新趋势。家家粮棉油、户户小而全的小农经营大幅减少，适度规模经营的家庭农场、合作社、龙头企业成为新型农业经营主体。大学毕业生、研究生、留学归来的高层次农二代和来自城市的农创客给浙江农业注入了新的生机和活力。同时，农业出现了功能多样化以及与第二、第三产业相融合的新趋势，休闲观光农业、文创农业、体验农业、智慧农业、设施农业等新型农业业态快速增多，现代农业呈现出与第二、第三产业深度融合的全产业链发展的新趋势。农业绿色化、标准化、品质化、品牌化让浙江农业呈现出前所未有的发展新态势。

三是坚持走“绿水青山就是金山银山”理念为引领的生态生活优先的绿色发展之路。浙江人多地少，人均资源稀缺，在改革开放初期，为了解决产品短缺、工业品供应匮乏问题，被迫走了一条以牺牲生态环境为代价的粗放型、数量型经济发展之路。在世纪之交，生产发展与生态保护的矛盾更加突出。2003 年，时任浙江省委书记习近平高瞻远瞩地提出了建设生态省和绿色浙江的新战略。在全省实施“千村示范、万村整治”工程，2005 年习近平在安吉余村首次提出了“绿水青山就是金山银山”理念，强调优美的生态环境就是最普惠的民生福祉。在农村经济发展上，把为农民创造优美生活环境、优良生态环境放到首要位置。本丛书 11 个样本村无一例外地都开展了农村人居环境和生态环境整治，将原来污染严重的垃圾村建设成为生态宜居的美丽乡村。像余村、棠棣村、清漾村、沙滩村等都成为美丽乡村精品村和文化旅游名村，美丽乡村成为农民引以为豪的美好生活的幸福家园，也成为城市人越来越向往的休闲度假、养生养老的生态乐园。越来越多的城市消费者、投资者兴起“上山下乡”的新热潮。乡村旅游、农家乐、民宿、体验农业等“美丽”经济和“乡愁”产业成为“两山”转化的有效载体，这些绿色产业成为浙江农民创业就业、创业致富的新亮点。

四是坚持走“对外开放、对内开放”相互联动的特色块状经济的开放发展之路。通过对改革开放前后的经济发展路子的比较，使浙江干部群众意识到全方位开放经济和市场经济是发挥资源小省、市场大省优势的必然选择。浙江抓住中国的对外开放新机遇，大力发挥劳动力人才和工贸优势，大力发展市场在外、原料基地在外的“两头在外”的集聚化、特色化生产加工、贸易基地，形成了柯桥轻纺、海宁皮革、义乌小商品、永康小五金、桐乡羊毛衫、东阳红木家具、大唐袜业等特色块状经济。本书的 11 个样本村在这一开放发展大潮中形成的一村一品、一村一业的特色专业村的发展模式，则是浙江这种开放型块状经济的基础和重要生力军。这种“两头在外、无中生有”的块状产业是县域经济、农村经济的强大支撑和竞争力所在，都是浙江农民创业就业的主阵地，也是浙江民营经济具有强大竞争力的重要因素。在浙江这些以县城和小城镇为依托的特色块状经济集聚发展的地方，浙江农民只要有劳动能力就可以找到工作岗位，只要有资本就可创业办实业。目前这种对外对内双向开放和市场原料两头在外的块状经济正向产业集群的方向转型，并通过智能化改造促进传统制造业向先进制造业转型。通过这种双向开放的特色块状经济的发展，以农民和民营经济为主体的县域经济也得到了不断提升，成为浙江“三农”发展极为亮丽的风景线。

五是坚持走家庭经营、合作经营互促共进，鼓励先富帮扶后富、双管齐下的共创共富的共享发展之路。在 40 多年改革发展中，浙江农村逐步形成了符合社会主义市场经济发展要求的经营体制。确立了农户家庭经营在农业生产中的主体和基础地位，强调这适合农业自然再生产和经济再生产相结合的产业特点，也适合社会主义市场经济运行机制，但我们家庭经营规模太小、数量太多，参与市场竞争能力非常有限。因此，在发挥家庭经营在农业生产中的基础作用的同时，充分发挥合作经营在农民走向市场中的服务作用。为了适应现代农业发展的要求，浙江在农业经营体制上不断地推陈出新，一方面我们按照承包农地“三权分置”的原则，促进土地经营权向专业大户、家庭农场和龙头企业集中。另一方面，通过发展专业合作社，特别是大力发展生产合作、供销合作、信用合作三位一体的农合联组织，为农业家庭经营提供全方位的合作服务。与此同时，村经济合作社作为集体土地所有者代表和社区集体经济组织，承担起发展壮大集体经济为社员服务的职能。在农业创业创富和收入分配方面，我们致力于打破分配上的平均主义和“大锅饭”，允许和鼓励一部分人和一部分地区，通过勤劳致富和创业开拓市场先富起来，同时引导和鼓励先富带后富，先富帮后富。本丛书中处于欠发达地区的缙云北山村、海岛地区的蚂蚁岛村和龙峰民族村等，也都先后走上了先富带后富、大家一起富的共富之路。浙江 40 多年改革开放中的“三农”发展实践证明，共同富裕不等于平均富裕，不能通过计划经济搞纯而又纯的公有制、过度集中的单一公有制经济来实现，而是要通过发展社会主义市场经济，充分发挥市场机制的基础作用和政府的积极有为作用，让千百万农民成为独立的家庭经营的市场主体，在此基础上，政府通过发展合作经营和扶贫攻坚，帮扶欠发达地区和低收入群体增强发展能力。只有让一部分地区、一部分人群先富起来，才能形成先富带后富、大家共同富裕的共同发展的新格局。

二、浙江村庄发展的个性特色和影响因素

以本套丛书所述11个村庄为代表的浙江村庄发展经验弥足珍贵，有许多值得全国村庄借鉴的地方。而通过对这11个村庄历史地理、资源禀赋、社会文化、人文环境、政府服务等多方面的深入挖掘和综合思考，揭示这11个村庄之所以发展快、发展好、发展有个性特色的深层次的原因及其规律性，则更是我们这套丛书出版所要达到的一个重大预期目标。全面分析浙江这些村庄的历史文化、地理区位、资源禀赋、产业特点、人文因素、发展环境、政府服务等多方面因素，浙江村庄发展与下列五大因素密切相关：地域位置与资源禀赋、文化传承与人文素养、乡村能人与乡村干部、改革政策与民众认知、地方领导与地方治理。这五大因素影响并决定着村庄发展方向、发展特点和发展水平。

首先是地域位置与资源禀赋。中国人常说“一方水土养一方人”，浙江就是受这方面因素影响特别大的地方，尤其是农业生产为基础的村庄发展以及民风民俗影响更是特别直接。浙江地处中国东部沿海长三角地区，气候是亚热带季风气候，四季分明，雨热同季，气候多变同时又有人多地少、山多田少、人均农业资源不足等特点。这些地域特点与资源禀赋总体上使得浙江农民和村庄发展形成了自身的群体特征。农业生产一年四季都可进行，农民既勤劳又节俭，家庭手工业发达。同时相邻地区的差异性也比较大，如杭嘉湖、宁绍平原这种江南水乡地区的村庄与村民同浙西南山区、浙中山区盆地的村庄产业及民俗民风的差异性也比较大，但总体上浙江村民勤奋节俭、农商兼营、心灵手巧的特点十分明显。

其次是文化传承与人文素养因素，这也是对村庄发展影响久远的因素。浙江是

中华民族5000年农耕文明实证地、中国农业文明重要发祥地，有将近万年的上山文化、八千年跨湖桥文化、七千年河姆渡文化、六千年马家浜文化和五千年良渚文化，这种农耕文化对浙江村庄和农民影响极其深远。农耕文化影响下形成的天人合一、道法自然的农事理念，巧用资源、精耕细作的农作制度，勤劳勤俭、勤学勤勉的农家品质，村落集居、族人互助的农村价值及耕读传家、回馈乡里的乡贤精神都使得浙江村庄发展带有明显的农耕文化、民俗文化影响的深深的烙印。

第三是当地乡村能人与乡村干部因素的作用非常巨大。我们从11个样本村的40年改革发展的历程与成效来看，乡村能人和乡村干部的行为、思维的影响是决定性的。尤其那些在改革开放中率先富起来的村庄，诸如样本村中金华的花园村、温州的上园村、宁波的邵家丘村、绍兴的棠棣村、丽水的北山村等，都是由乡村能人和乡村干部带头闯市场、带头经商办厂兴实业而带领村民群众走上共创共富之路的。可以说在所有发展因素中，这种能人因素的作用是极其明显的，尤其是村庄的干部，应该既有创业创富闯市场的能力，又有带领村民走共同富裕道路的奉献精神，这显得尤为重要。

第四是政策导向与民众认知的因素。这在村庄改革开放40多年发展中的影响力也特别的明显。浙江这种具有悠久的农商兼营、工农商皆本的地俗文化和人多地少的地方，在计划经济和以粮为纲的左的年代，浙江人的手工业和家庭工业、小商品生产都被当作资本主义尾巴砍光了，农民生活十分贫穷。在1978年改革开放和普遍实行包产到户的新的改革政策环境下，浙江农民发展商品生产、乡镇企业、个私经济的积极性得到全面激发。从实践来看，农民群众对改革政策的认同度越高、响应越热烈的地方，村庄的经济社会发展就越快，农民们致富的速度也越快，政策效应也越明显。当然，这也与当地党委政府的工作力度密切相关，政策宣传和贯彻落实越到位的地方，农民群众认知度越高，政策效果也越明显。

第五是地方领导和地方治理的因素，这也是村庄发展十分重要的因素。地方领导思想是否开放、思路是否开阔、对“三农”工作是否重视、对农民群众感情是否深厚、工作作风是否求真务实，这些都关系到能否为当地村庄发展创造良好的环境条件。如改革开放初期，温州地方领导、金华东阳义乌地方领导、宁波余姚地方领导的思想比较开放、开明，作风求真务实，就为这些地方村庄改革发展创造了比较宽松的发展环境。在乡村地方治理上，浙江农村都比较好地实行了村民委员会自治的地方治理，并且很多地方都把村民自治与德治、法治紧密结合起来，形成了村民自治、德治、法治“三治合一”的地方治理模式，为村民自我治理、自我发展创造了良好的治理机制。

总之，浙江村庄在 40 年改革开放中发展的经验弥足珍贵，值得各地借鉴，发展的内在机制、规律也反映了中国改革开放以来“三农”发展的规律性。本丛书记述的浙江 11 个样本村庄的发展各具特色，但也有许多共性的经验、规律可循，期望读者们能从这一丛书的村庄发展案例中发现一些对今后中国村庄有借鉴意义的东西，希望大家将这一丛书看作研究浙江 40 年改革开放村庄发展和“三农”发展的一个重要窗口。

“中国村庄发展：浙江样本研究”项目首席专家　顾益康

2020 年 10 月

目 录

C O N T E N T S

C O N T E N T S

C O N T E N T S

导　语　北山模式、北山精神

第一章　北山村改革开放以来的发展历程和变迁特点

第一节　北山村改革开放以来的发展历程

北山村坐落于浙江省丽水市缙云县千年古镇壶镇镇盆地之北。缙云县壶镇镇，始称“胡陈”，位于缙云县东北，距县城 25 公里，坐落在括苍山西北麓的好溪冲积盆地上。壶镇镇是浙中南三大千年古镇之一，地处瓯江支流好溪上游，是“三府（古代的处州、婺州、台州三府，即今丽水、金华、台州三市）四县（缙云、永康、磐安、仙居）”交会的腹地，素有“浙南北窗”之称。

壶镇属亚热带季风气候，四季分明，温暖湿润，年平均气温 17.2℃。全境山多地少，括苍山脉经仙居入境，分成数支，绵延起伏。由于地理位置上的优越性，壶镇自古发达繁华，唐朝时就有了集市，是浙中南重要的商贸集散中心。镇域面积 228 平方公里，户籍人口 8.08 万，常住人口 10.05 万，辖 55 个行政村，5 个居委会，是丽水市闻名遐迩的“工业重镇”。镇境内 42 省道、35 省道纵横贯通，台金高速公路在壶镇设有出口，区位优越，交通方便。

改革开放以来，壶镇镇以特有的开放意识、率先发展的理念，走在了工业化和城镇化前列。壶镇镇先后荣获“全国发展乡镇企业先进镇”“全国村镇建设先进镇”“省综合经济实力百强镇”“省教育强镇”“省先锋工程五好党委”等 20 多项国家和省部级荣誉称号，是全国首批小城镇建设试点镇、国家经济综合开发示范镇、“中国民间文化艺术之乡”、浙江省综合改革试点镇、浙江省首批省级中心镇、浙江省江南十大经典小镇。壶镇镇是缙云县的副中心城市和丽水市闻名遐迩的“工业重镇”。2016年，壶镇镇实现工业总产值185亿元，同比增长9%；工业企业总数达1657家，其中90家规模以上企业实现工业产值130亿元，同比增长6.5%。全镇实现固定资产投资35.7亿元，同比增长14%，实现创税8.9亿元。壶镇镇带锯床和特色机械装备产业被列入全省21个块状产业向现代产业集群转型升级示范区试点。2010年底壶镇镇作为丽水市唯一一个中心镇被列入全省27个小城市培育试点。

北山村坐落在壶镇镇以北，后为群山，故名北山。北山村三面环山，因地势，分为“塘下”“上宅”“下宅”三村。北山行政村由下宅、上宅和塘下三个自然村组成，以下宅为主。整个北山村地理环境优越，风景秀丽迷人。“壶溪之地，烟居稠密，户口殷繁。文人学士之聚族而处者，指不胜屈。虽地属嚣尘，而人每多醇谨可风，故号邑东巨族。此所谓在本地而长发其祥者也。壶溪而东五里有苍峰，逾壶溪而西十里曰北山。两地自分派后，日有起色，而北山为最。北山泉甘而土肥，山环而水绕。其室家之盈余，文风之丕振，直与此同壶溪并峙。”①

自1978年改革开放以来，北山村的发展经历了三个阶段：

一、1978—2006年：传统农业村落

北山村原来是个贫困山村，地处浙中南偏远山区，没有奇山秀景，也没有丰饶物产，毫无产业基础。昔日是贫穷落后的偏僻小山村，也是一个传统的农业村落。北山村共有水田1200多亩，旱地800多亩，山林5000多亩，面积4平方公里。种植水稻、玉米、番薯，并种桑养蚕，一年四季耕作分明。改革开放前过着日出而作、日落而息的农耕生活。

（1）农作物生产

1986年时，三联乡下宅村共有350户，1370人，耕地面积785亩（其中水田652亩、旱地133亩），耕地分布在村东、村西（溪东、溪西）两边，划分为20个村民小组，其中有铁店山、介毛坑、岩路塘三个自然村。村民收入主要依靠农业和副业。1997年下宅村共有1400余人，主要种植的是蚕桑、棉花、番薯、玉米等农作物。旱地比较多，坐落在村西的金高圩、上余岴等地，以梯地为主，约

① 缙云《壶溪吕族志》编委会编：《壶溪吕族志》，1998年，第45页

300 亩，但是旱地荒坡要靠天吃饭，只有雨水调匀才能获得收成。村民花的劳力大、收获少。1998 年下宅村的农作物有早稻、晚稻及单季稻、小麦、玉米、大豆、蚕（豌）豆、番薯、马铃薯、油菜籽和蔬菜。其中早稻有面积 520 亩，亩产 280 公斤，总产 145.6 吨；晚稻及单季稻有面积 570 亩，亩产 360 公斤，总产 205.2 吨；小麦有面积 60 亩，亩产 120 公斤，总产 7.2 吨。在 1260 亩种植面积中，早稻占 41.27%，晚稻及单季稻占 45.24%，小麦占 4.76%。

（2）生产管理制度

1978 年以后实行生产责任制。如下宅大队第一生产队三组 1982 年 1 月在完善生产责任制协议书中指出：田地全部按基本口粮承包，水田、棉花地一定三年不变。国家任务，包括征购、派购（粮、棉等）按承包产量摊派上交，各户必须按时完成。集体提留，包括各类负担和公共积累，按照承包产量提取。在水利管理方面，指出原有水路不得翻种，原认定的过水田必须畅通，不得以任何借口阻挠水路畅通排灌。如下宅大队第十六生产队 1982 年 1 月经社员讨论，采用大包干到户的生产责任制，土地管理一定五年不变，口粮增减采取按五年找补的办法。下宅村委会 1987 年 7 月把村里 393 平方米的（折合零点玖亩）的水田让七户村民承包，每亩每年承包费陆拾元正，村民每年承包费为叁拾伍元肆角正，五年共壹佰柒拾柒元正。1981 年 11 月，大队黄花菜生产决定采用承包责任制的形式，承包时间为 1982 年一整年，承包者上交大队现金伍仟壹佰式拾元正。同时指出，应优先完成上级有关所属单位的派购任务。村里金针基地上奄、和尚山沿、大常山、西尺乢等金针山由承包者经营生产，有寺山未种植金针，由承包者种植粮食及其他农作物。承包者在金针采摘完成后，在阳历九月底把所承包的金针基地深耕翻土一次，村里估工资计壹佰肆拾元正，由村里付给承包者二分之一。村金针基地中有大栗（包括寺山）、茶叶、毛竹，由承包者护养，不得任意砍伐。承包者不能在承包的金针地套种农作物及其他粮食作物。

同时，发展多种经济，开发果园、桑园；种植花卉、药材、茶叶、糖料。加以荒山造林 4000 余亩，到 1997 年伐木量达 800 立方米，价值 3 万元左右。还兴办工业，如稀释剂厂、玻璃厂，1996 年年产值达 280 万元，交税款 13 万元。有 300 多人外出经营饮食业，年收入 150 多万元。1986 年村委建设办公综合楼，人均年收入达 1988 元。[①]

（3）集体收入来源

一是林木收入。如 1995 年 3 月，为了建设北山公路，需要 66000 元，村里申请间伐洋岓山林木 100 立方米。1995 年 11 月，为了北山公路的房屋拆迁和 1995 年度的教育附加费，急需资金 40000 元，村里申请间伐洋岓山林木 40 立方米。1996 年 10 月，为了支付工资和其他管理费用，村里申请木杓岓、深岓松木 200 立方米。

二是承包收入。第一是金针山承包收入。1990 年，村委将本村官塘岓、大香山、四尺岓、胡石牛、和尚山沿金针山承包给各农户种植。16 份合同中，三年承包款最多的是 618 元，最少的是 110 元，共计 4304 元，平均每户 269 元。第一年（1990 年）要交承包款 2388 元，占应交总额的 55.48%；第二年（1991 年）要交承包款 1026 元，占应交总额的 23.84%；第三年（1992 年）要交承包款 890 元，占应交总额的 20.68%。1990 年 3 月把官塘岓金针山承包给村民，三年承包款 288 元（1990 年交 116 元、1991 年交 96 元、1992 年交 76 元），每年 2 月收款，由农户承包种植。第二是蚕桑承包收入。1990 年，村委为发展蚕桑生产，把上安山一处地承包给各农户种植蚕桑，从现存资料看，有 7 户村民承包。承包期从 1990 年 10 月至 1995 年晚秋蚕上山为止，承包数量从 1 亩到 3 亩不等，承包费从 15.5 到 75 元不等，每亩平均 15.56 元。承包期满后，桑树归村所有，但不计算苗木款。1995 年晚秋蚕上山后，重新返包给村民，桑树由下手整枝，桑柴归上手承包者。承包期满时，每亩桑树成活率以 950 株为基数，小于 950 株处理每株赔偿伍元。第三是村加工站承包收入。1989 年 2 月，为了增益双方经济收入，经村双委研究决定，村加工站绞面房承包给一村民，三年承包费肆仟伍佰元正。

三是房屋租赁收入。北山村原小学校舍使用权出租，从农历二〇〇二年一月一日至二〇一七年十二月底，计叁拾陆万玖仟元。

（4）基础设施建设

1991 年 4 月，下宅村开始筹集资金，准备建设壶镇到山坞的公路。当时，永康县公路运输发生了巨大变化，新楼公路已通到山坞村，与下宅村接界。壶镇至山坞的公路，途经下宅村地段，计长 2.5 公里，公路面宽 8 米、桥梁 2 座，预计

---

① 缙云《壶溪吕族志》编委会编：《壶溪吕族志》，1998 年，第 20 页

投资 20 万元。1992 年底，以缙云县交通局资金的扶持和村投资 55000 元，完成壶镇通往永康山坞村公路砌坎破方的路基工程。同时，镇政府拨款 10000 元完成桥梁的桥墩工程。因为村集体收入紧缺，桥梁的桥面及三四间小屋的拆迁迟迟未落实，致使下宅村地段不能通车。1994 年 5 月，永康县交通局直接与下宅村联系，若不持续动工完成公路的接通扫尾工作，他们将改变路线。只要落实资金 50000 元就可竣工。在集体统管山林中坐落于离本村 15 公里路的与永康交界的山林不便管理的状况下，村两委特地申请间伐位于永康上坑里山的松木 60 立方米，松木规格直径 10 厘米，以解造路资金紧缺的燃眉之急。1995 年 3 月，下宅村为了北山公路的建设，申请间伐洋岀山林木 100 立方米。当时分配下宅村公路投资 45000 元，房屋拆迁 21000 元，村里共需投资 66000 元。

1995 年 3 月，向镇政府和水管站申请水利支渠工程的补贴。下宅村高和坑生产队，是离村有 2 公里左右的自然村，种植良田有 60 多亩，都是靠天田。村里提出做支渠，已由壶镇水管站测量设计，这条支渠长 700 米左右，需投资总额 30000 元左右。完成本工程后，可为高和坑队及八队、六队三个队旱涝保收达 80 亩，减少村里受旱面积。按镇政府对农田水利三三制进行投资，村里在经济困难的情况下，想尽一切办法来完成以上三个队水利支渠工程的投资项目。

（5）教育资金投入

1990 年北山村小学新建了一幢有两间教室、八间老师房间的二层混合楼，接着又建了四间学生活动室，两间老师厨房，1994 年又改建了厕所、门楼，以及 1970 年建的四间旧教室的外表粉刷。1970 年建的四间教室的单层楼，经过二十多年的风风雨雨，教室已破旧不堪，再加上没有天花板，夏天教室里热得像蒸笼，冬天北风阵阵，冻得师生浑身发抖。村里决定要修就要用水泥板代替天花板，这样既是长久之计，又有利于师生的安全。共需资金 25000 多元（其中水泥板 9200 元、杠梁 8000 元、人工费 4000 元、教室内粉刷 4000 元），村里积极请求上级有关部门拨款给予解决。

（6）村民规划建房

1986 年 2 月，下宅村曾向缙云县城乡规划办公室提交了《关于三联乡下宅村扩大村建设规划的报告》，报告提出，当时每年 10 月要求建房的家庭有八十多户，村两委认为搞好村建设规划应按现有住房布局，应按耕地土地布局，应按现日常饮水、用水自然条件因地制宜。提出解决村民建房基地（地基）紧张的局势，要作长远规划，再扩大规划面积，规划区域包括村西边、西尺路水田 7.8 亩、村下水田 3.7 亩、村东边 5.5 亩。1978 年 9 月，在保证耕地面积基础上，为解决社员住房困难，将寺山给社员申请建房屋基。寺山原是由大队统一划分给各生产队垦荒种植的，决定收回由大队管理。集体、个人需在寺山建房的，由集体、个人写申请，由大队申报上级批准，大队统一排列到地基后，方可建竖房屋。大队统一排列屋基每间长为间沿至后墙位止路八尺肆丈正、宽壹丈叁尺伍寸至壹丈肆尺中，排列每座前面天井为壹丈（先建的天井需围墙、墙脚在壹丈以内）。

（7）山林造林护养

1990 年 5 月，下宅村有统管山 3445 亩、自留山 765 亩，共 4210 亩；上宅村有统管山 616 亩、自留山 153 亩，共 769 亩；塘下村有统管山 625 亩、自留山 140 亩，共 765 亩。当时三联乡提出完善林业生产责任制，要“维护国有山、稳定自留山、巩固统管山、完善责任山”，“坚持双层经营体制，稳定完善林业生产责任制”。

为切实搞好稳定和完善林业生产责任制工作，促进林业生产发展，1990 年 6 月村两委研究决定执行造林规划，村里原有红岩坑山一座，面积 330 亩，规划在三年内造林杉木，1991 年造林 110 亩，1992 年造林 110 亩，1993 年造林 110 亩。两委还决定，发动全民造林，作义务工计算。1969 年 5 月，三联下宅大队曾与永康上坑里大队订立协议书，下宅大队原有方元头、跌水岩里、金高椅、龙潭背、天作坞（南、北两块）等山坐落于永康新楼公社上坑里大队地界，委托上坑里大队护养。凡有破坏封山育林制度的应互相联系，在一般情况下均由上坑里大队处理。毛柴、松树，上坑里 40%、北山下宅 60% 分成。1995 年 1 月，为了搞好封山育林工作，下宅村民委员会与永康市新楼乡新楼村村民订立合同，把坐落在面前山、棺材洞背两块山包给他们护养，封山育林承包期为三年，1995 年 1 月至 1997 年底。松树桠双方各百分之五十分成，松树桠、毛柴定三年开封山一次。承包期满由下宅村定时开封山，其树桠、毛柴估价分成。承包者若需要树桠、毛柴受判，下宅村优先准承包者受判，但不准砍松树、枯树、杂木。承包者不准在山上开垦种植、割青、放牛羊，若犯者按下宅村山林制度进行管理。1995 年，下宅村把原有山冷水岴、红岩坑、后撩平、叶里仙桃、深岴、高枝岴、领牛娘横山、三弄坑、蜂窝后等，承包给下宅老人协会护养。承包期三年，每人每年看山工资2000元，定两人上山看养。村里每年支出4000元，分两期付款，6月30日一期，12月30日一期。规定在看山期每月准四天下山拿米菜，若超过一天时间倒扣两天工资。

（8）村民生活救济

一是重视敬养五保户。1984年元月村里与公社订立了协议，商定每个五保户的生活费由原大队负责每年供应原粮伍佰斤，人民币柒拾元整（粮食在内），其余开支均由公社负责。五保户现有的一切财产（包括房屋）一律归原大队或生产队所有，但要待五保户去世后才能作处理。二是发动村民救灾。1984年8月，村民杜某某户遭受火灾，原三间屋，二间已烧，留有一间暂可居住。全村发动群众救灾，共有米麦461斤，人民币捌元贰角正及衣物，及时送到受灾户。村里也给予救灾款人民币壹佰伍拾元整。1985年3月，村民吕某某、朱某某等三户受火灾，三户共烧掉楼房三间。朱某某户已无屋居住，该户丈夫已亡，本人有病，子女年轻，家中困难，是无家可居户。重点对该户先作解决。村里也给予朱某某救灾款贰佰元正，其他两户自行租屋，租金由大队负责。

二、2006—2016年：电子商务发展和“北山模式”形成

北山村自2006年发展农村电子商务以来，销售额呈现出几何式增长，村容村貌焕然一新，从传统烤烧饼、做馄饨的“烧饼村”转型为做电子商务的“淘宝村”，成功打造了中国户外淘宝第一村。

2006年，在村民吕振鸿创立“北山狼”户外用品网店的带动下，村民们开设了300多家户外用品网店，形成了加工基地、产品分销两头在外的“自主品牌+生产外包+网上分销”模式。所谓“北山模式”就是以浙江缙云北山狼户外用品有限公司为龙头，以个人、家庭以及小团队开设的分销店为支点，以户外用品为主打产品，以北山狼产品为依托的农村电子商务发展模式，形成了“龙头带动、政府推动、部门联动、青年互动”的北山网创模式。北山村已四次亮相中央电视台，被中央电视台《新闻联播》等100多家主流媒体多次追踪报道，“北山模式”为社会各界所关注和研究。2008年，“北山狼（BSWolf）”品牌创立，致力于户外运动装备及户外休闲用品的研发设计。2009年，缙云县北山狼户外用品公司正式成立，同时开始发展经销商，逐渐形成了品牌销售团队。同年，“北山狼旗舰店”入驻天猫。2010年，北山狼第一次在淘宝上参加“双十一”活动，经销商数量达200多

家。2011 年，首次参加“聚划算”活动。

2012 年，“北山狼”完成了一次质的飞跃，进入淘宝户外装备销量前 10 名，品牌影响力进一步得到提升。2012 年 11 月 11 日下午 1 点，中央电视台新闻频道《新闻直播间》栏目播放了题为《浙江北山：200 户村民的双十一》的报道，用大约 2 分半钟的时间报道了壶镇镇北山村发展电子商务的新闻。“北山狼”品牌拥有者、缙云北山村网创青年吕振鸿上了央视，北山村发展电子商务的事迹引起了各级新闻媒体的广泛关注。自 2012 年以来，有数十家省级以上媒体报道了“北山现象”。2012 年 10 月底，《浙江日报》《解放日报》《钱江晚报》《青年时报》等 8 家媒体集体探访北山村。2012 年 12 月 16 日晚，中央电视台《新闻联播》节目以《消费能否挑起中国经济增长大梁？》为题报道了吕振鸿带领村民发展电商的先进事迹，并以北山村为例，反映扩大内需对拉动经济增长的重要性，引起全国关注。北山狼户外用品有限公司总经理、壶镇电商协会会长吕振鸿认为，现代化商业模式越来越离不开电子商务，现在我们正在建立单独购物网站，要把“北山狼”做大做强，带动更多村民致富奔小康。

2013 年，北山村被评为全国首批 14 个淘宝村之一、丽水市第一批农村电子商务示范村；2013 年 12 月，北山村被阿里研究中心、中国社会科学院信息化研究中心、首届中国淘宝村高峰论坛（丽水）评为“中国淘宝村”。

2014 年 1 月 22 日晚，中央电视台中文国际频道以《“淘宝村”能走多远》为题报道了壶镇镇北山村发展农村电子商务的事迹。2014 年 7 月，北山村被浙江省商务厅、浙江省财政厅、共青团浙江省委评为“浙江省电子商务进万村工程服务网点”。2014 年 9 月 20 日，阿里巴巴在美国上市，北山村作为“淘宝村”的代表，登上了美国著名的 CNBC 频道。在专题新闻中，浙江北山狼户外用品有限公司负责人吕振鸿讲述了自己通过淘宝创业致富，并带动全村 70 多户村民开网店的中国“淘宝故事”。2014 年 12 月，北山村被阿里研究院、第二届中国淘宝村高峰论坛（丽水）评为“中国淘宝村”。

2015 年 6 月，北山村被浙江省商务厅、浙江省委组织部、浙江省财政厅、共青团浙江省委评为“浙江省电子商务示范村”。

2017 年，第十七届全国“村长”论坛发布了 2017 年中国名村影响力排行榜及单项排名，浙江省有 35 个村庄脱颖而出，入选 300 个影响力最大的村。2017 年中国名村影响力评价，不是简单地看人均 GDP 或人均收入，而是从村庄的自然环境、居住条件、安全状况、人际关系以及村民气质、精神状态、主人翁感等方面进行综合评价。丽水市缙云县壶镇镇北山村入选“2017年中国名村影响力300强”。在发展经济的同时，北山村重视村容村貌的改善，促进村迎宾大道、电商文明公园、景观墙、绿化带、村广场、北山溪等一系列的乡村美化工程建设，成为远近闻名的村美民富的典范代表。

2018年，北山村获浙江省电商专业村称号。2018年12月，浙江省商务厅公布了2018年省级电商专业村和电商镇名单，丽水市的北山村等36个行政村获得2018年浙江省电商专业村称号；缙云县壶镇镇、松阳县古市镇、景宁县红星街道等3个镇/街道获得浙江省电商镇称号，实现了丽水市电商镇零的突破。电商专业村要求是年度网络零售额在1000万元以上，且网点数量大于50个（或开设网店户数占行政村总户数10%以上，或农村电子商务从业人员占行政村常住人口10%以上）的行政村，拥有3个电商专业村的乡镇为电商镇（已入围“2018中国淘宝村和淘宝镇名单”的，自动纳入全省电商专业村、电商镇名录）。

三、2016—现在：新的“北山模式”

随着一个占地30亩，集合创业孵化、电商集聚、技术共享、文化融合等重要功能为一体的综合性电子商务园区的开工建设，“北山模式”将持续释放更强的示范引领效应，北山村也必将在丽水市美丽乡村发展建设中发挥更大的典型示范作用。现在金台铁路已在如火如荼的建设当中，北山村要借金台铁路东风，发展集体经济，实现“生产发展、生活宽容、乡风文明、村容整洁、管理民主”的美丽乡村目标。

第二节　北山村改革开放以来的变迁特点

一、传统“烧饼村”

北山烧饼自北山村烧饼师傅吕宅兴父亲13岁打长工时学来，一直传师接代，据统计，会烤烧饼的师傅已达620人。2017年做烧饼生意的有234人。北山村现有烧饼老师2人，专教如何烤烧饼，有烧饼大师3人，烧饼高级技师2人。2017年，北山村被评为缙云烧饼特色村。

2017年正月初八，北山村举办第一届烧饼节，当日2万只喷香烧饼免费让大家品尝，参观人数达1万余人。2018年正月初八，北山村举办第二届烧饼节，现场有3万只烧饼免费发放给来参观指导的人员品尝，村民家中还有50只烧饼桶助威烧饼节，当日估计有1万余人集聚北山，烧饼节得到与会者的好评。2019年正月初八，北山村举办第三届烧饼节，北山人共准备了15个摊位，送出2万多个烧饼。还有近90户村民在自家门口搭起了烧饼摊做烧饼，供外地游客免费品尝。连续三年的“烧饼节”给浓郁厚重的年味增加了一股香喷喷、美滋滋的“缙云味道”。

二、“淘宝村”

互联网的发展，让曾经的空心村生长出300多家网店（其中有27家皇冠店），从事网店生意的农户60余户，从业人员500多人，从业人员平均年龄32.6周岁。2006年交易额只有10万元，2011年已增加到4000万元，产品从最初的帐篷、睡袋到户外用品系列。2014年电子商务销售额达1.4亿元，全村物流费达500多万元；2015年的销售额达1.5亿元。电子商务已成为北山村的支柱产业，是村民致富的主要方式。

“北山狼”于2011年11月因扩大规模需要而从北山村搬到壶镇工业园区。2012年11月11日，被广大网友称作网络销售的狂欢节，他们提前一个月备战“双十一”，准备了一千多万的货，是平时40天的量。“双十一”一天24个小时，他们完成了280万业绩，天猫户外装备类排名第一，比2010年增长了6倍多。当天交易非常火爆，网店里的30多位“客服”，全部到位，加班加点。

如今的北山村，像“北山狼”一样的电子商务网店还有50多家，很多村民放下锄头，敲起键盘，点点鼠标，自己做老板，通过发展电子商务走上致富之路。村民赵礼勇原先在永康做了四五年的烧饼，2007年，赵礼勇在吕振鸿的带动下关了烧饼铺子回乡开网店创业。现在，赵礼勇购买了汽车，他的网店聘请了3名员工。1990年出生的吕晓威从杭州交通职业技术学院毕业后找了份销售工作，干得很辛苦却赚不到钱，听说家里亲戚都在做淘宝，干脆也注册了“绿野户外运动俱乐部”，卖起了户外用品。残疾青年吕林有，患有肌肉萎缩症，终日与轮椅相伴，曾一度丧失生活信心，后顽强自学电脑知识，靠从事电商支撑起自强不息的人生。

第三节 “北山模式”的形成和特点

一、“北山模式”的形成

（1）从“烧饼郎”到“北山狼”。2006年，原本从事烧饼生意的吕振鸿和弟弟吕振鹏在北山村开起了第一家户外用品网店，开始尝试转型。当时从4000元启动资金起步，1台电脑、2个人，从美工、客服到打包，吕振鸿都亲力亲为。在摸到网上销售的门道后，吕振鸿通过务实经营和以往积累的从商经验，逐步打开了局面，生意蒸蒸日上。两年下来，吕振鸿觉得只卖普通的户外用品不会有持续发展的前景：一是从市场进的普通户外用品，品质没有保障，产品竞争力不强；二是想找一些品质较好的品牌做网上代理，但是，厂家一听是在网上销售的，都不愿意授权；三是即使合作的品牌商也没那么默契，发货不及时，新品不愿在网上销售；四是当时的线下品牌和传统企业都不看好网上销售。为了实现可持续发展，2008年北山村的第一个自主品牌“北山狼”诞生。北山狼品牌专业销售帐篷、睡袋、防潮垫、自动充气垫、背包等户外用品。2009年，浙江北山狼户外用品有限公司成立，“北山狼旗舰店”入驻天猫。现在，北山狼公司员工达50多人，年销售额突破6000万元，全国各地分销商400多家。北山狼户外睡袋的销量、成交金额在全网排行第一。从事农村电子商务工作10多年，吕振鸿由“烧饼郎”成功转型为“北山狼”。

（2）从“烧饼村”到“淘宝村”。2007年，吕振鸿帮助村民开了5家淘宝店，2008年又开了10余家，村里的网店数量越来越多。2008年，吕振鸿有了自己的品牌，就让村民的网店做分销。北山村发展农村电子商务以来，村貌焕然一新，而今“放下锄头，点下鼠标，生意做成”成了不少农民生产生活的真实写照。“在外东奔西跑，不如回家淘宝”成为北山村农民的主动选择。北山村的农民工、退伍军人、大学毕业生都纷纷回到家乡，投身电子商务。目前，北山村约有70户村民、120人开淘宝店，2017年的总销售额达上亿元。

（3）从“北山现象”到“北山模式”。2012年11月北山村亮相中央电视台，标志着“北山现象”已经引起全国关注。中国社会科学院信息化研究中心主任汪向东将“北山模式”概括为“以北山狼户外用品有限公司为龙头，以个人、家庭以及小团队开设的分销店为支点，以户外用品为主打产品，以北山狼为依托”的农村电子商务发展模式。发展电子商务以来，北山村从昔日的“烧饼村”“草席村”蜕变成为远近闻名的“淘宝村”，吸引了国内外多批专家学者和考察团到村参观交流。2013 年，吕振鸿和马云一起参加中央电视台《对话》栏目，被中央电视台《新闻联播》等国家主流媒体追踪报道。“北山模式”成为媒体关注的焦点，引起全国关注，“北山模式”成为中国农村电子商务的样板，而中国农民成了电子商务发展的重要力量。

二、“北山模式”的特点

“北山模式”的成功，吸引了越来越多希望通过电子商务致富的人。吕振鸿采取与电子商务创业园、农村电子商务服务中心对接的方式，有组织地扶持有志于淘宝事业的创业者。在“北山狼”的带动下，壶镇镇已孵化出各类电子商务企业（网店）200 多家，参与网上创业的青年千余人。“北山模式”成功案例对全面实施乡村振兴战略具有重要的借鉴意义。

（1）引领生活方式。北山村所在的壶镇镇是工业强镇，支柱产业是带锯条和缝纫机，其中带锯条市场份额占全国的 70% 多。但北山狼户外品牌，既不像其他淘宝村那样靠山吃山卖农产品，也不依赖周边的制造业。既没有产业环境支持，供应链也是从无到有培养出来的。北山狼顺应时代潮流，引领亲近大自然的健康生活方式，是企业取得成功的重要因素之一。随着城乡居民消费能力逐步提升、城镇化进程和消费升级，户外运动这种积极健康的生活方式在我国呈现出加速成长的趋势，处于黄金发展期。北山狼品牌源于狼对自由、勇敢天性的推崇，以及对人与自然和谐相融的向往，倡导“用勇敢挑战未知”的生活方式，让所有热爱生活、崇尚自然的人们随时享受到户外带来的轻松、惬意和乐趣。

（2）创建自主品牌。“北山模式”从一开始就注重打造自有品牌。采取加工基地、产品分销两头在外的“自主品牌 + 生产外包 + 网上分销”模式，为“北山模式”的形成和发展注入强大动力。通过多年发展，缙云已成功打造了“传统优势品牌 + 线下生产企业 + 网上销售团队”的天喜模式、“一个家庭 + 一台电脑 + 一根网线 + 一间网店”的家家店模式、“互联网 + 高效物流”的 APP 产业融合创新模式、移动电商平台的顺联动力模式，使缙云农村走向全国，实现了电子商务的“农村包围城市”。

（3）**龙头企业带动**。“北山模式”以品牌企业“浙江北山狼户外用品有限公司”为龙头，该企业在整个模式中的带动作用明显，几乎所有网商都是其二级分销商，集聚发展的规模效应突出。通过政策扶持、要素集聚，实现了电商龙头企业崛起，形成梯队效应。目前缙云县拥有浙江北山狼户外用品有限公司、浙江天喜网络科技有限公司、浙江脚急网络科技有限公司、浙江顺联网络科技有限公司等年销售额超 5000 万元的龙头电商 4 家；缙云县旺通商贸有限公司、浙江斯奈克电子商务有限公司、丽水市汇本网络科技有限公司、缙云县午憩宝休闲用品有限公司、缙云县诺诺贸易有限公司等年销售额超千万元的电商企业 12 家。2017 年 12 月 7 日，第五届淘宝村高峰论坛在山东省菏泽市召开，经专家提名、候选人自我推荐、地方政府推荐等方式，经过 14 位国内外资深专家评委投票，丽水市北山狼电商公司负责人吕振鸿在 91 名候选人中脱颖而出，荣获首届淘宝村十大优秀带头人称号。吕振鸿凭借 4000 元启动资金开始电商创业，于 2008 年创立“北山狼”户外品牌，2016 年销售额达 5812 万元；他一个人带动整个北山村人致富，让北山村的户外用品从无到有直至年销售额达数亿元，成为中国户外淘宝第一村；由此探索出来的以“农村 + 网络 + 企业 + 政府”的农村电商发展模式，被定义为“北山模式”，被中央电视台和各类媒体广为报道。在第五届淘宝村高峰论坛会上，阿里巴巴还发布了“2017 中国淘宝村名单”，丽水市的北山村等 19 个“淘宝村”成功入选；其中缙云 5 个村，松阳 3 个村，莲都、龙泉、青田、云和、景宁各 2 个村，庆元 1 个村。

（4）**勇于开拓创新**。北山村村民发扬“敢为天下先、爱拼才会赢”的闯劲，进一步解放思想，改革创新。一群庄稼汉，因为互联网，成了信息时代的弄潮儿。

（5）**推进要素集聚**。北山淘宝村的乡村振兴之路，得益于人力资源、网络、基础设施等要素集聚。农村电商较好地解决了农村富余劳动力就地就业的问题，特别是电子商务具有全天候、零距离、高效率和低成本的特点，更为特殊群体就业提供了全新的选择。当地党委政府借助“北山模式”大力支持北山村现代化建设。通过环境景观整治，污水及自来水管道改造，电商培训展示，物流中心、村邮站等项目建设，全面推进北山村整改提升。

（6）**政府扶持推动**。“一台电脑、一根网线”让农村家家户户触网创业、发家致富。通过政策引导、帮扶服务和产业融合等措施，采用“个人免费培训、见习 + 企业提供师资、场所 + 政府补贴、监管”模式，缙云农村电子商务逐步从区域集聚的“北山模式”向全县惠农的“家家店”模式发展。村民已形成“放下锄头、卷下裤头、网上交流、线上交易”的新生活模式，“面朝黄土背朝天”的传统农民向“鼠标点点、生意做成”的现代农民转变，缙云土面、方溪生姜、杨梅果汁酒、发糕、薯片等农副产品进城，为农民增收插上翅膀。早在2009年，缙云县就在壶镇职校建立了全市第一家淘宝大学，团县委牵头推进电子商务咨询、培训、创业扶持各项工作。2012年壶镇镇率先成立电商协会，并聘请阿里巴巴淘宝大学讲师为北山村村民授课，以加强行业自律，促进诚信经营。

三、“北山模式”的效果

互联网让这个并不起眼的北山村开创了农村电商中的“北山模式”，该模式的效果是：

（1）**实现了村民创业梦想**。北山狼采取“自主品牌 + 生产外包 + 网上分销”模式，村民们不需押金就能直接拿货，他们的产品80%是“北山狼”，这种几乎零成本的分销模式，让村民开网店的门槛和风险大大降低。另外，残疾人、老年人等特殊群体一无技术、二无体力，想赚点钱很难。而电子商务“网上交流、线上交易”的创业方式，最大程度降低了对相貌外观、身体功能等方面的从业要求，吸引了特殊群体纷纷网上创业。

（2）**实现了村民共同富裕**。通过发展电子商务，北山村实现了富民强村的绿色发展。从2006年到2015年，10年之间农民人均纯收入增长了5倍多，成为“大众创业、万众创新”的新典范。

（3）**实现了农村的蜕变**。发展电子商务，经营方式和生活方式大为不同。在北山村，村民已经纷纷过上“放下锄头、卷下裤头，网上交流、线上交易”的新生活模式，完成了从“面朝黄土、背朝天”的传统农民向“鼠标点点、生意做成”的现代农民转变。村容村貌也得以提升，北山村迎宾大道、休闲公园、景观墙、绿化带、村广场全新亮相；经过整治后的北山溪，也呈现“水清景美鱼欢”的情景。

四、“北山模式”的思考

“在外东奔西跑，不如在家淘宝”是北山村一户农家贴的标语。如今，以“农户 + 网络 + 企业 + 政府”为核心要素，以北山狼户外用品有限公司为龙头，以个人、家庭以及小团队开设的分销店为支点，以户外用品为主打产品，以北山狼产品为依托的“北山模式”享誉全国。不过，在快速发展的同时，北山村也衍生出一系列问题，比如道路狭窄，物流配送效率低下；农房空间狭小，仓储空间不足，还易引起火灾；网速不快，电力不能完全保证；创业资金不足。如何面对并解决这些问题，已成为北山村户外用品产业做大做强的前提。

北山村经历了一个快速发展期，让村民尝到了甜头，发展势头生猛并且解决了农村很多问题。同时不可避免的，也面临着同质化、如何塑造“强品牌”等问题。

在产业集群初期，集群同质化对企业具有正面影响。同一个产业集群可以共享市场、客户、资源等，同质化确实可以降低企业的沟通成本、交易成本和管理成本。但随着整个产业的发展，同质化带来的问题会逐渐凸显出来。如何解决同质化带来的负面影响成为北山淘宝村想要长远发展不得不面对的问题。

随着消费者需求的多样化，越来越多曾经被忽视的市场机会被逐步挖掘出来，导致了集群内部的专业化分工，以满足现有市场多样化的需求。电子商务和传统商业企业一样，需要了解消费者心理，需要展开品牌建设，需要保障产品品质，需要可靠的服务，等等，这是一个系统工程，缺一不可。所以品牌建设也是北山村电商面临的问题。目前，在北山村，虽然大家都销售户外用品，但具体的细分类目却不太相同，比如“狂野者”就专攻沙滩椅，“风途”专攻烧烤炉。目前北山村大部分电商面临商品仓储无场所的问题。北山村电子商务的另一隐忧是人才难招。

第二章　北山村的未来发展趋势

第一节　北山村的未来发展趋势

一、北山村的高铁机遇和高铁时代

金台铁路建设是浙江省委、省政府“十三五”期间大交通建设的重要举措之一，对提升铁路沿线人民群众福祉，加快社会经济发展具有重要的现实意义，是一件群众热切关注的民生大实事。

金台铁路从金温铁路扩能改造项目永康南站引出，自西向东经武义、永康、缙云、磐安、仙居、临海、椒江、黄岩、路桥 9 个区县，客货线分别接入甬台温铁路台州站与台州南站。主线约 148.49 公里，永康南疏解线长 6.05 公里，台州地区配套建设台州至台州南货车联络线 15.94 公里。正线设车站 17 个（其中新建 13 个），特大、大、中桥 74 座 62.45 公里，隧道 47 座 79.095 公里。全线长 224.5 公里，总投资 161.45 亿元。建设等级为国铁 1 级电气化铁路，设计时速 160 公里 / 时，2021 年 6 月实现通车。通车后近期开行客车 7 对 / 日，远期开行客车 25 对 / 日，其中 18 对为短编动车组列车，主要起讫点为台州至衢州、杭州、黄山、合肥、长沙、南昌、武汉地区。

金台铁路是浙江省铁路网“两纵、五横、两放射”格局中的“五横”之一，横跨金华、丽水、台州三市。缙云县恰好处于金台铁路的中心地带，往东可接台州地区和甬台温铁路线；往西可接浙中地区和沪昆铁路线，极大地提升了缙云县发展空间和地理区位优势。项目建成后，对于缙云县融入浙中城市群和长三角经济圈、加快经济社会发展、提升人民群众福祉具有重大的现实意义。特别是对于壶镇镇来说，实现了铁路的从无到有的转变，将显著提升区域内的资源通达性和社会竞争力，加快丽缙五金科技产业园和壶镇镇的社会经济发展，实现“双核驱动”经济增长模式。2021 年通车后，后续的客运站、货运站、火车修理厂的建设，将给北山人创造新的经济机遇。

金台铁路从永康市接入缙云县后，沿途经过丽缙园区、壶镇镇北山、和睦、潜明、杨桥头、双溪等 10 多个村，从上东岸村附近接出至磐安县境内。缙云段全线长 12.03 公里，总投资 9 亿元，其中缙云投入资金 1.28 亿元。主要工程为：壶镇车站、牛和岭隧道、双溪口隧道、杨桥头隧道以及大桥 1 座，牛和岭隧道为全线主要控制工程，全长 6.272 公里。在壶镇北山村规划建设“缙云壶镇站”，站场具备客货两运功能。金台铁路在壶镇镇北山村设置站点，含客运站、货运站、机修站各一座，是全线仅有的两座同时办理客货运业务的中间站之一，建成后将大幅提升壶镇镇区域内的客货运能力。

当然，现在的铁路交通又与过去不同，旅客停留不多，但迎宾大道和 50 亩火车站广场的建设将会带动商业开发、地产开发，都是北山未来发展的机遇。从动车站出发，途径中山街，连入 42 省道，全长 1500 米。这让原本地处偏僻地带的北山有了通衢大道，出行基本要靠私家车、电瓶车的交通方式也将为之终结。迎宾大道附近的大部分土地是属于北山村的。目前拟开发用地是 400—410 亩，其中的 350 多亩属于北山，这也给未来北山动车站区域经济的发展奠定了基础。除了提升交通网络，方便出行和土地开发以外，动车站的开通还能促进北山的人口流动，促进经济的发展。

二、缙云县壶镇镇是“淘宝镇”的机遇

2018 年 10 月 26 日—27 日，由江苏省徐州市和阿里巴巴集团联合举办的第六届中国淘宝村高峰论坛在江苏睢宁隆重举行，峰会的主题是“淘宝村未来之路：数字经济振兴乡村”。会上，阿里巴巴集团阿里研究院发布了《中国淘宝村研究报告（2018 年）》。报告显示，2018 年全国淘宝村数量超 3202 个，淘宝村网店年销售额超过 2200 亿元，在全国农村网络零售额占比超过 10%，活跃网店数超过 66 万个，带动就业机会数量超过 180 万个，是数字经济助力乡村振兴的中国样本。

从榜单上看，丽水市有 23 个村入围中国淘宝村榜单，其中，缙云县入围数量最多，多达 7 个。对比 2017 年，缙云县 2018 年新增了 1 个淘宝镇——缙云县壶镇镇；新增 3 个淘宝村，分别为：洋山村、应庄村、团结村。其中，壶镇镇除了原

有的淘宝村北山村，新增了应庄村、团结村。据阿里研究院定义，“淘宝村”的认定标准主要包括以下3条原则：经营场所在农村地区，以行政村为单元；电子商务年交易额达到1000万元以上；本村活跃网店数量达到100家以上或活跃网店数量达到当地家庭户数的10%以上。当一个镇、乡或街道符合“淘宝村”标准的行政村大于或等于3个，即为“淘宝镇”。拥有3个“淘宝村”的缙云壶镇镇是丽水市名副其实的首个“淘宝镇”。

三、建设北山村电子商务创业园、提升“北山模式”2.0

在缙云县委、县政府领导，团县委主抓、商务部门主管、乡镇合力推进的工作机制推动下，“龙头带动+政府推动+部门联动+青年互动”的“北山模式”不断发展壮大。壶镇镇借助壶镇小城镇发展改革试点之机，依托“北山模式”的影响力，发挥电子商务的创新模式，已在北山村村口划出30亩土地，规划建设北山村电子商务创业园，园内将设置仓储物流区、产品展示区、电子商务培训、帐篷创业孵化器、户外俱乐部活动基地等区域。根据规划，壶镇北山村电商产业园项目一期规划用地30亩，总投资一亿元。建成后，这里将集智能仓储物流、教育孵化培育、电商服务代运营、跨境电子商务、创客路演展示、办公休闲生活于一体。对于北山村而言，这个创业园将很好地解决广大北山网商的发展瓶颈，解决限制北山产业升级的配套问题，成为北山村乃至周边村乡村振兴的载体和平台。在北山电子商务创业园中，通过举办趣味性电商竞技活动，创造更浓厚的网商创业氛围，提高网商运营能力，提升“北山模式”2.0，吸引更多具有电商激情的创业者到北山，为北山村的电子商务发展汇聚力量。

第二节　北山村“高铁时代”的发展措施

一、壮大电商村、建设旅游村

在乡村振兴的大潮中，线上线下都要同时做好。在澳大利亚的北山华侨吕唐雄，是一直致力于家乡建设的老华侨，多年来投身为华侨和丽水牵线搭桥的事业。他认为，北山村依山傍水，山丘田地多，适宜建造大面积迷宫，让全村人都参与进来。吕振鸿也认为，通过电商产业园的建立，可打造中国户外淘宝第一村。建好大迷宫，电商村在线下就能迈向旅游村。北山村村主任吕周兴指出，攀岩墙、淘宝村博物馆、野外露营等项目，北山村都有计划和筹备。未来的北山，将是一个集旅游、观光、休闲、娱乐、度假、购物为一体的户外运动旅游村。将吸引更多的户外运动爱好者走入北山村、了解北山村、玩在北山村。

二、深化户外美丽乡村建设

要继续加强村级基础设施建设，2018 年北山村申请了缙云县 2018 年扶贫产业发展和村级基础设施专项资金，一是平整及硬化北山村电子商务广场共 2800 平方米；二是硬化上宅自然村道路 800 米；三是硬化塘下北山溪到洋深塘路面 289 米。工程总投资 49 万元。

三、弘扬烧饼文化、做强“烧饼村”

2016 年北山村成立了一个烧饼协会，希望把当地的特色烧饼文化传承下来，甚至用互联网的方式给这个传统行业注入一些新的元素。目前已经开展的三届烧饼节是对烧饼文化的极好传承，必须坚持下去。

第三章　研究价值和样本意义

第一节　北山精神及特点

壶镇镇是丽水市传统的工业和经济重镇，工业化和信息化起步较早。得益于工业型的经济条件，加上括苍文化中“敢闯敢创、敢为人先”的精神渲染和便捷的交通，壶镇人创新意识浓厚，接受、发展新事物能力较强。这是北山村能够在缙云县乃至丽水市率先发展农村电子商务事业的经济和文化基础。

一、闯荡天下、四海为家的开拓精神

一个精耕细作的传统农村，依靠瞬息万变的互联网，激活了理念，激励着创新，重构了乡土社会。北山村民具有灵活应变、不断探索、开拓思路的创新精神。如老年班吕鼎贤班长，初中毕业后就跟姐夫学镶牙传统手艺，30 多岁时在丽水开过牙科诊所，长年东奔西跑，走南闯北，去过云南、辽宁、吉林、新疆、青海等地。做传统镶牙，一做几十年，哪里可以做（镶牙、拔牙）就去哪里，赚钱抚养 4 个小孩以及赡养父母。北山村是烧饼村，1984 年到 1986 年有 405 人在外面，2017 年还有 400 多人，2018 年也还有 280 人左右。烤烧饼赚的钱是北山村年纪大点的人的第一桶金。如吕振鸿，十几岁就去学打岩、做烧饼，以后办工厂、开书店、跑锯条，再学电脑、开网店、做品牌、办公司，其间也是经历了很多曲折。他有那么一股钻研的精神，比如平时有事没事就去参加义乌的义博会，像永康那种五金博览会都去了很多年。

二、穷则思变、刻苦钻研的主动精神

1997 年时，下宅村村委决定要把坐落在村西的金高圩、上余岿等地梯形式的旱地荒坡改造成良田。这些旱地荒坡大约有 300 亩，种植的是蚕桑、棉花、番薯、

玉米等农作物，靠天吃饭，村民花的劳力大、收获少。村委认为，如果把上面的旱地荒坡改田，种上水稻、棉花和其他经济作物，旱涝保收，可每年为国家交纳税收 14000 元，村民增加收入 8000 元，投入少，收益多，为下宅村民早日实现小康水平带来福音。为此，他们分别给缙云县土地局、壶镇镇政府打报告，希望把旱地改田工作列入镇政府开发的项目，同时在资金上能够给予解决。他们认为，20 世纪 90 年代初期利用更新水库的溶水，做了一条三面光的水泥渠道，也为改造旱地打下基础。这种穷则思变、旱地改良田的“愚公精神”体现了下宅村村委的主动精神。2001 年时，下宅村提出了开发毛竹基地的申请。下宅村原有山林面积 4250 亩，坐落在永康、缙云交界处，其中靠子叫坑、木杓岴、洋岴有山林面积 1000 多亩，1997 年已部分被火烧山，山坡平坦、土质较肥但效益不好，村两委研究决定开发种植毛竹基地 400 亩左右。

北山村农民发扬“敢为天下先、爱拼才会赢”的闯劲，变革创新，勇于作为，让电商创业青年把握发展机遇，用敏锐目光洞察市场动态，掘金户外用品蓝海市场，施行抱团发展战略，加强市场应变才能，做大做强，互利共赢。村民赵礼勇原先分销“北山狼”户外用品，但随着品牌意识的增强，他自创品牌“狂野者”。除了“北山狼”，北山村现已拥有寻青户外、风途、森林狼、佳百特等 10 多个自主品牌。

三、艰苦奋斗、不计利小的创业精神

20 世纪 80 年代，下宅村有 500 多人出去烤烧饼。烤烧饼体现的是“艰苦奋斗、不计利小”的“烤烧饼精神”。之前下宅人出去烤烧饼，还有点被别人看不起。他们没有店面，就是个烧饼摊，上面一把凉伞，下雨时把凉伞撑开，凌晨开工很早，晚上收工很晚，非常辛苦。北山人烤烧饼最早时是卖一毛一个，利润非常之少。做电子商务也一样，在网上卖东西要做到凌晨两三点，而在农村很多人晚上八九点就休息了。但他们做电子商务要做到夜里两三点，第二日一早就要打包发货了。

四、自力更生、抱团合作的团队精神

在创业过程中，同村的邻居好友知道吕振鸿在家上上网聊聊天，不出门就可以赚钱，开始向他咨询学习如何开网店。吕振鸿不仅来者不拒，教打字、帮忙注册店铺，讲解样品拍照技巧等，甚至自己承担压货风险为亲朋好友提供货源，扶

持他们尽快走上正常的经营轨道。所以北山村大部分人是淘宝分销商，其产品大多来自吕振鸿“北山狼”的户外用品装备店，村民们不需交付押金便可从该店直接拿货，零成本的分销模式直接促进了北山电子商务的发展和普及。

第二节 北山村发展研究的样本意义

一、北山村“从无到有”模式具有广泛的借鉴意义

淘宝村的兴起为农村经济注入活力，已成为影响中国农村经济发展的一股不可忽视的新兴力量。电子商务让空间距离消失，有利于偏远乡村商品和要素流动，特别是克服与发达地区市场竞争的障碍，在网络空间的统一平台上，有效解决信息不对称带来的发展阻力，降低各类交易成本。北山模式对于没有特色产业、没有特色农产品、缺少资源优势的农村来说，是一条值得借鉴的创富之路。

二、大力发展农村电子商务是乡村振兴的有效举措

2016 年 9 月，缙云县出台了《加快农村电子商务产业发展的若干意见》，每年的扶持资金从 800 万元增加到 2000 万元，这一新政策就给北山村授信了 1000 万元以上电子商务信贷资金。目前壶镇镇借助壶镇小城镇发展改革试点之机，依托“北山模式”的影响力，发挥电子商务的创新模式，规划建设北山村电子商务创业园，园内将设置仓储物流区、产品展示区、电子商务培训、帐篷创业孵化器、户外俱乐部活动基地等区域。

三、解决大众创业的新样本

在国家对“大众创业、万众创新”的倡导和政策扶持下，各地加快发展创业孵化服务，大批创业企业涌现。互联网经济的出现，微商的不断出现和壮大，北山村的电子商务模式，为大众创业提供了新的可能。过去，青壮年一代都喜欢外出打工，这些年随着电商的迅速发展，越来越多的青年人正在回乡创业的路上。在“淘宝村”里，几乎没有“留守儿童”“空巢老人”等农村问题，不仅治安案件相对较少，甚至连各种信访都很少。做“淘宝”让大家忙起来、富起来的同时，也让“家庭更和睦、农村更安宁”。在工业化、城市化的进程中，农村出现了留守儿童、空巢老人、环境污染、文化凋敝等问题，而北山模式具有解决这些问题的样本价值。

史地篇

眠牛金星 文化古村

中国村庄发展

SHIDI PIAN

MIANNIU JINXING WENHUA GUCUN

本篇分四章：一是村庄地理，介绍了北山村的区位、自然村及其布局、气候和水系、村庄特点和基础设施。位于壶镇镇盆地之北的北山村，“眠牛飞凤拱其前，金星塔石拥其后”。二是北山村土地资源，介绍了北山村的土地面积、农用土地和土地经营。三是北山村村落历史，介绍了村庄建制和村落历史。四是北山村改革开放前的生产和生活。北山村历史悠久、地理位置优越、经济较为发达、文化特色明显、村民性格鲜明、发展前景广阔。蓬勃发展的电商产业、持久发展的烧饼产业、自然发展的特色农业，以及金台高速铁路，给北山村下一轮发展带来巨大机遇。尤其是金台高铁壶镇站设在北山，给北山新兴的物流业、旅游业、休闲业带来广阔的发展空间。

第一章　北山村村庄地理

第一节　区位、自然村及其布局

北山村坐落于丽水市缙云县千年古镇壶镇镇盆地之北，处于东经120°　14'，北纬28°　49'，海拔220米。离县城五云镇33公里，离壶镇镇3公里。村域总面积5.4平方公里。村后是群山，故名北山。东与和睦村接壤，南与上王村接壤，西与永康市舟山乡山坞村接壤。北是群山，南低北高，东有市山，西有十八山冈。眠牛飞凤拱其前，金星塔石拥其后。五圣崒律而北来，跌水曲折面东注。远襟萝带，石牛近挹，龟星象鼻。村庄呈长条形，一条宽10余米的北山溪自北向南，经塘下自然村东边，穿上宅与下宅村而过。在村口处，北山溪自西向东弯了小半个弯，称金堂湾。

祖崇三公吕应梦，曾任宜兴县事，从壶镇独徙居北山，八百年来寖昌寖炽，甲第云蔓，簪缨蝉联。耕于斯，读于斯，聚国族于斯，繁衍生息。2010年底行政村调整后，北山村下辖上宅、下宅、塘下三个自然村。村委会驻地下宅自然村。北山村现有村民小组26个，汇总农户数1071户，界定集体经济组织成员数2282人，耕地面积1028亩，园地面积534亩，林地面积5508亩，养殖水面10亩。

下宅自然村：在壶镇西北3.6公里浅丘间，昔称“北山”。海拔231米，村舍呈块、点状复合型分布。村旁山涧边分二聚居点，各自称上宅、下宅。村民多吕姓、赵姓。吕氏从壶镇迁居而来，赵姓于明末从县城北门迁入。另有一个铁店生产队，位于下宅西南角，因从前开设有铁店而得名，一直属于下宅村。

上宅自然村：中华人民共和国成立初期为北山行政村。1958年与塘下、美里、子草坑合并为四联村，属于幸福人民公社三联管理区。现在因为村庄建设，上宅、下宅两个自然村之间不再有明显村距，逐渐连接为一体。村民除吕姓外，也有部分黄姓，系从邻村庙里迁移而来。

塘下自然村：在壶镇西北 4 公里浅丘间。村北有一口叫“洋深塘”的池塘，村居塘下方，故名“塘下”。面积约 0.7 平方公里。村北有古迹“南无阿弥陀佛”楷书摩崖题字，系宋绍兴六年（1136）山人善劝书。村民多吕姓。

第二节　气候和水系

总体而言，北山村的气候环境和整个壶镇盆地差不多，属于亚热带季风湿润性气候，主要特点如下：

一年四季，春夏秋冬，四季分明，无霜期长，具有明显的山地立体气候特征。年平均气温 17.2℃，年平均降水量 1482.2 毫米，年平均相对湿度 78%，年平均无霜期 260 天，年平均日照 1619.6 小时，年平均蒸发量 1504.9 毫米，年平均雷暴日数 49 天。主要气象灾害有台风、暴雨、低温冷冻、雷电、大风、大雪、干旱、冰雹、大雾、连续阴雨等。

春季冷暖空气交替频繁，天气时冷时热变化快，气温起伏明显，回暖迟。倒春寒、雷雨大风、连续阴雨是春季主要灾害性天气。

初夏梅雨期，雨量集中，多大到暴雨过程，容易造成洪涝灾害。盛夏除台风和午后雷阵雨天气外，多以晴朗炎热天气为主，日照强，气温高，蒸发快，常有伏旱出现。

秋季降温早，多秋高气爽天气，秋雨期短，常有秋旱。

冬季西北风盛行，寒冷干燥，北方寒潮南下，多霜冻和雨雪冰冻天气。

据目前气象资料记载，壶镇盆地极端高温达 41.9℃，出现在 2013 年 8 月；极端低温达 –13.1℃，出现在 2016 年 2 月。

北山村的主要水系有北山溪、更新水库（亦名“北山水库”），另有一大批田间地头耕作沟渠、房前屋后排泄水道，4 口村中小型消防取水用池塘（上宅 1 口、下宅 1 口、塘下 2 口）。

北山溪发源于村后的连绵群山，水源主要有洋深塘坑、永康新楼四十四坑、五陇山、长前山等，流经北山、上王、坑沿、西山沿、胡宅口、好溪等村庄，最后注入好溪主河道。北山溪全长 6 公里，宽度 5—7 米，流域面积 4 平方公里，属于瓯江流域范畴。

2013年，曾对北山溪局部河道进行改造，新建河堤1123米，加固河堤1073米，疏浚河道1500米。

从2018年开始，对北山溪开展全流域综合治理。配合金台高铁主干线及壶镇站建设，北山村局部地段截弯取直，并增建一批桥梁，对部分河堤进行拓宽加固，全部堤岸植被绿化，疏浚河道，打造独具特色的北山溪景观带。

坐落在塘下自然村上方的洋深塘水库，为洋氏祖宗修建。据传，当年北山村在吕氏进住前，居住着洋氏族人，后吕族人丁兴旺，二口食羊（洋），洋氏最终无有后族。当时蓄水量为七万方，浇灌北山村的几百亩良田并作为生活用水，一般年成还能旱涝保收。老大坝下有一个可以通过人的排沙涵洞，为排除上游泥沙冲积，每年在蓄水前，发动有田地承注的几百农户，趁下雨天，排队在洋深塘内用锄头进行排沙工作，称为“洗沙”。1958年在吕云汀的带领下进行了加宽大坝的建设。后因资金不足，停滞了好几年。1972年一场大水从大坝上冲出，最终又把修水库的事放上了议事日程。2008年县政府进行了“千库保安”工程建设。现在的洋深塘水库已能抵御60年一遇的大水。前坝为老塘岸，绿树成荫，树龄均有几百年，胸径数米。“千库保安”建设时为这些老树能不能生长在大坝上还请了浙江林业厅的老专家进行了论证，在专家确定后才保存。此风景在大坝上实属不多。

中华人民共和国成立初在洋深塘上游又建了北山水库，1952年一场大水冲垮大坝，致使上宅、下宅部分居民家进水，冲掉少量房屋，下宅村居民家中的大橱都冲到下游的坑沿村。后来在参加过辛亥革命的吕崇钦带头下，通过全村的努力，又号召上王、坑沿二村部分田户，通过几年的辛苦筑回北山水库。蓄水量为27万方。1972年对原北山水库进行改造，在政府的大力支持下，通过数年的艰辛，更新水库建了起来。更新水库坐落于塘下自然村西北部，原来是一个山塘，1984年扩建，原称“北山水库”，扩建后更名为“更新水库”。坝高31.8米，集雨面积3.2平方公里，库容102万立方米，水面100亩，灌溉面积2000亩，配以长达2600米之灌渠，使北山村千余亩粮田及下游的上王、坑沿、云岭、西山、李庄等村的良田旱涝保收，并使以上几个村庄的居民喝上了无任何污染的纯天然的自来水。1964年从洋深塘引水建了北山电站，开始了“点灯不用油，磔米不用老鼠头”的年代。全村居民全部用上了电灯，办了粮食加工厂，原有的三个水碓（塘下、上宅、下宅各一个）退出了历史舞台。

第三节　村庄特点

地名历史悠久。据专家考证，早在南宋时期，就已经出现“北山”地名。清道光年间，为北山图；民国初期，为北山庄；中华人民共和国成立后改为北山村、北山生产大队，1984 年复改为北山村。

地理位置优越。处于壶镇盆地西北角，耕地面积较多，水量丰沛，又与经济发达的永康相邻，建设中的台金高铁壶镇站、迎宾大道、站前广场就位于该村。浙江丽缙产业园目前已经将北山纳入三期发展规划。

经济较为发达。北山村主要经济类型为电商业、烧饼业、特色农业。尤其是电商业和烧饼业，远近闻名，曾被评为“中国十大淘宝村”“缙云烧饼特色村”。2018 年，村集体收入达到 81 万元，农民人均收入达到 1.9 万元。

文化特色明显。北山村是一个有着八百余年历史的古村，八百年来，北山村民创造了深厚、悠久、素朴的北山文化。比如北山村的方言文化、古建筑文化、吕族文化、烧饼文化、电商文化、高铁文化以及太极拳文化，都是独具特色的。

村民性格鲜明。相较于邻近其他地区，北山村民的思想性格十分鲜明，不甘贫穷，敢闯敢创，敢为人先，塑造了一种“人无我有、人有我特、人有我强”的北山性格。这种性格是北山发展最为可贵的精神财富。

发展前景广阔。蓬勃发展的电商产业、持久发展的烧饼产业、自然发展的特色农业，以及即将建成运营的金台高速铁路，给北山下一轮发展带来了巨大机遇。特别是金台高铁壶镇站设在北山，给北山新兴的物流业、旅游业、休闲业带来了广阔的发展空间。

展望未来，昔日偏僻落后的“北山角”，在广大干部群众的努力下，一个生产发展、生活富裕、乡风文明、村容整洁、管理民主的社会主义新北山正呈现在缙云壶镇的东北大地上。

第四节　北山村基础设施

基于多年来上级政府对经济薄弱村的政策普惠及村庄对村内基础设施、公共设施的多年投入，北山村在基础设施建设方面取得了一定成效。

一、道路情况

从道路建设情况看，下宅村、上宅村和塘下村三个自然村早在合并成北山村之前的 1993 年就实现了村村通汽车；目前，进出村庄的道路和村里的道路都是水泥路，相对宽敞，基本满足家用轿车及小型货车通行需求，并建有一个相对宽敞的村内停车场。村边的铁路也正在建设中。但目前仍存在两点不足：一，进出村庄主要道路的路灯照明不足；二，从壶镇镇到北山村并没有开通长途客运，只在村口偶有过路车通过，时间不确定，镇里与村庄间的交通基本只能通过电瓶车、私家车或出租车实现。

二、用电情况

从用电情况看，北山村早已实现电力全覆盖，常年不停电。全村的用量不多，电价也不高，与全省居民平均电价一样，实行峰谷电，不满 1 千伏的"一户一表"居民用户的高峰电价和低谷电价分别是 0.568 元 / 千瓦时和 0.288 元 / 千瓦时。

三、自来水

早在北山村合并之前，下宅村、上宅村和塘下村等三个自然村自 1993 年就已陆续实现全村接通自来水；塘下村在 1993 年接通自来水，上宅村和下宅村分别于 1998 年和 2001 年实现全村接通自来水。从卫生方面看，北山村的饮用水是净化后的自来水。

四、电话、电视及宽带的普及情况

构成北山村的下宅村、上宅村和塘下村三个自然村早在 1993 年就实现了村村通电话，全村农户接通固定电话的比例最高时曾达 85% 左右。但目前，全村村民的手机使用率更高，几乎每个农户家庭至少有 1 部，甚至 1 部以上的手机；随着手机不断普及，村里的大部分村户家庭都拆除了固定电话。

早在 1993 年，下宅村、上宅村和塘下村的村民就已经开始购置电视机，其中，购置比例最高的是上宅村，平均每两户就拥有一部电视机，下宅村和塘下村的每户电视机拥有率略低，平均每三户拥有一部电视机，其中，每个村的彩色电视机拥有比率约为三分之一。2003 年，下宅村和塘下村首先接通了有线电视，1 年后，上宅村村民也用上了有线电视。目前，北山村早已实现有线电视全覆盖，农户家庭的彩色电视机拥有率高达 100%，有些家庭甚至拥有 1 部以上的彩色电视机，黑白电视机早已退出了农户家庭。此外，2012 年后，村庄接通宽带，数字电视也开始进入农户家庭，全村数字电视的使用率约为 40%。

五、垃圾处理

2011 年，下宅村、上宅村和塘下村三个自然村合并为北山村后，村里统一建立垃圾集中处理设施，并陆续投放了数百只分类垃圾桶。随着 2015 年后浙江省五水共治、新农村建设等的深入推进，北山村不仅安置了公共的污水排放管道，也实现了与农户家庭间的有效接驳。此外，村中已建成公共厕所 2 所，基本拆除了传统的简易厕所和猪栏间。

六、洋深塘水库

“北山分上、中、下三处，原有洋深塘一口，所注之田五万余亩，皆此塘以养生命。承注者固获幸福，即不注者亦沾惠泽，乃合村躯命所关也。自嘉庆五年（1800）洪水坍坏，至今四十余年矣。塘里砂石堆积如山，水无所止。无可奈何，同众商议，将塘岸折破，打碎石块，再结水洼，以泻砂土。合村照户捐资，照丁捐工，齐声协力。村内有各姓人氏住居者，到门劝捐助工，并无一人应允，声言暂居，无力捐助。故此塘修筑，均本姓之力，后日灌注田禾，先准本姓灌注，后有余水，始通各姓。再此塘水源尽短，照户派用以筑塘塍，工力浩繁，开销用度，算钱五百余之数。倘有渗漏，先要料理，不特一年如是，岁岁提防，同心竭力，以免破坏。今恐无据，立此合约，谨之慎之，无负先人之苦心。时遇大宗修辑谱牒，志之以为后人遵守焉。”这篇载于旧家乘的议约，阐明了洋深塘的来龙去脉及其与北山吕氏之间的关系，是北山村水利史的一个重要构成部分。

第二章　北山村土地资源

第一节　土地面积

北山村的传统产业是农业，以种植业和畜牧业为主，农业收入，尤其是种植业收入是村民的主要收入来源。因而，土地尤其是耕地是北山村最重要的生产要素之一。

北山村除居民点占地、居民区闲置用地、交通用地、商业设施用地等乡村公用地及居民用地外，共有农用土地面积 7080 亩。其中，有 1028 亩耕地，耕地又分为 901 水田和 127 亩旱地；534 亩园地，主要是果园；5508 亩林地；及 10 亩养殖水面。

第二节　农用土地

虽然北山村的发展与建设相对缓慢，但村庄的土地利用结构一直处于动态变化之中。尤其 20 世纪 80 年代以来，村里的耕地总面积和构成比例经历了三次较大的变动：一是 20 世纪 80 年代末 90 年代初，下宅村、上宅村和塘下村等三个自然村都因乡村基建、兴修水利等原因分别占用了 148 亩、27 亩和 39 亩水田，令这三个村庄的水田面积分别减少了 19.5%、19.6% 和 16.3%；二是 1998 年，下宅村通过平整土地新增水田 293 亩，令该村的水田面积增加了 48.3%；三是 2002 年，下宅村和塘下村都因兴修水利和修建农村道路等原因又分别占用了 120 亩的水田和 10 亩旱地，令这两个村的水亩面积和旱地面积分别减少了 13.3% 和 50%（表 1）。此外，缙云县壶镇镇曾在 2015 年规划在北山村征收土地作为电商仓储用地（29.35 亩），其中涉及水田 29 亩、沟渠 0.35 亩，若该规划得以实施，村里的耕地面积将进一步减少。

表 1　北山村的耕地变化（1987—2018 年）

单位：亩

年份	合计				水田				旱地			
	北山村	下宅村	上宅村	塘下村	北山村	下宅村	上宅村	塘下村	北山村	下宅村	上宅村	塘下村
1987	1136.5	759	138.5	239	943.5	626	116.5	201	193	0	0	0
1991	922	611	111	200	922	611	111	200	0	0	0	0
1995	915	606	109	200	915	606	109	200	0	0	0	0
2000	1208	899	109	200	1031	742	109	180	177	157	0	20
2005	1028	749	109	170	891	622	109	160	137	127	0	10
2010	1028	749	109	170	891	622	109	160	137	127	0	10
2011	1028				891				137			
2015	1028				891				137			
2018	1028				891				137			

相较于耕地变化，北山村的园地、林地及水面面积的变化更加明显。例如，村庄的园地面积从 2004 年的 151 亩增加到 2006 年的 521 亩，2018 年进一步增至 534 亩；而村庄的林地面积却从 2005 年的 5834 亩降至 2018 年的 5508 亩。北山村的水面面积本就十分稀少，但变化却很大，2005 年，村庄全域只有上宅村有 50 亩水面面积，到了 2006 年，上宅村的水面面积一举减少了 90%，只剩 5 亩，而塘下村的水面面积却从无到有，出现了 10 亩水面面积。

第三节　土地经营

北山村有农用土地面积 7080 亩，包括耕地 1028 亩、园地 534 亩、林地 5508 亩和养殖水面 10 亩。

首先，从耕地的性质看，全村有水田 901 亩、旱地 127 亩，分别占全村耕地总面积的 87.6% 和 12.4%。

其次，从耕地的归属看，虽然北山村的 1028 亩土地都归集体所有，但其中，只有 10 亩耕地是归村所有，另外 1018 亩耕地都归村组所有。

再次，从农用土地的家庭承包经营看，2018 年，北山村耕地和园地的家庭承包经营率分别高达 100% 和 96.3%；林地的家庭承包经营率较低，全村约只有五分之一的林地被村民家庭承包经营；此外，全村的 10 亩养殖水面当年无农户家庭承包经营。

最后，从农用土地的家庭占有情况看，北山村的土地很稀缺，2018 年，全村的农户数和农村人口数分别为 1071 户和 2344 人，农用土地的户均和人均占有量分别只有 6.61 亩和 3.02 亩；尤其，耕地的户均拥有量只有 0.96 亩，园地和林地的户均拥有量略高，但也分别仅为 0.5 亩和 5.14 亩。

由于北山村户均拥有的农用土地面积过小，村民仅依赖农地无法维持生活，因而，自实行家庭承包经营以来，北山村一直有通过转包、互换及出租等方式进行土地流转的传统。虽然全村绝大多数农户都参与了耕地的家庭承包经营，但参与的户数却从 1993 年的全村 580 户农户全部参与到 2010 年后开始逐年减少，耕地逐渐向部分农户集中（表 2）。但即便如此，北山村的土地集中程度依然有限，全村除 1 户农户自 2015 年开始通过土地流转获得 35 亩耕地实现规模经营外，其余农户经营的耕地面积都在 10 亩以下，甚至全村还有 130 户农户没有经营任何耕地。

表 2 北山村耕地的家庭承包经营及流转情况（1993—2018 年）

年份	耕地家庭承包经营情况				家庭承包耕地流转情况				
	家庭承包经营的耕地面积 / 亩	家庭承包经营的农户 / 户	家庭承包经营合同 / 份	颁发土地承包经营权证 / 份	家庭承包耕地流转总面积 / 亩	流转出承包耕地的农户 / 户	流转用于种植粮食作物的面积 / 亩	家庭承包耕地流转去向	
								流入农户的面积 / 亩	涉及流入的农户 / 户
1993	917	580	580						
1995	915	572	612						
2000	1208	637							
2005	1028	700	676	676					
2009	1028	675	685	683	257	174		257	130
2010	1018	779	725	722	220	162	220	220	130
2011	1018	779	725	722	461	300	60	461	200
2012	1017	859	725	722	462	220	70	462	200
2013	1018	859	725	722	492	230	70	492	200

续表

年份	耕地家庭承包经营情况				家庭承包耕地流转情况				
	家庭承包经营的耕地面积/亩	家庭承包经营的农户/户	家庭承包经营合同/份	颁发土地承包经营权证/份	家庭承包耕地流转总面积/亩	流转出承包耕地的农户/户	流转用于种植粮食作物的面积/亩	家庭承包耕地流转去向	
								流入农户的面积/亩	涉及流入的农户/户
2014	1018	676	676	676	492	230	70	492	200
2015	1018	676	676	676	496	232	70	496	202
2016	1018	676	676	676	496	232	70	496	202
2017	1018	676	676	676	496	232	70	496	202
2018	1018	676	676	676	496	232	70	496	202

此外，北山村家庭承包经营耕地的流转时间都是 5 年以下的短期转包或出租，尤其在家庭承包耕地开始流转之初的 2009 年，约有 44.7% 的耕地流转时间少于 1 年。

北山村的传统产业是农业，尤其以种植业和畜牧业为主，农业收入是村民的主要收入来源，因而，土地，尤其是耕地，是北山村最重要的生产要素之一。

第三章　北山村村落历史

第一节　村庄建制

大约在南宋时期，壶镇地面就已经出现“北居”地名。南宋时期，壶镇叫“胡陈镇”，当时胡陈镇的管辖区域相对较小，应该只局限于现在的壶镇中心镇区一带，其他地方则隶属于美化乡。“北山角”之名系对地处偏僻的北山之俗称。

现根据目前资料，简单梳理出北山村的行政区划归属、隶属、建制情况。

在南宋时期，隶属于缙云县美化乡。据现存各类宗谱记载，南宋末，吕世章四世孙吕应梦“卜处北山”，成为北山吕族的始迁祖，成为壶溪吕族文化的重要组成部分。

在明代，隶属于缙云县美化乡。在清代，道光二十九年（1849），属于美化乡24都4图北山庄；光绪二年（1876），属于美化乡24都4图北山庄、上宅庄、塘下庄。在民国时期，先后属于缙云县第二区上溪西乡、壶镇区上溪西乡、东区溪西乡等。

中华人民共和国成立初期属于上王乡，1956年北山村分为三村，即下宅、上宅和塘下村，归三联乡。1958年属于幸福人民公社三联管理区，1961年属于三联公社，1984年属于三联乡，1992年后属于壶镇镇。2010年11月行政村调整，三村合并仍为北山村。下宅自然村为革命老区村。原高和坑、岩路塘两个老生产队分别于1983年迁居下宅。

第二节　村落历史

一、北山村与壶镇吕氏

据《壶溪吕氏家乘》记载，壶镇吕氏系宋仁宗时期宰相吕夷简之后，世居山东莱州，称“东莱吕氏”。其后因为金人南侵，避乱南迁。

有吕克炎者，避居仙居后，生 12 子，其中一子名盛，字世章，生于 1131 年，卒于 1197 年。据明代隆庆元年《吕氏宗谱》序记载，“往临安侍养，道经缙云壶溪，相其为利用懋迁之地，遂徙家之”。

至南宋末年，吕世章第 4 代孙吕应梦，字德祥，生于 1209 年，卒于 1282 年，考中淳祐七年（1247）进士，官居江苏宜兴知县。“因蒙元寇常州，弃官隐居，誓勿臣二姓，遂卜居北山”，以诗酒自娱。

另据《缙云县地名志》记载：吕应梦从壶溪迁居北山还有一个重要因素是“舍溪东已灰烬，独徙北山，为北山始祖，北山以永居焉”。

自世章公次子雄公至应梦公，先祖坟墓皆在北山。至今每年清明，吕氏祭祖大太公，均在北山狮子山雄公大墓。故壶溪吕族文化，也可称为北山吕氏文化。

据 1997 年统计，世章公自仙居迁入壶镇以来，已历 32 世，总计人口 1.2 万人。壶镇范围内分布情况大致是：老壶镇 7 个村吕氏总人口约 5600 人，北山村总人口约 2000 人，其他村总人口约 310 人。也就是说，壶镇区域范围内世章公后裔吕氏总人口约占全部世章公后裔吕氏总人口的三分之二。

壶溪吕族是壶镇第一大族，不仅人口多，实力强，而且重视文化教育，重视仁孝善举，故历朝历代人才辈出，精英荟萃，堪称奇迹。

比如宋末的吕应梦，北山村吕氏的开山鼻祖，曾担任宜兴知县，“身为宋人，绝不仕元”。在他身上，集中体现了汉民族的民族气节。

至于明清两代，最有名的莫过于一门造三桥的吕载扬家族。清嘉庆、道光年间，吕氏祖孙三代造大桥，据说除了建造众所周知的贤母桥、继义桥、竞爽桥外，在别处还造了七座桥，史称“吕氏十桥”。

到了近现代，吕逢樵追随孙中山进行反清革命，光复处州，担任浙江省军政府处州分政府第一任都督；吕传德担任中共缙云县委第二任书记；抗战期间，出现了吕焕光、吕望孚、吕光新三少将；吕汉金一门五专家，吕渭泉一门八博士。

到了当代，北山村是著名的烧饼村、电子商务村、壶镇高铁村（预计在 2021 年，金台高铁开通，壶镇站站址即位于北山村），北山狼公司老总吕振鸿从一个烧饼郎成为电商大师；吕天喜是壶镇第一企业中国天喜集团公司老总；吕普龙是军工企业晨龙集团的老总。

二、宋元时期的北山村

北山村，分塘下、上宅、下宅三处，近代又形成铁店山自然村。现利用传世极少的有关残存文献、历史碎片来分析，拼凑复原出宋元时期北山村所发生事情的大致轮廓。

早在唐朝及以前，这里就有人居住，而且家道殷实，非比一般。宋朝时，北山村民是杨、练、庞、罗四姓；宋元之际，主要有吕、俞等姓前来定居；赵、黄二姓在明末清初迁入。

据《五云蒋氏宗谱》记载，两宋之际，有括碧桥（后名溪淤、现名好溪）蒋勉："公户曹公之长子，文学公之曾孙也。见时多乱，隐而不仕。家贫，躬耕而食，色晏如。尝樵北山，息肩树下，见崩岸有金一器，掩之不取。归语其妻，妻怪问之。曰：'吾一寒如此，无故而得金，安知其不为祸乎？吾以待有福者归之。'"蒋勉在树下见到岸边因崩塌而出现的一个装满金银的容器时间为南宋绍兴初年。可见，这是以前因为战乱而窖藏，后失去原来主人的宝物。离绍兴年间最近的动乱时间是北宋宣和三年（1121），其次是元祐二年（1087），再往前推就是唐广明元年（880）的黄巢散兵。

唐宋时，今更新水库库区存在着一处叫北山寺的佛寺。现在大坝下五十米的小山涧还有古桥，原为通往这个时期盛产铜矿的永康四十四坑铜山方向的道路。山坑东岸崖壁上，仍然保存着直写三行，行六字的摩崖石刻 。中行刻"南无阿弥陀佛"，字径九至十厘米；上款刻"绍兴六年练大定"，"大定"两字合成一字，像个"套"字；下款刻"山人普劝受持"，上下款字径六至八厘米，整幅大，宽三十，长六十厘米。楷书，字迹清晰。年代即为南宋绍兴六年（1136），这在国内算是比较早的了。其中"陀"字，手书"它"字下半为"也"，不作"匕"字。这练大定，可认为是一个姓练名大定的人，这摩崖就是他刻写的。当时，山溪（今三溪）和靖岳，也有练姓居住；可早些时，镇里有个年轻人认为是在此修炼大定。普劝受持，可解释是全面普及、劝告说服世人受持戒律、经典、三衣；但有人解释成一个叫普劝的僧人在此闭关修炼前所写下的文字。至于“南无阿弥陀佛”，释义为：善导大师《观经四帖疏》壹玄义分“六字释”曰：言“南无”者，即是归命，亦是发愿回向之义；言“阿弥陀佛”者，即是其行：以斯义故，必得往生。净土宗称之为六字名号。归命者，众生一心仰赖阿弥陀佛，即众生之信心也。无量寿觉或无量光觉者，佛助一切众生行体成就也。盖众生之信心与阿弥陀佛助众生之行体皆具足于此六字内。此谓机法一体之南无阿弥陀佛也。真言之口传以此名号为陀罗尼，为金刚界五佛。是佛教信徒一心归顺于佛的用语，常用来加在佛、菩萨的名称或经典题名之前，表示对佛、法的尊敬和虔信，如南无三宝等。他能接引念佛人往生“西方净土”，故又称为“接引佛”，意译为“无量寿佛”“无量光佛”。《阿弥陀经》称，信徒只要一心念诵阿弥陀佛的名号并深信不疑，死后就可往生“西方极乐净土”。一声阿弥陀佛，即释迦本师于五浊恶世，所得之阿耨多罗三藐三菩提法。在缙云，普罗大众念“阿弥陀佛”兴盛于中国佛教净土宗第五代祖师少康的大力提倡。少康（约 725—806），仙都周村人，贞元十年（794）后回缙云时所传播的，就是净土宗中“称名念佛”的这种念佛方式。“南无阿弥陀佛”，是梵文 Namamitabha 一语的音译。“南无”亦译作“曩谟”“那谟”等，有“致敬”“归命”之意。阿弥陀佛，是佛教“西方极乐世界”的教主，也是中国净土宗所信仰敬奉的主要对象。“南无阿弥陀佛”一句的含义，就是：“礼敬阿弥陀佛”“归命阿弥陀佛”。

仙都板堰《沈田氏宗谱》：“沈燔（宫前人），署授缙云主簿，元初至元之十三年也，及因章知府（就是章堉）据婺州复顺幼主（宋端宗），又兼陈七三（今壶镇雅化路前陈人）造反，作寨于紫草山（今子草坑村一带），连年皆遭乱世，赍待军士往来，家私因此而废。”这个记载是说沈燔为了资助章堉、陈七三等抗元，散尽了家财。

《元史·世祖本纪》和历代《处州府志》《缙云县志》都记有“至元二十七年五月，处州缙云吕重三、杨元六等反”。近二十几年来，有人分析，吕重三就是北山吕氏的始祖崇三公吕应梦，重三和崇三谐音，他是进士出身，咸淳末年任宜兴知县，不久，元军南下，谢太后投降，吕崇三不耻仕元，就弃官归里，隐居北山。以他曾担任过知县的能力、影响和威望，看到元兵在壶镇一带横行霸道、为非作歹后，要想接过陈七三的担子，再组织一支抗元军队，实属易事。北山本为杨氏所居，崇三公的弟媳就是杨氏女，这杨元六应该也是北山人。

北山杨氏，源出泽塘杨氏，吴越国时期来迁，后分居北山，估计在南宋初，他们就开挖了有名的水利工程杨深塘，与卢塘（在胪膛村北）、古方塘（上坪村南）并称为缙云三大名塘，更与永康的大易塘、金华的胡海塘齐名。明洪武初，上王耆宿王亨主持重修，因这时的北山杨氏已经无传，遂改名洋心塘，灌田三四顷。成化《处州府志》载为"洋深义塘"，一个义字，就可以证明是由私人出资建筑的。

至元二十七年（1290），吕重三、杨元六领导的缙云抗元大起义，以北山为指挥中心，事先做了充分的准备，在村口修筑了三重城墙，分别是外郭、瓮城、内城；利用回绕村后的北山溪，作为天然护城河；横路山冈上建有瞭望台，以观察远处情况。村里现存的两处石板明堂，估计是崇三公吕应梦自称处州知府，杨元六自称缙云县令的府县衙所在地。西边一个院子里竖有一根高达十二米的大型旗杆，晚上挂上整个壶镇平原都能看见的信号灯（就是指示灯，明清时期改称定风灯，又称总天灯。与景霄观报时用的铜钟、惠明寺报时用的皮鼓，并称壶镇三大神器）来传递军事消息。在铁店这个地方，召集优良工匠，大力锻造兵器，炉火日夜不息。作为府县城的配套机构，村东垄岗上还建有城隍殿，尊奉灭纣兴周的周文王姬昌为城隍。村里和壶镇以及缙云周围各战略要地都驻有层层重兵，义军在多地与元朝大战了若干回合，互有胜负。只有这样的大事，才会轰动朝廷，被《元史·世祖本纪》载入，这也是缙云县唯一被正史记录的战事，可见其规模和影响之大，不是今人所能想象。

吕重三、杨元六领导的缙云人民抗元大起义，最后遭到了浙东宣慰使史弼的残酷镇压，一切建筑或被拆毁，或被推平，或被付之一炬，缙云人口亦三者存一，其细节过程不得而知，早已统统被深埋在历史的尘埃中了，只有走进北山村，看到遗迹，听到故事，才会依稀体会到当年所幸存的一鳞半爪。

第四章　改革开放前的生产和生活

作为一个古老的农业村，北山村跟壶镇其他地方的村子一样，曾经有过许许多多的生产生活类事物。但随着社会进步和其他各种原因，这些当时发挥过重要作用的事物，都已经逐渐退出历史舞台，有的已经消失，有的即将消失在时光的尘埃中。

第一节　生产管理制度与生产工具类

一、生产和管理制度

生产和管理制度因时而异。在公社化时期，一般以村为大队，一村分成数个生产队，集体劳动，统一分配。“大跃进”时期，农民分成种粮组、种菜组、烧炭组、洗铁沙组等。集体化时期，农民按体能和劳动技能评底分，十分制，年累计工分作分红依据。“大跃进”时用工分代劳动价值，也凭此在食堂用餐。

在生产中，运用了以下的生产工具：（1）水碓：以水力推动的舂、磨粮食加工器具。（2）手磨：以手推动石磨将食物磨成粉或浆。（3）砻磨：稻谷脱壳用，碾米机出现后消失。（4）老臼：即石臼，以石杵加工谷物，俗称“舂米”。农村常存，已不作舂米用。（5）稻桶：圆木桶状，也有方斗形的，高约七十厘米，外竖竹席大半圈，防止谷粒抛撒；内置稻梯一块。打稻时，手抓稻秆根部，向后扬起整棵水稻，稻头对准稻梯狠击五六下，使饱满稻粒全部脱落。20世纪90年代末期以来已经很少有人在使用了。（6）踏碓：脚踏杠杆式舂米机构，可多人协同操作。

二、农作物

芦第（高粱）、粟（小米）、花麦（荞麦），已无种植。

水稻品种: 广路矮 4 号、竹科 2 号、二九青、辅 75—6、二九半、温州青、四叶青、高秆稻、威伏 35、籼优 6 号。

小麦品种: 温麦 9 号、钱江 1 号、杨麦 4 号、丽麦 16 号、糯麦。

三、农具

圈耙: 用于水稻田耘耥。

垒特: 木制，中间有滚轴，用于插秧前打碎泥块，用牛力牵引。

双轮双铧犁: “大跃进”时犁田用。

水车: 抗旱翻水用，有车桶，车龙骨。用脚踏，有双人、三人，多者四人。

验泮器: 玻璃制品，公社化时用于测量人粪肥的肥力。

四、农药

菜虫药、六六粉、滴滴涕、三氯杀螨醇、甲胺磷、敌百虫、1605、二二三乳剂、速灭威。

五、肥料

石灰氮、绿矾、氨水。

六、度量衡

长度: 鲁班尺，也叫“角尺”，一鲁班尺是 8 市尺。市尺，一米为 3 市尺。

地积: 把，一亩为 80 把，今已被公顷、亩、平方米取代。

衡制: 旧时曾以二十两为一斤、十六两为一斤，中华人民共和国成立后已经消失。

容积: 撮、勺、合、石。1950 年代消失。

七、手工制作

做草鞋: 用麻线作经以稻草制作，间或用些破布条。工具为草鞋爬、练锤。

手工纺纱: 妇女活。在纺车上将皮棉拉成丝。消逝于 20 世纪 80 年代。

织绩: 妇女活。将麻丝捻成线，用于织麻布或打成双股线。消逝于 20 世纪 80 年代。

打纱线: 妇女活。将麻质单股线拉到场地许可的长度，摇动转轴将两股打成线。

手工织带：常见于年轻妇女。用棉线织成带，精制者可有花纹或文字。

手工做布鞋：先叠鞋底，用糯饭将破碎布层层叠成后，用麻线密密扎牢，再做鞋包。

手工绣花：所绣作品常用作肚兜、枕头、帐颜（蚊帐饰品）。约消逝于20世纪90年代初。

八、行业职业

做木勺：艺人常去江西、福建的大山丛林中以松木整体凿成木勺。

做竹碗：因竹碗比瓷碗便宜，竹碗常染成红色，供小孩用。

箍桶：由木板拼成桶，原以竹篾作桶箍，后用铁丝为桶箍。

钉碗：旧时视瓷碗为珍贵，瓷碗破损，用铜钉拼合再用。

铸勺：昔有铸勺行业，游走于乡间。用铜、镴、锡铸成各种勺。

打镴：镴是铅与锡的合金，宜敲打成各种器具。

补锅：旧时铁锅破了，舍不得扔，有补锅匠游走于乡间以锡补铁锅。

补缸：昔时缸钵破了，舍不得扔，有补缸匠游于乡间，用“缸泥”修补。

打铁：地点较为固定，到一村常住几天，事做完再到一村，以铁打成农具。

打小铁：为游走业，打制小农具、小用品。

开“蓑”衣剑：即镰刀翻新。

敲白糖：常有永康人摇着拨浪鼓游走乡间，小孩用家畜家禽毛换取糯米糖糕。

卖俏货：挑担游走叫卖，商品为鞋口布、角钻（角锥）、针线、糖果之类。

家庭织布：20世纪70年代前农村自留地多植棉花，以全木织机织成土布。

纯手工做衣：匠人只带针线包和熨斗。熨斗方言叫烫边，由户主提供火鐏加热。

串蓑衣：用棕串编成坚固耐用的雨具。

土法抽粉干：工艺复杂，利用杠杆压制，太阳晒干。

土法榨油：用大树段凿空，以木楔装将茶籽强力压制。

土法造纸：竹子用石灰腐烂后，以纤维造成纸。

棺材店：火葬兴起后消失。

游方郎中：土医师游走乡间，以中草药治病。常称为“过路太医”。

卖哈啦杯：哈啦杯是一种药品。文革前夕和20世纪90年代曾有出现。

游走阉猪：以前，猪为家庭饲养，阉猪人穿街走巷，叫得特别响亮，拖音很长。

面饺担：专业做馄饨，临时挑担赶热闹场所。

乞讨：俗称“讨饭行”，穿村过户行乞。消逝于 20 世纪末。

第二节　生活管理制度与生活用具类

一、生活和管理制度

生活上，一般是三厨六顿：三厨即五更（早餐，壶镇称“五更饭”）、五饭（中餐）、乌日（晚餐，壶镇称“夜饭”）。农忙时，早工前先吃一点，半晌午吃叫食点心，夜里吃半夜厨（夜宵）。1958 年开始办农村食堂，村庄办一个或多个食堂，农家不能自行炊事，1962 年取消。在食堂化时，一斤饭为 12 分，以各种铁盏量取，机关延到 20 世纪 80 年代。在办喜庆时，吃的全是各种羹，用大海碗盛，一桌一碗，八人共餐，越多碗越有排场，常以“海参开箸”，农村以肥肉代海参，以敲肉羹为高潮，甜羹收筵，俗称“羹筵”。在住方面，有道坛屋，村民称“明堂”，标准的道坛屋四围居室，中间天井，司间（中堂）共用。改革开放后很少再建造。

二、生活用具

菜蔬格：搪瓷品，常见者四层。贫穷人家则用竹制菜筒。20 世纪 70 年代前用。

草袋：蒲草编成，外出盛饭用。消逝于 20 世纪 70 年代。

饭筒、饭篮：饭筒常用竹做成。饭篮为精制竹制品。1980 年后不再用。

茶筒：常为竹制，用于户外劳动带茶水。

铜罐：用于厂铺临时做饭，不需锅灶。

火刀、火霉：火刀是专用铁器，敲打石头发出火星，使纸霉着火，消逝于 20 世纪 70 年代。

旧式书箱：柜形，比较精致，用于藏书。

戥秤：药店、金银器店用，可精确到钱、分。20 世纪 80 年代停用。

棉花机、去籽机、弹棉机、织布机：均为织布各工序用，人力驱动。

焙笼：竹制，下置火罇，婴儿取暖用。

火桶：木制，桶形，上小下大，中有隔栅，下置火罇，幼儿用。

火笼：竹篾外包、内圈用铁或吕制作的圆形取暖用具，里头置一层灰土，灰土上放炭火，外头盖铁质火笼盖。今少数老年人还在用。

火盆：农村称“火罅”，以木炭生火取暖用，现已少见。

鞋拔：旧时穿鞋用。

竹轿：竹木混合制成，多用于迎亲。

纸伞：纸做雨具，用竹篾为骨架。

稻秆袜：用稻草打成临时的袜，雪天走路用。

摇把电话机、手工接转电话总机：20 世纪 80 年代有自动电话后消失。

BP 机、大哥大：通信工具，20 世纪 90 年代用。BP 机只提示音响，无接听功能。现已被手机取代。

三、文具

钢笔水粉：安瓿包装，2 分钱一瓶，用温水泡开为半墨水瓶。

蘸笔：蘸着墨水写字的笔，农村常只买笔尖，笔杆自做。

铁笔、钢板、油印机：蜡纸铺于钢板上，用铁笔刻字。油印机有平板和滚筒式。

算盘：其形长方，周为木框，内贯直柱，俗称“档”。一般从九档至十五档，档中横以梁，梁上两珠，每珠作数五，梁下五珠，每珠作数一，运算时定位后拨珠计算，可以做加减乘除等算法。也有少数用铁质、铜质、银质制作。20 世纪 90 年代以后逐渐被电子计算器取代。

四、服饰

长衫、对襟、便衣、便裤、马褂、花青背肩，小孩银质帽饰，褡肚袋（肚兜，多有绣花）。

假衣领：20 世纪 60 年代最为时髦。

木拖鞋：多以柏木板做成，20 世纪 60 年代最为时尚，行走时啪啪作响。

五、灯具

灯盏：上下两个油盘，20 世纪 50 年代用。

洋油盏：多以钢笔水瓶做成。

风铜灯：分底座、油瓶、灯罩三部分，点燃后将灯罩套上。

煤气灯：油盘中盛煤油，以纱罩作灯丝，充气后点燃。多用于开会或演出。

六、票证

购货证、布票、各种粮票、肉票、面粉票、饲料票等，1980 年前因商品匮乏，几乎所有商品凭票供应，是计划经济时代的特征。

七、习俗

宝童塔: 旧时在僻静处为弃置夭折婴儿建的塔形建筑，20 世纪 70 年代消失。

义祭坛: 村边为祭奠客死者设的祭坛，常仅以一石碑作记。农村尚存，已极少人祭祀。

五谷神: 以一石碑作祭坛，村人义务祭祀。农村尚存，已不祭。

谢火: 火灾后以三牲祭谢火神，以祈再不发生。火神即祝融，讳称“回禄”。

包周: 婴儿出生后一周内要将手以布裹住。

洗三醮: 婴儿出生三周后的一种仪式。

经济篇

农业经济　电商经济

JINGJIPIAN

NONGYE JINGJI DIANSHANG JINGJI

电　商　兴　村

本篇分四章：一是北山村经济总况，阐述了北山村经济的特点，包括稳定发展的农业经济、异军突起的电商经济、闻名遐迩的烧饼经济和前景广阔的旅游经济。二是北山村农业经济，介绍了北山村农业总体情况、农业生产结构情况、农村经济的主要特点、农业内部各业情况以及农业机械化和农村能源消耗情况。三是北山村工业经济，介绍了北山村小型家庭工副业和北山村工业。四是北山村商业经济，介绍了农村商贸和北山村电子商务的发展情况。改革开放以来，北山经济快速发展，经济类型多样，发展效果显著。电商经济是北山最富有特色也是最重要的经济，电商经济异军突起是北山村最大的亮点。作为全国首批淘宝村之一，北山电子商务是“大众创业、万众创新”的典型案例。

第一章　北山村经济总况

第一节　稳定发展的农业经济

北山村是个传统农业村，农耕经济是最重要的传统经济。自古以来，男耕女织，早出晚归，辛勤稼穑，就是北山村的生产生活方式。直到今天，农业仍然是北山村的基础产业。最新的统计资料显示：2018 年度，北山村总农户数 1099 户当中，纯农户 246 户，农业兼业户 290 户，也就是将近一半村民仍然从事或半从事农业生产；在春季农作物播种面积上，总面积 636 亩，粮食作物面积 95 亩，油菜 65 亩，蔬菜 430 亩（主要是茭白），席草 46 亩，北山的茭白种植已经初具规模。2018 年度，北山村民人均收入接近 2 万元，在壶镇处于中上水平，在整个缙云县处于较高水平。稳定发展的农业经济是北山经济发展的基础，今后仍然要坚持并且向特色农业发展方向努力。

第二节　异军突起的电商经济

电商经济是北山最富有特色也是最重要的经济。北山之所以在全国都小有名气，最关键就是北山电商经济的异军突起。2015 年，北山村被评为“中国十大淘宝村”。在北山电商发展史上，村民吕振鸿起了关键作用。原本烤烧饼、开图书店的吕振鸿，从 2006 年开始做电商，2008 年就实现了较高的利润。在他的带动下，村民也纷纷开始从事电商产业。北山电商最兴旺的时候是在 2012、2013、2014 年。全村从事电商产业的有 200 多人，有 60 多个品牌店。形成了以浙江北山狼户外用品有限公司为龙头，以个人、家庭以及小团队开设的分销点为支点，以户外休闲用品为主打产品的北山户外淘宝第一村，被中科院信息化研究中心主任汪向东总结为“北山模式”。浙江北山狼户外用品有限公司年产值在从十几万、几十万突飞猛进到2015年的六千余万，2018年达到了一个亿。北山狼的名气甚至超过了缙云县。现在村里正在规划电商工业园，划出了一块33亩工业用地，拍卖价达到110万元每亩。2012年3月，丽水市农村电商大会在北山村召开；原浙江省省长李强曾亲临北山狼公司考察指导。

第三节　闻名遐迩的烧饼经济

烧饼业是近年来缙云县政府主推的一项富民产业。“小小一只烧饼，大大一个世界”。北山村是缙云烧饼的起源地之一，早在晚清时代，不甘贫困的北山人就有外出烤烧饼谋生赚钱的传统。2017年，北山村被授予缙云烧饼特色村。时至今日，村里仍有近三分之一以上的人在外做烧饼，如江西、江苏、安徽等地，省内的更是不计其数。从2017年开始，北山村连续三年举办“北山烧饼节”。2019年的烧饼节，热情好客的北山人共准备了15个摊位，摊主们自发组织来做烧饼，一个摊位两个人，一个烤、一个做。大半天时间，烧饼节共送出了2万多个烧饼。除了集中做烧饼的，还有近90户村民在自家门口搭起了烧饼摊，做烧饼供外地游客免费品尝。壶镇烧饼文化源远流长，而北山村的烧饼在量上可以说是壶镇之最，甚至称得上是缙云之最，全村几乎每家每户都有一人正在做或者曾经做过烧饼。

第四节　前景广阔的旅游经济

蓬勃发展的电商产业、持久发展的烧饼产业、稳定发展的传统农业，以及即将建成运营的金台高速铁路，给北山下一轮发展带来巨大机遇。特别是金台高铁壶镇站设在北山，征用田地550余亩，其中壶镇站、站前广场、迎宾大道150余亩，给北山新兴的旅游业、物流业、休闲业带来广阔的发展空间。特别是旅游业，是北山今后发展的重点产业，农业游、电商游、民宿游、文化游、乡愁游即将迎来大发展的黄金时代。

除了以上主要产业之外，勤劳智慧的北山村民还从事个体经商、交通运输、建筑工程、餐饮美容，以及传统的手工业，等等。丰富多样的从业形态、来源广泛的经济收入、蓬勃发展的主打产业，形成了北山村特有的“实力第一、人才至上、坚韧不拔”的商业文化。

第二章　北山村农业经济

北山村地处浙北地区，气候温和，雨量充足，农作物生产季节长，农业生产条件比较优越，再加上当地的地势较为平坦，河汉纵横也非常有利于农业及相关产业的发展，因而，农业一直是北山村地方经济发展的主线。北山村在历史上一直是一个农业村。农业经济是最重要的经济。相对于邻近地区的高潮村商业经济、湖川村工业经济而言，北山村是一个农业大村。1978 年底，改革开放政策实行以后，北山村民逐渐从纯粹农业的生产格局中解放出来，走上了亦农亦商、亦商亦农、农商结合的发展道路。特别是进入新世纪以后，电商产业飞速发展，粮经比例越来越小，农业本身也发生了巨变。

第一节　北山村农业总体情况[①]

北山村现有 1 个村股份经济合作社，有 26 个村民小组，汇总农户数 1071 户，其中纯农户 246 户，农业兼业户 290 户，非农业兼业户 295 户，非农户 240 户。界定集体经济组织成员数 2282 人，成员代表数 53 人，社管会成员 5 人，社监会成员 4 人。有实行规模经营的农户 35 户，经营耕地面积 10 亩以下 1070 户，未经营耕地农户数 130 户。耕地流转时间在 2—5 年之间的 496 户。流转出耕地农户数 232 户，流转用于种植粮食的 70 户；流转入农户面积 496 亩，流入农户 202 户。家庭承包经营耕地面积 1018 亩，家庭承包经营农户数 676 户，耕地流转总面积 496 亩。全村农用地总面积 7080 亩，耕地 1028 亩，村集体直接所有的 10 亩，村

① 数据来源：壶镇镇农办

民小组直接所有的1018亩，园地534亩(全部属家庭承包经营)，林地5508亩(家庭承包经营1110亩)。

一、2018年度北山村经济总体情况

2018年度，北山村汇总人口数2344人，其中集体经济组织成员数2298人，汇总劳动力1500人，从事家庭经营1306人，从事第一产业382人，外出务工劳动力194人，其中在乡外县内37人，县外省内63人，省外94人。

2018年度，全村集体经济总收入80.48万元，其中经营性收入6.13万元，补助收入66.3万元，其他收入8.05万元；总支出10.93万元，其中管理费用4.03万元，年收益69.55万元。可分配收益69.55万元，其中提取公积金、公益金20.86万元，提取应付福利费14.61万元，年末未分配收益34.08万元。农民人均收入1.8万元。

二、2006年前北山村的集体收入

1990年，村委将本村官塘岴、大香山、四尺岴、胡石牛、和尚山沿金针山承包给各农户种植，16份合同中，三年承包款最多的是618元，最少的是110元，共计4304元，平均每户269元。第一年（1990年）要交承包款2388元，占应交总额的55.48%；第二年（1991年）要交承包款1026元，占应交总额的23.84%；第三年（1992年）要交承包款890元，占应交总额的20.68%。

表3 1990—1992年村金针山三年承包款

单位：元

地　点	1990年	1991年	1992年	总　额
大香山	132	102	102	336
四尺岴	60	30	30	120
官塘岴	84	64	44	192
官塘岴	50	60	34	144
官塘岴	50	50	50	150
四尺岴	70	40	40	150
四尺岴	50	30	30	110
四尺岴	50	30	30	110
和尚山	140	120	100	360
官塘岴	116	96	76	288

续表

地　点	1990 年	1991 年	1992 年	总　额
大香山	92	72	52	216
寺　山	90	70	50	210
大香山	170	160	150	480
胡石牛	132	102	102	336
胡石牛	484			484
胡石牛	618			618
合　计	2388	1026	890	4304

资料来源：根据入村调研所得

1990 年，村委为发展蚕桑生产，把上安山一处地承包给各农户种植蚕桑，从现存资料看，有 7 户村民承包。承包期从 1990 年 10 月至 1995 年晚秋蚕上山为止，承包数量从 1 亩到 3 亩不等，承包费从 15.5 到 75 元，每亩平均 15.56 元。承包期满后，桑树归村所有，但不计算苗木款。重新反包给村民，1995 年晚秋蚕上山后，桑树由下手整枝，桑柴归上手承包者。承包期满时，每亩桑树成活率以 950 株为基数，小于 950 株处以每株赔偿 5 元。

表 4　1990 年村金针山承包种植蚕桑的五年承包款

地　点	数量 / 亩	承包款 / 元
上安山	1	17
上安山	2	30
上安山	1.3	20
上安山	1	25
上安山	1	15.5
上安山	1	25
上安山	3	75
合　计	13.3	207.5

资料来源：根据入村调研所得

1991 年桑苗分户：总共桑苗 101404 株，每株 0.25 元，实付现金 18108 元，全村贷款 7243 元。总计款：25351 元。

表 5 三联乡下宅村桑苗分队明细

单位：株

队长名	桑苗	队长名	桑苗
龙修	3120	尚孝	8130
洪土	1640	加善	4860
胡唐	3380	子良	5440
葛兴	8500	子方	7888
伯琴	6382	周于	4804
伯根	5210	干生	1090
章喜	5290	根倪	9240
连云	3570	桂兵	6420
唐付	850	干法	2200
唐洋	7290	长江	6100
总合计	101404		

资料来源：根据入村调研所得

三、北山村集体收入的收支特点

从以前的统计资料看，下宅大队的集体收入还不足以管理开支。1982 年，为了便于统一管理，生产队干部会议工、补贴由大队向生产队提取 2592 元。军属款、五保户、民兵训练、教师福利一部分等共 2568 元需向生产队提取，总需要向生产队提取 5160 元，按照田亩负担，每亩 6 元。

表 6 下宅大队 1982 年财务收支预算

单位：元

收入和支出	项目	金额
收入项目	金针山	5120
	加工站	1500
	代销店	460
合计	7080	
支出项目	拥军优属款	900
	五保户	108
	民办教师、幼儿班工资	550
	电影	300
	民兵训练	810

续表

收入和支出	项目	金额
支出项目	大队干部会议工及补贴	3600
	管理费用及杂费	1200
	生产队干部会议工	1440
	补贴	1152
合计	10060	

资料来源：根据入村调研所得

第二节　北山村农业生产结构

2018年，全村农作物播种面积636亩，其中粮食作物95亩，主要有蚕豆（豌豆）种植42亩，马铃薯种植53亩，传统种植的水稻、小麦已经全部退出农业生产；另有油菜种植65亩，蔬菜种植430亩，席草种植46亩，番薯、豆类、瓜类等46亩。蔬菜种植主要是双季茭白，产量大约在每亩3000斤，年收益每亩在一万元以上。席草种植为北山村民传统特色种植业，主要用于制作蒲扇、草席等。林地主要是松树为主的生态公益林。

第三节　北山村农村经济的主要特点

一是粮经比例越来越小。粮食作物主要是指水稻和小麦。在旧时代和集体化生产时期，北山村主要种植水稻，其他经济作物几乎没有；至1982年底分田到户后，为追求经济效益，水稻种植面积越来越少，其他经济作物种植面积越来越大，到了现在几乎已经没有农户种植水稻。村民日常生活需要的大米均从市场购入。

二是个私经济比重越来越大。从传统的粜米收入、手工业收入、副业收入，到现在的电商经济收入、外出务工经商收入、土地流转分红收入、土地征收分配收入等，北山村民的个体私营经济收入比重越来越大，收入形式日趋多样化，村民经济实力也越来越强。

三是农业生产形态发生巨变。从传统的集体化生产到每家每户的家庭承包经营，再到现在的土地流转集中经营，从传统的生存农业、耕种农业、小农农业，向现在的旅游农业、观光农业、集约农业、机器化农业，北山村的农业生产形态发生了巨变。

四是农民思想观念发生巨变。农业生产方式的转变，必然导致村民思想观念的转变。传统农民靠田吃饭、靠天吃饭，经常受到饥饿、饥荒的威胁，极度的贫困限制了人们的思想。现在的北山村民早已经从极端落后的农业生产方式中解放出来，在现代化互联网的浪潮冲击中，率先做起了电商经济，通过电商发家致富，创造了闻名全国的“北山模式”，当上了新时代的“农业白领”。

第四节　农业内部各业情况

一、种植业

在北山村最重要的农业产业中，种植业是占据绝对优势地位的主导产业。村庄种植的农作物品种主要有水稻、大豆、玉米、红薯等粮食作物以及棉花、花生、蔬菜等经济作物；2018 年，北山村的农作物播种总面积为 1808 亩，其中，粮食作物播种面积为 1050 亩，油料作物、工业原料作物、药材作物等其他作物的播种面积为 758 亩。综合来看，1993—2018 年，北山村农作物和粮食作物的播种面积总体呈下降趋势，相反，其他作物的播种面积却略有上升。

（一）粮食作物

北山村种植的粮食作物主要是水稻，同时也种植少量的玉米、豆类和薯类等。2018 年，全村共种植粮食作物 1050 亩；其中，谷类作物（包括稻谷和玉米）725 亩，产量 366 吨；豆类作物 147 亩、产量 26.5 吨；薯类作物 178 亩、产量 57 吨。2006 年前，北山村种植双季稻（早稻及单季稻或连作晚稻），春季种植的早稻和夏季种植的晚稻是该村的主要春粮和秋粮；但村民在 2006 年后不再种植双季稻而改种单季稻或连作晚稻，单季稻或连作晚稻成为该村的主要秋粮。另外，村庄主要种植的春粮还包括蚕豆（豌豆）和马铃薯，主要种植的秋粮则包括玉米、番薯、大豆和夏秋杂豆。

1. 稻谷

稻谷是北山村最传统、也是种植面积最广的粮食作物。20 世纪 90 年代初是北山村种植水稻面积的高峰期，1994 年和 1995 年，全村的水稻种植面积超过 1600 亩，尤其 1995 年的水稻种植面积高达 1642 亩，分别占全村农作物种植总面积和粮食种植总面积的 71.52% 和 94.53%。但 20 世纪 90 年代中后期后，北山村的水稻种植面积持续下降，尤其21世纪后，下降更为显著。2018年，北山村的水稻种植总面积和总产量分别降至625亩和300吨，前者仅为1995年的38.06%；但水稻的亩产量却因水稻品种的改进、化肥及农药的使用而大幅上升，从1988年的318.6公斤每亩大幅上升为2018年的480.00公斤每亩。

2. 玉米

北山村的玉米播种面积不大，但不同年份的玉米播种面积变化却较大。20世纪80年代后，北山村玉米种植面积最大的年份是1988年和2000年，当年的种植面积分别为107亩和148亩；最小的时期是20世纪90年代，年种植面积不足10亩。2000年后，北山村的玉米种植面积除2003年和2005年分别只有10亩和17亩外，其他年份的种植面积基本保持在50—95亩之间。玉米的亩产量除少数年份外，2010年前约为200—250公斤，2010年后，亩产量提高到300公斤以上。

3. 豆类

北山村主要种植的豆类作物包括春粮中的蚕豆（豌豆）和秋粮中的大豆和夏秋杂豆。2000年前，北山村村民只在田间地脚少量种植豆类作物；除少数年份外，全村的豆类作物种植面积不足10亩，年产量也仅为1吨左右，通常只供村民自食。2000年后，随着北山村粮食种植面积的持续下降，土地逐渐富余，北山村曾在2000—2010年间，大幅增加豆类作物的种植面积，年平均种植面积超过100亩。2018年，北山村的豆类作物种植面积为147亩，年产量为26.5吨；其中，蚕豆（豌豆）、大豆和夏秋杂豆的种植面积和年产量分别为42亩、80亩和25亩及5.7吨、17吨、3.8吨。

4. 薯类

北山村种植的薯类作物主要包括番薯和马铃薯。

20世纪70年代前，为解决粮食短缺问题，番薯曾是北山村村民的主要口粮之一；70年代后，随着村里粮食供应的逐渐充裕，番薯的种植量也逐年减少；2000年后，粗粮的营养价值逐渐被认可，北山村又重新提高了番薯的种植面积。2018年，北山村的番薯种植面积和产量分别为125亩和57吨。

北山村村民更多将马铃薯作为蔬菜而非主粮食用。除了极少数年份外，2015年前，北山村的马铃薯种植面积基本稳定在25—31亩之间；2016年后，村里的马铃薯种植面积有较大幅度增长，年种植面积约为50亩。同时，马铃薯的亩产量也在2011年有较大变化，从之前约200—300公斤的亩产量上升至400公斤以上的亩产量。2018年，北山村的马铃薯种植面积和产量分别约为53亩和22吨。

（二）其他作物

北山村除大量种植粮食作物外，还有种植油料作物、工业原料作物、药材等其他作物，并且自2000年后，村里其他作物的种植面积整体呈上升趋势。2018年，北山村其他作物的种植面积为758亩，占全村农作物种植总面积的41.82%；其中，油料作物、棉花（皮棉）、糖料、果有瓜、蔬菜（含菜用瓜）及席草等其他作物的种植面积和产量分别为50亩、15亩、3亩、62亩、582亩和46亩及5.9吨、1.3吨、9吨、119吨、1022吨和44吨（表7）。

表7 北山村其他作物种植面积和产量（2018年）

	油料作物	棉花（皮棉）	糖料	果用瓜	蔬菜（含菜用瓜）	席草
种植面积 / 亩	50	15	3	62	582	46
产量 / 吨	5.9	1.3	3	119	1022	44

1. 油料作物

北山村种植的油料作物主要有油菜籽、花生和芝麻。综合来看，北山村的油料作物种植面积自20世纪80年代后，基本保持稳定，除少数年份外，全村的油料作物种植面积约占其他作物种植面积的10%—15%；但2000年后，村里油料作物种植面积略有下降，种植面积降至约占其他作物种植面积10%左右或更低。2018年，北山村油料作物的种植面积和产量分别为50亩和5.9吨，占全村其他作物种植面积的6.6%。

油菜籽是北山村种植时间最长、种植面积最大的油料作物，除个别年份外，油菜籽的种植面积占全村油料作物种植面积的70%以上。2018年，北山村的油菜籽种植面积和产量分别为35亩和5.9吨，占全村油料作物种植面积和总产量的70%和67.8%。

北山村也有种植花生、芝麻等油料作物。花生约在2009年在北山村形成一定规模的种植，花生的年种植面积和年产量分别约在10—15亩和1—2吨之间；2018年，北山村的花生种植面积下降较多，只剩下5亩，年产量仅有0.8吨。

北山村村民种植芝麻积极性不高。2002—2010年间，全村只有少数村民种植，种植面积不足5亩，年产量仅有数百斤；2018年，北山村种植共了10亩芝麻，占全村油料作物种植面积的20%，年产量为1.1吨。

2. 棉花

北山村曾种植棉花，但面积不大。例如，2000—2011 年间，北山村绝大多数年份的棉花种植面积仅有 10 亩左右，不到全村其他作物种植面积的 1%；2012 年后，北山村的棉花种植面积有所上升，年均种植面积约为 55 亩，约占全村其他作物种植面积的 6%，年均产棉量约在 5—12 吨之间。2018 年，北山村棉花的种植面积仅剩下 15 亩，占全村其他作物种植面积的 1.98%，全年产棉量只有 1.3 吨。

3. 糖料作物

北山村种植的糖料作物只有蔗糖，每年的种植面积波动较大。2000—2004 年间，全村每年约种植 15 亩蔗糖；到了 2005—2010 年间，全村每年的蔗糖种植面积降至 5 亩以下；之后的 2011—2017 年间，全村的蔗糖种植面积又重新上升至约 20—30 亩之间。2018 年，北山村的蔗糖种植面积锐减至 3 亩，年产量仅 9 吨。

4. 蔬菜

北山村的蔬菜种植历史悠长。中华人民共和国成立前，村民们会小面积地种植蔬菜供自己食用，实现自给自足。中华人民共和国成立以后，农户种植的蔬菜面积和种类都有所增加，北山村村民在这个时期种植的蔬菜品种主要有萝卜、青菜、菠菜、大白菜、小白菜、芋头、马铃薯；此外，还有种植茄子、南瓜、黄瓜、冬瓜等。村民买菜吃的现象比较少见。北山村里的蔬菜户均种植规模较小，主要在自留地和自家宅院内种植，基本自己食用，只有少量出售。直至 20 世纪 90 年代，除少数年份外，北山村的蔬菜种植总面积不到 50 亩，户均蔬菜种植面积和产量分别不足 0.8 亩和 150 公斤。但新世纪后，北山村的蔬菜种植面积大幅上升，尤其 2013 年后，全村的蔬菜种植面积超过 500 亩，年产量超过 800 吨。2018 年，北山村的蔬菜种植面积和总产量分别为 644 亩和 1141 吨，户均种植面积和产量分别为 0.6 亩和 1065 公斤，分别是 20 世纪 90 年代的 7.5 倍和 7.1 倍。

此外，北山村种植的瓜果有菜用瓜和水果用瓜。其中，菜用瓜主要包括南瓜、冬瓜、葫芦、黄瓜等；水果用瓜主要是西瓜。2000 年前，北山村只有部分年份有种植零星数亩西瓜；但 2001 年后，村里的西瓜种植面积开始快速上升，2006 年最多时，全村曾种了 142 亩西瓜，年产量高达 282 吨。这个时期，北山村种植甜瓜等其他水果用瓜的面积和种类有所增加，分别约占全村水果用瓜种植面积和产量的 16% 和 18%。2018 年，北山村水果用瓜种植面积和产量分别为 62 亩和 119 吨；其中，西瓜的种植面积和产量分别为 52 亩和 98 吨，甜瓜等其他水果用瓜的种植面积和产量分别为10亩和21吨，两者分别占全村水果用瓜种植面积和总产量83.87%、82.35%和16.13%、17.65%。

5. 席草

北山村曾一度被称为“草席村”。北山村的席草种植约从20世纪90年代初的小面积种植开始，这个时期的席草种植面积和产量分别约为每年10亩和10吨；20世纪90年代末，村里开始大规模种植席草，且种植面积逐年增加，到了2003年，塘下村、上宅村和下宅村等三个自然村种植的席草总面积和总产量分别高达520亩和472吨。但2004后，村庄的席草种植面积随之下降；2018年，北山村的席草种植面积和年产量分别只有50亩和40吨。

6. 其他种植作物

绿肥的幼嫩茎叶含有丰富的养分，在土壤中腐解后能大量增加土壤中的有机物质和氮、磷、钾、钙、镁等各种微量元素；因而，为了给土壤增肥，改良土质，北山村曾大面积种植紫云英等绿肥。1992年，北山村的绿肥种植面积曾高达850亩，约占全村农作物种植面积的37%。但之后随着氮肥、磷肥、钾肥及复合肥等化肥在北山村农业种植中的普及，自20世纪90年代末开始，北山村的绿肥种植面积大幅下降，2000年，全村只种植了132亩绿肥，约占全村农作物种植面积的6.3%；2001年后，化肥全面代替了绿肥，村庄只有在2006年曾种植过20亩绿肥，其他年份均不再种植。

此外，北山村还曾在有些年份尝试过种植其他农作物。例如，20世纪80年代，受当地政府推广黄花菜种植政策引导，1988年，北山村曾种植过20多亩黄花菜；2011年，村里也曾尝试种植300亩花卉园艺等。

二、养殖业

北山村的养殖业历史悠久，主要养殖品种包括役畜、肉畜、家禽、蚕桑及水产等。

（一）役畜

北山村曾养殖的役用家畜是牛，主要供耕地之用。据村民回忆，中华人民共和国成立前后，上宅村、下宅村和塘下村三个自然村都曾饲养数头牛供耕地之用。但20世纪80年代后，随着农业机械化的普及，村里饲养牛的数量不断减少；90年代后，每个自然村只留下有1—2头牛；2013年后，村里再也没有农户饲养牛了。

（二）肉畜

北山村主要饲养的肉用家畜是猪，在极少数年份，曾有村民饲养过羊和兔。

1. 猪

饲养猪在北山村有非常悠久的历史，村里大部分家庭都有养猪。猪的饲养成本比较低，饲养方法主要以做饭洗碗后的泔水加谷糠、番薯藤、野菜喂养，所以村民养猪的积极性都比较高。尤其实行家庭联产承包责任制后，北山村的生猪饲养量稳步上升；1988 年，全村的生猪饲养量达 1380 头，平均每户饲养量为 2.56 头；但 20 世纪 90 年代后，北山村的生猪年饲养量不断下降，2012 年后，进一步降至 100 头以下。2018 年，北山村只饲养了 13 头猪。

2. 羊

北山村只在少数年份有个别村民养羊，规模很小。例如，全村除 1992 年养过 5 只羊外，只在 2002 年和 2005 年分别曾饲养过 30 只羊和 16 只羊。

3. 兔

北山村养兔的年份比养羊更少，分布也更为集中，自 20 世纪 80 年代末以来，只有在 1988 年、2001 年和 2002 年有个别村民养过 20 只、80 只和 80 只兔子。

（三）家禽

北山村饲养的家禽包括鸡和鸭两种，长期以来，饲养这两类家禽一直是农户重要的家庭副业。北山村村民通常每家每户都会饲养三五只家禽，例如，1998 年，全村 540 户村民共养了 1680 只家禽，平均每户饲养 2.5 只；2000 年是北山村自 20 世纪 80 年代以来，全村饲养家禽最多的一年，共饲养了 3410 只家禽，平均每户饲养了 5.4 只。从图 19 可见，北山村从 20 世纪 80 年代末到 2000 年间，除少数年份外，全村的家禽饲养量总体呈上升趋势；2001 年后，北山村村民家庭饲养的家禽数量锐减；之后，随着村庄环境整治及全省“五水共治”的不断深入，北山村的家禽饲养量进一步减少，2018 年，全村只饲养了 219 只家禽，平均约五户村民才饲养 1 只家禽。

1. 鸡

北山村几乎家家户户都有饲养鸡；2000 年后，北山村的鸡饲养量大幅下降，大部分农户家庭都不再饲养；2018 年，全村只饲养了约 100 只鸡，年末出栏了 80 只。

2. 鸭

北山村村民饲养的鸭子主要是缙云麻鸭，因全身羽毛浅粽灰色似麻雀而得名，俗称草子鸭，水鸭。1999—2001 年间，北山村曾饲养了数千只缙云麻鸭。但 2001 年后，因村庄环境治理，基于卫生等原因，当年年末出栏 2000 只麻鸭后，村中就不再大规模饲养了。

（四）蚕桑

北山村有 534 亩蚕桑园地，占全村农用土地面积的 7.54%，村里有较长的种桑养蚕的历史，蚕茧收入曾经是当地村民改善生活的一个重要经济来源。

北山村的种桑养蚕受当地政府的政策推动。20 世纪 90 年代初，缙云县政府提出以种桑养蚕为主体的“三种两养”综合开发工程，并将其作为农民尽快脱贫致富的重点来抓。例如，1991 年，缙云县供销社为扶持蚕桑生产，解决农户的资金短缺问题，曾与多个村庄签订了“缙云县供销社扶持蚕桑生产担保借款合同”，为农户购买桑树提供低息贷款，下宅村、上宅村和塘下村都曾与之签约。在当地政府扶持下，北山村的桑蚕种养面积和数量大幅增长，1992 年，北山村的桑园种植面积达 441 亩，1995 年，进一步上升为 532 亩，采摘面积上升为 452 亩。1994 年是北山村蚕桑饲养的高峰期，全村共饲养了 623 张蚕种，蚕茧年产量达到 22.15 吨。

1995 年，因全国蚕茧价格大滑坡，桑蚕生产效益大幅下降。北山村村民对蚕桑生产出现了动摇、消极等负面情绪，甚至出现了“弃桑不管”“弃桑抛荒”“毁桑种粮”等现象。1998 年，全村的桑园采摘面积只剩 80 亩，仅为 1995 年的 17.7%，蚕种饲养张数和蚕茧产量也分别只有 308 张和 9.86 吨，分别仅为 1994 年饲养高峰期的 49.44% 和 44.51%。基于蚕桑生产的严峻形势，缙云县自 20 世纪 90 年代末开始出台了一系列扶持政策，加大对蚕农的宣传力度和防治病虫害的技术指导，北山村的桑蚕生产得到一定恢复。2000—2012 年间，北山村的桑园种植面积有较大幅度上升，但 2006 年后开始呈现下降态势；尤其 2013 年后，北山村的桑园种植面积锐减，蚕种的饲养张数和蚕茧总产量也快速下降。2018 年，北山村仅有桑园种植面积和采摘面积 50 亩，蚕种饲养张数和蚕茧总产量分别仅为 13 张和 1.6 吨。

（五）水产

北山村有一定面积的水域，村民曾通过养殖淡水鱼来增加收入；例如，1988年，村里就曾养殖1.2吨淡水鱼。20世纪90年代，由于村里河流与池塘的污染不断加剧，养鱼越来越不合算，村民不再养鱼。2000年后，随着村庄环境的改善，村里又开始出现淡水鱼养殖。2018年，全村淡水鱼的年产量降至9吨，其中，草鱼与鲫鱼产量较多，分别有3吨，鲢鱼有2吨，青鱼较少，只有1吨。

（六）蜂

20世纪90年代，北山村有村民开始养蜂谋生。例如，1993年，下宅村就有村民养了20箱蜂，2004年，塘下村也有村民养了40箱蜂。2017年，北山村的养蜂量约为100箱，蜂蜜和蜂王浆的年产量分别为8吨和450公斤。

三、林果业

北山村的林地、园地资源相对丰富，分别占全村农用土地面积的77.8%和7.54%。

（一）林业

北山村有林地面积5508亩，占全村农用土地的77.8%；村民一直有从林区采集野生植物的传统，尤其在烧柴火做饭的年代，村民所用的柴草和薪柴都是从树林里采集而得，偶尔村民还会将其挑到市场上出售。20世纪90年代末，北山村逐渐开始用煤气替代传统的柴草和薪柴做饭，村民从林区采集柴草和薪柴的数量大幅下降。2018年，北山村村民从林中采集的柴草和薪柴数量分别为70吨和90吨，前者是20世纪90年代初的4.93%，后者是21世纪初的1.98%。

林区还曾是北山村村民其他生产生活资源的重要来源之一。例如，村民们会在树林中采集蘑菇；1993—1994年，村民们还曾每年从林中采得20吨和12吨香菇。2002年，北山村在林中采集了29吨人造板原料等。

（二）果业

20世纪60年代，北山村就有果园，种植柑橘、梨和桃。后来因果树不断老化，果品品质欠佳，水果产量不断下降，果农收益大幅下滑；导致北山村的果园面积大幅减少。例如，1988年，北山村还有67亩果园，其中有50亩柑橘园、13亩梨园和4亩桃园，水果总产量为6.5吨；但到了1994年，全村只剩下5亩柑橘园，年产量只有500公斤。这个时期，北山村主要种植柑橘、梨和桃子，果品欠佳，产量很低；村民种植水果的积极性不断下降，果园被大面积抛荒；尤其1995—1999年间，北山村的果园几乎处于弃种状态。

1999年，北山村开始重新种植了30亩梨树；梨树的生产期较长，需要3—5年才能结果；头两年虽然尚未结果，但长势喜人，村民又陆续追加种植了梨树和其他果树。2001年，北山村共有果园134亩，其中，梨60亩、柑橘20亩、水蜜桃45亩、柿子4亩和李子1亩，除梨、红柿和李子当年未结果外，柑橘和水蜜桃的年产量分别为12吨和2吨。2003年后，北山村村民根据不同水果的亩产量、口感及市场销售情况，对种植水果的种类进行了调整，例如，柑橘的种植面积从原来的20亩缩小至5亩，且2009年后，村里就不再种植柑橘；水蜜桃和梨的种植面积分别在2005年和2006年增加至70亩；红柿也在2006年增至10亩。

此外，2004年后，北山村的水果种植呈现出多样化，除了继续种植上述传统水果外，村里开始尝试种植桑葚、猕猴桃、枣、草莓等水果。例如，2009—2011年间，北山村曾小规模种植过杨梅。2009年，北山村划出了50亩地开始种植葡萄。2018年，北山村种植了32亩葡萄，年产量约65吨，亩产量为2031.25公斤；梨、水蜜桃及红柿的种植面积和年产量分别为53亩、150亩、40亩和60吨、135吨、40吨；其他水果的种植面积和年产量分别为65亩和41吨。

第五节　农业机械化和农村能源消耗

随着我国经济发展及缙云县农机化事业发展，中华人民共和国成立后，北山村的农机化事业取得了较大进展。

一、农业机械化

北山村地处丽水市三大平原之一的壶镇平原，历史上是缙云县重要的农业产区，是全县较早推行农业机械化的村庄之一。早在1988年，北山村的机耕面积就达490亩，占全部耕地面积的43.13%；机械脱粒也开始在村里试行，当年有20亩耕地进行了机械脱粒尝试，其中，机动脱粒有10亩（表8）。20世纪90年代后，北山村的农业机械化取得较大进展；到了21世纪，联合收割机、植保机、农业运输机、农药喷雾器等多种农业机械陆续被用于北山村的农业生产中；尤其近年来，随着缙云县多家农机服务专业合作社的成立及全县农机社会化服务体系建设的完善，北山村的农业机械化程度得到了进一步提高，对北山村的农业丰收和农村经济发展起到了重要的促进作用。

表 8　北山村农业机械化情况（1988 年）

耕地面积 / 亩	机耕面积 / 亩	机耕面积占比 /%	机械脱粒面积 / 亩	机动脱粒面积 / 亩
1136	490	43.13	20	10

二、化肥

在北山村的传统农业发展中，有机肥一直占据主要地位，土生土长、自给自足、自己制作、自己施用是农业用肥施肥的主要形式。村里的有机肥主要包括人畜粪便、动物残体等以各种动物、植物残体、秸秆、或代谢物组成的农家肥，及利用栽培或野生的紫云英、豆科类等绿色植物体制作的绿肥。掌握制肥技术的村民能将树枝、树叶等堆积焚烧后制成草木灰，也是很好的农家肥。

有机肥对农作物生长的促进作用有限，为了提高粮食的亩产量，20 世纪 80 年代后，随着我国化肥工业的扩张，及农业部门对化肥使用的大力宣传，“肥多、粮多”是当时促进农业生产的主要宣传口号；北山村村民对化肥的认可度大幅提升，农民开始用化肥代替有机肥。尤其 20 世纪 90 年代后，北山村民施用化肥的积极性大幅提升。20 世纪 90 年代到 2011 年，北山村农业生产中的化肥使用量持续上升，从 1992 年的 190 吨一路上升到 2011 年的 550 吨，平均每亩耕地的化肥施用量也从 207.2 公斤上升到 535.02 公斤，化肥施用总量和每亩耕地化肥施用量分别是前者的 2.89 倍和 2.58 倍。

化肥的大量使用虽然对农业增产成效显著，但也引发了严重的环境污染问题。2012—2013 年间，北山村的化肥施用量稳中略有下降。2014 年后，随着人们对绿色食品需求的不断增加及当地农业部门对农业生产中的化肥和农药使用量加强了监控，使北山村一方面大量减少了化肥的使用；另一方面，化肥的使用类型和结构也更加多样化和合理化。2018 年，北山村的化肥施用总量和平均每亩耕地的化肥施用量分别为 413 吨和 401.75 公斤；氮肥、磷肥、钾肥及复合肥的施用比例分别为 39.95%、14.53%、4.84% 和 40.68%。

三、其他农业生产资料

农用薄膜是指应用于农业生产的各类塑料薄膜，对农作物播种时期的保湿、保温、生长期的防虫、防病、除草起到非常重要的作用；在现代农业中被大量用于水稻、棉花、玉米、花卉的育苗和大田的覆盖，及蔬菜棚的搭建等领域。我国自 20 世纪 70 年代开始在农业生产中推广使用。北山村使用的农用薄膜主要是用于地面覆盖的地膜，主要用于水稻等粮食作物、蔬菜、瓜果、药材等多种农作物上；其不仅能使农作物普遍增产 30%—50%，而且有保温、保水、保土、保肥、灭草、防病虫，及农作物卫生清洁等多项功能，因而深受村民欢迎。2018 年，北山村的地膜使用量为 200 公斤，覆盖土地面积 30 亩。此外，北山村在农业生产中也会用到其他农用薄膜，例如，在搭建的蔬菜大棚使用棚膜，2018 年，北山村棚膜等其他农用薄膜的使用量为 100 公斤。

北山村在农业生产中也使用多种用于防治病虫害及调节植物生长的农药，前者主要包括杀虫剂、杀菌剂、除草剂等，后者主要指植物生长调节剂等。2010 年后，北山村曾一度为了增加农作物产量、防虫杀菌等大量使用农药；2014 年后，缙云县农业部门大力推广“无公害农产品”“绿色农产品”“有机农产品”，并加强了对农业生产中化肥和农药使用量的监控，农药的使用量持续下降。2018 年，北山村的农药使用量为 6 公斤，比前一阶段减少了约 25%。

第三章　北山村工业经济

工业经济这个概念，相对于过去比较闭塞的北山村来说是比较陌生的，过去的北山不论是集体经济和企业经济都比较薄弱，即使是改革开放的今天，北山村内也没有上规模的工业经济发展。当然，相较于过去，近几年也出现了来料加工和工艺品制作等家庭小企业。

第一节　小型家庭工副业

千百年来，壶镇经济文化的繁荣离不开壶镇各村传统手工业的发展。从明朝中后期开始，壶镇就有“一村一品”家庭式手工业的发展，如雅湖炮仗、南顿灯笼、东山缸坢、百垅陶碗等等，形成具有一定规模和规范的特色村，推动整个壶镇经济的蓬勃发展。当年的北山村传统手工业发展有过辉煌鼎盛时期，对北山村经济发展有着深远的意义。

一、草袋编织

草袋的使用历史悠久，据史料记载，草袋发源于滇西，已经有1300多年历史。

20世纪四五十年代，为了能早日摆脱贫穷的命运，北山村村民因地制宜纷纷种起席草编织草袋，此扁形席草非打草席之圆形席草。每年逢春插秧季节，很多村民都会种上三四分田的席草，如同种双季稻般收割两次。待席草趁晴晒干就着手编织，一来自给自足上山支饭图个方便，一个饭箩若请篾匠师傅编，得要几个工夫；二来拿到市场卖了也能换上几个零用钱贴补家用。

草袋有大中小型号，编织流程相对简单，心灵手巧的北山妇人一天下来能编十多个，一角钱一个，大的最多卖上二角。在那个物质匮乏的贫困年代，草袋是成本最省的支饭工具，把饭装在草袋中，系好袋口，套在柴杠头或套在锄头尖上山下地，足以慰藉农民一天翻山越岭的辛苦，构成一道独特的田园风情。北山村人聪明能干，用勤劳的双手编织着美好的生活。

二、蒲扇编织

蒲扇，也叫芭蕉扇，清王廷鼎《杖扇新录》：古有棕扇、葵扇、蒲扇、蕉扇诸名，实即为今之蒲扇，江浙呼为芭蕉扇。可见，蒲扇的使用很久也很广泛，编织蒲扇也是北山村手工业的一大特色。蒲扇的编织材料有同编织草袋用的席草，但工艺远远超过草袋。

蒲扇也有大中小号，由扇心和扇柄两个部分组成，编织时要按经纬纵横交错，采用二压二的挑压关系进行编织，编成一定宽度后就形成人字纹的编织面。这种精细的手工活当然是由聪明能干的女人来制作，在扇面上加上花草鸟语等装饰，给蒲扇平添几分精致和典雅。蒲扇价格因其大小、工艺而定，每把 9 分、1 角、或 5 角，价格最高的是大掌扇，材料多，难度大，一把蒲扇是否精致美观完全取决于编织者的手艺。

家家户户编蒲扇，六月不愁背出汗。没有电风扇的时代，蒲扇倒是最环保、最实惠、最安全的驱热工具。尤其适合产妇坐月子时使用，不会落下病根。有了蒲扇的日子装着的总是满满的乡村记忆，那老婆婆躺在竹椅上，摇着大蒲扇优哉悠哉的温馨画面，是最真实的；那农家门口的石板上，叼着旱烟，摇着蒲扇与世无争的老汉所呈现的画面才是最耐看的。

三、草鞋制作

草鞋，历史长河里的记忆，走过几千年的风风雨雨，是鞋业发展的重要文化载体。草鞋具有透气、防滑、柔软、轻便等优点，所以在古代穿草鞋就相当普遍，歇后语“刘备卖草鞋——内行”，说的就是刘皇叔卖草鞋的故事，并不陌生；“竹杖芒鞋轻胜马，一蓑烟雨任平生”，电视剧里洒脱、豪放的大侠，也是这装束；电影里中国工农红军穿着草鞋二万五千里长征的深刻画面不曾忘记；山里人穿着草鞋挑柴赶市的记忆不曾消失。

贫苦的岁月里，山里人家家都会编草鞋，因为上山下地赶市一日也离不开草鞋，草鞋的需求量实在很大，但一般家庭都是自给自足，而北山村把编草鞋放在手工业发展的主导地位，除了自用，更主要的是投放市场产生经济效益。

编织草鞋不比编织草袋和编织蒲扇简单，所用的工具有草鞋耙、草鞋锤、草鞋扒、草鞋杠。编织草鞋不是件轻松活，首先得筛选鲜白的干稻草，放在石头阶沿上拍打去净稻衣杂物，直至拍打柔软。接着采用络麻，搓好麻绳用作草鞋经，再把草鞋经一头固定在草鞋耙的齿上，一头拴在腰间。边编织边用锤子敲严实，前宽后窄，结好草鞋鼻头穿上绳子才算完工。一双草鞋只有松紧适当，穿着才会舒适，有的还编进旧布条，这样就更耐穿了。

草鞋也得按尺码具体编织，北山女人手脚最麻利的一天最多也就编织十来双，把做好的一双双草鞋先挂在墙上，等到集市一开，全村女人纷纷起早去壶镇市坛赶市。草鞋市就设在而今卖扫帚、草席这条街上，每逢集市，街上早就熙熙攘攘，北山女人操着浓浓的北山口音一个劲地叫卖着："卖 Ce 鞋哎！卖北山草（Ce）鞋哎！"很努力地推销着自家产品，整个草鞋市场听到的声音几乎全发自北山人，北山草鞋就像一个符号流动在壶镇市坛，一双双草鞋斜靠在墙边成就了市坛一道亮丽的风景线，讨价还价活跃整个市场。草鞋价格每双 5 分至一角，一天下来若能买上十几双也算不错了。当然，还会附带上草袋和蒲扇一起售卖，有了一定的收入，北山村村民的生活随之一天天地改善。

据村民吕生倪说，在 20 世纪 70 年代，他把家里打的蒲扇、草鞋和草袋拿到丽水去批发，哪怕是能挣得一分或两分都是很开心的。

而今，无需蒲扇，要风得风；不穿草鞋，四季有鞋；不用支饭，餐餐热饭。于北山村人而言，曾经的手工业时代已成为美好的回忆，而他们勤劳能干，淳朴务实的优良传统深深影响着一代代后人继往开来，吃苦耐劳，创造更美好的家园。

四、烧饼制作

（一）缙饼源流

烧饼，属大众化的烤烙面食，品种颇多，已知有大饼、烤饼、缙云烧饼、肉麦饼、湖沟烧饼、芝麻烧饼、油酥烧饼、起酥烧饼、发面堆、掉渣烧饼、糖麻酱烧饼、炉干烧饼、缸炉烧饼、罗丝转烧饼、油酥肉火烧、什锦烧饼、炉粽子、杜称奇火烧、牛舌饼、起酥油烤肉麦饼等一百多个花样品种。

人们普遍认为，烧饼是西汉时张骞或者是东汉时班超从西域带来的馕被中原化后的产物，也有可能是匈奴骑兵的干粮。《续汉书》有记载说："灵帝好胡饼。"胡饼就是最早的烧饼（汉化了的馕）。五胡乱华时，北方游牧部落的军队基本带着面饼、炒麦和牛羊肉干，到中原吃完这些后就什么都吃。到唐代时，烧饼在中原普遍盛行了。《资治通鉴》记载：安史之乱，唐玄宗与杨贵妃出逃至咸阳集贤宫，无所果腹，任宰相的杨国忠去市场买来了胡饼呈献。当时长安做胡麻饼出名的首推一家叫辅兴坊的店铺。为此诗人白居易赋诗一首称："胡麻饼样学京都，面脆油香新出炉。寄于饥谗杨大使，尝香得似辅兴无。"说在咸阳买到饼像长安辅兴坊的胡麻饼。胡麻饼的做法是取清粉、芝麻五香盐面、清油、碱面、糖等为原辅料，和面发酵，加酥入味，揪剂成型，刷糖色，粘芝麻，入炉烤制，因而白居易说"面脆油香"了。此做法除内馅外与现代烧饼已经差不多。

北宋时，缙云人食用小麦应该还是以麦粒饭以及麦面羹、无馅的小馒头、光饼为主。至宋室南渡后，才有面条、有馅面饼等传入，在粮食产量固定并自给有余后，农民才会制作大馒头、发面糕、清明粿以作祭品；酥饼、糖饼、麦果松（麦饼松角）作为干粮；大麦粿、肉麦饼、菜舌饼、酸菜饼、麦粿单、橡酴改善生活，烧饼、馄饨、眉毛酥当作点心小吃；从而慢慢演变形成具备自己特有风味的缙云烧饼。

壶镇的东山村，相传在明朝时先是有江西人在这里烧瓷，后改烧陶，原遗存古窑多条。嘉靖末（约 1559），祖籍南乡里雅潘（今姓潘村）的潘钱（1519—？）从上州南弄坑经平坑后山居此学艺，其曾孙潘时富（1637—？）就葬在"缸窑头地"（道光丁亥《台峰潘氏宗谱》）。自那时起，村民就以烧制陶器、泥器为主要经济收入来源，缙云烧饼的桶芯就出自这村，是由泥制火甏演变而成，而其他陶器也都继承了江西的风格，与周围县的器物迥异。旁边的黄泥墙村（迎祥），明永乐末赵慰（1393—1438）就从东门居此了，这里有箍制烧饼桶的世家传承着遥远的祖技。

缙云烧饼在浙中南一带还有其近支，金华一带的叫葱饼，丽水以南的叫缸饼（也有人叫工饼、公饼），就是制作工艺和填充材料稍有差异，色、香、味没有北山一带出的那么可口独特罢了。

以前，北山烧饼向外销主要依靠婺剧，剧团在哪，烤烧饼人便随到那，这就是民间所说的"赶台前"，台前烧饼一是观众自己吃，二是请客，三是布施给婺剧情节里的落难行乞者，以表示同情支持和行善积德。对内经营主要是固定的店铺和摊位，于午间至夜半边烤边售。

缙云烧饼的原产地在旱涝保收（从宋代起就建有堰渠十余条）、土地肥沃、粮食充足、经济发达（宋元时代有瓷窑二十余条）、户多殷实，婺台古道从中横穿的北山平原。改革开放前，缙云其余地方的烧饼摊基本是北山人在经营烤制，西乡、南乡很多地方叫烧饼为“桶饼”。此行业历来为父子相继、夫妻相随、师徒相传、亲戚相带、邻舍相帮、朋友相助。

中华人民共和国成立前，北山烤烧饼分为三种方式经营：开店、摆摊、赶台前，经营者近十家。20 世纪 80 年代初期，缙云籍作家吴越先生著的《括苍山恩仇记》，被人们誉为近代浙西南民风民俗的活辞典。在他这部洋洋洒洒的两百万字作品中，涉笔缙云烧饼达三十余次，把缙云各式各样人物喜欢品味缙云烧饼的风土人情，以文学作品的形式展现给了世人。

至 20 世纪 90 年代初，据《缙云县志》记载，缙云烧饼师傅外出烧烤饼达 1000 多人，北山就有 200 人，后由于烧饼大受各地人们的欢迎，出门烤饼人数每年都有递增，足迹遍布全国各地。1989 年，“缙云烧饼”被浙江省商业厅评为浙江省优质点心。2008 年，“缙云烧饼制作工艺”被丽水市人民政府列入市非物质文化遗产名录。2013 年，缙云县农业局更是成立了缙云烧饼品牌建设办公室，还每年专门贴出 500 万专项资金给本县人士授课，举办学习班等各种工作。民间也有教授烤烧饼的。2014 年 10 月底，又顺应成立烧饼协会，2014 年 11 月 1 日，缙云烧饼入选“浙江名小吃”，是年从业人员有 4000 余人，营业额达四亿元。2015 年 7 月通过“中华名小吃”专家组评估。近年，缙云烧饼更是走向了世界，在美国、加拿大、澳大利亚、意大利都取得很好的经济效益。

（二）烧饼制作品尝

烧饼看似简单，其实又有一番磨练的工夫；首先，要看烧饼熟透的程度，那通体发胖，饼底边稍稍翘起的是刚好熟透的；操控铁钳的两片嘴皮稍稍张开，一片嘴皮舔到饼底边轻轻地一铲，另一片嘴皮及时衔拢，烧饼才不会掉入炉底，粘一身灰；如此反复将熟饼全部夹上炉面。刚刚出炉的烧饼，还冒着火气，饼皮金黄色，半焦的糖油闪着光亮，漫天星一样的芝麻，既是香料，又是点缀；饼未入口，先觉色泽养眼，喷香扑鼻。

因为刚出炉的烧饼火烫无比，必须等它稍稍地冷却一下，不然会烫坏你的嘴巴，先小心翼翼地在圆饼边上咬出一小口，再忍一口气，对着张开小嘴的烧饼吹，把里头的热气吹出一些，才可以放心地享用，或配馄饨吃或单独吃。好不容易等来的烧饼，终于吃在嘴里，喜在心中。那烧饼表皮松脆，内质软糯，麦香、肉香、葱香、芝麻香、糖油香、菜干香，经高温烧烤，熔成一气，咸淡适宜，油而不腻，再加糖油淡淡的甜，赛过味精，慢慢咀嚼，细细品味，真是享受极了。

有人误以为缙云烧饼火气大，其实不然，因为烧饼里的菜干，是用秋冬季种植、冬春季产出的九头芥、雪里荭等做原料，精心腌制，反复发酵、蒸煮、晾晒而成，其性凉，吃时先煮馄饨，再用馄饨汤配烧饼，这是个自古流传的绝配。吃五个以下的烧饼，一点都不上火。

缙云烧饼里的面粉经过松木炭火烘烤，其蛋白质、维生素和淀粉与饼中的肉、菜等有效营养成分得以完好保存，其动物蛋白与面粉中的维生素形成了更好的营养物质，与原含有的脂肪、糖类、钙、磷、铁等，具有补中益气的作用。

缙云烧饼因为是在炭炉内壁上烤出来的，所以具有锅里做出来的饼所没有的独特香味，吃过一次能让你这辈子都忘不了。所以也成了缙云人请客和闲时最爱的美味，以至于很多身在异乡的吃货们每次出门都要打包几十个带出去，当然，现在缙云烧饼店在全国各地开的越来越多，缙云烧饼，前景广阔。

五、北山糊灵

糊灵，也叫扎灵屋，是缙云各地民间丧葬习俗之一，北山村一直沿袭此丧葬习俗，并有村民吕生倪专门从事这行业，名扬十里八乡。扎灵屋是一门集扎竹、裱糊、剪纸、绘画于一体的精致民间艺术活，有严谨的制作流程，非一般人能所能为。

扎灵屋第一道工序是扎竹，即破竹扎骨架。根据灵屋间数，用手锯把长竹劈成不同尺寸的竹段。再用专用篾刀破成厚薄适当、长短不一的篾杆、篾片或篾丝。

灵屋结构一般分三间头、五间头、七间头、九间头、十三间头。最穷人家糊三间头或五间头，一般人家起码糊七间，七间头有虚间和足间之分，路堂在内的七间头叫虚间。中等人家糊九间，九间头中间七间居正，左右为大房，插下一间灶房，还有楼梯间。富贵人家就糊十三间了。十三间以七间居正，东西厢房各三间，有回廊。五间头一般取长为三尺；七间头、九间头和十三间头分别取长为四尺、五尺和七尺左右，宽差不多二尺四。柱脚二寸方圆破四开，柱顶一指粗破四开架接横梁，五十斤毛竹扎一栋灵屋就绰绰有余了。取好材料，再用籽蔴扎紧支架，一个柱就得扎三把蔴把。如此看来，以九间头36个柱，上下楼柱高二尺八加楼顶计算，扎好一幢灵屋的骨架就得花上大半天时间了。尤其那六个墙梢头，飞檐翘角，几番延伸弯曲，不是三下五除二就能搞定的。骨架要扎方正牢固，破竹、破篾、扎蔴，每一个环节都马虎不得。

扎好灵架，接着裱糊。用不同颜色和大小不一的纸张若干刷上粥汤水或麦面糊包住骨架，要包得有棱有角，平整无皱，特别凸出的交接头处，得格外谨慎。

剪贴和绘画工序乃艺术精髓所在。每一间屋门前都得挂上二盏红纱灯，天井、名堂、厅堂、大房、八字门、阳台、回廊、柴间、厨房间、后批、楼梯间等面面俱到。灵屋的主体墙上贴大狮子，墙梢头贴剪纸图案五花八门。尤其是十三间，必须在灵屋的显眼处镶上金丝线，尽显富丽堂皇。司街楼上一般贴上“金童玉女”画图（也叫领魂童子），楼下张贴“天官赐福”画图，上下楼各贴红绿对联一副。

楼上厅堂摆有画桌，楼下厅堂设有方桌、交椅等家具。与时俱进，新时代的灵屋摆设也随之丰富，除了古时就有的床、桌、椅子、仓、橱柜外，冰箱、彩电、空调等所有电器以及摩托车、小轿车等一应俱全。原来的二层楼升高到三层楼。门口还设有保安人员和守门犬。小昌门门楣上画有纸扇宕，写上如“山环水抱”“莺歌燕舞”等横批，或画上“梅兰竹菊”等一些山水花草鸟鱼图案，栩栩如生，活灵活现。灵屋彭头或滴水檐头也都配有各色凿花图案。大昌门的虎头环金光闪闪，两边对联长幅披挂，如“春涵瑞霭笼仁里，日拥祥云护德门”，彰显富贵人家豪华气派。而所有这些需要张贴的精美剪纸图案和对联，全部都是事先准备好。凿刻的精细活，糊灵先生都趁空闲时把一沓沓画有不同花样的彩色纸放在羊脂板上静心凿刻而成的，然后小心谨慎粘贴到灵屋上。若手艺娴熟的糊灵先生加上材料准备充足，简单的五间头和七间头一天就能完工。糊好九间头和十三间得要几天时间了。随着生活条件的逐步改善，人们对灵屋的要求也不断提高，糊灵先生的技术当然要有不断地精进和创新，大部分人家都要求糊十三间了。

为了寄托情思，家人把灵屋安放在桌台上，桌子也铺有桌衣，若谢世者是女的，桌衣上画的一般是荷花图案，写有“乘坐莲台”字样；若是男的，画有松鹤图案，写有“驾鹤西游”之字样。另附有或红或绿或白对联一副，如“泪滴千行大地湿，哭声一片墓云低”“明月清风怀旧貌，残山剩水读遗诗”等带有无限悲伤和怀念的联句。一幢花俏华丽的灵屋背后凝聚的是糊灵先生独具匠心的聪明才智。

按旧时习俗，灵屋糊好后，还要在灵屋后摆设交椅，交椅上披着逝者生前穿过的衣服，还配有鞋子一双，另摆茶水、菜饭、香烛、牌位守灵，一日三餐上香叩拜，但难免会给人一种阴森森的感觉。另还要请道士解劫，亲人守在灵屋后烧纸钱边听边哭，解劫一夜后待第二天凌晨再除灵。一般人家，亲人守到“三七”二十一天后再焚烧，也有八字好的人家守到“五七”三十五天后再除灵，然后把烧净的灵屋纸灰撒到墓地上。如今，丧葬习俗逐渐简办，除灵与下葬同时进行，免去了中间不少烦琐的环节。

为逝者扎灵屋烧纸钱是亲人对逝者无限哀思的一种深情寄托，希望逝者在生前兢兢业业辛苦一辈子，到阴曹地府后能免遭流离失所，有家可归，衣食无忧。糊灵守灵也道尽了千百年来人们重义守孝的优良传统美德，所以民间至今依然流行。

六、梅干菜制作

制作梅干菜，即将青菜、芥菜等蔬菜腌制、晒干后制成梅干菜。以前北山村家家户户都有腌酸菜、晒梅干菜的习惯。原本梅干菜只用于弥补农户餐桌上菜品的不足或冬末春初等特殊时期的蔬菜断档；但 20 世纪 90 年代后，随着北山村中越来越多村民从事烧饼行业，梅干菜作为制作烧饼不可或缺的原料，需求大增。但因为制作梅干菜历时时间长，后期对天气依赖性高，现在村里愿意制作梅干菜的村民已经越来越少了。

七、番薯加工

番薯加工曾经是北山村村民的一项重要副业，番薯收获后，一般经过如下处理：（1）鲜储，北山村几乎每家每户都有番薯窖。番薯曾经是村民冬季的一种非常重要的食物来源。（2）切丝、切条或切片，制成番薯丝、番薯片、番薯干；（3）磨粉后清洗制成番薯粉。加工过的番薯制品曾经是村民在粮食短缺时期的主粮之一，但现在已成为村民茶余饭后的一种零食。番薯加工是番薯增值的主要方式，曾是村民补贴家用的一个收入来源，但由于番薯干和番薯粉的制作非常麻烦，目前，村里只有少数村民愿意制作了。

村民自制的梅干菜和番薯制品质量上乘，是用了添加剂的同类产品无法比拟的，在市场上深受消费者欢迎。2000 年，北山村农作物产品加工的家庭兼营工业产值就有 101.5 万元。

北山村还有小部分村民事曾从事竹木制品及林产品加工，主要制作一些小型的木制或竹制家庭用品。另外，还有一部分竹木制品被用于糊灵业，1999 年，北山村竹木制品及林产品加工的家庭兼营工业产值为 2.3 万元。

第二节 北山村工业

北山村的工业薄弱，历史上村里也曾经尝试创办小型作坊，或有人租用村里的祠堂、学校等屋舍创办过一些小型工厂，目前仍有几家在继续经营。

20 世纪 70 年代，村里曾经办过小型砖瓦厂，用泥土压制成瓦片和砖头形状后，放在窑里烧制成瓦片和砖头。

20 世纪 80 年代中期，缙云县壶镇镇三联乡塘下村的村民吕周庆发现药品、保健品管制口服液由安瓿包装改为易拉瓶后，口服液瓶撕拉盖产品供不应求的市场商机，在 1988 年，注册成立了“缙云县三联电器配件厂”，开始生产撕拉盖的瓶盖产品而正式跨入医药保健行业。1996 年，吕周庆正式将企业的经营管理权交给完成学业回家的儿子吕锦锋，并将企业更名为“缙云县金丰五金部件厂”。

1998 年，吕锦锋以 1 万元成本租下塘下村祠堂，改造为新的生产车间；1999 年，将企业名称改为“浙江省缙云县周庆盖业有限公司”，设立品牌“周庆盖业”。2000 年，成功研发了口服液瓶铝塑组合盖、抗生素铝塑组合盖、输液瓶用铝塑组合盖等，占领了较大的市场份额；并通过“周庆盖业”品牌的加速打造，使其成为同行业中品牌推广运用的领先企业。

2003 年，企业迁出北山村，在缙云县壶镇工业园区征地 16 亩，规划建设首个现代化工业生产基地；2004 年，缙云生产基地一期厂房落成并投入使用，总面积达 6000 平方米；2008 年，缙云生产基地二期落成并投入使用，总面积达 8000 平方米；并正式开启企业信息化建设。

2009 年，企业在杭州成立浙江周庆药品包装有限公司，把销售中心移至杭州，从小县城走向了大都市。2011 年，企业将“周庆盖业”品牌升级为“周庆药包”；并在缙云生产基地投资建立 300 平方米的标准化现代化化验、实验中心。2012 年，周庆药包公司投资 2000 万的位于杭州市滨江区的新办公大楼投入使用。2015 年、2018 年分别在浙江嵊州、江苏、浙江建德、浙江丽水、重庆涪陵等地成立周庆公司第二、三、四、五和六个生产基地。

北山村因地处永康与缙云交界，壶镇镇的五金、机械、车床工艺等有一定的发展基础，因而，北山村民办的企业多与早期的周庆药包类似或与此相关，例如，村里曾办过数家车床厂、机械厂，分别雇员几个到几十个不等，较大的企业通常都在 2010 年左右迁至壶镇工业园，较小的企业仍留在村中。另外，村里也曾有一家铁匠铺，主要生产与传统生产方式相配套的耙、锄、镐、镰等农具，及菜刀、锅铲、刨刀等生活用品（铁匠师傅吕章木老人，出生于 1918 年，是一位爱唱山歌的百岁老人，铁匠铺几十年前因老人年纪渐长又无接班人而不得不结业了）。此外，北山村目前还有一家外村村民以每年 6 万的成本租用村里原本的北山小学开设的红木家具厂，雇员 20—30 人，部分员工是北山村村民。

随着社会经济的发展和村民与外界联系的日趋频繁，北山村村民外出务工的越来越多，生活水平有了较大提高；田间劳作辛苦，报酬低，越来越多村民不愿意耕种土地，大量土地被抛荒，村中出现了较多因照顾家庭、或年纪等原因不方便外出务工的妇女、老人等富余劳动力。近年来，村里出现了两家专门承接简单来料加工的小作坊。其中，有一家是一位叫吕国忠的村民组织的，由他出面在外承接一些制作拉链头、头花、不求人等小商品的加工，先到厂家将上述产品的半成品和制作材料取回村中，再组织村民加工作制作，待村民制作完成，收齐后统一拿回厂家，向厂家结算货款，再将报酬计件发给参与的村民。这些产品的制作工艺通常非常简单，只有一两道简单工序，不受年龄、知识等限制，只要村民愿意都可以参与。工作时间和地点也比较自由，村民可以领好材料拿回家中制作，当然，组织方也会提供固定的工作地点，让村民集中工作；通常村里的妇女和老人喜欢选择后者，因为对他们而言，这不仅是一个工作场所，更是一个大家能聚在一起交流聊天的场所。村民们一般吃过早饭后 8 点左右来上工，10 点半左右会回家做午饭，稍稍休息后，下午 2 点左右回来复工，傍晚 5 点前结束一天的工作回家做晚饭，每天的人均收入约在 30—50 元之间，虽然不高，但胜在工作轻松、自由，因而，村里很多妇女、老人都愿意参与。一家作坊平均有 20 个左右较固定的、基本每天来上工的妇女或老人。

第四章　北山村商业经济

第一节　农村商贸

北山村传统上没有太多的商贸行为，村庄基本自给自足，农民偶然会将富余的农产品拿到集市上出售后换取日用品。改革开放后，一方面随着农民生活水平的提高，农民的购买力不断提高；另一方面，越来越多的村民开始脱离土地束缚选择外出务工或从事餐饮、运输等其他行业，日常消费的自给自足越来越难以实现，村民们的商贸行为开始日渐丰富。

一、农产品贸易

传统农村的生产力水平低下，村民基本自给自足，除非为了换取必要的日用品，才会将几个鸡蛋、几把蔬菜或一小袋粮食等农产品拿到集市上出售。因而，农作物出售收入是农民的主要收入来源。1988 年，北山村村民出售农产品的收入为 21.86 万元，占当年农业总收入的 31.46%。1993 年底，我国放开了粮食价格和经营，村民的种粮积极性大幅提高，出售农产品的收入也随之上涨，1994 年，北山村村民出售农产品的收入为 91.86 万元，占当年农业总收入的 36.63%；20 世纪 90 年代末 21 世纪初，国家全面放开了粮食价格和购销市场，北山村民的种粮积极性进一步提高；2000 年，全村出售农产品的收入为 84.72 万元，占当年农业总收入的比重提升至 46.88%。

二、实物交换与赊购赊销

北山村是一个传统村落，历史上，实物交换在村中非常常见，通常用水稻，番薯等粮食交换其他物品。在人民公社时期，生产队将稻谷、番薯等粮食收齐后，按一定规则分给村民，有些农户家庭因劳动力不足，分到的稻谷不足以满足温饱，就会用稻谷与其他农户家庭以一定比例交换番薯，以维持温饱。

实行家庭联产承包责任制后，村民粮食不再短缺，但是农户间蔬菜的互通有无是非常常见的，农户一天收割回来的蔬菜如果自家无法完全消费，又因为数量太少，拿到集市上去出售又不合算，通常是看哪家有需要就给哪家；过几天曾经收到菜的那户人家也会做同样的事。

村民间的赊销收购行为也非常常见，通常发生在熟悉的商户和村民及村民与村民之间，前者涉及的商品多为农业生产资料和生活必需品，比如化肥、农药等，通常在需要使用时挂账购买，等秋天农产品收获后才归还赊欠款。这些门店通常都设在村里或村周边，双方都是知根知底的当地村民。后者主要是村民间的互助或互通有无，这也只有在互相信任的熟人社会才会发生这样的行为。

三、其他商业活动

（一）村里的小商店

北山村是一个典型的农业聚居区。20 世纪 80 年代前，村民基本自给自足，村里只有一个代销店，代售火柴、盐等生活必需品；80 年代后，随着代销店因我国商贸体制的改革而走入历史，村里出现了一两家售卖油盐酱醋等生活必需品的小卖部，村民的生活十分不便，日常用品通常只有等到临近的集市开市，或到县里、镇里去购买。进入 21 世纪后，这种状况有了改变，村里目前开设有 13 家小店，包括小卖部和饮食店。饮食店主要卖烧饼、馄饨、茶叶蛋等（这家店早上不营业，上午十点开门后开始准备食材，中午时开始营业）。还有一家由“赤脚医生”开的小药店，可以买到一些常见药品。

虽然现在村里的商业网点比以前丰富，能够买到很多商品，但是村民还是习惯等到集市开市时去购买，或者到壶镇镇上或缙云县城购买。随着村际公路的开通，村里与外界的联系越来越方便，很多村民家都有了自行车、电瓶车、甚至小轿车，去镇里、县里一趟非常方便。还有不少村民因村里的基础设施比较差而在镇里买了房子，直接居住在镇里。另外，随着北山村接通互联网，村里的一些年轻人也会选择网上购物，送货上门。

（二）集市

最热闹的还是集市，北山村地处的壶镇镇，处于永康市与缙云县交界，交通比较方便，传统集市非常发达；不仅有平均每 5 天一次，每个月农历逢四和九都有的集市，还有每半年一次，即每年农历五月二十八日和十月二十八日的大集市，当地人地将其称为“赶集”或“集日”。

集市周边的村民都有赶集的习惯。集市上摆着各种各样的商品，既有蔬菜、水果、杂粮、饲料、畜肉禽蛋，也有服装、鞋帽、床上用品，甚至还有家具、电动车、家用电器，等等。更有一些公司在打广告，散发印刷品。整个集市人声鼎沸，比肩接踵。周边村庄的村民通常纷纷结伴或单独来购物或观光。以前这是老人和孩子们的节日，他们的子女或父母会给他们购买一些喜爱的商品或不常见的新奇商品，这一天，村民家中的膳食也会得到改善。现在，虽然村民们平时也可以方便地买到集市上的商品，但还是保有逛集市的习惯，人们喜欢凑个热闹，往往全家出动购物、观光、消遣。据村里的老人说，“集市场上的东西便宜，蔬菜水果也新鲜”。

第二节　北山村电子商务的发展

一、北山村电子商务的发展历程

从目前的发展情况来看，我国的电子商务正如一个充满朝气的青年，还在快速的成长。近几年无论在哪个国家或者地区，也包括北山村，电子商务的发展都非常的迅速。我国电子商务拥有庞大的消费群体以及先进的互联网技术，这为电子商务的发展提供了主要基础和动力。我国的网民数量增长速度十分的惊人，这足以说明互联网已经普遍影响着我国的群众，并且还在加速的增长。北山村的电商之路也大有鲲鹏展翅之势，高飞在电子商务这片天空中。

北山村电商的惊艳表现，是缙云农村电子商务的一个缩影。淘宝购物店、电子商务园、物流快递企业，截至目前，缙云县网商数量达到 2900 余家，2015 年实现第三方平台交易额达 28 亿元，平均每隔几分钟就有一件快递从缙云发往外地。而北山村作为电商经济的引领者，电商商户的数量就占了所有壶镇电商的首席之位，被誉为全国农村电子商务典范村。

北山村曾是一个贫困村，北山人最大的梦想就是离开北山，因为这里人穷地少，他们有些到城里务工，更多的人在城市街头叫卖家乡的传统小吃——缙云烧饼。互联网的到来，以他们意想不到的方式，改变了这一切。村民吕振鸿，是浙江北山狼户外用品有限公司总经理，也是北山村电商的“带头大哥”。2006 年，在吕振鸿创立“北山狼”户外用品网店的影响带动下，村民们纷纷开设户外用品网店，形成了加工基地、产品分销两头在外的“自主品牌 + 生产外包 + 网上分销”模式。北山村电商主要是以经营户外用品为主，经营商品从单一的帐篷、睡袋、登山杖发展到户外用品的全系列。

十几年前，四处做小生意的吕振鸿从朋友口中得知“电子商务”这 4 个字，也是在那年 1 月，我国第一个专门指导电子商务发展的政策性文件——《国务院办公厅关于加快电子商务发展的若干意见》颁布。从没接触过电脑的吕振鸿，感觉这是个赚钱的新方法，于是收了烧饼摊，回到村里和弟弟吕振鹏一起自学打字。

2006 年，兄弟俩用 4000 元的启动资金，买来电脑，拉入网线，加上一台数码相机，凭着自己对户外运动的爱好，在自家客厅开出了北山村最早的两家网店“平价淘淘”“这里风好大”，专卖户外用品。

网店的订单一天天开始增多。最开始，他要开车到镇上寄快递，3 个月后，每天都发五六个订单，快递员开始到村里来取件。一个月 3000 元的利润让吕振鸿喜出望外，要知道，2006 年北山村农民人均纯收入只有 3311 元。

望着家门前的北山，吕振鸿踌躇满志，一个普通的农民，因为互联网，成了乡村能人。吕振鸿开网店赚钱的消息立刻在村里传开了。乡里乡亲，开始逐个上门找吕振鸿，从零开始学电脑、练打字、开网店。一双双操持庄稼的手，一开始只会用一个手指打字，却成功交易了一笔笔来自全国各地的订单。2008 年，吕振鸿积攒了十几万元后，直接在外地找到了生产厂家，开创了自己的运动品牌“北山狼”，在传统的农耕土地上经营起全新的产业——户外用品。

在缙云县北山狼户外用品有限公司总经理吕振鸿网络掘金故事的指引下，越来越多的村民加入电商大军，传奇的淘宝村——北山村应运而生，“北山模式”引起社会各界广泛关注。自 2008 年“北山狼”诞生之后，北山村的电商们也纷纷开始销售起吕振鸿的“北山狼”产品。村里 90% 的商户是北山狼的分销商，也有几个在经营自有品牌。受吕振鸿的影响和启发，本村在外打工的青年、大学毕业生、退伍军人都纷纷回到家乡，投身电子商务。这个曾经的“烧饼村’成了全国首批

14 个淘宝村之一、浙江丽水市首家农村电子商务示范村。

经过多年努力，北山村逐步形成了“龙头带动、政府推动、部门联动、青年互动”的北山网创模式。在“北山狼”户外品牌成功示范下，北山村网店数量从不到 10 家，发展到现在的 300 余家（其中 27 家皇冠店），从事网店生意的农户 60 余户，从业人员 500 余人；销售额从原来的百万计，发展到 1.5 亿元，农民纯收入已从 2006 年的 3311 元提高到近 1.6 万元。北山狼户外用品有限公司获得 2015 年度浙江省知名商号殊荣，销售额呈逐年增长的趋势，2015 年达到 6000 多万元。

2017 年，第十七届全国“村长”论坛发布了中国名村影响力排行榜（300 佳）及单项排名，浙江省 35 个村庄脱颖而出，入选 300 个影响力最大的村，其中缙云县壶镇镇北山村名列其中。壶镇北山电子商务是“绿水青山就是金山银山”的示范样板，是“大众创业、万众创新”的典型案例。随着北山村美丽乡村的建设，越来越多的人来到北山村参观游览，有许多游客直接到北山村网店选购户外用品，美丽乡村的建设成果，反哺了北山村的经济发展。

二、北山村未来电商城经济发展

自 2006 年发展农村电子商务以来，北山村电子商务销售额成几何式增长，村容村貌焕然一新。2012 年、2013 年前后可以说是北山电商经济迅猛发展的时期，物流车日夜往返在北山，货物还是堆积如山。到了 2015 年，2000 多人的北山村，农民人均纯收入已近 1.6 万元。但随着全国电商经济走向多元化、平稳化以后，这几年北山村的电商经济也出现了消退的状态。

北山村对电商的发展尤为重视，希望能够通过不断提升服务，应对市场变化，在政府和社会各界的努力下，拟进行占地 250 亩的电商城开发。其中 30 亩电商园区，选址、规划及红线图都已完成。该地块将分 3 个部分进行开发，让有资质有能力的电商企业，引领北山电商经济的发展。电商城的顺利建设开发，能让北山的年轻人有一个工作、学习、观摩的场地，在自主创业上得到一定的启发，形成良好的北山村创业氛围。

社会篇

美丽乡村　和谐环境

SHEHUIPIAN

MEILI XIANGCUN HEXIE HUANJING

电 商 兴 村

本篇分四章：一是北山村村庄建设，介绍了北山村的村容村貌和环境整治情况。二是北山村村庄治理，介绍了村庄治理结构、村党支部和村规民约。三是北山村人口和劳动力结构，介绍了北山村人口和结构、劳动力及就业结构以及北山长寿村、北山老人班的情况。四是北山村医疗和教育，介绍了北山村医疗的快捷、对教育的重视等特点。

第一章 北山村村庄建设

第一节 村容村貌

中华人民共和国成立初为北山行政村，归上王乡。1956 年北山村分为三村，即下宅、上宅和塘下村，归三联乡。北山村和其他村类似，在中华人民共和国成立后，经过互助组、人民公社、大跃进三个阶段，成立了三个行政村。2010 年 11 月行政村调整，三村合并仍为北山村。坐落在最南面的村叫下宅大队，1980 年后称下宅村，2011 年并村后称下宅自然村，1978 年人口在 1200 人左右，现人口 1813 人。中间的村叫上宅大队，1980 年后称上宅村，2011 年并村后称上宅自然村，1978 年人口 138 人，现人口 232 人。洋深塘水库下面的村也是坐落在最北面的村叫塘下大队，1980 年后称塘下村，2011 年并村后称塘下自然村，1978 年人口 224 人，现人口 312 人。

2013—2014 年，北山村被阿里研究中心、中国社会科学院信息化研究中心、首届中国淘宝村高峰论坛授予“中国淘宝村”称号，评为全国首批 14 个淘宝村之一，丽水市第一批“浙江省电子商务示范村”；2015 年被浙江省商务局、浙江省委组织部、浙江省财政厅、共青团浙江省委评为“浙江省农村电子商务示范村”。

第二节 环境整治

原来的北山村集脏、乱、差为一体，露天粪缸随处可见，除通村公路外，门前全部是黄泥路和垃圾路，晴天是“扬灰路”，雨天是“水泥路”。无绿化，也无景观。

北山村电子商务的迅猛发展，得到了全社会的高度关注。北山村着力推进美丽乡村建设，实施村貌整治、道路绿化、光纤拉设、电力增容、电线入地等工程。

2013 年，缙云县为北山村进行了宽带改光纤工程，网速得到全面提升。而北山村所在的壶镇镇同样每年拿出 100 万元用于电商扶持奖励。缙云信用联社则授信北山村 3000 万元，助力电商发展。国网缙云县供电公司则投入 200 万元对北山村的电网进行升级改造，新增和增容配变 4 台，新架设 10 千伏线路 1.5 千米，低压线路全部改成绝缘导线，有效提高北山村的供电可靠性，高效地满足了电商客户用电需求。

2014 年，缙云县对电商扶持政策进行了全面、系统的梳理和修改，推出了 17 项具体措施，在资金、平台、培训、贷款等方面加大力度。在缙云县委、县政府领导，团县委主抓、商务部门主管、乡镇合力推进的工作机制推动下，以“龙头带动 + 政府推动 + 部门联动 + 青年互动”为主体的“北山模式”不断发展壮大。

从 2015 年 11 月开始，在县委、县政府及镇委、镇政府“把电子商务与美丽乡村建设相结合，赋予农村发展新业态”这一理念的指引下，县长亲自带领县农办及各部门到北山村制定了村容环境整治方案，投入近 700 万元实施美丽乡村建设。用时一个半月，攻坚完成了数十处的村容村貌提升项目，实施了涉及 99 幢、221 户、共计 5.7 万平方米的农房外立面改造。同时，拆除沿线违章建筑多达 81 处、1.05 万平方米，其中 5 处为企业。村民自发筹款投工（折款 20 余万元），投入到“两美”北山建设中，真正以“节假不休、晴雨不休、不达目的不休”的干事精神，打赢了一场大仗、难仗、硬仗。村书记带领党员干部齐心协力，起早摸黑，在短短三个月时间里，完成了北山村村容提升。三个月时间，村两委人员全员到位，签下军令状，每个节点、难点，责任到人，遇到问题及时解决。有一户村民在村道边盖了一层简易房烤酥饼，由于项目的需要必须拆除，违建户一开始很不情愿，“为什么其他不拆要拆我的”“拆了我就破产了”“生意刚刚起步，老顾客就没了”一大串问题抛给村干部。村领导知道情况后，主动请缨，接连两天来到酥饼摊做违建户工作，“我家的房子给你烤酥饼”“真不行我过来帮你搬”。最后违建户被村领导的真诚所打动，同意拆除。

近年，北山村相继完成迎宾大道、电商文化公园、景观墙、绿化带、村广场、北山溪等一系列村庄美化改造提升工程，完成公共绿化面积 1.3 万平方米、改造农房外立面 99 幢 221 户共计 5.7 万平方米、拆除沿线 46 处、1.05 万平方米的危旧、脏、乱、差和露天烘缸建筑，并统一包装、设计了各农户网店的指引牌、广告牌等标识标牌，花了100多万元硬化了村庄的全部道路，花了128万安装了全村的自来水工程，使全村100%的住户都用上了安全干净的自来水。建设了两个公共厕所，污水管道及污水处理池也已投入使用，村容村貌已焕然一新，成为远近闻名的美丽乡村。进一步的具体措施：一是建成休闲公园。建设总面积2500平方米的休闲公园，其中绿化面积超1800平方米，成为村民休憩、健身的最佳场所。二是着力广场改造。以处州古韵，改造村广场区域，建成景观墙、绿化带，并提升村大楼景貌，成为展示北山形象的重要窗口和平台。三是建成迎宾大道。实施建设长500米、宽10米的迎宾大道工程，构建两沿“五层”绿化，累计种植景观树320株、各类小苗15万余株。四是打造电商文化。统一规范村内网店形象，卡通形象彰显电商元素。五是提升电商产业。首期占地30亩的电子商务创业园，征用手续已办理，正报省审批。

在村子中央，有一道极具电商特色文化的景观墙，青砖黛瓦的马头墙上“中国北山”四个大字特别醒目，展示板镶嵌着各大网商的二维码图片，展示着多姿多彩的电商文化。主干道的墙壁上、花坛边，包含淘宝元素的剪纸、招财进宝等立体造型比比皆是。遍布农舍的电商小铺，无处不在的淘宝元素，彰显了电商文化的无穷魅力。

目前，北山“电子商务村”建设初具规模。2015年，北山村电子商务销售额首破1.5亿元，真正在丽水市率先践行了“美丽乡村”与“美丽经济”融合一体的“两美”农村建设！

第二章　北山村村庄治理

第一节　村庄治理结构

北山村由下宅村、上宅村、塘下村三个自然村于2010年底合并而成。

（1）北山村村民委员会

换届选举时间	村民委员会主任	村民委员会委员
2011年4月	吕周雄	吕光明、吕阳、吕兆勇
2014年5月	吕周雄	吕光明、吕阳、吕兆勇
2017年4月	吕周兴	吕光明、吕阳、吕伟锋

（2）北山村经济合作社（2017年起改为股份经济合作社）

换届选举时间	社长（董事长）	成员
2011年4月	吕招德	吕周雄、吕德生、吕章德
2014年5月	吕伟明	吕周雄、吕德生、吕章德
2017年4月	吕锦锋	吕周兴、吕德生、吕章德　黄李光

（3）北山村监督委员会

换届选举时间	主任	成员
2011年4月	吕伟明	吕樟金、吕光、吕土明、黄雪阳
2014年5月	吕伟明	吕樟金、吕光、吕土明、黄雪阳
2017年4月	吕伟明	吕樟金、吕光、吕伟坚

村会计：从并村到现在为吕德生。

（4）村委会历届大事记

第一届：一是进行村庄全面道路硬化；二是致力于电商推进工作。

第二届：一是致力于电商工作，电商园征地；二是打造电商形象工程，投入

800 多万元进行特色美丽乡村建设；三是 2016 开始的金台铁路的征地工作；四是对全村自来水进行重新安装。

第三届：一是进行“三两工作”（两清、两拆、两化）；二是铁路配套工程的迎宾大道征地；三是铁路配套工程的拆迁移民用地征地；四是村民建房用地征收；五是全村的污水统一纳入污水管道；六是被评为缙云县烧饼村。

第二节　村党支部

村庄的发展和建设离不开党的领导，强有力的村级党组织及村委会才能带动村民致富。

1925 年教书人吕传德在塘下学堂发展塘下的青年入党，也开展了一定的工作，由于隔壁永康新楼一支反动派对塘下的革命工作不满，把几个党员拉到新楼，用老虎凳压、皮鞭打，最终因家属担心，只能结束工作。

1964 年四清工作组正式入驻北山村的三个村，在 1965 年成立中国共产党缙云县三联公社下宅支部，由朱丁相任支部书记，1968 年由吕荣姜任支部书记。后成立塘下、上宅、美丽三村合并的上宅支部，由吕茂焕任支部书记。

1972 年分别成立下宅大队支部，由吕云姜任支部书记；上宅大队支部，由吕茂焕任支部书记；塘下大队支部，由吕国兴任支部书记。

1988 年下宅支部由吕仕金任书记；上宅支部由黄金妹任书记；塘下支部由朱钦女任书记。

1991 年下宅支部吕葛土当选书记，上宅支部黄玲洋当选书记，塘下支部吕周德当选书记。

1994 年下宅支部吕林冲当选书记；上宅支部黄玲洋当选书记；塘下支部吕周德当选书记。

2007 年塘下支部吕锦锋当选书记。

2010 年并村为北山村，吕伟明当选书记；2013 年吕招德当选书记；2016 年吕锦锋当选书记。

2011 年在原三村的党支部合并后，重新选举产生新一届党支部，2019 年提升为党总支委员会。

换届选举时间	支部书记	支部委员
2011 年 3 月	吕伟明	吕新秋、吕招德、吕周德 、黄玲洋
2014 年 4 月	吕招德	吕伟明、吕招德、吕锦锋、黄李光
2017 年 3 月	吕锦锋	吕伟明、吕招德、黄李光

每月的 15 日定为党员学习（活动）日。每次村重大事项，党员都积极参与。每年有固定天数为党员义务劳动日。

第三节　村规民约

中国共产党十六届五中全会提出要按照“生产发展、生活富裕、乡风文明、村容整洁、管理民主”的要求，扎实推进社会主义新农村建设。党的十九大报告进一步提出，按照“产业兴旺、生态宜居、乡风文明、治理有效、生活富裕”的总要求，加快推进农业农村现代化。乡村振兴战略二十字是对新农村建设二十字的升级，保留了“乡风文明”，将“管理民主”改为“治理有效”，强调乡村基层治理结果。村规民约是“民间法”，凝聚着村民集体的价值认同以及世代传袭的伦理道德准则。村规民约是村民进行自我管理、自我教育、自我约束的行为规范，是完善基层治理体系、提升乡村文明程度的有效载体，是依法治村、实现基层民主法治的必然要求。

村规民约在浙江民间有着长远的历史。有的村庄有一些不成文的规矩和祖训，如浙江浦江后溪村代代相传的“以德治家”、遂昌应村村影响后世百年的“不忘思源、不忘知足、不忘感恩、不忘舍得”。有的村庄有祖传的宗谱家训，如浙江绍兴上王村延续千余年的《王氏宗谱》、淳安下姜村距今已六百余年的《姜氏宗谱》等。村规民约在新的时代背景下重新焕发生机。党的十八届四中全会要求推进多层次多领域依法治理，“发挥市民乡约、乡规民约、行业规章、团体章程等社会规范在社会治理中的积极作用”。浙江先于全国各省区，于 2015 年 3 月下旬全面推动村规民约的制订、修订工作。

村规民约的制定一要因村制宜，二要鼓励村民参与，三要尊重传统，四要规定与奖惩相结合，五要避免与法律法规的冲突。北山村先后于 1997 年 9 月和 2018 年 8 月制订过村规民约。

第三章 北山村人口和劳动力结构

第一节 北山村人口和结构

一、人口的数量特征

1997年，人口为1416人，其中赵姓47人，朱姓16人，李姓20人，应姓21人，章姓3人，杨姓3人，杜姓4人，吕姓1302人，占全村总人口的92%。[①]2012年有人口832户、2162人。北山村的农户数和农村人口数分别从1975年的414户和1712人增长到2018年的1071户和2344人，村庄人口增加了632人，增长了36.9%，村庄人口的年均自然增长率为0.73%，基本处于一个略有缓慢增长的平衡态势。然而，北山村的户均人口数同期下降较快，每户平均人口从1975年的略高于4人（4.13人/户）下降到2018年的略高于2人（2.18人/户）。

二、人口的结构特征

首先，从村庄人口的性别结构看，北山村的男性人口从2011年的1088人增加到2018年的1189人，增加了101人，增长了9.3%；同期女性人口从1079人增加到1161人，增加了80人，增长了7.6%；因而，村庄男性人口的增长速度略快于女性人口。北山村男女人口的不均衡增长导致村中男女人口占比有所改变，村庄的男性人口占比从2011年的50.2%增加至2018年的50.6%，上升了0.4个百分点，而同期村庄的女性人口占比却从49.8%下降至49.4%，下降了0.4个百分点。

其次，从村庄人口的来源看，受经济社会发展阶段的制约，北山村的人口一

① 缙云《壶溪吕族志》编委会编：《壶溪吕族志》（一），1998年，第20页。

直以本村居民占绝对优势。2006年前，村里几乎没有外来人口和外来住户。2006年后，随着“淘宝村”的兴起，北山村才开始出现少量外来人口，2012年，全村的外来住户和外来人口分别为36户和100人，与2011年相比，前者下降了10户，后者基本持平。

最后，从村庄农户的构成看，北山村的农户分为纯农户、农业兼业户、非农业兼业户和非农户四类。2009—2018年间，北山村的非农户和农业兼业户基本呈先小幅下降后持续上升趋势，两者分别在2012年和2010年降至最低点149户和193户后，开始持续上升至240户和290户，尤其是前者上升明显，9年以来增加了90户，同期后者增加了50户。全村的纯农户和非农业兼业户也总体呈上升趋势，分别从185户和229户增加到了246户和295户，但增长幅度明显少于非农户和农业兼业户的同期增幅。

第二节　劳动力及就业结构

一、劳动力资源

1988—2018年的三十余年间，北山村的劳动力资源总数从1201人增加到1316人，其中，劳动年龄内的劳动力资源占比从1988年的86.3%下降到2013年的83.2%；在此期间，全村劳动年龄内的劳动力资源占比曾在2010年上升至最高的95.3%后，开始呈逐年下降趋势。

其次，北山村的乡村从业人员从1992年的1094人上升至2018年的1171人，相应地，乡村从业人员占全村劳动力资源总数的比率也从100%下降至89%；其中，劳动年龄内的乡村就业人员从2000年的86.3%下降至2017年的44.5%，说明近年来北山村外出务工的村民人数不断增长，尤其劳动年龄内的乡村劳动力外出务工比例大幅上升。

另外，从乡村从业人员的性别构成看，1992—2018年间，北山村乡村从业人员的性别结构，呈现从最初基本持平到男性从业者逐渐占优势，后又被女性从业者逐渐超越的趋势。即，1992年后，在北山村的乡村就业人员中，男性从业者的比重快速上升，至2005年后，被女性从业者快速追赶；到了2010年，村庄的男性从业者比重逐渐被女性从业者所超越。2018年，全村男性乡村从业人员有523

人，占全村乡村从业人员总数的比重由 1992 年的 50.8% 下降至 44.7%，而同期全村的女性乡村从业人员的占比则从 49.2% 上升至 55.3%，有 648 人。这说明，在 20 世纪 90 年代末 21 世纪初，在北山村的产业发展中，男性劳动者因体力等先天优势而更具竞争优势；但 2005 年后，随着村庄产业结构的变化和外出务工机会的增多，男性劳动者因外出务工比在家务农的收入更高而更多地选择外出务工；而女性劳动者则因要更多地照顾家庭等原因而不得不选择留守及从事简单的种植、养殖及来料加工等工作。

北山村地处丽水市和永康市交界，面临城市化浪潮；村里有农田千亩，农业一直是当地村民最主要的收入来源，全村从事农业生产的人口最多；相较于村庄的人口规模，北山村土地等要素资源非常稀缺，人均农用土地拥有量很少；因而，村民们一直多方尝试从事其他行业来增加收入，改善生活，从而使北山村的就业结构呈现多元化趋势。

二、北山村的就业结构

（一）就业结构

2010 年，北山村从事包括农业在内的各行业从业人员共 1320 人，占全村总人口和劳动力资源的 62.44% 和 95.31%，不均衡地分布在第一、第二和第三产业；从事的具体行业主要包括农作物种植业、渔业、制造业、建筑业、交通运输业、仓储物流业、批发零售业、住宿餐饮业和其他服务业。

第一产业是北山村村民的主要就业领域，占全村就业总人口的 32.58%，其中又以农业占绝对优势。2010 年，全村 430 名第一产业从业人员全部从事农业生产；而在其他年份，也只有极少数村民断断续续地从事林业、畜牧业和渔业生产。例如，2013 年，全村 510 名第一产业从业人员中，除 5 人从事渔业生产外，其他 505 人全部从事农业生产。这说明，北山村虽然地处郊区，面临城市化的浪潮，但农业及农业相关产业在相当长的一段时间内依然是当地村民的主要就业领域，土地是当地村民最基本的生活收入来源和生活保障；即使到了 2018 年，北山村的农业从业人员占比仍高达 41.33%。

北山村第二产业的从业人员最少。2010 年，全村只有 346 人从事第二产业，占全村就业总人口的 26.21%。村民们在第二产业的就业中，又以工业为主，当年全村从事工业生产的有 335 人，占全村第二产业就业总人口的 96.82%；从事建筑业的仅为11人，占比4.18%。北山村第二产业就业人数较少的主要原因是，第二产业中无论是制造业，还是建筑业都要求从业人员具备一定的资金、技术和管理技能和经验，而这往往是农村劳动力所欠缺的。

北山村第三产业的从业人员最多，2010年，全村有544人从事该产业，占全村就业总人口的41.21%；北山村村民们从事的第三产业又以住宿与餐饮业和批发零售业为主，例如，全村从事住宿与餐饮业的从业人员有276人，占第三产业全部从业人员的50.74%，从事批发零售业的有124人，占比22.79%；从事交通运输业的仅有17人，占比3.13%；第三产业其他行业从业人员为127人，占比23.35%。这说明，虽然北山村从事第三产业的人数最多，但村民通常从事投资少，技术含量低、吸收劳动力强的低端产业，例如，围绕“缙云烧饼”的传统餐饮服务业；2006年后，大量村民投身的电商业等批发零售业。目前，第三产业是北山村村民增加收入，提高生活水平，改善生活质量的重要来源。

（二）就业方式

北山村村民的主要从业方式是家庭经营和外出务工。早年，由于村庄土地资源稀缺，人均耕地不足，无法养活全部村民，迫使大量村民不得不背井离乡外出务工谋生。1998年，北山村有260人，26.18%的乡村劳动力不得不外出务工谋生，并有21.65%的乡村劳动力因缺乏合适的工作机会而不得不赋闲在家，这种情况一直持续到2003年才得以逐渐缓减。在北山村有大量乡村劳动力因缺乏合适的工作机会而不得不赋闲在家而无法实现充分就业的1998—2002年间，村民外出务工比例最高的是1999年，全村有472人，41.19%的乡村劳动力不得不外出务工谋生；村庄赋闲劳动力比例最高的是2001年，全村有26.91%劳动力，307人赋闲在家。2003年后，随着村庄的发展和当地劳动渠道的不断拓宽，越来越多的村民倾向选择家庭经营，而非外出务工。2018年，北山村村民选择家庭经营的劳动力人数为1306人，占全村汇总劳动力资源总数的87.07%，比1998年的52.17%上升了近35个百分点，而选择外出务工的乡村劳动者仅为194人，占全村汇总劳动力资源总数的12.93%，比1998年的外出务工占比下降了超过13个百分点。

（三）就业地域特征

北山村村民从事的具体产业类别在很大程度上决定了该村劳动力就业的地域特征。首先，北山村村民的传统就业产业是第一产业中的农业，该产业必须依附土地才能进行，因而，从事这一产业村民的就业地一般就是本村，1998 年以来，北山村一直有超过 50% 以上的乡村劳动力在本村就业。其次，第二、三产业有一定的流动性，就业地域也不再局限于本村本乡，而可能在乡外县内、县外省内，甚至省外。最后，2006 年后，随着北山村淘宝电商的兴起，大量外出劳动力回流，乡村劳动力在本村就业的比例从 2003 年的 72.25% 上升到 2018 年的 87.07%。上述这些都说明，北山村村民的就业地域选择仍以“本乡本土”为主。此外，从北山村村民外出务工地域选择的变化趋势来看，2004 年后，村民选择在乡外县内和县外省内就业的比例呈下降趋势，分别从 53.23% 和 40.00% 下降到了 2018 年的 19.07% 和 29.41%；相反，村民选择省外就业的比例却呈上升趋势，从 6.77% 上升到了 2018 年的 48.45%。

第三节　北山长寿村

由于北山村的地理位置优越及自然环境优良，植被涵养量高，空气质量良好，一方水土养一方人，北山村有着良好的养生环境，所以居民的寿命都比较长，百岁老人比较多，有记载的超百岁老人就有宣行的吕孟庸公。据《吕氏宗谱》记载：孟庸公嬉戏之年，即知礼让。事亲敬长，曲尽其诚。迨至易箦，犹谆谆以家训为督，长而理家，内外整肃。出作入息，刻无余间。问雨课晴，至老不倦。睛恻隐之心，本于天性。见人贫穷，常存温恤之念。借贷不设簿籍，亦不急于责偿。凡乡之有捐派者，更不吝赀财以助之。平生淳朴处处，淡泊是甘。虽当耄耋，无轻裘华美之衣。蔬食陋室，视为珍宝。自幼至老，寡言语，重然诺，坦易待人，而人亦无有欺之者。太翁遇疾，虽出作入息。亦必竭力侍奉，汤药亲尝。衣不解。孔子曰：“仁者是寿。”又曰：“必得其寿。”所以孟庸公长寿不亦然乎！五世同堂。故由当时缙云县儒学训导尹为其上报。乃诏书敕赐，建百岁牌坊于村口路中，过往来客，文官须下轿，武官须下马。

如今北山村仍有一位长寿之星——吕章木老人。吕章木，男，1918 年 10 月出生，现年 103 岁。老人失妻二十余年，育有一女二子，性格活泼开朗。一生喜好劳动，喜唱山歌，记忆力强，能唱古代的山歌，也能唱宣传时给他编的歌。到现在高兴时也会给大家唱几个。老人从小学打铁，听说还有很好的手艺。一生平凡，虽然生活过得很普通，但天天乐呵呵，可能就是长寿之根本。如不是儿子们怕老爷子跌倒，不让他到田畈去，他还是很想去田里劳动。有时村民看见他手提一个小袋子，内装一个北山烧饼，两个茶叶蛋，背着一把四齿大铍锣准备到田里去，碰到的人说儿子们知道要骂你呢，才勉强回家。老人的自主生活意识很强，尽管早年儿子们就要供养他，但他一定要自己烧东西吃，由于年老，前年不幸跌倒住院治疗，由于照顾得好，现没留什么后遗症。两个儿子和儿媳很孝顺，现在每七天一个轮流供养他，每天他自己去小饮食店吃碗馄饨和烧饼当点心。现在老人儿孙满堂，生活过得很好。近年北山村长寿老人还有百岁老人吕唐深。

第四节　北山村老年会

北山村老年会自 1990 年成立已有 30 余年历史，负责组织村里六十岁以上的老年人参与活动。这个大家庭的诞生丰富了村里 100 多位老年人的精神生活，使得他们老有所学，老有所乐。

村民吕载其、吕献忠、吕周庆、吕唐成、章干仁、吕生倪、吕干土、吕保琴、吕鼎贤先后担任老年会会长。老年会会长每 3 年选举一次。他们尽心尽职，积极带动老人参加村里组织的各项活动，从中收获了健康，收获了快乐。通过组织春节期间迎龙灯和组织重阳节迎案活动来筹集老年会活动资金。老年会平时的活动经费来源主要有两个，一是村里拨款，二是向在北山村开办企业的本村人以及外地人募筹。

尤其是在吕周庆任职期间，老年会活动搞得有声有色，丰富多彩。每月召集老人开会、学习、读报，讲解老年保健养生知识，讲解交通安全知识，讲解政策法规，了解时事新闻等。

现任会长吕鼎贤，于 2017 年当选。当选为会长后，吕老先生创办了老年会办公室，整理了杂乱堆砌的图书，组织成立了龙灯队。老年会已形成包括太极、大合唱、独唱、架子鼓、花头台[①]等在内的多个活动队。这些活动队平时利用空闲时间排练，逢年节参与演出。花头台队有时受邀为婚丧嫁娶助兴，赚取一些酬金。

① 婺剧音乐的一种。婺剧班社每到一个演出场地（“台口”），演出前及谢幕时要进行“闹台”，以显名讨彩、展示技艺、聚集人气等，亦称“闹头台”。此套曲目由先锋、曲笛、徽胡、吉子（小唢呐）、梨花（大唢呐）、锣鼓等依次分别主奏各乐段，组合了多种婺剧曲牌和锣鼓经。婺剧在浙江的金、衢、丽、台等地广为活跃，尤以农村爱好者居多。农闲时节，婺戏班常出现在树荫下或祠堂为村民演奏花头台。作为一种人们喜闻乐见的吹弹乐曲，花头台也常出现于红白喜事。

2000年前后，老人们不忘劳动本色，纷纷上山开荒种豆，200多斤黄豆的丰收为老年会增加了可观的收入。逢年过节，老年会会给每位老人送去节日礼物，还会定期组织老人去春游踏青，使得老人生活充实有趣，幸福满满。

在曾任北山村老年会会长的吕生倪处，有一本由吕唐火转交他收藏的复印件，里面写的是当年由李献忠、秋叶、吕载其等多才多艺的老人们自编自唱的几则歌谣。他们思路活跃，文笔出彩，热情高涨地歌颂自己的家乡，表达对后辈的美好期望：

1. 歌唱北山好

北山地方真正好，全靠共产党领导，办起小学和工厂，学生工人真不少。
更新水库洋深塘，水的问题解决了，条石造房极牢固，三楼四楼几丈高。
全村生活已改善，黑白彩电真奇妙，乡设农田保护区，种起粮食千斤亩。
一村一品要提倡，农户专心育桑苗，双委号召搞绿化，已种杉树几十亩。
今年成立老人班，大家看了笑哈哈，笑哈哈来笑哈哈，热爱北山大家夸。

北山老年会于1991年春印

2. 劝赌歌

正月劝赌有期盼，安分守己过新年，赌博本来是坏事，家产输了实可怜。
二月劝赌梅花开，大小叔伯上前来，劝你今后莫去赌，我们代你还赌钱。
三月劝赌是清明，岳丈句句见真情，浪子回头金不换，代你还钱也高兴。
四月劝赌石榴红，娘舅劝赌气汹汹，做张状纸大堂告，国法条令不能容。
五月劝赌杨柳青，怎可不顾手足情，只求兄弟再莫赌，姐妹良言认真听。
六月劝赌暖洋洋，青天白日坐赌场，田中无水无人管，过路客官骂一场。
七月劝赌七秋凉，亲生兄弟劝一场，劝我兄弟回头转，赠你钞票八百张。
八月劝赌桂花插，老婆儿女泪花花，家中无米又无柴，要求离婚回娘家。
九月劝赌是重阳，重阳美酒菊花香，勤俭人家样样有，赌博人家又吵架。
十月劝赌是立冬，山场田地都输空，妻离子散去流浪，无家可归街头冻。
十一月劝赌雪花飞，饥寒交迫苦流泪，隔壁叔婆来陪伴，哭哭啼啼听鸡啼。
十二月劝赌过年忙，千劝万劝总有用，若不早日回头转，从此再也无亲朋。
自从盘古开天地，做人勤俭要骨气，奉劝今后再莫赌，阖家团员真欢喜。

3. 劝青年

小青年，像春天，春光明媚正当年，光阴似箭容易过，人生青春有几年。
看我们，在眼前，过去也是小青年，天长不老人易老，心虽未老发已白。
青少年，无负担，思想天真意志强，血气旺盛精神好，体魄强健使劲大。
劝青年，惜青春，一寸光阴一寸金，才识不随时间来，学习劳动需勤奋。
劝青年，莫轻浮，脚踏实地把事做，好坏人人有评价，尊重信用最重要。
劝青年，要正派，不要乱语把人伤，拳打脚踢人痛恨，言行规矩受人夸。
劝青年，讲道德，法制观念要认识，放宽搞活积极性，国家政策有规定。
劝青年，学习好，人生从小学到老，只是才能是珍宝，生子生活不可少。
劝青年，勤劳动，不劳好比蛀米虫，燕之营巢蜂酿蜜，人应节俭财库丰。
劝青年，讲修养，凡事需要多思想，好事多做人人夸，切莫无理把人伤。
劝青年，谈恋爱，切莫马儿糊乱来，五讲四美要注意，才能终身长相爱。
看面貌，想钱财，不讲道德要倒霉，结婚不长闹离婚，身败名裂不应该。
劝青年，找对象，男女双方要了解，结婚容易持家难，夫妻双方要体谅。
劝青年，讲礼节，人生都是世上客，损人利己事莫为，撬门偷盗失人格。
劝青年，莫去赌，文化娱乐来弥补，不义之财害人命，输了全家要吃苦。
劝青年，莫乱来，违法乱纪要犯罪，切忌贪心发横财，进了班房难挽回。
劝青年，务正业，歪风邪气永不沾，各行各业有选择，合理合法第一件。
劝青年，爱农业，五谷丰登是人干，父母日夜勤劳动，切莫游嘻来观看。
劝青年，莫背鼓，多听爹娘听政府，老人经验要采纳，将来做事有基础。
青年人，有希望，接班出力理应当，为人正派做表率，主张正义把担挑。
老人班，来家传，社会秩序要整顿，人人都来做贡献，国家繁荣人民安。

三联乡下宅村老人班印发

4. 歌唱北山老人班

我村办起老人班，老人心里笑哈哈，没有别的来表示，打起夹板唱一唱。
一唱老人新风貌，二唱老人劲头大，回忆过去旧社会，老人艰苦受凄凉。
老人参加老人班，各级领导来关怀，春风吹暖老人心，老人心里乐开颜。
老人参加老人班，开会学习很经常，学习政策加法律，老人心明眼又亮。
老人参加老人班，移风易俗来提倡，敬老爱幼好风尚，有事大家来关怀。

老人参加老人班，有事大家来商量，主意办法大家想，万事完成都不难。
老人参加老人班，一起生活不孤单，故事经常大家谈，大家心里笑哈哈。
老人参加老人班，走出村庄开眼界，春游参观舒心怀，知识经验有模样。
老人参加老人班，文娱活动要经常，山歌小调大家唱，眉开眼笑喜洋洋。
老人参加老人班，文化知识有增长，国家大事地方事，相互有人来讲解。
老人参加老人班，邻里感情大增加，大家碰上在一起，笑容满面问短长。
老人参加老人班，树立正气大发扬，老年余热立新功，好人好事有人夸。
老人参加老人班，村容村貌有改观，天井楼梯来修建，村委旧貌变新颜。
老人参加老人班，生日贺寿喜洋洋，老人逢十凑一起，敬老贺寿共一堂。
老人参加老人班，疾病互相来关怀，医生嘘寒又问暖，病人精神就愉快。
老人参加老人班，百年哀悼共挽联，披麻戴孝送上山，改变旧习好风尚。
老人参加老人班，社会群体都夸赞，好人好事做不完，希望老人继续干。

多么贴近生活的歌谣，句句在理，意义非凡，值得后人代代去传唱。

莫道桑榆晚，为霞尚满天。2017 年，北山老年会组织了由 100 余人组成的“太极大团队”，有舞刀队、舞剑队及太极拳组队。团队中年龄最大者 70 多岁，小者 40 多岁，女性占多数。他们自费买大刀、龙泉宝剑、统一服装，聘请塘下村的太极前辈吕美英同志施教。他们勤学苦练，配合默契，曾参加绍兴老年太极组比赛，获得个人和集体奖，荣获金杯和奖状。

老年人的世界一样五彩缤纷，他们的和谐和快乐，标志着时代的文明发展和进步。而今，北山村老人享受着太平盛世赐予的幸福生活，其乐无穷。

第四章　北山村医疗和教育

第一节　医疗的便捷

1968 年，北山村开始设立“村合作医疗站”，由赤脚医生吕丁富以草药和针灸为主开展医疗服务和传染病预防工作。当时国家的医疗方针是：“把医疗卫生的工作重点放到农村去。”赤脚医生记工分作为报酬，每天背起药箱到田头服务农民，遇有危急病人则及时护送到上级医院抢救。后来，由于合作医疗制度解体，村合作医疗站更名为村卫生室，由乡村医生坐诊，自负盈亏。村里出现了两家卫生室，有乡村医生两名：吕丁富、吕晓萍。

到了 2011 年 6 月，国家推行医改新政，将北山村卫生室纳入壶镇镇中心卫生院管理下的村级基药服务体系，将两家卫生室整合为一家。实行基本药物保障制度，具体负担北山村里的公共卫生、基本医疗等工作，每年由政府部门提供固定的卫生室运营经费。乡村医生通过提供公共卫生工作服务，在年底经过考核合格后，可以获得国家的公共卫生劳务经费补助，另外，平时开展基药诊疗服务活动亦可获取相应的报酬。从此村卫生室纳入正轨，体现公益性质，正常运行。

第二节　教育的重视

北山村有重视教育的传统。自恢复考试制度以来，出自北山小学而后进入大、中专的学生每年都不缺。据统计，全村 1997 年有小学毕业者 906 人，初中毕业者 610 人，高中毕业者 202 人，大专毕业者 20 人，参加全民单位工作者 44 人。近年来，为改善办学条件，以政府拨款与村里投资相结合，将校舍拆旧换新，校容改观，设备增添。[1]北山村小学在文革期间建有四间教室，还有一座古祠，古祠危房面积782平方米，学生的活动场所、教室、教师房间、住校生房间、办公室、厨房都在古祠，广大师生都很担忧生命安危。1989年村委决定新建校舍，教室2间，办公室及房间8间，建房占地面积192平方米，建两层，预计建房经费46080元左右，特向缙云县教体局申请建房资金。为了北山小学的校舍建设，村里尽了最大努力。1990年新建了一幢有两间教室、八间老师房间的二层混合楼，接着又建了四间学生活动室，老师厨房两间。1994年又改建了厕所、门楼，以及1970年建的四间旧教室的外表粉刷。1970年建的四间教室的单层楼，经过二十多年的风风雨雨，已破旧不堪，再加上没有天花板，夏天教室里热得像蒸笼，冬天北风阵阵，冻得师生浑身发抖。村两委考虑用水泥板代替天花板，这样既是长久之计，又有利于师生的安全。经费共需25000多元（其中水泥板9200元、杠梁8000元、老师工4000元、教室内粉刷4000元），由村委向上级申请解决。

① 缙云《壶溪吕族志》编委会编：《壶溪吕族志》（一），1998年，第21页

生活篇

美食节庆　生活习俗

SHENGHUOPIAN
MEISHI JIEQING SHENGHUO XISU

本篇分三章：一是北山村传统美食，介绍了北山传统“八大碗”、传统小吃和特色美食。缙云烧饼，表面上看是民间小吃，背后蕴藏深厚的黄帝文化、乡愁文化，是名副其实的“黄帝饼”“乡愁饼”和“致富饼”。梅干菜素有“博士菜”之美誉，因为梅干菜对人才培养功不可没，于是有了“梅干菜精神”的总结。二是北山村住房交通，介绍了村民的住房和交通。改革开放后，村民住宅得到很大改善、建筑质量不断提高、式样不断新颖。金台铁路缙云段工程房屋征迁（搬迁）工作将极大地改善北山村有关村民的住房条件。三是北山村习俗和宗教信仰，包括结婚习俗、生孩子习俗、丧葬习俗和民间宗教信仰。

第一章　北山村传统美食

缙云美食，不仅仅是色香味俱佳，更展示了缙云传统饮食的文化特色和独特魅力，体现了缙云饮食文化源远流长的传承能力和不拘一格的创新能力。北山美食是缙云美食的重要组成部分。

第一节　北山传统“八大碗”

北山传统“八大碗”历来是北山民间招待宾客的体面菜肴，它选料地道，用料普通，选择方便，烹饪简单，味美好吃，适用广泛，年、节、庆典、迎、送、嫁、娶，无论是普通人家，还是富贵人家，一有“排场”都会用传统八大碗宴请，代表北山宴客的最高礼仪，是北山地方传统饮食文化流传的经典。

清朝乾隆年间，正值鼎盛时期，政局稳定，经济发展，饮食市场空前繁荣，“满汉全席”称雄饮食业；在此同时，各地方风味也纷纷效仿应运而生。

相比之下，北山传统饮食在讲究的同时，逐渐呈现出自己独特的传统烹饪烧制特色。

北山村，古时叫“北居”，据传说在清光绪年间，正当北山北居塘下“宁公祠堂”落成办入祠仪式时，鼓乐喧天、张灯结彩，族人们纷纷前去“宁公祠堂”凑个热闹，一时兴起，每家做了一道上好菜肴相送在祠堂祭祀前以示庆贺，也表达自己对列祖列宗的敬仰之心；祭终，有好事者选出了最美味可口的菜品，结合北山本土风味的八道菜肴，用来大规模地烧制，来宴请前来祭拜的族亲和宾客。后来这八大菜品，被尊称为“北居‘八大碗’”。

北居“八大碗”，包括：（1）五花大块肉；（2）蘑菇炖豮脚；（3）金汤老鸡煲；（4）红烧金鲤鱼；（5）金煎豆腐丸；（6）大脸俏豆腐；（7）飘香敲肉羹；（8）桂圆莲子汤。

用料和烧制方法：

一、五花大块肉：选择上好的豨肉五花肉，切块，单块二两或半斤，按自家生活条件定量定分；放大锅冷水煮烧，放盐、生姜、黄酒、酱油，煮烂，以不化、不散、熟烂、咸淡适口等为上品，无汤，每桌每碗盛八块或十六块为宜。

二、蘑菇炖豨脚：选用上等野生蘑菇干，必须是干蘑菇，也可以用香菇干替代，选择上好前豨蹄，切成块状，放大锅冷水煮烧，放盐、生姜、黄酒、酱油，煮透，无汤，咸淡适口等为上品，每桌满满一大碗。

三、金汤老鸡煲：选用 3 到 4 斤大小家养土鸡，放大锅冷水烧煮，放盐、生姜、黄酒、酱油，煮透，留汤，咸淡适口等为上品，每桌分别盛用，整鸡的为全鸡煲，切块的为鸡块煲。

四、红烧金鲤鱼：选用 1 到 2 斤大小红鲤鱼，抹盐，半烤半炸半熟后，放到清水锅，放姜片、葱、盐，煮熟，分盛大碗中，颜新鲜豨脂，放姜丝、黄酒、酱油、番薯粉，调成稀糊状，先头到尾，分别浇于半成品的红鲤鱼上，上桌。

五、金煎豆腐丸：取自制豆腐，放精肉丝、姜丝、番薯粉、黄酒，一起打烂打匀，用手工搓成土鸡卵大小圆状，用新鲜豨脂煎烤，成熟，后放大锅，放清水，放黄酒、酱油，煮熟，盛碗少许汤，满碗上桌。

六、大脸俏豆腐：取自制豆腐，切成手掌大小方型均匀片状，用油两面烤黄，一起放大锅，加清水、黄酒、少许酱油，烩透，每碗 8 片或 16 片，无汤，上桌。

七、飘香敲肉羹：取两手指大小精肉片若干，撒上番薯粉敲透，放入清水锅中，放索面碎、粉干碎、豆腐等，煮沸后，鼓上清水调好的番薯粉，均匀搅拌，直至煮熟，大碗上桌。

八、桂圆莲子汤：取干桂圆、干莲子，加糖，放清水，煮透，连汤盛碗，上桌。

这就是北山八大碗的选料和制作，原始、简单，原材料容易采购，乡土味十足。

此后，北居“八大碗”就普遍用于各种场合的宴客上，以八碗为限，灵活配位，每桌八人，桌上八菜，菜碗都用清一色的“青花大碗”，看起来爽快，吃起来过瘾，具有浓厚的乡土特色。

由于古时生活条件有限，此“八大碗”用料上乘，开销颇高，许多家庭“请酒”受用不起；在历史生活发展的长河中，智慧的北山人，在此基础上，又创新出了“北山普通八大碗”，并称此“八大碗”为“富家八大碗”。

北山普通八大碗分别是：（1）五花红烧肉（丧事为五花白切肉）；（2）黄脸豆腐片；（3）红烧鲤鱼；（4）姜丝泡皮；（5）汤煮笋干；（6）生菜豆腐（或菜干豆腐）；（7）敲肉羹；（8）红枣汤（或莲子汤）。

不管是普通八大碗，还是富家八大碗，北山八大碗菜肴选料本土、烹饪简单方便，食起来美味可口，适合大众口味，而且每桌八个人，桌上八道大碗菜，足以让来客食饱食足，再加喝上北山本土的“十月酒”（就是在每年十月酿制的土黄酒），食起来个个陶醉美味、飘飘欲仙，所以北山人也把这吃饭的四方桌改称为八仙桌；“八大碗”是也就这样流传，适用于各种宴席场面，一直深受民间的欢迎。

北山“八大碗”是制作简单、容易学会的乡土风味；在那个物资匮乏的年代，既本着节约办事，又不失体统，符合当时的饮食之道，无论从营养、养生、排场等各方面都显示出了独到和高明。因此在北山饮食文化上北山“八大碗”享有盛名，广泛流传，经久不衰，至今在许多传统的“请客”场面中，依然沿用。

第二节　北山村传统小吃

民以食为天。在传统农业社会中，吃饱是一件天大的事。吃饭分为两类：一类是正餐，也叫“大吃”，这是一个人生存所必需的营养来源。在宋代之前，中国人一般吃两餐，正所谓“一日两餐”，就是吃午饭和晚饭；宋代开始，随着越南占城稻进入中原地区，产量增加了，食品多了起来，逐渐开始吃上三餐，即早上也吃一顿，但大多数是稀粥、薄粥一类。第二类是副餐，也叫“小吃”，带有休闲、娱宾、待客、酬礼、贺赠性质。

北山村的传统小吃，按其形态分为热食、冷食、零食三大类，总体而言，跟壶镇其他地方大同小异。

一、热食

在客人刚到时临时招待，称“食点心”。厨顿时间到了，再食正厨。

束面：也写作“索面”。面粉加食盐搓揉后，拉成条挂在架上，边晒边拉成丝，干燥后折短成束，贮藏待用。也有在半干时盘成圆形，称“盘面”，用于婚嫁礼品。束面加鸡蛋是北山村民的传统待客佳肴。

糖霜卵： 方言糖霜即“白糖”。鸡蛋煮八成熟，蛋黄为半流体，盛入碗中，加白糖。

砂糖卵： 砂糖即“红糖”，烹如糖霜卵，加红糖。

生姜汤： 碾碎生姜，煎熬，加红糖。历史上一直是产妇恢复体力的最佳营养品。

敲肉羹： 传统敲肉羹，将瘦肉敲细，用番薯粉做成。昔时，为羹宴中之上品。

豆腐丸： 豆腐捣碎，置碗中摇成圆，煮熟，加汤，甜咸自定。

烧饼： 也叫“桶饼”。专业制作，在烧饼桶中以炭火烤熟。烧饼桶，木制，内胆为无底陶瓶。传统烧饼馅为菜干、鲜肉，表层涂红糖水。食感油酥。此为北山最有名之特色小吃。

菜干豆腐： 菜干炖豆腐。菜干可用白菜、芥菜制成。为家常菜肴。

童鸭： 用乳鸭加胡椒，放入新鲜菜油中炸烤做成，也叫椒盐童鸭。滋补品。

汤圆： 用炒熟糯粉搦匀做成圆形，煮后加糖水。

金团： 炒熟糯粉加糖，做成圆形，外敷炒熟米粉。

二、冷食

多为消闲食品，亲邻共享。

点心： 用米粉做成鸡蛋状，馅或咸或甜，侧上方做成尖嘴，红色。多用于家宴时分给客人。

麻糍： 糯饭在石臼中捣烂，包裹红糖芝麻粉，以熟米粉敷于外。昔时多在稻谷收割季节制作。

千层糕： 也叫“早米糕”。磨米成浆，在蒸笼内蒸熟一层，再添一层，直至满笼格。可直接食用，或加佐料煮食。撕层晒干，用茶油炸成早米糕松。农历七月半，很多村民都有制作千层糕之习俗。

发糕： 糯米粉加糖蒸成，表面以红装饰。蒸制时笼格必以箬叶垫底。另有糍糕，较粘。可冷食、热食。多在节日时食用。

清明馃： 多在清明时节食用，故名。采蓬（一种野草）洗净，沸水煮浸，去苦味，剁细。与米粉拌和，添灰汁，加馅做成，样子像包子。蒸笼用果箬叶垫底，蒸熟后有清香味。是祭祖必需品。

山豆腐： 采豆腐柴（腐婢）叶，捣烂，过滤，加灰汁，凝固成糊状。加调料煮熟，清凉。

木莲豆腐：木莲，即“薜荔”，用木莲淀粉做成糊，夏日消暑，小孩吃尤好。

檡子糊：檡子即橡子，淀粉做糊，消暑食品。

苦芝糊：苦槠，本地人叫“苦芝”。提取果实淀粉作糊，消暑食品。

凉腐：蕃莳淀粉做成，加糖水。

三、零食

季节食品，或为增加喜庆气氛，称“闲食”。多馓类食品，用糯米、蕃莳等做成艺术花样，松脆。豆黄糖、挂香糖、葱杆糖等，多以糯米、豆类加糖熬制成，片状。

蕃莳荚：蕃莳即“红薯”，或称“蕃莳干”。用风干后的蕃莳切成条形，煮熟晒干，再以原汁浸泡、蒸炊、再晒干，屡泡屡蒸屡晒。优质成品透明柔韧。

蕃莳片：以风干糖化后的蕃莳切片，蒸炊、晒干，再蒸再晒，干品以油炸或砂炒，成品香甜脆。可用干品制成馓类食品，昔时多为正月宴客茶配。

麦饼松角：麦饼松角，也称“麦饼松”，甜味，有松、软两种，长棱形，松者乐儿童，软者敬老翁。用麦面烤成，表面撒芝麻。

米泡糖：又叫“白糖”。由白糖师专业制作。糖油（麦芽糖饴，昔时多自制）、白糖、茶油拌和煎熬后，倒入炒脆的大米、芝麻、花生等，拌和后倒入白糖团（读ra，入声），压平，切成小条形，包成小包。壶镇溪头人特别擅长制作米泡糖。

馓：麦面搦透，打成薄片，裁成长方形，对褶剪成栅状，翻成花样，茶油炸松。也可用半干燥早米糕、蕃莳片制作。多用于待客作茶配。

第三节 北山村的特色美食

一、缙云烧饼

“炉传三百世，饼香五千年”。近年来，缙云烧饼持续走红，进都市，登央视，闯世界，真正迈向了“高大上”之路。一只小小的缙云烧饼，短短几年内便从“路边摊”走向“品牌店”、从“小县城”迈进“大都市”，从“谋生技”转为“致富经”，表面上看是民间小吃，背后蕴藏深厚的黄帝文化、乡愁文化，是名副其实的“黄帝饼”“乡愁饼”“致富饼”。

相传当年轩辕黄帝在仙都鼎湖峰炼丹时，饿时就和个面团，贴在炼丹炉内壁烤着吃，香飘四野。这只源起轩辕黄帝，流传千年历史，承载着缙云实现“绿富美”新希望的小烧饼，也深深烙印在每个缙云人的乡愁梦里。

缙云烧饼，也叫桶饼。1989 年“缙云烧饼”被浙江省商业厅评为浙江省优质点心；2008 年“缙云烧饼制作工艺”被列入非物质文化遗产名录；2014 省餐饮协会授予“浙江名小吃”称号；2015 年 8 月 13 日，中国品牌认证委员会授予缙云烧饼“中华名小吃”称号和相应牌匾和证书。

做烧饼，制作方式是先拌和面粉、搓揉、擀薄、涂油。相传最多的时候，一家店每天要做 3000 个饼，一天要用掉 160 斤肉，光切肉就要专门请人。有的人为了吃到某一家的烧饼，甘愿排长队等候。如今，这个本只是火遍浙江的烧饼已经遍布全国各地，但是，并不是每一家的缙云烧饼都是正宗的，只有满足以下几点的缙云烧饼才能算是正宗的。

一是厚度。那种很薄的根本不是缙云烧饼，有厚度的才是，缙云烧饼必须有肉，没肉的烧饼就是“耍流氓”，标准的缙云烧饼一般会用到一两到一两二的五花肉。二是口感。烧饼表面必须要刷糖油，其实就是麦芽糖，这样能使烧饼增加口感、颜色漂亮、表皮变脆，如果烧饼第一口咬下去不是脆的，肯定是山寨货。正宗缙云烧饼即使冷了，只会脆度稍差，不会僵到难咬的地步。三是梅干菜。烧饼里的梅干菜必须是上好的“九头芥菜”，有人说烧饼火气大，其实不然。烧饼里，用芥菜做的梅干菜，性凉，可以中和烧饼的火气。

二、米泡糖

每逢腊月，乡村的家家户户就为米泡糖忙碌开了。米泡糖样式很多，有纯粹用大米通过爆米花机爆成米花加工的，有用小米（即粟米）加工而成的，有用糯米经油炸或经砂炒加工而成的。至于米泡糖的辅料，那就更数不胜数了，有加油炸番薯丝的，有加花生仁的，有加芝麻的，有加核桃仁的，有加葵花籽仁的。反正任凭主人家的喜好，添加的辅料都是精致的好食材。

“上有天堂，下有苏杭，壶镇最香的是‘米泡糖’。”“米泡糖”在壶镇还有“冻米糖”“炒米糖”的别称。坊间有个评价，说的是丽水市“冻米糖”数缙云的为好，而缙云又以壶镇最佳。壶镇“冻米糖”的手艺全市有名，每年，丽水本地甚至周边地区如金华、衢州等，都有“饕餮”专门赶到壶镇购买。“米泡糖”是一种过年不可缺少的传统美味，老少皆宜、人人爱吃，在壶镇已流传了约 500 年（一说 1300

余年）。“过年切糖”在壶镇以往是春节每家每户必做的事，一般在大年三十夜切糖，一家人围在一起，有的切糖，有的包糖，其乐融融。

制作“冻米糖”，讲究的是“快”。一勺麦芽糖，两斤白糖和两碗水，正是制作一匣“冻米糖”糖水的用量。而熬糖水，最见功夫，也最关键。早三秒出锅，糖水太嫩，做出的“冻米糖”容易发潮；迟三秒出锅，太老，卖相难看，容易散粒。

熬糖水很快，在大铁锅熬大约一分多钟，锅中的小泡变成了板栗大小的大泡。倒入早已炒制好的米花、芝麻、花生等原料，将粘成团的“冻米糖”倒入案板上的木条框里，然后用擀面杖碾平压实，再操刀横竖切块。最后包装成袋。

做“冻米糖”，挣的是辛苦钱，从头年的农历九月到第二年的正月，从每天早上7点钟到午夜乃至次日凌晨三四点，师傅们忙忙碌碌。壶镇的卖糖方式别具一格，不论斤两，只论匣、包，颇受消费者欢迎。

如果论斤两，一般手艺人会多加糖，导致“冻米糖”过分甜，还黏牙；论匣、包卖，甜味适中，口感松脆，不掉渣，一切刚刚好，所以壶镇的“冻米糖”才会这么有名。

缙云人对“冻米糖”还有着特殊的情感。缙云正月走亲戚，外婆常挑着“冻米糖”看望外孙。以前小孩没有什么零嘴，见外婆挑糖来，欢乐程度不亚于放鞭炮。久而久之，在民间，“冻米糖”也有“外婆糖”的说法。

也有人带着“冻米糖”去亲家做客，再由亲家分发给全村，一般为一户两小包。于是，有句俗语流传开来——“切白糖，担白糖，娘想囡来囡想娘。白糖切好好过年，份份（户户）人家福寿长”。说的就是“冻米糖”背后的亲情和人情。这种活在舌尖上的老手艺，就这样在老百姓的手中和口中代代相传。

年少时农村生活条件有限，一般流行的是普通的爆米花和白糖制作的米泡糖，生活条件稍好的，会加些芝麻或花生仁。假如嫌白糖贵买不起，就用熬番薯片、番薯条剩余的汤汁再经柴火精心熬制成糖水，买些少许的用糯米制成的小圆柱形“白白糖”勾兑成米泡糖糖浆。那时的爆米花生意是异常火爆的，师傅担着机器走家串户，农户备好大米、备好炭火等待爆米花，每每爆米花时分，小孩子们捂住耳朵，只听“啪”的一声巨响后，爆米花机周边冒出一股白白的热气，大麻袋里一下子就装满了刚刚爆开的米花，爆米花的农户人家也不小气，会很快拿几把热热的爆米花给围观的小朋友们吃。

米泡糖——浓浓的年味必备品，但在物质生活丰富的今天，很多家庭为了图方便就在城区或集市中购买做好的成品米泡糖，基本上一元或一元五一包，省却了制作的麻烦，却少了以往制作过程的忙碌和制作成功后的喜悦，期待少了、欲望淡了，乐趣也就渐行渐远了。

三、“猪三福”

何为“猪三福”？此乃农村人说的猪肉、猪血、猪内脏是也。

因为少儿时代生活艰苦，每年能吃上猪三福的日子是屈指可数，除了过年过节能吃上一点肉算是很有福气了。能一次性尝遍猪肉、猪血、猪内脏的日子就显得特别珍贵，感觉这样的日子会特别幸福。

“猪三福”一般由杀猪人家特意烹制，有的将猪肉、猪血、猪内脏混在一块，用土锅土灶直接加水加盐熬熟熬透，然后送往亲朋好友、隔壁邻居们品尝。有的将猪肉、猪血、猪内脏混在一块，加上缙云番薯粉，捣鼓成“猪三福羹”，里边的猪肉鲜嫩、猪血爽滑，猪大肠、猪小肠、猪肚等筋斗有嚼头，而猪心、猪肝、猪肺等内脏又风味独具，猪杂混在一起，一碗碗飘香滚烫的“猪三福羹”新鲜出炉，馋得人几乎欲流口水，吃之大饱口福，畅快淋漓。

随着生活的不断改善，“猪三福”成了宾馆酒店、农家乐的常备菜肴，自己家庭里也不时烹制。现时的“猪三福”吃多了，毕竟很难有往昔艰苦岁月里品尝到的特殊味道，何况现在都是些饲料猪居多，纵然外表一模一样，但其舌尖上的味道却大相径庭，与以往根本不可同日而语了。

四、香肠

每逢腊月时节，北山村的农户家里挂满了鲜红的香肠。村民们为了让过年的食品更丰盛，家家户户都擅长做香肠。每当立冬过后，远近乡邻就提上几斤或几十斤猪后腿肉，瘦肥搭配，请专业师傅用自己独到的技艺灌制香肠。

制作香肠，卫生放第一，选料挺讲究，配方要合理，制作要精细得当。灌制好的香肠需要挂在有太阳处暴晒两到三天，再挂在干燥通风处（比如自家的阳台上）风干五到十天左右，香肠变暗红色，肠衣变皱就可以食用了。喜欢吃熏味的可以再稍加熏制，有特别的香味。

至于香肠的烧制，煎炒炸炖酱卤蒸焖等按个人的口味均可制作。在北山村乃至缙云各地，春节期间备点香肠年货，或自己食用，或招待客人，或拿来当作家乡特产赠送亲友目前已广为流行。总而言之，北山香肠这年货散发着浓浓的过大年气氛，成为北山村民过年过节几乎必备的美味佳肴之一。

五、北山馒头

大凡说起缙云馒头，特别是香糯爽口的北山馒头，品尝过的八方朋友无不竖起大拇指。每年的腊月二十五日，缙云南乡还专门设有“馒头日”，在壶镇北山村，虽然没有规定的“馒头日”，但做馒头过大年的传统依然久盛不衰。

关于馒头日的来历众说纷纭，莫衷一是。其中一则说的是，南宋时期，缙云县大黄村的祖先胡则又名胡相公，为官清廉、名极朝野，时任吏部侍郎。在腊月期间，老下属亦是老友登府拜访，胡则正吃午饭，待其禀明欲对己行贿买官之事，胡则想起恰好从缙云老家带有小麦磨的麦面，于是叫夫人匆匆做了馒头摆在餐桌之上，手指馒头厉声言道：“丹心一点馒头记，一生只为清白来。”欲行不轨的官员听懂胡相公言外之意，悻悻告辞。自此以后缙云大黄胡氏后裔为了纪念胡相公的清正廉明，就把过年前五天，即腊月二十五日定为馒头日，祭祖时必上馒头以明子孙之志。再后来一传十、十传百，邻近村寨纷纷效仿。

据了解，在缙云南部俗称南乡一带的舒洪、溶江、双溪口、大源、胡源等乡镇，从祖辈流传下来的传统馒头加工方法非常独特，要先用大米煮成稀饭、冷却后拌入米粬，保持一定的常温等待米粥发酵，两三天后混合发酵成酵水，这个发酵水就是南乡馒头的美味关键。将面粉加上发酵水揉和成面团，放在面缸里发酵过夜，一般是头天晚上揉面，第二天上午面团就发酵成功了。再拌入面粉揉和渗透后，经保温发酵再成型蒸熟。这样的馒头香气扑鼻，手感柔软，发度均匀，耐储藏不易变质。如果放入冰箱经冷藏，取出蒸熟后新鲜如初。这种馒头，有越嚼越香，越吃越想吃的感觉，不但作为主食营养丰富，还有利于消化，且有养胃健脾等辅助功能，其口味纯正，老少咸宜，便于携带。旧时，一般人家只有节庆才能享用馒头，如今馒头已经是普通的大众性食品，但很少有人会制作传统发酵水来做馒头，俗话说物以稀为贵，这也使得南乡馒头不仅列入了缙云县非物质文化遗产名录，更成了消费者青睐的食品。

在壶镇北山村一馒头店，有一对夫妻为北山馒头忙得喜笑颜开，远近乡亲过来定做馒头的络绎不绝。拌面、揉面、搓面、摘个、做馒头、蒸馒头等十几道工序，夫妻俩有条不紊地进行着。但见店内堆满了各类馒头，黄色的叫金瓜馒头、黑色的叫赤豆馒头、长长的间杂有芝麻的叫馒头龙，定做最多的是还是雪白的小馒头、个大内有红糖肉馅的大馒头。顾客来定做的有几十斤、有的甚至上百斤的，也有买三五斤回家趁新鲜品尝的。但见店门口的蒸笼热气腾腾，旁边有一个大圆竹匾，刚出笼的北山馒头还冒着热气。它们透着自然的白色，貌似一只只小白兔般可爱，品尝起来口味纯正，有股来自大米自然的甜味，还散发着发酵水淡淡的馨香。店老板说，北山馒头制作成本高，工艺复杂，但因为味道纯正，不加任何色素等添加剂，很受远近顾客的青睐，尤其在腊月下旬这几天，馒头供不应求。

北山馒头，乡愁满满，正是它的丰盈、柔软、可口、香甜且耐储藏，成了北山老百姓的极品年味之一，也是自食、待客、馈赠的上佳土特产。

六、粥捞饭

“粥捞饭”，顾名思义就是在粥里捞饭，身为缙云人没有人没吃过粥捞饭。身为北山的媳妇没有不会烧粥捞饭的。

对于一个自小吃粥捞饭长大的北山人而言，觉得粥捞饭意义非凡。记忆中母亲烧的粥捞饭最耐人寻味，在那个连温饱也解决不了的穷困年代，能吃上粥捞饭已经很不错了。尽管粥稀得有时能照见人影，比起喝清水总强多了。

北山媳妇回忆，最爽的莫过于过年过节或家里来客人的时候，母亲一大早就起来烧粥捞饭。在大锅中倒进足够的水（只可多放不可放少），待锅里冒出气泡水快要开时，放入淘净的大米，并反复用锅铲进行搅拌，免得结锅。母亲捞上米粒常用两指头掐一掐的方法试验，待米粒烧至七成熟或八成熟时，拿一个用竹编制的大笊篱将米饭捞出并偶尔用拳头往篱柄上敲几下，促使汤水尽快沥干，倒进大容器里。那时候装饭的容器全是用泥土经火高温烧制而成，缙云话称“饭罇”。剩下小部分米粒再用文火炖上四五分钟，锅的边沿就会出现一层薄薄的“粥衣”，又稠又香，滋润养人的粥就熬好了。这些粥汤水加上适当的红糖或白糖成为喂婴儿的最佳食物，没奶水吃也能长得白白胖胖，北山媳妇说她小时候就是吃这个粥汤水长大的。

把粥淘尽洗好锅，将饭罇放入大锅中，加入适量的水，盖上锅盖开始炖饭了。有时候，母亲会在饭罇沿上放上米糕或馒头类顺便蒸软，有时将烧好的菜放到饭罇沿免得冷却，有时还会将南瓜蕃莳放入锅沿和饭一起蒸熟，有时还会在锅壁烤上玉米饼或小麦果，真是一举多得，省时又省柴。估摸炖到二三十分钟后，米饭粒粒分散，饭香四溢，软硬恰到好处，刚出锅的粥捞饭最好吃不过了，不要菜都能吃上几碗，可是很少有吃过两碗饭。“小孩子要看饭罇盛饭，让客人先吃饱。”母亲的话不时在耳边回响，没吃饱也只能很不情愿地放下碗筷离开餐桌。北山媳妇的一字一句触动心弦，艰苦年月里人人若能填饱肚皮算是一件很幸福的事了。

粥捞饭，如此简单的烧法也会有失误的时候，因为不少家庭主妇边煮饭边兼顾其他事情，弄不好就烧糊了。譬如水量控制不当，米饭容易糊而不熟；搅拌不及时，米粒容易结锅；捞饭时间掌握不当，炖出的米饭太烂容易成团不散；炖饭火候不足，米饭不熟透，有失柔软感并影响消化；炖饭时火候过旺，水烧干了容易生饭丁，失去了原味影响了口感。厨娘们想烧好粥捞饭还真得多留几个心眼才是，北山媳妇侃侃而谈，颇有农家主妇能干豪爽的风范。

粥捞饭最适合夏季食用，很多家庭早上烧好就吃一整天。火辣辣的大热天，粥罇里冰凉冰凉的米粥就是最佳饮料，“咕咚咕咚”喝上一碗，既解渴又充饥 ，别提有多惬意。小时候，简简单单的一碗米粥加上一碗洋芋，抑或加上一碗南瓜，抑或加上一块冷蕃莳，就能美美地喂饱了一餐。粥捞饭没锅巴，要是把剩余的饭炒成香香饭或菜饭，又是一种美味，不会有任何浪费。把粥捞饭盛在草袋里或饭箩里摁成的严严实实的饭箩饭，加上点干菜，还是当年农家人上山下地做活不可或缺的路支。

粥捞饭不光是北山村人的传统主食，也是缙云人的传统主食，一样承载着满满的乡愁。随着人们快节奏的生活，电饭锅和压力锅的问世给很多家庭带来快捷方便，烧粥捞饭的人越来越少。近些年兴起的柴炉简单轻便，给没有土灶的家庭带来了福音，只要不怕麻烦依然能吃上香喷喷的柴火饭。聪明的厨娘们，用煤气灶也能烧出粥捞饭，把饭捞在电饭煲里焖上五六分钟，或捞在盆里放微波炉旋上几分钟就可吃。可是不管怎么样都吃不出当年在土灶上用大铁锅、大笊篱、大饭罇烧出来的粥捞饭的那种独特香味了。

时代发展，食物膨胀，而粥捞饭依然是缙云人的最爱，农村里但凡有红白喜事或逢大聚会，就会用上大饭甑烧粥捞饭。把米饭先捞在团箕上或坐团上冷却分散，壶镇话叫“打饭分”。然后在饭甑底部铺上一块纱巾，再倒入米饭，盖上木盖，放到大锅上蒸，待饭甑里的蒸汽徐徐上升，飘出阵阵饭香时，说明饭已经蒸好了。这时的饭颗粒分明，色亮而香浓，直叫你食欲大增。

粥捞饭，喷喷香，百吃不厌，养胃保健，是母亲爱的传递，是农家人炊烟袅袅的美好记忆。

七、水磨糕

俗话说得好：民以食为天，每一个地方都有自己的特色美食。北山村也不例外，除了闻名远近的特色烧饼，农家特色美食还很丰富，而至今让人念念不忘的美食之一是北山的"水磨糕"。

北山一直有个传统习俗，就像端午节挨家挨户包粽子一样，每年的农历七月半，即中元节，村子里家家户户都要炊一笼水磨糕，切上一块方方正正的摆到饭桌中间当祭品做羹饭，以表对已故亲人的追思和怀念。

从字面就可理解，水磨糕是由水和米合成的用石磨磨出来后蒸成的米糕，其制作方法并不十分复杂。水磨糕的原材料就是大米（也即籼米），一笼米糕大概须六七斤左右的籼米。把米淘干净加上适当的水浸泡至足够的时间后，放到石磨上像磨豆腐一样费时费力地磨。磨好的米水白白的呈牛奶状，放到大的容器里澄清，放置差不多一个晚上的时间，就能闻到米水隐隐有点酸味，就是所谓的发酵。然后倒掉一部分清薄米水后，加上微量的苏打粉使米水起酸碱中和反应，酸味自然消失了，再加入一定量的白糖溶于水后就可上锅炊蒸。蒸之前，必须先把锅内的水烧开，等蒸汽袅袅上升时，把米水倒进铺有炊巾的蒸笼里，用猛火炊蒸。

千万要注意的是，锅里的水不能放得太多，多则满到蒸笼底部容易熟脚不会发了，少则容易烧焦蒸笼。差不多烧一炷香的时间，米糕就熟了。这时候打开大锅盖，一股淡淡的香气扑鼻而来，只见蒸笼里的米糕晶莹剔透，白嫩软绵。手巧的农家妇女就会夹起三根筷子蘸上用红粉泡成的水，在米糕上印下零零碎碎的一朵朵小红花，活像雪地里盛开的一朵朵红梅，令人心生欢喜，钟爱有加。

端出蒸笼，等米糕凉了卸下炊巾，先把米糕切成四大块。这时，你会发现厚厚的米糕就像蛋糕房里的蛋糕，布满密密麻麻大小均匀的小洞洞。放到手心里，柔软不糯但富有弹性，直教人垂涎三尺。送进嘴里，甜而不腻，虚而不干，唇齿间酝酿着一片稻花香，淡淡的味儿渗透了劳动者的勤劳和智慧，诠释了农家人自己动手、丰衣足食的优良品质。

水磨糕制作貌似简单，实则是挺麻烦，制作一笼米糕要历时几天时间。它虽比不上那些成本高价格昂贵的精致糕点，但是它地道、味美，低成本且色香味俱全，也是没有任何添加剂的环保安全食品，更体现了山里人节俭能干、心灵手巧的良好风貌。

假如你去北山做客，不仅可以让你尝到水磨糕特有的美味，还能吃上农家们传统制作的玉米饼和玉米金团，番薯饼和番薯丁，门闩粽、榉子豆腐、山糍粑等特色小吃；说不准一不小心还会让你吃上正宗腌猪肉、萝卜干、茄子干、芋头丝、霉豆腐、柴栀花等无公害的农家特色小菜。北山人永远以热情洋溢、笑容可掬的方式迎接和款待远方客人的到来。

八、梅干菜和“博士菜”

从前读鲁迅的小说《风波》时，看到他这样写梅干菜：“乌黑的蒸干菜和松花黄的米饭，热蓬蓬冒烟。”当时很好奇，为什么黑黄黑黄的梅干菜，样子明明并不讨喜，在鲁迅的笔下却可以这般生动诱人。

北山村的缙云烧饼名甲天下，除传统制作技艺纯熟外，还得益于将自产的优质梅干菜做馅，特别鲜香。在缙云农家，历来家家户户都有晒梅干菜的习俗，一直流传至今。几乎在每一个浙江人魂牵梦萦的故乡菜里，都会有梅干菜的香气，这是镌刻在他们骨子里的记忆。

梅干菜，是把芥菜（雪里蕻）晒干，加盐腌制，然后发酵而成。制成以后，口感酸、鲜、咸，并散发出独特的香气。

缙云的梅干菜，久负盛名，不苦涩、酸酸的、天然微甜、香味浓郁，而且干净无沙。而缙云烧饼的主原材料之一就是梅干菜，如今在全国很多地方都可以吃到美味的缙云烧饼。酸酸的缙云梅干菜，单独吃也非常开胃、消积食。

缙云，古属越国，至今境内有越王山。越地，自古即是菜干（也称乌干菜、梅干菜）之主产区，据《越中便览》记载：“乌干菜有芥菜干、油菜干、白菜干之别。芥菜味鲜，油菜性平，白菜质嫩，用以烹鸭、烧肉别有风味。”菜干是浙江杭嘉湖、绍兴、金华、丽水等地区一种价廉物美的传统副食品，也是缙云、绍兴、东阳等地的著名特产。

缙云菜干素有“博士菜”之美誉，其油光乌黑，香味醇厚，耐贮藏。可分为白菜干、油菜干和芥菜干三种，味道最鲜美的要数芥菜干。北山村世代传承以芥菜制作梅干菜，其中不乏以“百脑芥菜（九头芥、雪里蕻）”腌晒干菜，品质尤为上乘。因“百脑芥菜”菜芯多，梗叶细长，适时收割质地鲜嫩。拿这种菜晒制成的干菜，越蒸越乌，越蒸越软，越蒸越香。在腌菜中，缙云菜干营养价值较高，其胡萝卜素和镁的含量尤显突出。其味甘，可开胃下气、益血生津、补虚劳。年久者泡汤饮，治声音不出。

以前缙云山区生活条件艰苦，外出住校读书的中学生为了节省费用，大都自带用油渣炒制的梅干菜过饭，结果考试成绩特别优异，纷纷考进名牌大学。因为历史上缙云菜干对人才培养功不可没，于是有了“博士菜”的雅号和“梅干菜精神”的总结。梅干菜价廉好吃、补脑健脾，再加上学子的勤奋苦读，自然人才辈出。

因为只要有了蔬菜种植、食盐和烧煮条件，便可制作缙云菜干，所以北山村制作历史十分久远。北山村目前与梅干菜相关的菜式和应用仍很广泛：除传统烧制“干菜焖肉”“干菜扣肉”“菜干豆腐”“菜干肉渣”“菜干笋丝”等菜肴外，还大量应用于“缙云烧饼”“菜干肉包”等的馅料。成就了缙云地方特色小吃的美味和品牌，其中北山村的“缙云烧饼”就以独特的“酥鲜香”美味享誉世界。

在北山村的寻常百姓家，梅干菜除了用来佐餐外，还作为各式菜肴的辅料，常用来清蒸、油焖、烧汤、烤笋、烧鱼、炖鸡、蒸豆腐等，其味隽美，开胃增食。夏天，用干菜配上一撮嫩笋干作汤料，有生津止渴，健脾止泻，解暑防痧，恢复体力的功能。鲜香北山梅干菜，深得万家钟爱。

北山村有一道闻名遐迩的土菜名叫“菜干肉”，一般用上好的五花肉经酱油、味精、白糖等进行焖炒。出锅后，浓香扑鼻，极具风味。这道名菜，还上过央视《舌尖上的中国》。

九、麻糍

入夏后新糯米上市，把糯米蒸熟后，在石臼中打烂成饼，而后摘成小块，里面裹上红糖，外面擦一层熟糯米粉，以不见糖为及格。每到集市，古树下、凉亭边，都有人在叫卖。入冬后，可把糯米做成薄饼，用平锅热烤，加入红糖，润甜香糯，很受人们青睐。

十、敲肉羹

敲肉羹的做法是：先把猪后腿精肉细细地切，拌上山粉，放到砧板上，再用刀背把肉敲细，锅内同时烧沸鲜汤汁，然后将肉下锅，熟了后勾芡成羹。这种羹滑、爽、鲜、嫩，四味俱全，人人爱好。

十一、豆腐丸

豆腐丸的做法是：将两勺已捣碎的豆腐舀到碗中，掺加肉末搅拌均匀，再用手摇碗，使碗中的豆腐肉末滚成圆球状。而后，放入开水锅中，烧煮片刻捞出，再放入另一肉骨头汤锅中持续炖。也怪，豆腐丸无论怎么炖就是不会散。花一元钱，就能吃上 4 个豆腐丸，豆腐鲜嫩，汤味香醇。

十二、糖饧

糖饧的做法是，将米磨成浆，在蒸笼内蒸熟一层，再添一层，这样多达十来层，厚得像糖糕一样。出锅后，分划成菱形小块，就可以享受了。假如加青菜炒制或油煎，滋味就更佳。剥片晒干，油炸成酥，称为糖饧松，节日作果点食用，香脆爽口。

十三、清明粿

采用青蓬洗净，沸水煮浸，去其苦味，细剁，拌入米粉，搓揉分团，以豆腐、笋丝、猪肉等为馅，垫上果叶蒸炊，清香异样，是清明季节祭祖必备的食品。在 3 月至 5 月期间，缙云的酒店、餐馆及市场均有供给，深受市民与游客的喜爱。

十四、黄花菜

俗称金针。缙云黄花菜栽培历史在 600 年以上，黄花菜干品为淡黄色或金黄色条状，有光泽，肉质丰富，养分丰盛，含 18 种氨基酸。据《本草纲目》记载，黄花菜有安神健胃、解热镇痛、利尿消肿等效用，是家庭食用佳品。

十五、索面

也叫土面，选用当地特种麦粉、食用盐、自然泉水，沿用传统手工艺制造，没有任何添加剂，为民间传统特产中的珍品。壶镇人每逢走亲访友，都用索面相赠；庆祝诞辰用索面开宴，来表示长命；大年初一，家家户户吃索面蛋，来求得新年吉祥、好运富贵。

十六、茭白

茭白肉质松软，质地嫩白，味道鲜美适口，营养丰富，含糖类约 4%、蛋白质约 1.5%，以及多种维生素和氨基酸。作为一种“无公害”绿色食品畅销省内外大中城市。

十七、番莳

缙云民间有句世代流传的俗语："缙云番莳，永康萝卜。"番莳竟然成了缙云人的荣耀别称。因为缙云山坡地多，特别适宜番莳种植，所以种植面积大、产量高，并且出产的番莳生吃时特别脆甜，烘烤熟时"喷香、喷香"！北山村的山坡地多红土壤，最宜番莳生长，且风味独特，村民心灵手巧，以番莳制成的风味小吃和点心也特别多，如番莳片、番莳干、番莳丝糖、敲肉羹、番莳馃、番莳粉丝等等，美味可口，闻名遐迩！

番莳的经济价值高：白地瓜营养价值高。凉薯含抗肿瘤蛋白，可以从凉薯种子中经过特定的方法纯化分离出一种新的凉薯抗肿瘤蛋白，能抑制肝癌、胃癌和黑色素瘤的活性；它营养丰富，含有人体所必需的钙、铁、锌、铜、磷等多种元素，有降低血压、血脂等功效；和红薯一样，凉薯也是一种高产作物，亩产可达数千斤甚至万斤以上，其肉质块根富含淀粉、糖分和蛋白质，脆嫩多汁，皮薄而坚韧，容易剥除，可供生食、炒食、做饲料，若加工制成沙葛粉，有清凉去热的功效。凉薯块根耐贮藏，可调节蔬菜周年均衡供应。

北山村的番莳种植始于明代，以留籽育种，剪藤扦插繁殖。比如白地瓜，一般是在 4 月中旬的时候种植，种子以椭圆扁状，深橙色，一般普通人家种植是把种子以营养土的方式取苗，这样长出来的苗子是比较能抗虫病害的，因为在营养土里加入防虫病害的药物可以让地瓜在后期的成长过程中更加健康，以免被虫害侵蚀，温度以常温为宜，偏高温要加强浇水，以免果实缺少水分干涩，阳光要充足，有利于光合作用，合成甜味素，这样长出来的果实才爽口香甜。

缙云番莳喷喷香，营养丰富人人夸。北山村出产的番薯块根和茎叶营养特别丰富，块根富含膳食纤维、黏液蛋白质、多种纤维素、矿物质及淀粉和糖，具有抗突变、抗癌、美容、减肥、延寿、降血脂、提高机体免疫力等保健功能；番薯茎叶富含维生素 A、维生素 B2、维生素 C 以及矿物质等，香港人称薯叶为"蔬菜皇后"。现在人们已经逐步认识到，番薯不只是昔日所说的"粗粮""救灾糊口粮"，而是营养十分丰富、齐全，并且具有重要保健和防治疾病功能的食物。所以，在市场上北山村所产的番莳尤其抢手。

十八、蕃莳片

蕃莳片由薯块经筛选、荡涤、去皮、切片、煮捞、晒干而成。藏品柔软透亮，松脆香甜可口。上等品为8厘米 ×16厘米左右，长方形，经剪切翻成各种吉利形状，炸制后极具欣赏、食用特点，作为迎送贵宾之用。

第二章　北山村住房和交通

第一节　住房

一、北山村传统民居及建筑

北山村传统的道坛式四合院民居结构，村民称为“明堂”，一般为同族聚居。二层木结构，四围泥墙或石砌，屋榀与外墙用墙牵连成整体。20 世纪 70 年代尚条石后不再建。今尚存不少泥墙、卵石墙、块石墙，极少见茅草屋。建造房屋的木匠称“大木师傅”。

北山村传统建筑由泥水匠、木匠、木雕师、粗工共同完成。20 世纪 90 年代后期，开始流行水泥红砖彩瓦房，进入 21 世纪后一般采用框架打柱结构。

北山村传统道坛左右对称，中为天井，四周住宅。间数，前后进合单为双，左右厢可单可双。中堂称“司间”，旧时为嫁娶和道教法师行斋醮仪式用。大门称“闾门”，柱廊称“阶沿”。木结构忌火，所以侧门叫“水门”，也称“路堂”。天井称“道坛”，用小石子嵌成吉祥花样。水沟称“阳沟”，雨水、污水从暗沟流出。多数道坛有水井，供生活之用。

因建筑技术进步、家庭人口减少、村民隐私观念增强以及讲究生活品质需要，现在北山村的建筑大多是一户一宅，层高政府限制为三层半，住宅之间不连贯。如果遇征地拆迁，政府一般安排为排房或套房，公共基础设施良好。

北山村典型的四合院建筑平面作图如下：

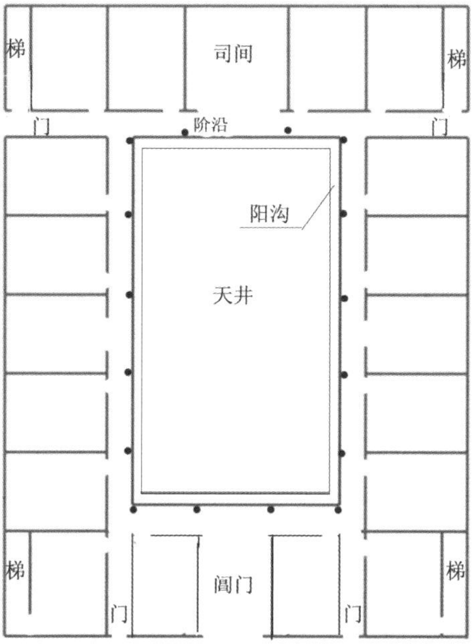

屋榀如下图，除司间外，其他屋榀可省为三柱。径柱不用时，径桁架于楸的骑筒上。带班的师傅叫“作头老师”。

司间栋桁架好时，一端泥水作头老师，一端木工作头老师，在栋柱上一边用小木槌象征性地敲击栋桁，一边两人对唱《上梁歌》，以祝房主今后有好运。

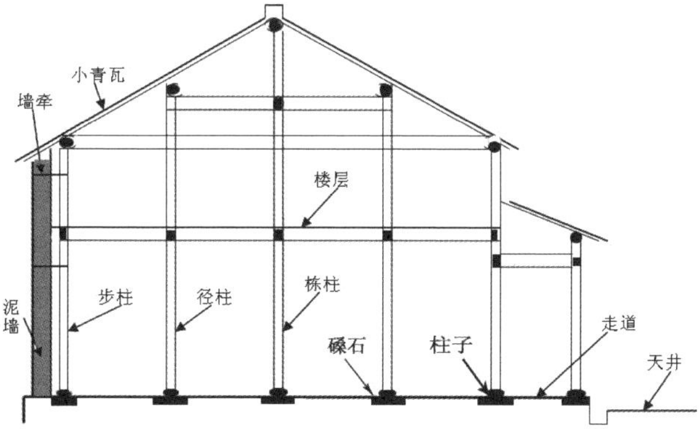

二、北山村村民住房的改善

北山村村民的住房一直比较紧张，人均面积也很少。

1994年，一村民家有人口7人，只有一间33平方米的房子。因住房紧张，养蚕工作无法展开，向村里申请借用30平方米的养蚕用地。一村民家有人口4人，只有一间40平方米的房子。一村民家有人口7人，只有一间28平方米的房子，向村里申请建造蚕房两间。一村民家有人口5人，只有一间22.6平方米的房子。一村民家有人口9人，只有一间60平方米的房子。儿子两个，已经分家立业，可缺少房屋。一村民家有人口4人，只有一间48平方米的房子。

1986年2月，下宅村向缙云县城乡规划办公室提出扩大村建设规划的报告。1983年10月由三联乡基建办公室两名测量员对村庄进行了测量、描图，经过了两个月时间的艰苦工作，完成了测量描图任务，到1986年已有四年时间。在四年中每年10月份要求建房的有80多户向村委会写申请，要求解决建房地基。搞好村庄建设规划应按现有住房布局，应按耕地土地布局，应按现日常饮水、用水自然条件因地制宜。报告提出，下宅村建设规划村民建房于1986—1996年，十年时间。规划面积、地点由三联乡基建办公室应跃福测量。为了解决村民建房地基紧张局势，作长远规划，再扩大规划面积，增加村西边、西尺路水田7.8亩、村下水田3.7亩、村东边5.5亩。

1989年村委会研究民建房用地规定：一是审批条件，住房面积，三人以下含三人最高不能超80平方米，四人至五人最高不能超110平方米，六人以上含六人最高不能超125平方米。二是如果父子分居各食，要以独立起灶半年以上，可作分户安排。三是凡子女已大，确实分家立业的户，其父母留有原有住房面积，一个人口不得超过30平方米，两个人口不得超过45平方米，多余的住房面积应算子女的住房面积。四是凡符合建房条件的，对学校资助500元以上的，优先报批，按次排列，多者不限。

1990年12月，三联乡对下宅村村民的建房要求进行了联审，这次共有33户，125人，户均3.79人。原住房面积共2190.3平方米，人均17.52平方米。“同意面积”为1267.4平方米，人均可增加10.14平方米。增加后人均面积为27.67平方米。有13户建房需要占用耕地，其余20户是在宅基地、晒场、山坡上建房。（见表10）

为了严格做好1990年度村民建房审批工作，防止报批户弄虚作假现象出现，三联乡人民政府与下宅村干部进行联审。按照三政字（90）13号文件的规定，本着实事求是、增加透明度的原则，经研究决定，同意建房户如下（见表9）。

表 9 三联乡 1990 年度村民建房的联审

户主姓名	人口 / 人		合计 / 人	住房面积 / 平方米	同意面积 / 平方米	坐落地点	耕地	非耕地
	男	女						
吕 * 田	4	1	5	71.2	39	后溪沿	田	
吕 * 进	2	2	4	53.2	48	后溪沿	田	
吕 * 明	1	2	3	42.7	38	后溪沿	田	
吕 * 旺	1		1	18.3	48	后溪沿	田	
吕 * 德	1	2	3	53.4	27	后溪沿	田	
吕 * 焕	1	4	5	91.5	191	后溪沿	田	
吕 * 法	3	2	5	90	20	后溪沿	田	
吕 * 良	3	3	6	90.8	35	后溪沿	田	
吕 * 飞	2	2	4	75.8	45			宅基地
目 * 秋	2	2	4	55.9	48	下祠堂		宅基地
吕 * 云	2	2	4	73.7	47	下祠堂		宅基地
吕 * 福	2	2	4	75.3	45	下祠堂		宅基地
吕 * 德	2	1	3	42	48	下祠堂		宅基地
吕 * 江	2	2	4	49.2	48	下祠堂		宅基地
吕 * 海	2	2	4	47.4	48	下祠堂		宅基地
杨 * 山	1	1	2	45.6	48	下祠堂		宅基地
吕 * 玲	2	1	3	45.1	48	菜园里	田	
吕 * 雄	2	2	4	59.2	48	菜园里	田	
吕 * 兵	2	2	4	78.1	32	塘孔	田	
吕 * 龙	1	1	2	36.2	44	塘孔	田	

续表

户主姓名	人口/人		合计/人	住房面积/平方米	同意面积/平方米	坐落地点	耕地	非耕地
	男	女						
吕*倪	2	2	4	53.2	48	塘孔	田	
吕*强	2	2	4	76.6	44	三百田		晒场
吕*龙	2	2	4	72.9	48	三百田		晒场
吕*兵	3	1	4	81.5	39	三百田		晒场
吕*有	1	3	4	86.5	6.3	柿山		山
吕*飞	2	1	3	87.5	6	柿山		山
吕*法	2	2	4	107.5	6	柿山		山
吕*明	1	2	3	50.4	6	柿山		山
朱*玲	2	1	3	62	22	柿山		山
吕*福	2	3	5	95.3	20.3	上祠堂		宅基
吕*法	3	2	5	79.2	14.2	上祠堂		宅基
吕*相	2	2	4	69.3	6.3	柿山		山坡
吕*虎	2	2	4	73.8	6.3	柿山		山坡
合计	64	61	125	2190.3	1267.4			

1986年村委建设办公综合楼。村民住宅如雨后春笋般崛起，人均生活用房建筑面积达56.22平方米，建筑质量不断提高，式样新颖。燃料从柴向煤、液化气过渡，各式电器进入家家户户。[1]

金台铁路缙云段房屋拆迁面积共计2.23万平方米，数量上占金台铁路全线的3.13%，从地理位置上看，是金台铁路全线一半路程，近120多公里铁路架梁铺轨的关键节点。房屋拆迁工作能否顺利完成，直接关系到金台铁路能否如期通车，影响面大、责任深重。

① 缙云《壶溪吕族志》编委会编：《壶溪吕族志》（一），1998年，第20页

2018 年 3 月 23 日，壶镇镇开展北山村金台铁路站房扩征青苗清点工作。2018 年 7 月 17 日下午，金台铁路缙云段工程房屋征迁（搬迁）工作动员会议在壶镇镇政府 5 楼会议室顺利召开。壶镇镇党委政府、县金台铁路建设指挥部、县征收办、县公安局壶镇分局相关工作人员，征迁工作组全体干部，北山村、和睦村干部代表参加了会议。县人大常委会副主任、县金台铁路建设指挥部总指挥卢兆田作了动员讲话，对房屋征迁工作的目标与任务进行了明确，对征迁工作的重要性与紧迫性进行了阐述；北山村干部代表、征迁工作组代表分别作了表态发言，坚持主动配合、按规办事，形成合力推动房屋征迁任务按期完成。应该说，金台铁路缙云段工程房屋征迁（搬迁）工作将极大地改善北山村有关村民的住房条件，是一次千载难逢的好机会。目前拆迁工作已经顺利完成。

第二节　交通

20 世纪 60 年代，三村合建小型电站加以高压线导入，解决了用电问题，1992 年，新建公路宽 8 米、长 3 千米，交通便利。1997 年，全村机动车辆有摩托 60 多辆、汽车 6 辆，拖拉机 10 多台。

1991 年 4 月，下宅村开始筹集资金，准备建设壶镇到山坞公路。当时，永康县公路运输发生了巨大变化，新楼公路通到山坞村，与下宅村接界。壶镇至山坞公路，途经下宅村地段，计长 5 公里，公路宽 8 米、桥梁 2 座，预计投资 20 万元。

1992 年底，在缙云县交通局资金的扶持和村投资 55000 元的情况下，完成壶镇通往永康山坞村公路（下宅段 2.5 公里）砌坎破方的路基工程。同时，镇政府拨款 10000 元完成桥梁的桥墩工程。因为村集体经济紧缺，桥梁的桥面及三四间小屋的拆迁迟迟未落实，致使下宅村地段汽车不能通车。

1994 年 5 月，永康县交通局直接与下宅村联系，若不持续动工完成公路的不接通扫尾工作，它将改变路线。其实只要实施资金 50000 元就可竣工。当时村新双委表示有信心、决心完成这个事关大局的公路建设工作。在集体统管山林中坐落离本村 7.5 公里永康交界的山林不便于管理状况下，他们特地申请间伐位于永康上坑里山的松木 60 立方米，松木规格直径 10 厘米，以解造路资金的燃眉之急。

第三章 北山村生活习俗和宗教信仰

第一节 结婚习俗

婚嫁生育，历来是北山村民的生活大事。自古以来，产生、沿袭、流传了很多的习俗礼仪，构成北山村乡土文化的一抹亮丽色彩。

早年间，青年男女婚嫁都是“父母之命，媒妁之言，门当户对”，婚姻没有自由。中华人民共和国成立后，政府颁布《婚姻法》，废除包办婚姻、买卖婚姻，实行一夫一妻制、自由恋爱、男女平等，这是社会的巨大进步。

在中华人民共和国成立前，由于经济落后、科技知识缺乏，青年男女普遍早婚早育，故有“十三（当）爹，十四（当）娘，三十六岁当爷爷”之说，结婚早，寿命短。中华人民共和国成立后，特别是改革开放后，实行计划生育政策，法律规定男性结婚年龄至少22周岁，女性结婚年龄至少20周岁，并提倡晚婚晚育。现在青年男女婚配大多在25岁之后，甚至出现不少女性青年过了30岁仍然“待字闺中”的现象。

纵观北山婚礼风俗的变化，中华人民共和国成立前后是分界点。民国时期虽然已推行婚姻自由、一夫一妻，但没有正经立法。我国第一部《婚姻法》是1950年颁布的，明确规定了不得包办婚姻，不得干涉婚姻自由，再加上共产党历来提倡移风易俗、勤俭节约，所以婚俗就简化了。那么，早年间的婚俗究竟是怎样的呢？大致有以下几个流程：

1. 做媒。家中如果有子女初长成，那么，父母会委托亲朋好友帮忙留意合适的对象，从中牵线搭桥。圈子里没有合适的，再委托媒人（专业的媒公媒婆）做媒。

2. 踏亲。经人牵了线的男女，双方会派出长辈去对方家明察暗访。男方主要是看看女方长相脾性；女方主要是看看男方家境如何。谨慎的女方，除了明访家境还会暗访家族口碑及对象的人品。毕竟“女怕嫁错郎”啊。这个环节，在信息极度闭塞的古代，经常会有戏份，著名的走马观花就发生在这个环节。

3. 合八字。双方交换生辰八字、姓名，交由算命先生测算八字冲合。如果女方的名字与男方的长辈有相同的字，还要改名字。男女八字如果相冲，那双方就此别过；若相合，则进入下一道程序。

4. 定婚。也有担日子、担钞票一说。合好八字后，男方选日子携媒人将银元（银票、钞票）、布料、首饰等，装“团老倪”里用青布袋、红扁担俗称“青布袋担”挑到女方家。女方会用卵茶（红鸡蛋、水果、糕点、瓜子、茶叶茶）招待，收下首饰布料，银元要回部分给男方。同时回两棵万年青、两个装满花生、莲子、红枣、桂圆的果子袋给男方。也有困窘的家庭，用粮食作聘金定婚的，男方挑几担谷或米到女方家，就算是定了婚。定婚后，两家就成了亲家，立夏、端午、过年等节头，男方必须像已婚女婿那样送礼到女方家。

5. 送日子。男方拣好结婚日子差媒人送到女方，女方同意即会收下；退回，男方得另再择日。

6. 结婚。结婚的前一天，男方要送猪肉、大小馒头到女方。女方要把嫁妆在家排开，让亲朋好友、左邻右舍观看。结婚当天男方、女方都要张灯结彩，双方都要拣好出门、进门的时辰，所以要协调把控好时间段。男方发嫁客提前来新娘家，女方放鞭炮迎接，卵茶伺候。女方派有经验者把嫁妆绑在轿杠上固定好，这是门技术活，还有许多讲究和礼节，比如要在棉被里放些红卵，给抬轿者和铺床者。

接着是女方的宴席。席间会有戏新郎的环节。新郎一般是长袍马褂，头戴状元帽。戏新郎主要是喂新郎吃菜吃饭，脱新郎的鞋子帽子，打“新郎拳”。新娘妈妈会盛一碗满满的丰盛饭菜喂女儿吃，叫“食上轿饭”，新娘意思一下就端开了，这碗饭，妈妈要把它放在米瓮里。外面起轿的礼炮礼乐如果响起，妈妈要上楼哭嫁：脚踏楼梯步步高，手攀栏杆呵呵笑，牵子带孙来望娘。女儿也要哭嫁，说些感激、惜别的话。然后由富贵双全的长辈抱到轿上。新娘的喜服是上衫下裙，衫是黑色，领口袖口都有绣花滚边，有钱人还会钉上珍珠，裙子红色。头戴凤冠，披着红盖头，肩上披着珠子结成的云肩，脚上穿着红色绣花喜鞋。起轿时，众亲友要手持小红蜡烛尾随迎亲队伍送出百步外，然后熄烛而返。轿子上不管是白天晚上都要点着红灯，新娘的一位兄弟一直陪姐妹到婆家。下轿时也是要由富贵双全的女人扶着入室，门口放着米筛，踩着筛子进门。一拜天地，二拜高堂，夫妻对拜，送入洞房，坐在床沿上。拜天地的同时，搬下新娘嫁来的棉被，铺好，取出被里的红卵，在床上滚一滚，再放上个男孩也滚一滚。新郎用秤杆挑去红盖头，喝合卺酒。之后开宴入席，夫妇先去厨房谢厨头（厨师的负责人），然后逐席敬酒。其间新娘身边一直有卵生子陪着（卵生子就是伴娘）。晚宴后有猜谜语讨果子活动。由三四张八仙桌拼成如今会议桌样，靠墙侧称内场，坐着新娘卵生子和女猜谜好手。外场坐着新郎伴郎和男出谜好手。这活动就是一台猜谜晚会。男嘉宾面前各放着一个碟子，按位置轮着出谜，出的谜语被女嘉宾猜中就轮下一位，若没猜中，女嘉宾可以提出用瓜、果子糕点交换谜底，出谜者踌躇满志地根据自己出谜的难易待价而沽。一番讨价还价，女嘉宾把出谜者要的物品放在出谜者面前的碟中，出谜者把谜底公布出来。否则，女嘉宾得继续猜，或者由主持人来协调。主持人一般都诙谐风趣，开口就会逗得内外场嘉宾及观众哈哈大笑，就这样欢声笑语一直到大厨通知宵夜以备好才结束。吃过宵夜，宾朋散去，家中红灯三个晚上不熄。第二天早上要做羹饭，敬告祖先，某某大婚已成，祈求荫佑。然后带着新妇拜见族长族人。满一个月，婆家会置办点心（烧饼、米粿、米泡糖之类）回娘家，分给左邻右舍。小住几天，娘家也会弄些点心（不能与婆家相同）带回婆家。至此，一桩姻缘才算红绳缚定，婚礼流程全部完成。

第二节　生孩子习俗

新妇怀孕称“病倪”“担双身”，禁食寒性食物。临产，婆婆请接生娘到家接生。“囡倪（即婴儿）”落地后，用温水简单清洗去污。第三日，揩拭生豆腐“洗三朝”。如是男孩，次日还得摆宴“做三朝”。十天半月以后，要给婴儿手臂系红绒线“包周”，以免日后胡乱丢弃、损坏物品。

产妇在月子里忌风寒，多额头包巾，不洗澡，不刷牙，终日焐被窝静养，多喝红糖姜汤。满月后，通常会请“满月酒”，亲友所送礼品多为婴儿服之类。现在社会经济发展，饮食条件大为改善，产妇坐月子再也不像以前那样辛苦了。

旧时小孩取“奶名”“乳名”，一般越贱越好养，或者干脆认神佛、大樟树、巨石为亲娘亲爹，俗称“认亲娘认亲爷（爹）”，据说这有利于孩子成长。稍大后正式取名，遵循宗谱辈分取名。旧时代重男轻女，女孩名字一般以“兰菊仙花”之类居多，姓名、生死大多不入谱；且自幼需缠足、裹脚，以“三寸金莲”为美，苦不堪言，是对妇女身心健康的严重摧残。民国初年，政府禁止幼女缠足，但屡禁不止，直到 1922 年，北山女孩缠足陋习才被彻底废除。

改革开放后，政府实行计划生育政策，一对夫妇只能生育一个孩子，如果头胎是女婴，则允许间隔 5—7 年后生育第二个孩子。旧时医术不发达，村民屡有难产之事，但如今产妇大多选择剖腹产，安全、无痛苦，且有产前三查，先天性残缺婴儿出生率大为降低。婴儿除母乳喂养外，还从各地购买各类奶粉，营养普遍良好。从 2016 年开始，政府计生政策改变，全面放开二孩。

第三节　丧葬习俗

北山村的丧葬习俗，总体而言，与壶镇乃至整个缙云县相比，大同小异。

生老病死是人生常态，古代把高寿、儿孙满堂、无病痛的寿终正寝者的丧事视为喜丧，现在则视所有丧事都为喜事了，都隆重操办。北山村丧礼的仪式，在 2002 年政府规定实行火葬之前，一直沿袭古人留下来的那一套，大致有以下几个流程：

1. 送终。临终时家人要陪伴在病人身边。老人病危，家人要准备插袋（行囊），内装纸银、冥币。临终之际，子女侍立床前送终。病人若能言语的，会问他（她）还有什么遗言、遗愿，家人要遵循或帮他（她）实现。送终的人越多表示逝者越有福气。咽气后，家人帮逝者擦拭身体，穿上寿衣。咽气后，要放独个炮仗。北山人有健康时就制备寿衣寿材的习惯。最贴身的是写有逝者年纪生月、姓名的白肚兜，里面装着银箔烧成的灰。穿寿衣，男上七下五，女上五下三。有单有棉，不能带有皮、毛的成分，每层衣服在衣襟处都放一张折叠的纸和三炷香，好让逝者在黄泉路上有纸香礼拜。寿鞋是黑色白底的高鼻棉鞋，女性的寿鞋，鞋头尖有绣花。如果逝者生前是屠夫或稳婆，那手上要包一层红纸。嘴上放一个油煎的荷包蛋。脸上盖一条缝上七彩花线的“青天布巾”。移到中堂（缙云话叫尸间），灵床（门板）斜放，头高脚低。尸身盖“大被”（红面白里，薄絮），头盖面巾，枕瓦片，点脚头灯。整理好遗容，家人要“开声”（放声哭），烧掉上面写有逝者生卒年月时辰姓名的三样东西：雨伞、灯笼、插袋（褡裢）。雨伞灯笼要不上油的，插袋里面要装满纸银。

2. 守灵。逝者的尸体一般都要放几天（倘若气候条件允许的话），叫停灵。停灵时间长，是表示对逝者的不舍。灵前放一条纺车凳，上面放一堆湿泥，泥上放个油碗，内放灯芯。一般几个儿子放几根灯芯，儿子少的可以多放。须一直有人在守候，不能让灯芯灭了。配偶、孝子孝女要穿孝服，新娘出嫁会有两套压箱底的孝服嫁过来。男式就一件白长袍，女式是上一件白大襟，下配白裙，民国后是白裤。头戴白帽，腰间缚一条稻草绳，稻草绳要反搓。孙辈们只要戴白帽就可以了。前来吊唁的人会拿来香烛纸箔爆竹，逝者家属要倒点开水给吊唁者喝，再给几粒糖，燃三炷香让他们在灵前拜上三拜，家属答礼接过香插在湿泥上。如果是意外在外而亡者，要在村口路头搭棚停灵，不能进村庄。仪式不变。

3. 报丧。报丧的任务一般是由长子去完成的。报丧者除了穿孝服之外还必须头戴一顶箬帽。到亲戚朋友家，不能擅自入门，等有人迎入门后，说明逝者去世时间、安葬时间。要在主家吃点或喝点再离开。报丧者离开后，主家要开声哭。

4. 拣日踏坟地。带上家庭成员的生辰八字请风水先生拣吉日。很多家庭人丁兴旺，要拣到一个对大家都相合的日子非常难，所以只能拣近日的、对绝大部分人相合的日子，个别相冲的人葬礼时稍微远避，风水师到时候会提醒叮嘱。如严重相冲的话，风水师会想办法解决，一般是用鸡血擦或染鸡血的米撒。踏坟地时，风水师会选个前有照后有靠左青龙右白虎的地方，拿出罗盘定方位定朝向，也是要选与家庭成员都相合的。

5. 出丧。吉日那天亲朋好友会在吉时前赶到。如果逝者是女性，就多一个接娘家的环节。派人在村口瞭望，发现娘家人出现，就通知聚齐孝子贤孙们去村口跪接，若觉得外孙们孝顺没问题，娘家人会立即扶起；若不满意，会说道教训几句，甚至不扶绕着走，那会让人很失面子。安排娘家人吃点心喝茶。亲属去买水，长子拎着灯笼香牌位，执着破雨伞在前面，差一女性拿一个火笼钵来到水边，对水中说："水仙娘娘，某某某现在已到阴界去啦，来你处买点水。某某某啊，你啊要食阳间水，莫食阴间外婆汤。"说完丢几个铜钱或硬币在水中，舀一点水，众女眷开声哭，一路敲着锣哭到家，用青布巾蘸水在逝者身上从头到脚两手到指尖都擦擦。为逝者穿上草鞋，绑一串灰粽（七个）一条新鲜的青竹枝在双手，放在肚上。出丧时，棺材由四个人抬，这四人北山人称四大天王。四大天王将尸体先抬到棺盖上，抬到棺材边，解去草鞋灰粽。在棺材里垫上褥子放下尸体，再盖上大被，头下放枕头，脚下放脚踏。从褥子下面捋出四条大红布条挂在棺材侧。据说，这四条挂在棺外的红布条，就是今后逝者通往阳间的通道（回阳间食羹饭）。撒一些茶叶谷米棉花籽在大被上，落空处塞些逝者生前的衣服，盖上棺盖。四大天王各人拿着个斧头燕尾楦（北山人称棺材银）敲入棺材棺盖的凹槽中。放四个红包在棺材上，这是给四大天王的。众女眷又放声抚棺大哭。盖了棺敲了银，真真切切就阴阳两隔了。接下去是围材，剪半张方纸，反方向搓在香杆上，尖上浸一点油，点上火一人一炷，大家手拉手围着棺材正反转两圈半，围的人越多，范围越宽，表示逝者去阴间占的地就越宽。接下去鸣炮敲锣起棺。四大天王抬起棺，至亲女眷扶棺。最前面两个执火种棍的，火种棍是稻草绑成的两米长左右的粗棍。接着是撒路纸者，再接着是拎位牌、香篮的长子，再接着就是敲锣者鸣炮者，再接着就是逝者、四大天王、伤心欲绝的女眷组成的方阵，后面就是送葬的亲朋好友、邻里乡亲和粗工打杂的。如果夫妻双方一方先前去世了，那队伍里还有抬两旺灯笼（竹竿串着灯笼，寓意丁财两旺）端彩盘的。彩盘里放着糕、粽、小点心、文房四宝、金银首饰。上面要插着花。来到墓地，放下棺材，棺材放在青竹片上慢慢滑进墓室，封好墓门。这种椁有两个墓室，如果第一位去世的，要在空的那个椁室里放宝盏、纸花，在那头坟面石上贴一张红纸。建椁时要在椁里撒子孙钱（铜钱或硬币）。在墓前摆放好彩盘，点亮所有的灯笼。大家解下颈上白纱绳，换上红绳。接着是风水先生赶龙喝山。赶龙就是风水先生念着咒敲着锣，从附近山岗上跑下来，意即把龙赶来墓穴，风水先生站在坟背上吆喝：伏尾，伏尾！（哐，哐，哐！）众孝子贤孙们就在坟面前跪下来，（哐是锣音）接着喝：喝山，山会转（哐！）喝水，水回流（哐！）喝得三山六水地动山摇（哐，哐，哐！）风水先生来喝山，喝丁，丁有（哐！）喝财，财旺！（哐！）请愿主家“愿丁？愿财”？主家众高声回答：丁也要！财也要！先生喝：赐你丁财两旺，富贵双全！（哐！哐！哐！）张开面前衣襟接茶叶谷米棉花籽。一把米谷撒撒东，代代倪（儿）孙做国公；一把米谷撒撒南，代代倪孙出状元；一把米谷撒撒西，代代倪孙穿朝衣；一把米谷撒撒北，代代倪孙掌朝骨；一把米谷当中撒，荣华富贵万年长；一把米谷撒团圆，六亲九眷都好完。先生在上面念一句，撒一把茶叶谷米，孝子贤孙们虔诚地跪着，低着头张怀接。仪式结束，长子先拎起“龙头灯”（竹旺前头系着红绳的那两盏灯），大家个人都要拎，至亲女眷一手拎灯，一手端彩盘回到家中。安葬后头三天要给逝者送稻草打的火种棍，第一天送到坟，第二天送到半路。第三天送百步外就可以了。

6. 酒宴。白事的酒宴，比红事酒宴简单。虽说都称喜事，但毕竟气氛不同。在改革开放前一直都保持传统的风俗理念，食物保持素白，不放酱油。逝者家属不吃肉类。散席后会分一份生的猪肉、一份米饭让亲朋好友带回家。肉用一根稻草缚着，叫“平头肉”。饭用白帽装着，叫“长命饭”

7. 做七。逝者安葬后家里要布置灵堂。在交椅上套着逝者生前的衣服，椅前放一双鞋，放张桌子，上牌供位。附近放把柴刀（黄泉路上斩荆棘用）。布置好即供上红卵点心瓜果子，放两碗茶，一碗逝者，一碗老鸦童子。稍即供上缙云点心，索面卵，与通常不同的是只有一个油煎荷包蛋，也是一碗给逝者，另一碗给老鸦童子。焚香时要说告：老鸦童子啊，你慢慢食，要等等某某某啊，他新来慢到、人地生疏，你要带好他啊！给老鸦童子的那碗，把一根筷子压在碗下，传说这样可以防止老鸦童子吃得太快，走得太快，逝者跟不上。据说这老鸦童子是逝者去黄泉路上的引路人，童心满、玩心重。以后每天要上供羹饭，晚上供点心做宵夜，老鸦童子的那份始终要压一根筷子在碗下，每次说告都要叮嘱老鸦童子别贪玩，要带好路。逝者去世后每逢七天就要另做羹饭，比每天做的羹饭菜式要更丰富，叫做七。从临终之日起，满七日，子孙须设羹饭祭奠，“头七”早上祭奠，“二七”晚上祭奠，俗称“头七慌慌，二七忙忙，三七见阎王”。做羹饭时要祈求祖宗关照逝者。第七天叫头七，做头七要早。过夜间 12 点就可以做。做几样逝者生前喜欢吃的菜，要逢单。红喜事什么都要逢双，叫好事成双，白喜事恰相反，成双就不吉利。第十四天叫二七，天亮后做。第二十一天叫三七，一般是这天除灵，即烧灵房。头天晚上要请做司人为亡者解结到天亮，劝慰逝者安心去阴间。也有人是等到五七才除灵。四七、五七，时间上没有要求，白天做就行。六七的羹饭要出嫁的女儿做，女儿从自己家里做好羹饭，直接拿到坟前祭拜。七七也像平常四个七那样，一般做就行。做完这七个七次的羹饭，葬礼就结束了。逝者离亲人们已经越来越远，接下来到百天还要做一次羹饭，再接下来要到周年忌辰，亲人们再聚在一起缅怀，自此以后，逝者真的就是活在亲人们心中了。

上面介绍的是北山俗称“结椁”墓葬的礼仪形式，还有一种更古老更普遍的土葬形式。土葬的礼仪是棺材落圹的时候要至亲的先捧些土在棺材上，然后再由粗工填好土。接下去再进行赶龙喝山等程序。

自明末清初以来，北山村一直实行一种特殊丧葬习俗，即“二次安葬”，俗称

“撮骨头”“撮坟”“转身”。“撮骨头”流行至火葬前结束。除了使用椁木者外，死者入土三五年后，请风水先生另外选地，择日扒开坟墓，捡拾骨头，包于大红缎被之内，以石盒（土话“石栏”）储葬。逝者夫妻一般会等在一起捡，好死后同坟。捡的骨，用大红小包被裹着。包婴儿那样，外面红纱绳绑住。有些年代较久的，会准备一些芝麻秆，万一没了尸骨就用芝麻秆代替。拣好的尸骨，要长女抱着回村，不能进家。一般是用竹簟在住房的道坛外墙边搭个棚，放张桌子放张椅，红包被立在椅子上。先供上红卵小点心果子请逝者吃茶，然后供上羹饭。如果隔天安葬，也要守夜。等吉时到尸骨仍由女儿抱着，其他亲属抬着灯笼，端着彩盘。哧哧哐哐锣钹敲着前进。每人肩上要斜挂一根红头绳，风水先生、至亲挂红布条。放到了坟地，把尸骨放在石盒里。接下去是埋土，然后风水先生是赶龙喝山。同前面一样仪式。“撮坟”，只在启棺时号哭，其场面较之丧葬有过之无不及。尸骨由子女怀抱移入新坟，亲友列队相送，长长的竹竿挑着数十乃至上百盏小灯笼，锣鼓喧天，鞭炮齐鸣，热闹非凡。尸骨入盒、合土，亲人跪拜，风水先生于坟头撒茶叶谷米及红纸包裹的硬币“喝山”，其所说言语多为祷祝子孙兴旺发达、富贵荣耀之辞。“喝山”毕，一人取一灯返回，寓意“人丁兴旺”。

丧葬礼仪，可以说在众多礼仪中变化是最小的，或者说传承最彻底的，比如坟碑上的铭文，除了文字用简化汉字、日期规范化以外，其余跟古代无异。2002年开始，缙云实行了火葬，仪式上有些许变化，比如落材的仪式虽不变但材没了，那套仪式就挪到葬骨灰盒的时候了。目前为止，除了葬在公墓的人，在使用丧葬土地上有所减少外，其他没有变化。2018年5月，丽水市政府下发有关移风易俗文件，对操办红白喜事作了具体规定。善待老人、厚养薄葬已经成为北山村的良好习俗。

第四节 民间宗教信仰

北山村民日常信仰的宗教主要有佛教、本土化了的道教，信仰伊斯兰教、基督教的几乎没有。

北山民间很流行道教。比如过年时候，家家户户张贴的门神、灶君神、六谷神、平安符、护身符等，都属于道教范畴。村里四合院内的天井称为“道坛”，称场地、场所为“坛场”，诵经的中堂为“司间”等，都是道教文化的遗存。葬礼仪式上的“解劫”、祈雨仪式上的法术，乃至几乎每村都建有的北保殿、本保庙等，也都属于民间道教文化。

北山村的北保殿，是位于上宅村东北角的“文王庙”。据说一千年前建于黄家山，由于神思广大，在三百年前迁移上宅。1995 年冬，下宅、上宅、塘下三村村民在首事人吕周菊、吕葛土、吕月群、朱莲香、黄土登、吕祖尚、梅子琴等 8 人倡议下，予以重建。

北山村的“文王庙”从本质上说，功能相当于城隍庙，目的是保境安民，庇护村民。但为什么取名“文王庙”（缙云县唯一一家冠名“文王庙”的乡村北保殿）呢，至今不知。因为按常理，历史上周文王似乎跟缙云都没有什么关系，何况是北山村。

北山村民信仰的佛教，主要是净土宗教派。净土宗又名“莲宗”，专修阿弥陀佛净土法门，求往生西方净土极乐世界。净土宗的义理相对于天台宗、禅宗来说比较简单方便，不用坐禅，不用念经，仅仅口念“阿弥陀佛”即可，因此在民间流传广泛。

唐贞元年间，县人周村少康大师号“净土宗五祖”，在建德梅城乌龙山建净土道场，弘扬净土佛法。至北宋年间，禅宗和天台宗僧人纷纷兼修净土，遂发展成为浙江佛教主流，缙云一带概莫能外。

早年间乃至中华人民共和国成立初期，北山民间“家家阿弥陀，户户观世音”，持名念佛非常普遍。每逢初一、十五或重要节庆日，老百姓都要拜佛，或在佛殿，或在自家佛堂，拜佛时候，弥陀佛坐像前香案置斋粽、三明桃等供品。三明桃用糯米粉加红粉做成，一般 3 只黏连，平放于荷花底座。

民间请出家人做佛事，大多为超度亡魂，也有的是为了还愿。做佛事的规模，有大有小。小规模的三五天，大规模的称为“唱香山”，一般要做七天七夜，费用也不少。

文化篇

深厚底蕴 精神家园

WENHUAPIAN
SHENHOU DIYUN JINGSHEN JIAYUAN

本篇分四章：一是北山村文化活动，介绍了北山烧饼节、村春节联欢会、北山太极庆典、北山迎罗汉和北山迎案活动。北山太极队具有饱满的热情和精湛的技艺，在多项比赛中成绩卓著。二是北山村民间艺术，介绍了北山村村民特有的语言文化、民间婺剧和北山歌谣。北山村民独树一帜的“北山腔”。每当逢年过节，北山村的婺剧戏班就在村里的大会堂演出，至今村里尚有大批婺剧迷，经常自娱自乐，极大丰富了农民的业余文化生活。北山歌谣属于县境民间文学的组成部分，主要分为山歌、童谣两类，押有方言韵脚，质朴清新、朗朗上口、易学易记、便于流传。三是北山村节庆习俗，对北山村主要节庆习俗特别是春节、端午节作了详尽的介绍。四是北山村文物古迹，介绍了北山村庙宇、消失的文物和工具及现存的文物。

第一章　北山村文化活动

第一节　北山烧饼节

一、北山烧饼节

缙云县的民间特色小吃“缙云烧饼”，得益于自身的酥香美味和悠久的历史传承，历来深受百姓喜爱，加上近年来县委、县政府的重视和推广，屡获殊荣，蜚声海内外，形成了巨大的民间产业链，对改善民生和精准扶贫意义重大。

据考，我国南方种植小麦和饲养家养猪的时间始于宋末元初，于是有了制作缙云烧饼的主要食材。大溪滩窑址群属于缙云窑分支，位于壶镇镇大溪滩村南500米，为宋、元时期遗址，窑具有垫饼、垫圈、匣钵、喇叭形与圆筒形支座等，于是有了制作烧饼桶的前置条件。梅干菜在北山村自古就有制作，相传到了宋末元初时，北山村的吕氏先祖就在以往胡饼制作技艺的基础上，尝试着以鲜猪肉和梅干菜做馅，烘烤制作出了缙云烧饼，结果味道特别酥鲜香，竟然成了远近乡村百姓争购的美食。北山村可谓是缙云烧饼的重要发祥地！

北山村民见烤烧饼可发财，于是各家各户都置办了烧饼桶，以烤烧饼为营生，不仅去戏场子、市集兜售，还前往各地摆摊现烤经营。北山烧饼自北山村烧饼师傅吕宅兴父亲13岁打长工时学来，一直传师接代。时至今日，村里仍有近一半以上的人在外做烧饼，分布在江西、江苏、安徽等地，省内更是不计其数。现北山村有烧饼老师2人，专教如何烤烧饼；有烧饼大师3人，烧饼高级技师2人。2017年会烤烧饼的师傅已达620人，出外做烧饼生意的有234人。2017年烧饼产值大约可达6640万元。2017年北山村被评为缙云烧饼特色村。

如今，在缙云县政府的大力推动下，北山村的烧饼产业更是日益红火。从

2017 年开始，北山村还别开生面地在每年的农历正月初八连续举办了三届烧饼节，给浓郁厚重的年味又增加了一股香喷喷、美滋滋的“缙云味道”。据初步统计，2018 年壶镇镇北山村，共有 280 多个烧饼桶，480 多人从事烧饼行业，年产值超过 8000 万元，利润 6000 多万元。2019 年，北山村成立“烧饼协会”，让村里的烧饼行业发展更加规范，做大做强“烧饼文化”。

冯骥才先生说过：“春节，时处大自然四季周而往复的节点，也是生活积极性的起点。人们心中的寄寓与祈望就来得异常深切，民族特有的情怀也分外张扬。”北山烧饼师傅对缙云烧饼的情怀也分外张扬，他们走南闯北多年，对北山有着难以割舍的情愫。

“北山烧饼节”是壶镇北山村村民自发组织起来的节日，在年味中增添了乡愁和那一抹家乡的味道，连续举办了三年，为来自四面八方的客人们传递了一炉炉饼香四溢的缙云味道。

2017 年正月初八，北山村举办第一届烧饼节。当日 2 万只喷香烧饼免费让大家品尝，参观人数达 1 万余人。

2018 年正月初八日，北山村举办第二届烧饼节，现场有 3 万只烧饼免费发放给来参观指导的人员品尝，每户家中还有 50 只烧饼桶助威烧饼节，当日有 12000 余人集聚北山。

2019 年正月初八，北山村举办第三届烧饼节。烧饼节共准备了 15 个摊位，摊主们自发组织来做烧饼，一个摊位两个人，一个烤一个做。有一对常年在外做烧饼的夫妻，过年回家给父老乡亲们露一手，心里乐呵呵；也有姐妹俩合作的，姐妹两人动作娴熟，给游客们上演了一段手足情深的戏码。一天的时间，烧饼节主会场用去面粉 1000 多斤，共送出了 2 万多个烧饼。除了集中做烧饼，还有近 90 户村民在自家门口搭起烧饼摊，做烧饼供外地游客免费品尝。

烧饼节上村民做烧饼、游客吃烧饼、大家谈烧饼的红火情景，使我们有理由相信，北山村的烧饼文化将与电商文化、吕氏文化以及即将到来的高铁文化一样，“火”遍全国。

第二节　村春节联欢会

随着全国新农村建设的不断深入，乡村发展日新月异，农民在物质生活需求不断得到满足的同时，精神需求日益旺盛。如何更好地实现乡村群众精神文化需求、破除现代公共文化服务体系建设在乡村的瓶颈是个重要问题。春节期间，除了央视的春节联欢晚会以外，缙云各个乡村也上演着属于自己的本土“春晚”。在春节前后，各村的大会堂、篮球场，你方唱罢我登场，非常热闹，壶镇镇北山村就是其中之一。2018 年北山村开始打造属于自己的乡村村晚，重铸北山村民的精神家园。

2018 年正月初一举办的村晚是北山村第一届村晚。2018 年正月初一 12 点，北山淘宝村广场上人头攒动，欢声笑语，上千穿着节日盛装的村民，站在广场上参加本村自办的第一场春节联欢会。

由北山村业余乐器爱好者组成的乐器队演出的《花头台》拉开了春节联欢会的序幕。《花头台》结束后，一支 80 多人的洋鼓队从村办公楼内敲打着大小洋鼓，咚咚锵，咚咚锵，把联欢会拉向了高潮。接在大洋鼓后面的是北山村老年班 100 多人参演的《北山太极》，“卧是一张弓，站是一棵松，不动不摇坐如钟，走路一阵风，南拳和北腿，少林武当功，太极八卦连环掌，中国有神功”！一招一式有板有眼，熠熠生辉。参演者吕兴奎已达 82 岁高龄。

这次村晚演出没请大明星，全是村里土生土长的庄稼人，男女老少齐参演，节目丰富多彩，热闹非凡。由小朋友演出的架子鼓真的演出了《倍儿爽》；村主任夫人参演的《三句半》道出了本村的风情风貌；本村小有名气的农民歌手吕有文演唱的《精忠报国》博得了全场一阵阵掌声。《拜年舞》、《采茶舞》、独舞《走月亮》《风尾皮鞋》演绎的淋漓尽致。

演出最多的节目为太极，除团体太极外，还有《24 式太极》《42 式太极》《洪式太极》《27 式太极》《姐妹花 24 式花样太极》《分组 24 式杨式太极》。北山村的太极队在吕美英老师不厌其烦、孜孜不倦的传授下，学习时间还不到半年，参与人数已达 400 多人，这次春晚后，相信参与学习的人将会增加很多。联欢会在现场合唱《难忘今宵》的歌声中闭幕。

表 10　2018 年北山淘宝村新春联欢会节目单

序号	节目	表演者	序号	节目	表演者
1	花头台	吕唐富 团体	17	小品：快乐宝贝、女人是老虎	吕昱萱 吕城摇 黄茹宁 吕昱乐
2	大洋鼓	章春婉 团体	18	洪式太极：精忠报国	吕益强
3	北山太极	吕美英 76 人团体	19	女声独唱：大别山的红杜鹃	吕柳趣
4	欢聚一堂	耀萍 团体	20	三句半	吕丽萍 吕李芳 吕小萍 章春婉
5	拜年舞、恰恰舞、采茶舞、拜新年、草原琴声	吕锦芬 23 人团体	21	二胡：青花瓷	
6	姐妹花 24 式花样太极：若有缘再相见	月秋伟琴 应静耀 唐菊 岳月法英 妙婉	22	独唱：茉莉花	
7	24 式杨氏太极	吕锦法	23	婺剧：洞房花烛夜	吕昕蔚（7 岁）
8	婺剧连唱	蔚蔚	24	男声独唱	吕有文
9	42 式杨氏太极：春花江月夜	吕子新	25	架子鼓	赵宇航
10	舞动魅影	蔚蔚	26	独舞：雨中的思念	吕秀兰
11	李双双	吕巧玉	27	27 式精编杨氏太极：长路漫漫陪你走	吕美英

续表

序号	节目	表演者	序号	节目	表演者
12	独舞：走月亮		28	24 式杨氏太极	吕英土
13	独舞：凤尾鞋		29	24 式杨氏太极	吕唐土 吕干法
14	大合唱	吕景祝	30	分组 24 式杨氏太极	奶奶组 爷爷组 妈妈组 姐妹组
15	架子鼓	吕晓霞	31	太极拳歌：难忘今宵、社会主义好	尾声集体大合唱
16	陈式太极：牧羊曲一、高山流水	汪周忠			

2019 年正月初八举办了第二届村晚。下午两点，北山村的篮球场被围得水泄不通，人山人海，有很多人是从外地赶来参加完早上烧饼节后专门留下来看村晚的。这届春晚由北山村两委主办、缙云音乐之家艺术中心承办。这次演出节目丰富多彩，包含了声乐、戏曲、舞蹈、语言、器乐、电声，看得观众都不舍得眨眼睛，生怕错过精彩瞬间。一台由村民自编自演的村晚，不仅丰富了村民的业余生活，重要的是传递了浓浓的春意和乡情亲情的团聚之情，也是北山精神文明风貌的展示窗口。

第三节　北山太极庆典

除了烧饼村、电商村两个称号以外，北山村目前正在打造第三个称号，即太极村。

北山太极队成立一年来，学员有 50 多位，他们基本上每天都练习，练习形式有四种，分别是大刀、剑、扇、太极拳。北山太极队是在吕鼎贤老班长的带领支持下，走向健康快乐的太极之路的，老班长可谓是北山太极队的无极师。北山太极队的老师是吕美英，吕老师是全民健身的积极推动者，2010 年就是三级社会体育指导员了。吕老师早在 2009 年就自费向杭州名家杨式太极第五代传人刘月兰老师学习 54 式太极剑，经过多年的刻苦训练，练就了一身本领，拳、剑、扇、刀样样拿手。2010 年曾带领团队参加国际传统武术比赛，得集体金牌；2011 年带领团队参加省、市比赛均得集体金牌。2017 年受北山村老年班班长吕鼎贤邀请来教村民杨式 24 式太极拳，一年来风雨无阻，每天晚上都来北山村进行教学，她的无私奉献精神得到了村民们的广泛称赞。2018 年 7 月，北山太极队参加“浙江国际传统武术比赛组委会”组织的“震元杯”第十三届浙江国际传统武术比赛，获得“发展中华武术特别贡献奖”“集体姐妹花花样 24 式太极拳”集体项目第一名，共获得 8 金、30 银、35 铜。

在 2018 年九九重阳节壶镇赤岩山“迎案”活动中，北山太极队的精彩表现赢得了极大好评。

当天的活动，丽水武术协会会长、心意拳第九代传人周土亮老师，太极名家杨式太极第五代传人、浙江省振华武馆副馆长兼总教练刘月兰老师，丽水武术协会副会长马甫盛老师，壶镇文化站站长胡龙芬站长，北山村驻村村主任李静龙同志，淘宝电商协会会长、北山狼户外用品董事长吕振鸿会长，北山村前任村主任吕周雄同志，北山村村委吕阳同志等出席。

当天参加演出的人员有 100 多位，其中年龄最大的 80 多岁，最小的 6 岁，还有北山太极 5 对最美的太极夫妻。尽管天气寒冷，但参加演出的队员心中都充满着喜悦和激情，浑身充满力量，展现了饱满的热情和精湛的技艺。北山太极队和壶镇南顿溪滩晨练队用和谐健康快乐的太极韵味凝聚在一起塑造出了“北山”两字，造型大气磅礴。刘月兰老师的得意弟子周丽君、姚一奇、傅丽君三位都是中国武术 6 段，多次获得浙江省国际传统武术比赛个人全能冠军，他们都做了精彩的表演。

第四节　北山迎罗汉

北山文化活动丰富，迎罗汉习俗在村里世代相传，是北山民间武术的精华。

迎罗汉依例于每年农历八月十五日开始，九月初三早上在村庄东边的城隍殿内举行杀鸡祭旗仪式。先在本村迎游，初四起在壶镇洋各村巡回表演，初九休息一天，初十日大清早聚集赤岩山三将军殿会案。

据《宋史》高宗纪：“建炎四年（1130）秋七月己未，诏浙江、福建州县，谕豪右募民兵据险立栅，防遏金兵南下。”缙云民间很早即流传仙都派武术，习武风盛。强宗豪右多有民团，经朝廷允许、提倡后越加兴旺，逐渐形成罗汉班。《元史》和历代《处州府志》《缙云县志》都记有“至元二十七年（1290）五月，处州缙云吕重三、杨元六等反”。这里成为抗元基地。元至正乙未（1355），箬川（今大洋）杜仲光等人以摩尼教为号召反元，并掺入罗汉班。起义失败后，罗汉班的迎罗汉即带有纪念性质。明嘉靖三十四年（1555），少林寺月空法师带领三十六僧兵来浙助戚继光抗倭。嘉靖四十年（1561），台州一战大获全胜，壶镇一带罗汉班也参与战斗并大显身手。胜利后，各罗汉班又按抗倭实战中学得的阵法，并结合各家武术之精华，进一步发展。迎罗汉的习俗从此代代相传，久盛不衰。

罗汉班分前后两队。前队为神幡、神案、万岁牌、香亭、罗伞、铜钱索、先锋、锣鼓，后队为蜈蚣旗、四门刀（关公刀）、响铃叉（钢叉）、四门叉、棍、矛、盾、双锏、双刀、雷公拐、罗汉顶等，以队列形式组成。

表演一般在开阔地带，先是由一人挥舞钢钱索（俗称摇流星）成各式花样，以清理场地，随后以书写“恭迎赤岩山三将军胜案一道”的神幡为前导，幡后为内供神主的二人抬香亭，再是二支大号先锋吹奏进场曲，并配以锣鼓吹打。蜈蚣旗及各式兵器跟在后边，绕场一周后，才开始正式表演。此时前队固定一边压阵，后阵开始摆阵走队，阵法有八卦阵、连环阵、梅花阵、龙门阵、结字阵、万字阵、罗成阵等，接着就是开四门（舞刀花），中间组成方队四个，或四个大人在一边舞关公刀，四个或八个小孩在另一边舞四门叉，周围数十人滚响铃叉（钢叉）。舞刀花套路一结束，即依次进行武术表演，有集体拳术、单人打棍（舞棍）、拆棍（双人对练）、矛对盾（由多名男孩按方队组成）、舞双锏、舞双刀、打雷公拐、单人舞凳、凳棍打拆，单人打罗汉拳、双人拆拳，扑杀猪刀等。最后由小孩打扮成戏剧人物（俗称罗汉蕊）在第四层或旁边，大人分三层站在肩上，叫叠罗汉，叠成各种形状，如牌坊、荷花、花篮、井、桥等，并按顺时针旋转数圈。至此，表演方告圆满结束。

第五节　北山迎案

千百年来，缙云民俗活动兴盛丰富，几乎遍及每一个村落，贯穿一年四季。

壶镇，一个千年古镇，孕育着深厚的民间传统文化。一方百姓为祈佑国泰民安，风调雨顺，安居乐业，素来敬仰神灵和圣贤，于是就有了不同的纪念方式和庆祝活动。

北山村民风淳朴，文化娱乐丰富，曾经把迎案活动搞得风生水起，迎案节目五花八门，有十八狐狸、十八强盗、叠罗汉、三十六行、扭秧歌、小唱班、推车、哑口背疯，等等，各具特色。

俗称“迎案”的庙会，是范围广大的民间体育文艺大汇演。每年农历正月初八宫前村迎胡公、外前村迎白衣丞相，仲春初二水口村迎陈十四娘娘，五月十三金竹村迎关公，六月初六岩背、桂村迎朱相公，七月初七前村年迎三太祖，七月初七和十月十五献山庙会迎陈十四娘娘，八月初九胪膛、靖岳村迎胡公，十四横塘岸村迎胡公，九月初十赤岩山迎“三将军”，十月十五日县城迎城隍老爷。其中以赤岩山、献山庙和城隍庙会最为隆重盛大，方圆数里乡村组队送案，多时达三四十支队伍。迎案步队以罗汉班为主，另有高跷、三十六行、十八狐狸、莲花、哑口背风、小唱班等。罗汉班组班前，设“大头”主事。主事者以此为荣，率先出资串联村众，叫作“穿鼻”，然后设饭菜聚首，筹资聘任教练，事成后再次设食庆贺。庙会的那一天，迎案到场，好几个村都要献演，热潮时，一天有四五十丈“打罗汉”队伍，各村各显特技，异彩纷呈，蔚为壮观。

钢叉舞开始于明隆庆年间（1570），离现在将近500年了。其来源与祭祀关云长有关。据说每年的五月十三日是关云长纪念日，村民为表示对他的感激，总要请著名的戏班演三天三夜的戏，村里组织迎案。迎案是民间的一种抽象说法，包括罗汉班、台角、高台、长脚鹿、推车、叠牌方、翻猪刀等内容。罗汉班其实就是技击班，包含舞刀、打棍、打拳、双锏、矛、盾、响铃叉等，响铃叉又代表一种兵器，是从古代十八般武器中模拟过来的，充斥阳刚之气，据说有驱邪护正的作用，能发挥关云长忠义效国、除恶护正之精神，因而每年起案时都要先到关帝庙祭拜，而后才上街表演，响铃叉（即钢叉）由此起源。这些相沿成习的民间娱乐健身活动，不少优良传统节目保存至今，成为民间艺术珍宝。

“十八狐狸”由村里18位村妇扮演，戴着富有不同表情的年轻女人面具，脖子上各挂一条银项圈，身着蓝色斜襟和黑色百褶长裙，一手摇着团扇，一手执着花手帕，脚穿绣花鞋，一扭一扭舞动莲步，妩媚多姿，风情万种。有时还会添演一队秀恩爱的老夫老妻，彼此拉拉扯扯，卿卿我我，趣味横生。

罗汉队中的叠罗汉由村里精壮的大人分层而叠，上层依次踩在下层的肩膀上逐层上叠，小孩子打扮成戏剧人物踩在大人肩膀上，并手拉手，叠到最高处。叠罗汉一般可叠四层，形状不一，叠牌坊、叠荷花、叠井、叠大桥，等等，叠稳定后还要按逆时针旋转数圈。北山罗汉队中还有一些人，有的举司门叉，有的挥大刀，有的举盾牌，八仙过海各显神通，整个队伍老老少少达 100 多人，非常威武壮观。北山罗汉队每逢九月重阳节去赤岩山会案，各路案队都会自觉让道，不敢造次。当年的北山罗汉队之所以闻名远近，是因为请了一位相当有名气的先生来授教，真所谓名师出高徒也。

北山小唱班始建于 100 多年前。根据村中几位老人回忆，当年的小唱班由吕王春任鼓板先生，吕传统和吕传喜兄弟俩负责双响，吕献岐和吕唐成负责正吹，李献忠负责副吹，吕悟喜负责敲小锣。他们七人分工明确，边奏边唱，合作默契。学会了《九龙山》《三国演义》《水浒传》等几十部剧本。

当时传教小唱班的先生是一位赫赫有名的永康新楼人德银，大字不识一个，居然能记住并唱出七八十部剧本的唱词，曾是缙云婺剧团的知名先生。小唱班在名师的指点下，如虎添翼，学有所成，还学会了唱“滩黄”，深受大众所爱。

“滩黄”也即“滩簧”，是清代以来的一种说唱艺术，流行于浙北、苏南一带，后逐渐发展成为当地的戏曲声腔，剧目有《牡丹对课》《僧尼会》《白蛇传》等。小唱班学艺不断增进，名扬七里八乡。由于成员老龄化，1950 年，北山“小唱班”又组织了新班子，吕唐成任鼓板先生，吕宝康和吕金通负责双响，吕根火和吕舞堂负责正吹，吕金根负责小锣。他们沿着前人的足迹，把小唱班发扬光大，每一次出案，总会引来无数观众。直到 1956 年，北山业余剧团诞生，小唱班融入剧团，从此致力剧团的发展。

“哑口背疯”“三十六行”等，每一则案都渗透进浓浓的乡土气息，北山人把民俗文化演绎得有声有色，淋漓尽致地诠释出热爱家乡的那份独有情怀。

第二章　北山村民间艺术

第一节　语言文化

在北山村，在语言方面有缙云的“洋泾浜”——独特的北山腔。“五更食饱饱，上山割茅草，割点娘烧烧，雨毛丝嗞嗞叫，屋檐头水一道一道，做戏一票一票……”这是壶镇一带广为人知的民谚，描述的是北山的独特语音。

北山北山，年年做班好戏班，廿来块一票，两个稻桶当戏台，四支交椅当楼梯（te），三只箍笼四只箱，一个大花面街狗，腔个花旦六十三。

北山方言流行区域在北山村以及庙里，北山村在瓯江和钱塘江的分水岭附近，从前是永康四十四坑一带老百姓到壶镇赶市的必经之地，每逢农历初四、初九，行人络绎不绝。北山村主要姓氏为吕姓，其先祖系台州府仙居人，迁入缙云后又逐渐被当地方言同化，又因为紧挨永康而被永康方言渗透影响，形成了独树一帜的“北山腔”。

语言学中把不同种语言混合而成的混合语称为“皮钦语”或混杂语言。从纯粹语言学的观点看，皮钦语只是语言发展的一个阶段，指在没有共同语言而又急于进行交流的人群中间产生的一种混合语言，属于不同语言人群的联系语言。皮钦语一旦作为母语传递，成为社会交际语，它就会开始逐步扩大词汇量，完善语法，迅速发展丰富起来，成为共同交际语言或独立语言。最著名的皮钦语就是上海的“洋泾浜”，即是上海话和英语的混合语言。

在缙云县，皮钦语现象主要在两县交界或者方言片区之间存在，在和北山村长者交流过程中发现，与北山腔发音规律最为接近的是潜明、松岩、李坑口的方言，二者都受到永康语音的强烈影响。近代以来，北山腔已经逐步被同化。

第二节 民间婺剧

在20世纪50到70年代，北山村有个婺剧表演团队远近闻名，演员全部由村民中的婺剧爱好者自发组成，并有后台乐队一支，各种戏服、帽子、刀、枪、剑等道具一应俱全，经常在村里的大会堂和外村演出。

婺剧其实就是俗称的“金华戏”，起源于明朝中叶，属浙江省汉族地方戏曲剧种之一。它以金华地区为中心，流行于金华、丽水、临海、建德、衢州、淳安等地，因金华的古称婺州而得名。它的表演格调粗犷，动作强烈，但在细节处理和人物性格刻画上，却又相当工细，善于运用特技和夸张的艺术手段，多在手腕和手指上下工夫，有戏曲“活化石”之称。由于缙云人的努力传承和发展，婺剧已经在缙云深深扎根，乡土剧团众多，在国内戏曲大赛中屡获大奖，已然成了本地的金名片，深得百姓喜爱。

每当逢年过节，北山村的婺剧戏班就在村里的大会堂演出。经过点戏仪式后，接着开始闹台，也就是俗称的“闹头台”：在欢快的锣声鼓点中，融入了大唢呐、小唢呐、笛子、胡琴主奏的四支“花头台”乐曲，时而委婉清柔，时而激昂雄壮，动人心魄。观众对乐队报以热烈掌声。戏台前的天井中挤满了年轻小伙，相互挤压起哄助兴，煞是热闹。

继而台上演员开始“蹈八仙”，以蟠桃会众仙为王母庆寿为内容，叠堆起“花八仙”，旋又进行“跳加官”（俗称“跳白面”“天官赐福”）“跳魁星”“跳财神”，以讨彩头。紧接着开演《百寿图》《满床笏》《打金枝》三出折子戏，唱做并重，进行“开台”，以示吉利，亮行头、晒行当。激起台下观众阵阵喝彩！

开台戏演完后，接着就“闹二台”。大唢呐吹奏起悠扬嘹亮的曲牌，配以富有节奏的锣鼓声，使演员和观众都得到了短暂的休息。然后才开演大戏。

正本演完，戏班按规矩加演一出小戏《王小二过年》，俗称“后找”。喜剧性的表演，使观众笑得前仰后合。待到全场结束，已近半夜。

在演戏期间，戏台前的缙云特色小吃摊可是忙得不亦乐乎，缙云烧饼、馄饨、豆腐丸、敲肉羹等，成了看戏人最爱的夜宵。至今村里尚有大批婺剧迷，经常自娱自乐，极大丰富了农民的业余文化生活。

第三节　北山歌谣

劳者歌其事，饥者歌其食。北山村属于农业村，村民绝大多数从事农耕。在长期的农耕生活中，北山村民或者传唱、或者加入自个内容（比如独特的北山方言），形成了在村民中口耳相传了几百年的北山歌谣。

北山歌谣属于县境民间文学的组成部分，主要分为山歌、童谣两类。山歌配曲吟唱，童谣只诵不唱。两者共同之处是均押有方言韵脚，质朴清新，朗朗上口，易学易记，便于流传。

北山歌谣数量众多，题材广泛，历史上常见的歌谣有《哭嫁歌》《劝赌歌》《驭牛歌》《养鸭歌》《十请媳妇》《十劝后生》《哭七七》《新屋上梁歌》《烧饼歌》等。

北山歌谣的结构多“二二三”的七句式，运用比兴、拟人、对偶、谐音、双关、叠音等修辞手法展开抒情叙事，通常配以“孟姜女”“洗菜心”之类小调，个体吟唱少伴奏，常击节而歌。

历史上，每遇壶镇地面大型庙会，北山莲花班的演出有器乐伴奏，运用加衬词、托腔垫腔，以及独唱、对唱、一领众和交替进行的形式，使小调旋律变得丰满细腻。

自改革开放以来，北山村民从事农耕生产的越来越少，年轻一代大多数外出经商、求学、烤烧饼，或者做电商，知道、了解，甚至会吟唱北山歌谣的村民越来越少。作为缙云歌谣的组成部分，北山歌谣也同其他地方歌谣一样，逐渐有没落、消失的迹象。

值得庆幸的是，2008 年，缙云歌谣成功申报浙江省非物质文化遗产，县非遗办专门辑录了众多民间歌谣，包括曲谱、歌词等。2020 年出版的《缙云县志》也辑录有 12 首缙云歌谣。

现附录一首《耕牛歌》。歌词大意如下：

牛呵牛，日日背犁头。

大六月，晒日头，苍蝇牛虻叮你心口头。

弗耕田，便杀头，剥皮削骨落锅焐菜头！

牛轭上肩头，竹丝抽你背脊血流流！

…… ……

牛呵牛，日日背犁头。

没有厨，没有顿，眼泪汪汪冲我心口头。

脚踏田泥圈圈旋，五更干到乌日没日头。

前世弗修现世苦，罚你该日做耕牛！

…… ……

北山村百岁老人吕章木还经常唱一首《劝赌歌》：

正月劝赌是新年，爹娘父亲在眼前，赌博本来是犯罪，家产卖了实可怜；
二月劝赌梅花开，大嫂叔伯上前来，劝你今后莫去赌，我们给你还赌钱；
三月劝赌是清明，姐姐妹妹劝一程，劝你哥哥回头转，当了金钗拆赌钱；
四月劝赌四月四，丈银丈母劝女婿，三劝二劝劝不转，手拿木棍打女婿；
五月劝赌石榴红，娘舅劝赌气凶凶，讨债状纸大堂告，国法重重不宽容；
六月劝赌六阳阳，青天白日坐赌场，田中无水没人管，过路客官骂一场；
七月劝赌七秋凉，亲生兄弟劝一场，劝你哥哥回头转，再不回头气爹娘；
八月劝赌桂花香，老婆倪囡发疯扬，家中无米又无柴，要求离婚回娘家；
九月劝赌是重阳，糯米做酒菊花香，勤俭人家样样有，我们人家有讨债；
十月劝赌是立冬，山场田地都卖空，卖了田地在叫苦，卖了老婆脚后空；
十一月劝赌雪花飞，子亥交迫苦留留，隔壁叔婆来陪伴，哭哭啼啼听鸡啼；
十二月劝赌过年忙，千劝万劝总有用，总算今日回头转，人家劝你是流浪。

第三章 北山村节庆习俗

节庆习俗即传统节日中民间社会各种活动的习俗，是中国传统文化的重要组成部分。北山村有着丰富多彩的传统节俗，但历经“文革”浩劫，更遭洋节冲击，使之支离破碎、面目全非。在全面复兴传统文化的春天里，“节俗”这朵小花也必将得到美丽的绽放。北山村的传统节庆，从年初到年尾主要有春节、立春、元宵节、清明节、立夏节、端午节、六月六、七月七、七月半、八月半、重阳节、冬至。

2018 年 6 月，国务院又设立了一个节日，叫“丰收节”，日期定为每年公历的秋分日。2018 年 9 月 23 日，北山村民跟全国各地农民一样，过上了一个属于农民朋友自己的节日——“丰收节”。

一、过大年

北山人的过年风俗习惯，同壶镇一带的民俗差不多。小年，一般要大扫除，办年货，送锅灶神官；有的北山人在这一天也要祭祖“做庚饭”，过年才慢慢拉开序幕。

北山人的春节过年习俗主要有：

第一、年前风俗

（一）腊月二十四

（1）过小年

每年农历的十二月也叫腊月，腊月二十四日在民间称为“小年”，从小年起人们便开始“忙年”了。小年期间主要的民俗活动有掸尘、祭锅灶神官等。从古时开始，北山民间传统的祭锅灶神官日是腊月二十四。北山人至今保持着腊月二十四过小年的老传统。

（2）“掸尘”

年前忙年主要是以除旧布新为活动主题，“掸尘”也叫“扫尘”，是年节除旧布新习俗之一。民谚称“腊月二十四，掸尘扫房子”。腊月二十四便正式地开始做迎接新年的准备。掸尘就是年终大扫除，每逢春节来临，家家户户都要打扫环境，清洗各种器具，拆洗被褥窗帘，洒扫六间庭院，掸拂尘垢蛛网，疏浚明渠暗沟。北山村到处洋溢着欢欢喜喜搞卫生、干干净净迎新春的欢乐气氛。

按北山民间的说法：因“尘”与“陈”谐音，新春掸尘有“除陈布新”的涵义，掸尘的用意是要把一切“穷运”“晦气”统统扫出门，以祈来年清吉；这一习俗寄托着人们辟邪除灾、辞旧迎新、迎祥纳福的愿望。

（3）祭灶神

农历十二月二十四日“祭锅灶神官”，也称“祭灶神”。是日入夜后，要把灶台刷干净，把旧的灶君取下烧掉，过年之日或者年初一早晨把新“灶王爷”神像贴上，普通家庭一般用红纸写着“灶君之神位”贴在锅灶背上即可，“男儿酌献女儿避，酹酒烧钱灶君喜”。一送一迎，一般都要摆置一点酒肉、糖果、甘蔗、米果等，烧香、点烛、放纸炮等。送灶时，许多人家还要把“糖元宝”敬上灶背，正式完成祭灶神仪式。

（二）腊月二十五

（1）做豆腐

北山民谚有云：“腊月廿五，磨豆腐。”“磨豆腐”不但是做豆腐，而且还要“食豆腐渣”，以表示不负天恩，依然勤俭节约。北山一带至今还有这样的传说：灶王上天汇报后，玉帝会下界查访，看各家各户是否如灶王所奏的那样，于是各家各户就吃豆腐渣以示清苦节约。

（2）年头日

十二月二十五也叫“年头日”，“年头日”也是一个非常大的“日子”，一直以来北山人风俗“年头日不讨账”，即不能向别人讨钱，别人也不能向你要账。

（三）腊月二十六杀过年豨

关于腊月二十六，民间还流传着“十二月廿六，杀豨割肉”的说法。这一天主要筹备过年的肉料，称“过年肉”。因为以前农村生活艰苦，一般在过年节时才能吃到肉，故此称为“过年肉”；这一天，家家户户都杀豨杀羊，同时烧“豨三福”，送到左邻右舍家中品尝分享，以示自家年年兴旺、富贵满堂。

（四）腊月二十七溪头赶插市

在北山传统民俗中，在这两天要做好洗澡、洗衣等事，除去一年一身的晦气，准备迎接新春，俗语称十二月二十六洗浴为“廿六洗福禄”“廿七洗疚疾”，一年有好运。到了二十七，马上就要过年了，“四九”市日的壶镇市也要到了“廿九”才有，还没有办好年货的家庭还有许多，于是附近的“壶镇市”就在“廿七”补设一个“插市”，方便十里八乡采购年货；北山人再忙也要抽出时间去壶镇赶“插市”，办足年货。

（五）腊月二十八炊糕

北山有传统歌谣云：“十二月廿八，贴年花，把面发。”所谓贴年花，就是张贴年画、春联、窗花等各种春节张贴之物，迎接新年；“把面发”就是发面炊过年糕，北山人过年的糕点有：发糕（面粉发酵做的）、糍糕（用糯米粉湿拌做的）、雪花糍糕（用糯米粉湿拌红糖炊，上面一层干拌加红糖）、冷粥糕（也叫白糕，是发酵的臭粥和米粉搅拌做的）、双年糕、过年馒头等。

（六）春日食青、食爽面卵

春日，也叫“立春”，立春作为“二十四节气”之一，与立夏、立秋、立冬一样，反映着一年四季的更替。

立春为大社，时间一般为公历2月3日到5日交节，也就是在农历头一年的十二月底到这一年的年初，所以有“一年两头春”或者“一年无头春”的讲法。

立春，是二十四节气中第一个节气，又名正月节、立春节、岁首、岁旦等。立春，意味着新的轮回已开启，乃万物起始、一切更生之义。立，是“开始”之意；春，代表着温暖、生长。干支纪元，以立春为岁首，立春既是春季的开始亦是岁之首。上古时代，礼俗所重的还不是正月初，而是立春日，重大的拜神祭祖、祈年、迎春和农耕庆典均安排在立春日及其前后几天举行；这一系列的节庆活动不仅构成了后世岁首节庆的框架，而且它的民俗功能也一直延续至今。

立春不仅是二十四节气中的第一个节气，在人们的心目中也意味着风和日暖、鸟语花香，万物生长、春耕播种，所谓“一年之计在于春”。时至立春，人们明显地感觉到白昼长了，太阳暖了。气温、日照、降雨，都处于一年中的转折点，趋于上升或增多。

现所使用的农历不是纯“阴历”，而是阴阳合历。阴历年相比阳历年在天数上有时会相差一个月，为了协调阴历年与阳历年之间的天数，于是便通过“置闰法”进行调整，使两者总天数相适应，如果有十二个农历月则是平年，不置闰，如果有十三个农历月，则是闰年，需要设置闰月，安排在没有中气之月。

北山人对“春”很重视，将有“双春”之年视为大吉年份，无春年是农历中的概念，是指农历全年都没有“立春”的年份。农历有闰月的年份（每19年中有7年），因年长长于回归年，故年初、年末都有立春日，即“两头春”；无闰月的年份（每19年中有12年），因年长短于回归年，“无春年”最多，剩下的立春日在年初和在年末各占大约一半。这种规律以19年为周期，循环往复。

北山人同壶镇一带的风俗习惯一样，把春日视为最大节日，重视程度比“春节”还大，所以在传统风俗上，春日这一天不能骂人、不能讲不吉利的话。北山人在春日到来之时，要“放炮仗”迎接春的到来，叫“接春”“开春”；同时家家户户都要食爽面卵，以表喜庆，在食的爽面卵中必须要有青菜等青的东西加和，叫“食青”“食春”，寓意一年到头身体强壮，无病痛。传统习俗上，春日这一天，可以放下一切事情，不干活。

春日，家家户户门头还要“插青”，即插上松柏和万年青，以表示春的到来和一年的美好。

（七）三十日

（1）过年

过年，也叫岁除，除旧迎新。“年”的最后一天，这天晚上叫“三十日夜”，它与新年首尾相连，谓之“挨年近晚、岁穷月尽”，是新一年的前夕，是除旧迎新的重要时间交界点，又称大年夜、除夕夜、除夜等。其间北山人以除旧布新为活动主题，自古就有贴年红、贴过年对联、祭祖、团年饭、坐岁夜等习俗，流传至今，经久不息。过大年意味着除旧布新、阖家团圆、祭祀祖先，食过年饭前北山人都要先祭祖“做庚饭”，过年也与清明节、七月半、重阳节并称中国民间四大传统祭祖大节。

过年，是北山人一年中最重要的风俗节日，家家户户忙忙碌碌清扫庭舍、张灯结彩，迎祖宗回家过年，并以爽面、猪头、三牲饭菜及三茶五酒奉祀。过年是北山人心中最具特殊意义的日子，漂泊再远的“出门人”也要赶回家和家人团聚，在爆竹声中辞旧岁、迎新春。

（2）拜神祭祖

过年祭祖也是北山人的重要习俗之一，北山人自古就有慎终追远的传统，过节总不会忘记祭拜祖先，报祭祖先的恩德。到了过年这一天，人们会摆上象征最高礼节的猪头、菜肴、倒上美酒，举行隆重的祭祀仪式，以此表达对先人的怀念并祈求祖先的庇佑，这一传统习俗代代相传。

祭祖的形式各有不同，有的到宗祠拜祖，大多则在家中“做庚饭”，将菜肴、米饭、美酒等供品依次摆在正厅的“八仙桌”上，正面摆放三只碗三双筷子，三就表示很多了；首先，一家之主提着本地特有的“阳墩灯笼”，点燃本地“应庄”做的三支高香，到自家正门口天井祭拜三下，去接自己的祖宗“太公太婆”等人，口中念念有词：“太公太婆、太太公太太婆、列祖列宗，该日是大年三十过年，恭接各位祖宗过来过年。”然后走回家中，把灯笼摆放在八仙桌高堂正中，三支高香依附在灯笼顶口；接着祭拜者按长幼的顺序上香跪拜，斟酒三次（酒为土制十月黄酒），礼毕，烧纸，用酒滴根，提灯笼高香出门，“放炮仗”恭送列祖列宗，祭祖仪式完毕。

祭祖，多半做鱼肉碗菜，盛以高碗，颇有钟鸣鼎食之意，祭祖完毕后，要把全部的菜肴和米饭用筷子翻动一遍以后，“阳人”自己才能去食用，否则会缠阴而多病；表面虽然似迷信，不过这也都是为了卫生，古时的智慧有着无限的科学道理。

（3）吃过年饭

过年饭，也叫年夜饭，是年节习俗之一，北山人简称“过年”，特指年尾除夕的阖家聚餐。过年饭源于古代的年终祭祀仪式，拜祭神灵，与祖先后团圆聚餐。过年饭是年前的重头戏，不但丰富多彩，而且很讲究意头。吃过年饭前先拜神祭祖，待拜祭仪式完毕后才开饭。席上一般有鸡（寓有计）、鱼（寓年年有余）、发菜（寓发财）、腐竹（寓富足）、莲藕（寓聪明）、生菜（寓生财）、生蒜（寓会持家）等以求吉利。北山人的过年饭是家人的团圆聚餐，是年尾最丰盛、最重要的一顿饭，菜和饭也烧得特别的多，可以一直食到正月，俗称“有食有余”。

（4）压岁钱

压岁钱，北山人叫“压岁”，春节习俗之一。压岁钱是长辈派发给晚辈的，过年晚饭后长辈要将事先准备好的压岁钱派发给晚辈，据说压岁钱可以压住邪祟，晚辈得到压岁钱就可以平平安安度过一岁；有的人家是父母在夜晚待子女睡熟后，放在他们的枕头下。过年给压岁钱，体现出长辈对晚辈的关切之情和真切祝福。压岁钱在民俗文化中寓意辟邪驱鬼、保佑平安、压祟驱邪。

（5）上灯

上灯即守岁，又称守岁火、照岁等，是北山人的年俗之一。北山人过年上灯时间一般为吃过过年饭的三十日晚上到正月初三，共四晚。三十日夜的头一个晚上，必须从傍晚开始上灯到天亮，其他三天可以在半夜子时前“满灯”。新年前夕夜晚的“守岁夜”，北山人叫“坐岁夜”，主要活动是点岁火、守岁火、坐岁夜，“坐岁夜”能坐天亮的人家，会家庭兴旺、富贵满堂。在三十日夜里，每间屋里和“街沿”、楼顶都要整夜灯火通明，全家团聚，迎接新岁到来。三十日夜遍燃灯烛通宵不灭，谓之“照岁”，据说如此照岁之后，就会使来年家中财富更加充实。

（6）默字

壶镇一带文化底蕴丰厚，人文习俗众多，北山村在大过年三十日夜时所流传很广的一种民间传统习俗叫“默字”。

大部分家庭的习俗是，主妇会在三十日夜里才开始忙碌赶制正月春节的“茶配”和“坐盘菜”，如“油炸番薯片”“煮獝头”“泡皮”“煎冻”等，壶镇一带所独有的“切糖”也是在大年三十日夜里完成；大部分家庭的孩子，出去嬉戏一阵后，也都回家守候在厨房，等待母亲在除夕之夜做出的各类美味佳肴。

在这许许多多三十日夜里或俗或雅或习惯要做的传统习俗中，一些有教养的文化家庭，母亲会要求孩子在完成一种特殊的风俗习惯后，才能品赏这些美味，这个风俗就是“默字”。

“默字”，顾名思义就是默写汉字；在古时，许多北山书香门第和一些普通家庭也同样有着长辈传教下辈“识字”的优良传统，尽管没有“万般皆下品，唯有读书高”的宏大理想，但他们都知道，乡下农家多认识几个字总是好的，邻里乡亲也会多敬重你几分；为了验证自家子女在这一年里学到和记住了多少字，就安排在“三十日夜”这一天，要求自家子女默写出这一年学过和记住的汉字，以能默写出汉字数量的多少，来衡量自家孩子掌握“学问”的多少；活到老，学到老，传统习俗里，在这一天晚上，许多家庭的“大人们”也会同样坐下来“默字”，许多有文化的人，可以默写到第二天年初一天亮。20 世纪 60 年代之前出生的许多人，多少还见识过“默字”这一传统习俗。

（7）过年切糖

“切糖”，是壶镇一带人所特有的“切米泡糖”，把自种的“糯米”炊熟、晒干、炒发炒泡，然后用自制的“麦芽糖”煎融化后，搅拌一起，混合制作成一种具有浓郁地方特色的零食，并利用地方制作的“粗纸”包装成独立小份的一种可以长久保存的“茶配点”和地方特色“干粮”，具有香甜、松脆、可口、携带方便等特点，是壶镇本土最具标志性的地方民俗美食，流传至今已有上千年历史。

尽管大年三十日夜外面鞭炮阵阵、鼓声隆隆，家家团团圆圆，阖家欢乐；但北山大部分家庭主妇们都在忙着赶制正月接待客人的配茶用品，如芋松片、番薯片、花生等，或忙着赶制正月客人来拜年时可以享用的特别待客菜肴“煎冻”。由于平常忙碌，这些“散碎”的东西，基本都是在大年三十日夜里这天赶制完成的，许多家庭的“切糖”也是在大年三十日夜里进行赶切，以备正月需要；每到过年，北山家家户户都有“切糖”的习俗，而且数量不少，有的人家过年时要“切糖”超三十“闸”，每“闸”可为六十余包，算下来有一千八百包之多，是过年的主打品之一。

（8）摇竹娘、爬狗洞

北山人三十日还有一个习俗，一些长不太高的孩子，可以在大年三十日夜里，爬一下自家狗洞，据说来年就会快快长高，也有一些选择自家道坛的一株老竹摇一摇，期望来年长高，叫“摇竹娘”，在摇竹娘时，嘴里要不停念念有词地说：“摇竹娘摇竹娘，该年你长，下年我长。”北山人的这一民间习俗从古时开始，一直保留到20世纪90年代初。

第二、节期习俗

（一）正月初一

正月初一，也叫“年初一”，从正月初一开始便进入迎接新禧、祭祀神灵、祈求丰年的主题。元日子时交年时刻，鞭炮齐响、烟花照天，辞旧岁、迎新年等各种庆贺新春活动达于高潮。春节早晨开门大吉，先放爆竹，叫做“开门炮仗”，送旧迎新。爆竹声后，碎红满地，灿若云锦，称为“满堂红”。正月初一拜岁，迎新岁。早上各家焚香致礼，敬天地、祭列祖，然后依次给尊长道贺新年，继而同族亲友互致祝贺；新年的初一，人们都早早起来，穿上最漂亮的衣服，打扮得整整齐齐，出门走亲访友，恭祝新年大吉大利。

北山人习俗中，年初一早“五更”首先要到本村的土地庙（本保殿）去祭拜土地公公；年初一食“五更”（早饭）必须要食爽面卵，而且必须是家里的男人做；早上起来洗脸水、洗碗水、剩菜、剩饭等，在这一天内不能往外倒，主妇不做洗衣服等家务，主男也不能下地干活；年初一的晚上不能熬夜，一家人要早早睡觉，据说，这一晚是“老鼠接新妇”，这是不妨碍他们迎亲。

（1）拜岁

拜岁，是年俗活动之一。在岁首早上迎新岁，奉祀斋菜拜祭“岁神”。“岁”又名为“摄提”“太岁”，为上古纪元星名，也是民间信仰的神灵。岁以六十甲子的干支纪年法，六十年为一个运转周期，共有六十位，每年有一位岁神当值，在当年当值的太岁谓之“值年太岁”，是一岁之主宰，掌管当年人间的吉凶祸福。《三命通会》中讲：“夫太岁者，乃一岁之主宰，诸神之领袖。”拜岁是历史悠久的过年传统风俗，在北山一带早就盛行。在新年初一辞旧迎新之际，早上站在自家“天井”对天朝拜三下，表示对“天”和“岁神”的尊敬，可以长命百岁，更可以“六十甲子转少年”；迎新岁、拜祭岁神、接福，这一传统习俗自古以来代代相传。

（2）开门炮仗

年初一早上开门，先放“炮仗”，叫做“开门红”。年初一早上所选择的鞭炮一般为红色，爆竹声后，碎红满地，灿若云锦，称为“满堂红”。这时满街瑞气，喜气洋洋。“开门红”一说北山人古已有之，在新的一年到来之际，家家户户开门的第一件事就是燃放爆竹，以哔哔叭叭的爆竹声除旧迎新、迎接众神，期盼一年红运。

（3）聚财

北山俗传正月初一为扫帚生日，这一天不能动用扫帚，否则会扫走运气、破财，把“扫帚星”引来，招致霉运。假使非要扫地不可，须从外头扫到里边；这一天也不能往外泼水、倒垃圾，怕因此破财。到如今，北山人依然保留着这一习俗，大年夜扫除干净，年初一不出扫帚，不倒垃圾，备一大桶，以盛废水，当日不外泼。

（4）老鼠嫁女

旧时民间的一种俗信，远古的北山人在正月初一举行祀鼠活动，亦称“老鼠嫁女”或者说“老鼠娶亲”。这一日忌开启箱柜，怕惊动老鼠，老鼠娶妇日很早就要上床睡觉，也不惊扰老鼠，俗谓你扰它一天，它扰你一年。

（二）正月初二，女婿节

正月初二开始拜年，也是传统的姑爷节，北山人称“女婿节”，这一天，如果丈人和丈母娘还健在，女婿必须先要去丈母娘家拜年。这天出嫁的女儿也可以一同回娘家，但必须要夫婿同行，有女婿的人家俗称“接女婿”。回娘家的女儿、女婿必须携带一些拜年礼品和“利是包”（红包），分给娘家的小孩，并且在娘家吃午饭。女婿和女儿必须在晚饭之前回到自己的家，离丈母娘家较远的也可以住一晚。

根据北山人的传统风俗，女婿带给丈母娘的拜年礼品是“埝”，俗称“米埝”，是一种由糯米干炒熟，然后加红糖磨成粉末的一种风味独特的地方美食。这种食品，即使丈母娘、丈人年老体迈、牙齿不好，也一样能食用，这也是古时劳动者智慧的结晶，体现了古人对待老者的人性化；丈母娘则给女婿回礼“米泡糖”，如果外孙、外孙女一起来，外婆则还要给外孙、外孙女们“压岁红包”，寄望外孙、外孙女们可以快快长大。

（三）正月初三，拜年

拜年，即是新年期间走访亲朋好友互贺新年、表达美好祝愿的一种方式，是春节里的一项重要活动。北山人一直保持着这种民俗传统，走亲访友免不了携带拜年礼物，时代不同，拜年的礼物也有所不同，在以前，北山人同壶镇一带的人一样，礼物基本就以土产的“米泡糖”为主，根据亲戚朋友亲情的疏密，以礼物“米泡糖”多少来区分；被拜年的家庭，则要“回礼”，小孩还要给“压岁红包”。

（四）正月初四，羊日

北山人古有流传：正月初四是女娲造羊的日子，故称“羊日”。北山村一带，由于靠近丘陵多长草，自古就有养山羊的习俗，在这一天，人们不能杀羊，如果天气好，则意味着新一年里，羊会养得很好，养羊的人家会有个好收成。在老皇历中年初四占羊，故常说“三羊（阳）开泰”，不杀羊，图吉祥。

（五）正月初五

正月初五是北山人迎财神的传统日子。民间传说，财神即五路神，意为出门五路，皆可得财。

根据习俗，正月初四子夜，备好祭牲、糕果、香烛等物，并鸣锣击鼓焚香礼拜，虔诚恭敬财神。初五日俗传是财神诞辰，为争利市，拜财神早的名曰“抢头神”，接财神早，就表示自己今年财运比别人更好。

因此，每到过年，人们都在正月初五零时零分，打开大门和窗户，燃香、放爆竹、点烟花，欢迎财神。接过财神，大家还要吃路头酒，往往吃到天亮。大家满怀发财的希望，希望财神爷能把金银财宝带来家里，在新的一年里大发大富。

（1）路头神

路头神，也叫“五路神”，是北山人所信奉的一位道教财神，俗以初五为他的生日。每到此日，人们一大早就预先烧制好食品、菜肴，从家门口开始，每隔一段路，撒下佳肴几瓢，烧黄纸一张，祭晒迎接，颇为壮观，俗称“路头庚饭”。

北山人的“路头庚饭”原料一般为粥和米饭，也有用“玉米羹”的。

接路头，越早越好，据说最早接到的才是真神，特别灵验，因此又叫“抢路头”。有的地方，真的在早一天初四半夜子时一过，便“匆匆抢路头”，做起“路头庚饭”，且相沿成俗。

至于人们在元月初五祭拜路头神，并以此日为其生日，乃五路神中之“五”与初五之“五”牵连之故，选择正月而非其他月，乃取新年新气象，图一年吉利，财源茂盛，东西南北中，财富五路并进家门。

（2）初五开市

旧俗春节期间大小店铺从大年初一起关门，许多在正月初五就开市，把店门重新打开做生意，俗以正月初五为财神生日，认为选择这一天开市必将招财进宝。

（六）正月初六，送穷鬼

正月初六又称马日，在这一天要送穷，寓意送走穷鬼。相传这一天是送穷最快的日子，是北山民间一种很有特色的岁时风俗，而且送穷办法很有讲究。

《岁占》所记：正月初一日为鸡日，初二日为狗日，初三日为猪日，初四日为羊日，初五日为牛日，初六日为马日，初七日为人日。民间传说这是因为女娲创造万物生灵的时候，先造的六畜，后造的人，因此初一到初六都是六畜之日。

正月初六，在旧时是大小商家“开市”的日子，门板要贴上“开市大吉，万事亨通”的大红对联。营业前大放鞭炮，以示吉利。

（七）正月初七，人日

人日亦称“人生节”“人胜节”。传说女娲初创世，在造出了鸡、狗、猪、羊、牛、马等动物后，于第七天造出了人，所以这一天是人类的生日。据相关记载，汉朝开始便有人日节俗。古代人日有戴“人胜”的习俗，人胜是一种头饰，剪彩为花、为人，或镂金箔为人来贴屏风。人日，反映了北山人爱惜自己的一种古文化传承。

（八）正月初八

正月初八为开工日、谷日、年例、游神赛会。

年初八是开工日，也就是说正月已过，要开始干活了，在以前，主人这一天要派发“开工利市”，利市利是，寓意着一年都能利利是是，大红大紫。“利市”一词古已有之，带有本少利多的意思；一直到现今，为了图个吉兆，有好事情时，大家要向主家讨个“利市”，以求大吉大利。利市亦有好运的意义，主家也会“营商利市，营达利事”，是生意人一种自我鼓励的手段。

（九）正月初九，天日

正月初九是天日，俗称“天公生”，传说此日为玉皇大帝生日。主要习俗有：祭玉皇、道观斋天等；古时，天日时，妇女备清香花烛、斋碗，摆在天井巷口露天地方膜拜苍天，求天公赐福。

（十）正月初十，开灯、灯酒宴

正月初十，北山人古时有“开灯”的习俗，设开灯酒宴。

在该日，男孩之父必购八角纸灯一盏，悬挂在祠堂或庙堂正中央，以求让祖先认识自己的子孙而加以荫佑，或请神明进行保护。灯酒宴的习俗包括开灯、投灯、饮灯酒等一系列活动。

（十一）正月十一，贴灯票

从正月十一开始，正月十五元宵节有“灯”迎的村，开始贴“灯票”，表示今年我的村有龙灯，欢迎亲戚朋友和邻村、邻舍过来“貌灯”。

（十二）正月十二，搭灯棚、做斋头、做醮、标炮

正月十二，搭灯棚、做斋头、做醮、标炮。“做斋头”礼仪复杂，当天早上要从庙里请神回家，并安坐大堂之上，供奉糖果香火；轮到“做斋头”机会难得，是一件荣耀之事，因为人们认为“做斋头”会带来好运，心想事成，因而都隆重为之，“做斋头”一般都还摆斋头酒。

从这日起人们开始准备庆祝元宵节，选购灯笼、搭盖灯棚，扎“大刀灯”“花篮”“糊龙灯”。有童谣云：“十一嚷喳喳，十二搭灯棚，十三人开灯，十四灯正明，十五行月半，十六人完灯。”到了后来，龙灯的工艺越来越复杂精致，特别是壶镇北山一带的“大板龙”，更是雄伟壮观、工艺烦琐，龙灯早在正月初就开始制作了。古时的一些龙灯是把陈年的旧龙灯拿出来清理干净，如布龙灯，所以马上

就可以出龙。

（十三）正月十三，起灯

北山人在正月十三起灯，开始进入元宵节。起灯、起龙，开“龙眼”一样要“抽”到壶镇的美化乡殿，举行“开龙眼”起灯仪式。这一天的起灯，在古时是按照传统习俗举行仪式后即“拆灯”结束。

（十四）正月十四

北山人正月十四有喝亮眼汤的习俗，民间有个说法，亮眼汤一喝，就说明春节也过得差不多了，大家得振作精神开始新一年的工作了，喝上一碗亮眼汤，用雪亮的眼睛去欣赏元宵灯会，以美好的心情来迎接新的一年。

正月十四这一天，一样要出龙灯，这天的龙灯基本就是在村子里迎转，以求本村兴旺发达。

（十五）正月十五，赏灯、游神、游灯、放烟火

正月十五，又称元宵节、灯节，习俗活动主要有赏灯、游灯、押舟、烧烟花、闹元宵等。元宵节的节俗非常有特色，发展至今，赏灯与烧烟花是主要习俗。

（1）灯会

元宵节习俗自古以来就以热烈喜庆的观灯习俗为主，北山人自古在元宵节都有丰富的活动，有猜灯谜，游散灯，大刀灯、大花灯、清明旋、磨豆腐、垫狮子、转车、台角、纸马，一应俱全；更有大板龙、菊龙、布龙，气势威武。

（2）吃汤圆

正月十五吃汤圆也是北山习俗之一，到了元宵节这一天，家家户户都吃汤圆，“汤圆”亦称“元宵”，寓意团团圆圆。

（3）放烟火

“烟火”是利用制“炮仗”和“烟花”的火药，在村子广场上手工制作的一种民俗特色烟花；一个“烟火”搭建好，可以有十来米高，也可以有二十多米高，“硝”和火药的用量，可以有几百斤或更多，从下到上分成许多层，燃放时，一层一层上去，每一层都有一个主题特色和五颜六色的视觉效果，每燃放一层，都会炸开一个吉祥字眼，或者是吉祥图案，或炸或飞或爆，雷霆万钧，像是千军万马从里面蹦出，使观者发出惊叫的欢呼声，赞赏不已，最后在最高层，以最雄壮最漂亮最振奋的场景轰然结束，展示出吉祥大图案，结束整场“烟火”表演。

历来，会“绑”烟火的人很少，会“绑”有创意和雄壮烟火的人更是稀少；据

《壶溪吕氏家乘》记载，民国时，北山北居就有会“绑”烟火的几个手艺人，在壶镇东居也有这方面的手艺人，所以历来北山和壶镇都有“放烟火”的民间习俗，20世纪80年代初，壶镇市坛依然还有这种规模宏大的“放烟火”表演。

二、元宵节

“正月半”是元宵节的民间俗称。“元”者开始、第一也；“宵”者，夜也，而月亮之于夜，如灵魂之于人，故古人把一年中第一个月圆之夜定为“元宵节”。

元宵节主要习俗，一是吃汤圆；二是闹元宵。

吃汤圆。以糯米粉为原料，加水揉透，以芝麻粉、豆沙或糖霜入馅，然后搓成小圆球，煮熟带汤食用，故称“汤圆”。又因它是民间元宵节必须食用的节俗小吃，于是后人直接将它称为“元宵”。汤圆的形状和名称都寓“团圆”之意，故元宵节一般家家户户都要煮汤圆、吃汤圆，期盼吃了汤圆，全家人在新的一年里团圆、和睦、美满、吉祥。

闹元宵。过年的种种习俗和活动多在家庭和亲友间进行，唯有元宵节晚上的活动，是群众性的社会庆贺活动，是民间一年中最红火热闹的节庆，故称闹元宵。

三、清明节

清明既是二十四节气之一，也是祭祀祖先的传统节日。最主要的节俗是做清明馃和祭清。

清明馃是缙云一种传统的特色小吃，也是清明上坟祭祖的必备祭品，因盛行于清明前后而得名。缙云民间自古有“清明寒食节，家做青馃，前后十日备牲礼，扫于墓坛”（乾隆《缙云县志》）的习俗。做清明馃首先要采摘“青蓬”。“青蓬”即菊科野生植物清明菜，又名佛耳草。将采到的“青蓬”嫩头拣洗干净后沥干。接着是制作粉团。将“青蓬”放入沸水氽熟，捞入冷水浸泡去苦味。再捞出捏干细切，以石臼捣透，搓蓬团，与蒸熟的糯米粉相混，再用石臼捣匀捣透。第三步是裹馅。馃馅一般分咸、甜两种，咸的一般由鲜笋、介菜或咸菜、豆腐、猪肉等炒制而成，甜的则一般为豆沙。清明馃有扁圆形、鱼形等，俗称“元宝馃”“搓绳馃”“稻桶馃”“团圆馃”。最后是在蒸笼底放一层“馃叶屯”（柴叶），放上清明馃，隔水蒸熟，外观青绿碧翠、晶莹剔透，上口糯韧适口、清香美味，又具祛风除湿、调中益气、止咳化痰食疗功效的清明馃即可食用了。

祭清又称“祭坟”，就是全家大小到已故祖先、亲人坟墓前拜祭。祭清一般在清明前10天内进行，有寅不祭祖之忌。已出嫁的女儿要携香纸、鞭炮等祭拜品到娘家“报清”。祭品一般有猪肉、豆腐片、芥菜、笋、清明馃和酒饭等。祭前要清理坟墓及周边柴草，并在坟顶添土，标“清明赞”，祭时燃烛、上香、斟酒、加饭、说故（祈求保佑的话），再燃纸银，鸣放鞭炮结束。祖坟全部祭祀好后，全家聚会欢宴，谓之“散清”。清明节那天还吃“清明羹”，谓之“聪明羹”。

时至今日，提倡孝悌，重视非物质文化遗产传承，各姓宗族在祠堂、祖坟会祭旧俗重辉。

四、立夏

立夏节俗主要有吃立夏饭、喝立夏汤、称体重等。“立夏日煮笋饭、食青梅，谓可壮筋骨”（乾隆《缙云县志》）。立夏饭以糯米焖制，除了和以猪肉、芥菜、洋芋等外，必和蚕豆、山笋、老韭叶，因民间以为吃蚕豆可以明目，吃山笋可以坚实骨质，吃老韭叶可以舒筋。吃过立夏饭后，人人称体重。两个青年扛着大秤，小孩坐箩筐，女子、老人坐大畚箕，青年直接以手抓住秤钩过秤，民间以为称过体重就不会疰夏了。点心要喝立夏汤，汤以荔枝、龙眼、红枣、花生米等煮成，民间以为喝了立夏汤，就可以风调雨顺。这一天还忌坐门槛，防止疰夏；还要吃油煎鸡蛋，说扁圆的鸡蛋似箬笠，吃了可以蔽日遮雨。归纳立夏习俗，都是围绕祈望身体强健，迎接、战胜暑热和农忙。

五、端午节

农历五月初五，是中国民间的传统节日端午节，端午也称端五、端阳。各地也有着不尽相同的习俗，但总体上说，还是大同小异。同样，北山村的端午节也是有着自己本土的风俗习惯。

时至今日，端午节仍是北山村一个十分重要的传统节日。

端午节是北山村全年四大节之一。北山村的端午节叫法多达十余个，如端五节、端阳节、重五节、端礼节、午日、五毒日等。

北山村端午节的主要风俗有：

（1）端午节早几天女婿要向丈母娘送猗肉，丈母娘则要回女婿粽子。女婿端午节向丈母娘送猗肉，是表示对丈母娘、丈人的孝敬，也是对丈母娘生女、养女的一种报答。自古北山一带流传“生囡有肉食”的讲法，选择端午节这一天向丈母娘送豴肉，也是为了让丈母娘在夏天来临时滋补身体；而丈母娘回女婿粽子，则是为了让女婿在生产劳动中吃饱有力。

（2）家家都要包粽子过端午。包粽子可以回女婿，也可以自己吃上饱饱的一天，整个夏天就不会饥饿缠身，驱逐病魔。同时，这也是每年传承习俗的一种仪式。

（3）午时做“做庚饭”祭祖，是一年之中几个祭祖的天地大节之一。祭祀祖先，水源木本，祖不可忘。

（4）午时吃端午饭、吃粽子、吃大蒜肉、吃苋菜、食黄鳝、喝雄黄酒。土话和“磷黄酒”称“开眼”，道医认为，雄黄性温，味苦辛，有毒，可用作解毒、杀菌，是端午食五黄辟百毒风俗的一种；“苋菜”土话叫“汗菜”，别名“汉菜”“旱菜”，是壶镇一带和北山人端午节必吃的蔬菜，烧熟后会出现鲜红汁液，恰似鲜血，外加性能清凉解毒，可抵御病魔；大蒜肉也是一种解毒消炎食品，能预防感冒等疾病。

（5）午时家家门口插艾蒿、菖蒲，配上石榴花，清毒避邪。端午节这一天，北山人每家每户都要买一点“艾蒿”“艾草”插在门口或门窗上，希望驱鬼辟邪。以前，端午节这一天，北山人都会到野外去，光着脚踩踏青草，传说可以预防病痛，还要采集艾蒿，将其扎为人形或虎形，悬挂在门上，艾蒿有一种中药味香气，借艾蒿的香气辟毒；另外艾蒿煎汤洗浴能治皮肤病，将干艾蒿点燃后，其烟雾可以驱蚊子；还有用彩绸剪成小老虎的样子，贴上艾蒿，佩戴于胸前，借老虎的威势吓退邪鬼，女儿家将其挂在头发上可以驱毒、壮胆；古时，北山人将菖蒲、艾蒿、大蒜和石榴花合为一束挂在檐头和门楣上，一表驱邪之意，二是祈祷平安幸福，都是人们对这一年里少一些灾难和魔病、多一些美好生活的盼望。

（6）午时喷洒雄黄酒，喷洒在屋前屋后四周每一个角落，解毒驱邪。北山人端午过节时都有喝雄黄酒的习俗，并涂小儿额及鼻耳间，以避毒物；这天的午时正开始喷洒“磷黄酒”，以前都是用嘴含起来喷，现在基本就拿艾蒿黏着雄黄在屋前屋后洒一下。

（7）午时老人小孩挂香袋，里面装着磷黄、大蒜、艾蒿、香珠。

（8）端午给儿童脖子上挂七色线、佩戴香囊、挂石榴花。端午节时小孩佩戴香囊，传说也有避邪驱瘟的作用。

（9）端午节家家挂钟馗，跳钟馗、闹钟馗，赐福镇宅。

（10）午时登高望远，呼吸新鲜空气，促进血液循环，强健身体。

（11）端午节正午，家家都烧艾蒿水洗手洗眼，叫亮眼；亮眼后，把水泼洒在道坛上，称为“净坛”。艾草、菖蒲、桃、柳、葵等被道教认为有辟邪功能，古人在端午日将这些植物或者挂在门上，或者戴在头上，或者泡酒，或者做成果子，或者煎水沐浴，或者焚烧于室内，都是为了护卫人的安全和健康。

（12）端午节，北山人都要赶到壶溪市坛，去看地方戏，戏名《白蛇传》。五月十三日，壶镇“关老爷殿”做的戏是《关老爷磨大刀》，纪念关公。

六、六月六、七月半

在现代人的民俗节日链条上，端午节过后似乎就是中秋节了；老人们还会知道中间有一个“七月半”，即中元节。其实，其间还有一个几乎已被世人遗忘的节日，那就是农历六月六的“洗晒节”。在缙云，这个节日有两大习俗，一是俗谓是日阳光最烈，可以防霉杀虫。故民间习惯在这一天将家中的衣被、书籍等等一切容易霉变虫蛀的东西都拿出去暴晒一天。第二个习俗是忌食荤腥。在那缺油少盐的年代里，人们盼望的就是逢年过节解解馋。好你个“六月六”，还说是“六六大顺”，要叫我们不能吃荤，还编出顺口溜说：“六月六，莫食肉；食精，生硬疔，食皮（肥肉），生横蜞。”那个大胆要食肉，也要“六月六，苦马肉，清凉解毒”。这个六月六，一味告诫人们在暑天少油腻多清淡，尽管用心良苦，能不被那些沾不了油水的人们所淡忘？

七、七夕节

七夕节，即农历七月初七夜里，“女儿陈瓜果于庭乞巧”（乾隆《缙云县志》），故又名“乞巧节”。乞巧时要在天井摆设瓜果，女孩以红线对月穿针，以祈求织女能赐以巧技，若穿得好，就称为“得巧”。还有少女在夜深人静之时，躲在茂盛的葡萄棚下偷听牛郎织女相会时的悄悄话，俗谓听到者就能得到千年不渝的爱情。

八、中秋节

中秋节，是个团圆、赏月的日子，缙云有“七月半，毛芋顿；八月半，做金团”之谚。因那时生活贫困，百姓没有钱购买月饼过节。于是，聪明的缙云百姓想出了做“金团”赏月、庆团圆这样一种家庭自身能够承受，又完全表达中秋团圆意境的两全其美好办法。“金团”做法是用糯米粉加适量水拌匀，蒸熟后揉透，分以小块，馅入芝麻粉、豆沙或红糖，压成类似月亮的小饼子，即可食用。

九、重阳节

我国古代把“九”定为阳数，农历九月初九，两九相叠，月日并阳，故名重阳，亦名重九。缙云民间重阳节有炊早米糕、糖糕过节的习俗。

“十月十五：小阳春，赛祭城隍神”（乾隆《缙云县志》）。赛祭城隍神，就是全县案队齐集县城城隍山的迎城隍案会活动。它是我县传承历史最久、文化底蕴最深、规格档次最高、参与规模最大、唯一记入古代《缙云县志》的盛大案会，是优秀的非物质文化遗产。

回顾一年的民俗节日，不少都是月日相重的日子。例如一月一“春节”、二月二“龙抬头节”、三月三“上巳节”、五月五“端午节”、六月六“洗晒节”、七月七“乞巧节”、九月九“重阳节”，等等。这是什么原因呢？原来在古人心目中，凡月日相重的日子，多被认为是天地交感、天人相通的日子。因而，在这些日子里祈福、祭祀或搞纪念活动，所求得的幸福、安康和吉祥的效果会更好，于是留下了如今诸多月日相重的民俗节日。

第四章　北山村文物古迹

第一节　北山村庙宇

一、北山宗祠

村的最前面是1769年吕新建的“北山宗祠”，一切氏族活动均在宗祠内进行。在当时的壶镇范围内算得上是规模最大的建筑。中华人民共和国成立后，在宗祠内办了北山学堂。学堂越办越大，学生人数越来越多，后来称北山小学。此后学校进行改建，把原来的“北山宗祠”全部拆掉重建。可惜，当年太公的宏伟建筑至今已荡然无存。

二、金堂殿

在金堂湾处建有金堂殿，现已有300多年历史。通往金堂殿门前的北山溪桥——永镇桥从前为前往永康的必经之路。

第二节　消失的文物和工具

一、北山圣岩寺与古钟

壶镇镇山河村驸马自然村滴水圣岩寺，是天然洞穴经过无数代先人不断开凿而成，缙云、永康两地信众世代供奉的民间庙宇。

滴水岩东西逶迤数里，洞穴奇巧，西通永康五云古洞，相传八仙之一的吕岩（洞宾）曾在这里修炼过，故又别称吕氏岩。明隆庆元年（1567）资政大夫南京刑部尚书缙云卢勋《西山陆氏宗谱序》记载：“丁卯（1567）秋，余避尘，游永邑圣岩僧舍，雨浃旬不止，山中凉气袭人，泉声盈耳，真世外境也。”

清道光二十年（1840），驸马村贡生周松淳在其母的支持和驻寺僧人帮助下，凿石扩建，至二十二年（1842）春月寺宇落成。时特请著名书法家、永康县丞吴廷康题写篆书“圣岩寺”“天栈云横”及七言律诗：“圣水无源本不凡，天留半壁室空嵌。壮观胜景开新辟，法界争传吕氏岩。岂是前身有夙缘，攀萝绝蹬方重泉。从今韵事成佳会，风雨名山镌石选。”并自刻《重建圣岩寺落成》诗：“天然石室尚玲珑，庙貌重新此地中。凿破悬岩开圣域，酿回滴水显神工。图终罔恤移山诮，创始全凭集腋功。且喜经营差遂志，庄严法相永尊崇。”同时洞窟里大雄宝殿边上有三眼滴水，都有天生水缸和水池接着，自撰楷书“圣水”摩崖于壁。同时请铸铁师傅铸了一个直径三尺六、高四尺二的大铁钟，及牛皮大鼓一个。铁钟上刻有“圣岩寺”三个大字，旁边刻着《金刚经》，师父们过着晨钟暮鼓的生活，倒也安逸。

1952 年，北山小学缺少一只提醒上下课的钟，知道圣岩寺还有一个铁钟，就借了过来。自此圣岩寺的大铁钟到了北山村，后来这个钟在北山村也派上了大用场。

到了公社生产队时期，这个大钟又扛到北山村唯一的三层楼顶层的大梁上，村民出工、歇气、吃饭等，都靠这个钟声来提醒，这个钟声音洪亮，方圆几里都能听到。当时村民吕传波因脚疼，不方便参加体力劳动，就安排他负责敲钟，一次他没有找到敲钟的木棒，情急之下就用劈柴的斧头脑来敲钟，铁跟铁相撞，硬碰硬后敲坏了大钟，从此钟声就变得沙哑。

改革开放后，这个大铁钟完成了历史使命，不知去向了，但年长村民时常会想起它曾经的声音、曾经的作用。

二、水碓

1964 年北山村从洋深塘引水建了北山电站，开始了“点灯不用油，磉米（土话，就是“舂米”的意思）不用老鼠头”的年代，全村居民都用上了电灯，村里办了粮食加工厂，原有的三个水碓（塘下、上宅、下宅各一个）退出了历史舞台。

关于水碓，乡下年长者并不陌生，不过 60 岁以下的也不知道了，城里人当然更不知道。水碓当然需要水，在有水源的地方，也可以是雨季有水，并有五六米落差，上游弄一个水池，造一间简易房子，造一个大水车轮，这个大水车轮大家就见多了，现在很多风景区都有，和那个基本一样。从上游水池放进水，使水车轮转起来，水车轮的大轴上装几根木条，上面的磨盘下来的轴芯装几根木条，我们把这几根木条叫木齿，也就是说的伞形原理带动石磨转动，另装几根大条，压着老鼠头的后端使磉米的老鼠头人上下动起来。

先说磨粉。磨盘在楼上，把粮食放进磨盘，就会把放进去的麦子、玉米等磨细，但并不是一次就全细，磨下来后把它放进罗头里筛打，当然罗头也不是全手工，做一个长方形的木箱，高约1米余，长约1.8米，宽约0.9米，把筛布钉在比木箱稍窄一点的框子底部，框子高约30公分，上面用两根园棍，用木条把框子和两根园棍连好，摇动框子碰到大木箱的两个头产生震动，把已磨细的打到下面大木箱里，打不下的因没磨细，重新放进麦磨再磨，就这样一次又一次的磨，终于有80%或85%的打到面箱里就大功告成。那15%的是麦麸，给猪吃很长膘。

一间水碓一般装有两个老臼，也就是两套磉米设备，在水车轮大轴上老鼠头分别位置，穿孔装一根硬木条，两个位置呈十字形，水车轮连同轴转起，先有一根木条压着老鼠头的尾端，使老鼠头逐渐抬高，最终因大轴木条位置转过，老鼠头的尾端脱离木条，一个脱离后，另一个老鼠头的尾端又被压着，这样，在一个放空后不浪费动力，增加功效。在老鼠头的尾端脱离木条后，因老鼠头前端重，老鼠头自然落下，把放在老臼里的谷子磉开谷皮。通过一次又一次的循环往复完成大部分。去磉米还必须学会筛米，一边磉着一边筛，把已磉好的米先筛下，这样快一点。老臼有大小，一般一个老臼可以放20来斤稻谷。100来斤稻谷大约需4个小时，不过这个加工时间是水足时的时间，如水不足，那就不能算多少时间能完成了。

磉米最难的是磉老鼠头，也就是你磉好了米，需把米从老臼里拿出来，或不磉了，就必须把老鼠头吊起来，不然下次水车轮没有惯性就转不起来，若转起来也不行，因老鼠头是用石头打起来的，空磉就会磉坏老鼠头。磉老鼠头时尾端必须高于车轮轴上木条压着位置，这是很危险的，人高力气大的还好，人矮的就吃亏了，必须踮起脚尖才能挂上，一次不行，车轮马上又转过来了，碰到就有生命危险，磉米磉死人屡见不鲜。

要使磨盘不转，就简单了，只要把水关掉，使水车轮停转，把磨盘下面的木齿拿掉6根就行。

第三节　现存的文物

北山村现今登记入第三次全国文物普查不可移动文物的还有下宅村永镇桥、北山吕氏雄公墓、下宅村吕琼公祠、位于塘下自然村和尚岙的摩崖题记。

1. 下宅村永镇桥：清嘉庆己卯（1819），古建筑，桥涵码头。在壶镇镇下宅村西部。东西横跨北山坑，为三折边石梁桥，全长4.86米，桥面宽1.86米，拱券由六块条石纵向并列砌筑，净跨3.6米，矢高2.2米；桥面由六根条石纵向铺就，两侧无拦板，东侧落坡呈喇叭状设台阶与路面贯通，西侧平直通永镇庵东边门；桥拱券石南侧阴刻楷书“永镇桥”，旁镌“嘉庆己卯年庚申月（1819），吕永贡”字样。

2. 北山吕氏雄公墓：宋、清，古墓葬，普通墓葬，位于壶镇镇下宅村狮山。坐西北朝东南。墓园呈半圆形，前有祭坛三级，整体建筑约300平方米。主墓后侧立有一块墓碑，上写“东平郡”一行，为横式书写，下竖写“雄公位”，左侧有“咸丰五年仲春重修”一行，楷书字体。墓前封门石上写“吕公之墓”，左侧写“东北发祥”、右侧写“狮山毓秀”。墓碑上所书的修建时间为咸丰五年（1855）。此墓主人为吕氏始祖吕世章公之子，壶镇吕氏第二代祖先，现其下有人丁4万余人，为缙云人口最多的氏族。

3. 下宅村吕琼公祠：民国，近现代重要史迹及代表性建筑，宗教建筑，位于壶镇镇下宅村市山路54号。坐东朝西，砖木结构，四合院式，单檐，硬山顶。门厅三开间，明次间抬梁式，三柱五檩，明间原设有戏台；上厅五开间，明次间抬梁式，四柱七檩；南北厢房各三间，均二层。天井以石板铺就，地面为三合土。整体格局规整，保存一般。

4. 和尚岙摩崖题记：南宋绍兴六年（1136），石窟寺及石刻，摩崖石刻，在今塘下村北。岙里修有水库，名“更新水库”。摩崖在水库大坝下方一小山涧东岸岩石上。山涧上有古桥，原为通永康道路之一。既然以和尚岙名地，原应该有寺院，今已不见。

山上方今建有名叫更新的中小型水库，摩崖在水库下方约60米北侧。据题记上记载为南宋绍兴六年（1136）所刻。摩崖字迹朝南，幅大纵60厘米，横33厘米。其字如下：“绍兴六年练大定，南无阿弥佗佛，山人普劝受持。”直书三行，行六字，“南无阿弥佗佛”一行字径 10 厘米，上下款书字径各 6 至 8 厘米，幅大 30 厘米 ×60 厘米。楷书，字迹清晰。民间有两种传说，一是说此处上边有一山岙称和尚岙，曾建有一寺院，住有很多和尚。有云游僧人到此题词；二是说绍兴年间，有一财主接媳妇，轿至水礁湾处，因天热路远，即全体停轿休息于此处，因媳妇内急，即进路边石缝中小解，过时未见出来，怎么也找不到，但断定进入此处，过日财主召集人员，用木炭炸开岩塔后，只出现此字，终未见人。

专题篇

农村电商『北山模式』

ZHUANTIPIAN
NONGCUN DIANSHANG BEISHAN MOSHI

电　商　兴　村

第一章　浙江省农村电商发展现状研究

——基于北山模式的案例分析

北京航空航天大学 沈映春

第一节　北山烧饼节

一、浙江省农村电商发展

淘宝村自2013年开始出现后，逐渐在全国推广，其呈现井喷式的发展态势和裂变式扩散、集群化的发展特征。截至2018年，全国淘宝村数量已经增长至3202个，其中浙江省、广东省以及江苏省淘宝村、淘宝镇数量位于全国前三位（见表11）。在具体数量上，浙江省2018年淘宝村数量已达到1172个，占全国淘宝村数量近三分之一，领先第二位次广东省500余个。与此同时，从近五年淘宝村的增长趋势来看，浙江省增长速度也领先全国，五年内淘宝村数量增长近20倍，淘宝村建设与推广在浙江省取得显著的成效。淘宝村的空间分布容易产生涟漪效应，从而促进淘宝镇的形成，截至2018年，浙江省淘宝镇数量也已达128个，位列全国第一。

表11　2018年全国部分省市区淘宝村、淘宝镇数量①

单位：个

省市区	2014年	2015年	2016年	2017年	2018年
浙江	62	280	506	779	1172
广东	54	157	262	411	614
江苏	25	126	201	262	452
山东	13	63	108	243	367
福建	28	71	107	187	233

① 数据来源：阿里研究院

续表

省市区	2014年	2015年	2016年	2017年	2018年
河北	25	59	91	146	229
河南	1	4	13	34	50
江西		3	4	8	12

淘宝村发展呈现典型的集群式发展特征，这使得在淘宝村迅速发展的同时，出现一批生产销售某种共同商品的淘宝县，他们往往规模比一般的淘宝村更大，品牌效应以及产业集聚效应更为明显。在阿里研究院公布的《2018年中国淘宝村研究报告》中，我们可以看到浙江省在淘宝村集群数量上领跑全国，出现一批类似义乌、温岭、乐清、慈溪以及瑞安等县市区的淘宝村集群，这些地区主要生产与销售特定的产品，并在全国范围内具有一定的知名度。

淘宝村以“农村+电商平台+家庭作坊+现代物流”为基本模式，逐渐成为浙江省农村经济发展的新兴力量，在“互联网+”的背景下，为农村注入新的血液，带动农民创新创业，为农村产业经济作出贡献。以上所示皆浙江省发展淘宝村农村电商所取得的显著成果，这与前文得到浙江省农村电商发展质量在长三角处于领先水平的结论相吻合。

表12　2018年全国十大淘宝村集群①

省	县（县级市、区）	淘宝村/个	特色产品
浙江	义乌	134	小商品
山东	曹县	113	演出服、木制品
浙江	温岭	97	鞋
江苏	睢宁	92	家具
浙江	乐清	83	电工电气产品
浙江	慈溪	78	小家电
浙江	永康	74	健身器材、五金产品
浙江	瑞安	71	鞋、汽车配件
广东	普宁	64	家居服
江苏	宿迁市宿城区	61	家具

① 数据来源：阿里研究院

二、浙江省农村电商发展制约因素

表 13 浙江省农村电商各指标得分情况

指标	得分	排名	与最大值分差	与最小值分差
人均 GDP	1.45	3	0.38	0.53
交通运输、仓储和邮政业增加值	1.54	2	0.60	0.47
第一产业增加值比重	1.78	3	1.71	0.04
快递业务量	2.56	1	0	1.28
电子商务企业比重	1.83	1	0	0.91
互联网普及率	1.70	2	0.28	0.71
移动电话普及率	1.99	2	0.04	0.98
普通高校数量	1.38	3	0.57	0.41
农村人均收入	1.83	2	0.19	0.82
农村人均消费水平	1.56	2	0.63	0.47
乡村个体从业就业水平	1.99	1	0	0.99
地方财政教育支出占比	1.92	1	0	0.96
地方财政交通运输支出	1.43	3	0.80	0.31
地方财政科学技术支出	1.83	4	1.83	0
地方财政农林水事物支出占比	1.51	2	0.32	0.59

根据表 13，研究发现浙江省在四项一级指标评估中，在信息化基础上所处位置最高，在宏观经济状况以及农村社会基础上，所处位次低于上海市，处于长三角地区第二位次，但是在政府支持上，浙江得分处于第三位次，仅高于安徽省，且分差只有 0.04，可见政府在农村电商发展中所发挥的作用仍待提高。根据分析，研究认为，快递业务量、电商企业比重、乡村就业水平以及乡村财政教育支出占比作为积极因素对浙江商农村电商发展起到较为明显的促进作用；而第一产业增加值、普通高校数量、地方财政交通运输占比以及地方财政科学技术占比则对浙江商农村电商起到的作用尚不明显，从某种意义上来说，这四项指标成为当前阻碍浙江农村电商进一步发展的主要因素。根据现有发展情况，研究将当前制约浙江农村电商发展的主要因素归结如下：

第一，教育结构与教育资源分配不合理。根据国家统计局数据，截至 2017 年浙江省高校数量达 107 个，位列长三角地区第三位，低于江苏省和安徽省，但是浙江省在教育支出上却高于安徽省（其中上海市处于较低位次是因为城市体量低于行政省体量），可见浙江省财政教育支出集中于更少的高校数量上，而这些高校往往又位于城市中，农村地区高校数量较少，城乡教育资源差距较大，这不利于农村地区电商经营主体经营能力、管理能力以及市场营销能力等素质的培养，不利于地区农村电商朝着更高的阶段进一步发展。

第二，农村电商人才短缺，电商主体整体素质有待提高。浙江省近两年来的淘宝村迅速崛起，离不开电商人才的支撑；尽管浙江省在引进与培养农村电商人才方面给予了充足的财政支持，越来越多的大学生选择返乡创业，但是其增长的速度仍然不及淘宝村电商发展的速度，人才短缺仍然严峻；而对于众多在外务工农民返乡创业的从业人员，素质水平不高也成为一个显著问题；尽管他们能够掌握基本的电商操作，但是他们往往缺乏对电子商务的基础知识以及企业经营策略的认知，这也成为当前制约浙江省农村电商可持续发展的关键原因。

第三，继续推进农村道路建设，改善道路质量以及道路通达度，从而提高农产品的运输能力。当前农村道路建设中存在“最后一公里”问题，道路通而不畅成为当前农村面临的主要问题。正如浙江省交通厅在工作计划中指出，要聚焦 26 个加快发展县，加快打通断头路、建设较大自然村通村公路、全面消除等外路、提升改造低等级公路等，为全省乡村振兴战略提供坚实的交通保障。①

第四，加大科技投入，提高农村电商发展质量。农村电商发展之初是电子商务与传统农业的单一结合，属于较为初级的发展阶段，但是近年来，随着互联网以及现代科技的不断发展，一些地区农业已经开始产业科技化，智能农业的兴起改变了传统的农业发展方式，大大改善了农业发展的效率，提高了农业产出的质量；但是由于这种农业发展方式对现代科技的较高要求，其在大部分农村地区仍未得到推广；一个地区科技投入占财政的比例反映了一个地区政府对于科学技术发展的重视程度，较大程度影响着一个地区现代化农业的发展水平。纵观近五年长三角各省市政府对科学技术的财政支出，我们可以看到浙江省政府对科学技术的重视程度不及同区域其他省市，2013 年科技支出就低于上海市与江苏省，与安徽省尚能保持一定的差距，但是截至 2017 年时，浙江省科学技术财政支出与上海市之间的差距较之前扩大，而经济状况远落后于浙江省的安徽省却在科技投入上逐渐追赶浙江省，浙江省政府对于科学技术的重视与投入应当进一步提高。

① 引用自《浙江省高水平建设“四好公路”助推乡村振兴战略三年（2018—2020）行动计划》

三、丽水市“北山模式”分析

随着农村电商发展的深入以及质量要求的提高，当前浙江省农村电商也面临着一系列挑战，电商人才培养、政府支持、平台建设以及行业竞争等议题成为社会关注的焦点，农村电商发展的可持续性值得进一步研究。以北山村为例，自农村电商出现以来，丽水市北山村借助互联网主营北山狼户外用品品牌，以“订单+网络销售”为业务模式，在进入电商产业之初取得骄人的销售成绩，但是近年来，北山村农村电商发展却出现明显乏力的现象，北山狼产品市场热度也大不如从前，北山村发展的下滑趋势是当前诸多淘宝村电商发展的缩影，如何保证淘宝村农村电商发展的可持续性受到进一步关注。

1. 丽水市农村电商发展现状

2009年初，丽水市青年创业培训班中涌现出一批青年，他们对于网络店铺销售表现出较强的兴趣，丽水市市委就此开设大量青年网络创业培训班，越来越多的人参与其中；随着农村电子商务的影响以及吸引力度不断提高，丽水市政府开始全面展开农村电子商务调研工作，根据各地青年的创业需求以及地区发展区位特点，制定相应的发展计划，有针对性地在各地区推广农村电商。

丽水市农村电子商务发展在各方主体的共同努力下，已经取得良好的发展成效；农村电子商务发展各项指标稳步增长，截至2017年，丽水市全市电子商务销售额高达259.8亿元，同比增长39.4%，增幅位列全省第三，全市活跃网店1.08万家，跨境网络零售出口达到4.1亿元；其中，丽水市农村电商销售额到168.3亿元，农产品网商销售额达到92.3亿元，遂昌县、缙云县以及莲都区、云和县作为农村电子商务发展示范县皆取得骄人的发展成果。

但是当前丽水市农村电商发展也存在一定的问题，根据前文所得到的指标权重，并结合近年来丽水市的社会发展情况，研究认为当前丽水市农村电商发展主要存在以下问题：

（1）配套服务不齐全，物流发展具有一定的制约。农村电商的发展不仅需要农业产业自身的健康发展，同时也离不开场地、资金等配套要素的支持；而在丽水市，多数网店发展起步较晚，场地、资金缺乏成为当前制约农村电商发展的关键因素；当前丽水市现代物流体系尚不完善，第三方企业的信息化水平亟待提高；丽水市农业虽然发展迅速，但是农业规模仍然较小，生产单位小，由于物流配套体系的不完善造成农产品订单的流失，主要体现在快递物流价格高以及物流配送体系不够完善上。快递物流较高迫使许多本土企业将仓储物流中心建立在义乌等快递价格较低的地区，不利于本地企业电子商务企业的一体化发展。其次物流配送体系不完善，丽水市内缺乏大型物流园区，一方面不利于现有电商产品的大规模高效销售，另一方面也不利于吸引物流企业和电子商务企业的入驻。

（2）农村电商缺乏有效的培训，电商经营主体素质亟待提高，电商从业人员转型意识薄弱，人才专业化水平不高，其中主要体现在农村电商专业人才的短缺。一方面，直接从事农村电商的人员素质不高，对于市场运作、市场营销以及企业整体战略等缺乏科学的认识，造成许多企业尚处于发展初期就逐渐被市场竞争淘汰；另一方面，对于配套人才如摄影、设计等人才的不重视使得许多网店或电商企业缺乏自己的发展特色，这也使众多企业面临同质化竞争市场时无法脱颖而出，缺乏一定的市场竞争力，容易导致企业发展中途陷入低地。

表 14　2017 年各市 R&D 经费支出及专利申请①

城市	R&D 经费支出 / 万元	专利申请受理量 / 项	专利申请授权量 / 项	发明 / 项
杭州市	2419319	75709	42227	9872
宁波市	2419100	62104	36993	5382
温州市	1055100	46000	29511	2758
嘉兴市	1205318	33029	18244	1850
湖州市	655700	28808	12025	2190
绍兴市	1194690	51107	25741	2118
金华市	603699	28852	17444	1285
其中：义乌市	156452	5548	3411	255
衢州市	176224	8241	4146	493
舟山市	125598	3649	1920	501
台州市	711978	28071	19143	1844
丽水市	163000	10887	5697	333

（3）丽水市整体科创环境较差，农业科技发展较为落后，农业现代化程度不高。R&D 经费支出反应的是一个地区对于科研投入的重视程度，某种程度上反映

① 数据来源：《浙江统计年鉴》（2018）

了一个地区的科技发展与创新环境。尽管现阶段农村电商发展对于科技要求并没有太高，但是随着现代科技发展的日渐深入，科技与有机农业结合是一个新发展趋势，它影响着农村电商发展的可持续性。而根据《浙江省统计年鉴》(2017年)，丽水市R&D经费支出以及专利申请皆处于浙江省较低的水平（见表14），比R&D经费支出比最高的杭州市低近15倍，也远低于湖州市、绍兴市、台州市等其他同阶段城市，科创环境建设需要进一步加强。

（4）丽水市农业现代化水平不高，农业发展效率与质量需要进一步得到关注。截至2017年（见表15），丽水市农业现代化各项指标低于同省份其他地区，机械推广等农业现代化基本要求成果不明显，它不利于农业生产效率以及农业产量的提高，也不利于农村电商的深入发展。

表15 2017年各市农业现代化情况①

城市	农业机械总动力 / 万千瓦	农村用电量 / 万千瓦小时	农用化肥施用量（折纯）/ 吨	机耕面积 / 千公顷	有效灌溉面积 / 千公顷
杭州市	255.77	1139632	92236	159.88	157.06
宁波市	269.1	1781340	99942	220.04	179.37
温州市	188.26	908673	79186	153.16	115.51
嘉兴市	124.29	1353688	99650	146.88	183.91
湖州市	151.45	377046	40935	100.42	133.58
绍兴市	212.88	2146213	105526	175.17	167.09
金华市	230.31	581013	94425	126.71	169.58
其中：义乌市	22.72	118637	12281	11.99	18.08
衢州市	138	107389	62512	121.4	104.6
舟山市	136.94	152482	4207	8.48	15.31
台州市	269.28	1156622	90159	128.75	125.05
丽水市	95.55	62423	57523	66.01	93.64

2. 北山模式分析

北山淘宝村位于浙江省丽水市缙云县东北部壶镇镇北山村，是中国第一批淘宝村之一。2006年，村民吕振鸿创立了"北山狼"户外用品网店，由于农村社会的熟人效应以及政府官方的政策支持，在天猫、京东等平台兴起下，村民们相继

① 数据来源：《浙江统计年鉴》(2018)

开起自己的网店，农村电商走进家家户户。北山村还依靠龙头企业、独特的销售模式以及品牌策略等形成了独特的“北山模式”。2014 年，北山村全村户外用品网络销售额达 1.2 亿元，2015 年的销售额达 1.6 亿元。

北山淘宝村的盈利以网上销售产品为主，运用产品的高性价比增加盈利，工厂统一大批生产降低成本，众多分销，薄利多销。另外，北山狼公司作为各分销淘宝店铺的带领人，经常设立销售奖励机制，为各电商的运营带来动力。在“北山模式”的激励下，北山淘宝村在户外用品行业中一直处于电商销量第一的位置，净盈利点保持在 15%—20%。

北山淘宝村中的大部分商户业务流程是“订单＋网上销售”模式。各淘宝商户作为北山狼的分销商，不用存货，在网上销量多少直接在北山狼总部拿货寄出，各分销商铺氛围融洽、互帮互助。部分商家还与其他户外产品供应合作，采用传统购货、存货在店铺销售形式。北山淘宝村地理位置便利，各大快递点上门入驻，物流方便。在市场推广方面，北山村只是单一购买淘宝直通车，产出与投入比不高。在商品营销组合方面，各商户较为较完备，北山狼公司在产品销售上提供平台指导。

北山淘宝村的关键资源能力包括发起人吕振鸿的领导能力和村民进入“北山模式”的便捷机制。吕振鸿利用自身的影响力号召村民加入淘宝行业，这既扩大了他北山狼公司的产品销量，又让村民用自己的能力创造了财富价值，这种影响力形成了北山村的凝聚力。在北山村，只要是持有壶镇户口的人都能加入电商分销这个队伍，并且获得北山狼公司的入行培训，并且在之后的运行过程中也可持续获得北山狼公司的相关帮助，这种便捷的进入机制解决了村民的各种烦恼，是北山淘宝村的核心竞争力。

由于省去了拿货成本，北山村的淘宝电商只需将经费用于购买直通车和店铺美工中。根据调研的实际情况，北山村的村民一般使用自有资金进行创业，在北山狼公司的支持下，各商铺先拿货再付款使得资金运行压力极小。此外，北山狼公司还设立了许多奖励机制，各商铺只要完成一定的销售目标就能获得额外的经济奖励。这种资金运作模式，使得各商铺投入少产出高。

北山淘宝村主营北山狼户外用品品牌，倡导一种自由舒适、轻松时尚、积极向上、勇于接受挑战的生活方式。给消费者带来的是平价户外运动产品的体验，给村民带来的是致富的工作。但由于推广策略并不丰富，北山村集群价值有待得到更好的推广。

综上所述，我们可以总结出农村电商的发展不一定受到当地资源禀赋的限制，资源禀赋为农村电商的发展创造条件，却不是唯一条件；品牌意识在农村电商的发展过程中起到关键的作用，北山村正是依靠“北山狼”这一品牌才实现经济质的飞跃；最后农村电商的发展必须要培育龙头企业，通过龙头企业的发展带动一个地区的资源整合，从而可以有效地避免同质化带来的恶性竞争，以上北山村开创的发展道路为其他地区淘宝村电商发展提供了良好借鉴意义。

但是近年来北山村的发展并不像最初那样顺风顺水，随着市场竞争者的不断增多，“北山狼”品牌销售量出现下滑的趋势，以上现象一定程度上受到当前北山村农村电商发展盈利点单一、推广方式单一、营销技巧不足、店铺设计欠佳以及推广资金运用不当、价值传播力度不大等方面的影响，为弥补当前北山村发展的不足，研究引入同样处于长三角的江苏省沭阳县为对比案例，希望从沭阳模式的经验中找出北山模式发展的出路。

沭阳县位于江苏省北部，是全国著名的花木之乡，近年来依靠淘宝村建设大力发展花木农村电商，并总结出“沭阳模式”，成为全国电商发展典范。有学者对沭阳模式总结道，沭阳模式是一种以特色农业产业为依托，以保持农村原有机理和风貌为前提，由广大农民通过电子商务创业创新实现农业产业升级，并在政府的合理引导下形成农村电商生态体系，促进人与土地和谐发展，实现“农民富、农业强、农村美”的“互联网 + 三农”县域电商发展模式。沭阳模式形成有五大关键要素，良好的基础设施、扎实的产业资源、活跃的经营主体、精准的政策措施以及健全的电商生态。其中良好的基础设施、活跃的经营主体以及健全的电商生态值得北山村学习借鉴。

良好的基础设施不仅代表着沭阳县交通运输、网络通讯以及快递物流等电商发展的基本基础设施比较完善，同时也意味着店铺设计、居民娱乐等延伸性设施比较完善。研究在沭阳县进行实地调研中发现，淘宝村的大学生创业家很多都掌握 PS 技术，在镇上创业基地中，也有许多专业从事设计的店铺，帮助村民拍摄产品样图，以提高产品网图的美观度，促进销售量。

沭阳县的电子商务经营主体主要可以分为三大类：第一类是凭借花木产业自发形成的“家庭式电商小作坊”；第二类是拼接图书文化产业发展形成的“夫妻店电商小作坊”；第三类是企业化电商，即发挥龙头企业的优势。不同于北山村的单一渠道，沭阳县依靠三种不同的电商经营主体拓展了不同的营销渠道，制定各自针对性的营销策略，定位明确，分工专业，以开拓新的盈利增长点。

沭阳县政府近年来一直在转变职能，搭建平台，为各类经营主体、服务商、资源平台提供相互学习的机会，推动不同企业间的优势整合，形成了良好的电商生态系统。这意味着沭阳县从事电商的各经营主体能够在良好的竞争关系中从事电商活动，这有利于整体电商形成合力，形成集聚效应，带动沭阳花木品牌优势的形成。

针对北山村当前发展的困境，以及沭阳模式形成的发展经验，研究从以下几个方面提出北山村农村电商创新发展的改进建议：

第一，要继续发挥龙头企业的资源整合作用，准确抓牢市场定位，加强自身品牌建设，扩大品牌知名度，保持自身在户外用品上的领先地位。具体发展定位包括产品定位、品牌定位以及淘宝村定位；北山村可进行更为全面的市场细分，针对不同的市场主体制定不同的生产和营销策略；要着重品牌定位，制定品牌文化，提高品牌在市场上的辨识度以及用户忠诚度。同时，也要发展新的经营模式，发挥小作坊经营灵活性大等优点。

第二，优化盈利模式，可以从数量模式、结构模式以及垄断模式三个方面入手。数量模式是提高整体销售量的增长，从而达到总体盈利的增长。结构模式增长是调节产品价格、产品性能来提升产品的综合竞争力，达到盈利的增长。垄断模式是综合考虑产品销量和价格的变化，综合定出最优的比例模式，最终带来盈利的增加。淘宝村可根据不同的市场环境、产品特色采用不同的模式，增加整体效益。

第三，建立规模网商群体，拓宽产品销售渠道，提高电子商务营销技巧。建立规模的网商群体，发挥辐射带动作用，推动淘宝商户发展。这不仅能提高网商积极性，还能提高专业水平和竞争力。提高产品的知名度和吸引力是营销推广的关键，可运用新媒体（微信、微博）做宣传，送优惠券等、捆绑组合销售、体验销售等丰富活动，让更多的消费者接触到淘宝村的实在商品，加大消费者购买的可能性。

第四，加大关键基础设施的建设，如店铺装修、美图摄影、娱乐设施等相关配套设施的建设，加大店铺相关配套设施的建设，不仅有利于提高淘宝村店铺的审美水平与个性化程度，给予顾客良好的消费体验，增加顾客的好感与印象；而加大娱乐设施等的投入有利于构建和谐社区，使当地居民在工作之余有良好的生活体验，直接享受地区农村电商发展的惠民成果，这不仅有利于商户间的交流与和睦相处，也提高了居民的满意度与幸福度，提高商户从事电商的热情与积极性。

第二章　新零售与农村电商的发展研究

浙江省发展和改革研究所　吕淼

近年来，电子商务在乡镇及农村有了快速的发展，在电子商务转型新零售的时代背景下，从中央到地方的各级政府出台乡村振兴的相关扶持政策，着重提到了农村电商的新发展。同时，电商龙头企业也对农村市场有了新的布局。本文就新零售在农村市场的发展情况进行研究，分析新零售在农村发展的原因、难点、趋势和对策建议，探索新零售在农村市场实现健康可持续发展。

一、国内外相关理论研究

目前，国内外有关新零售的文献不多。国内相关研究主要是涉及新零售的定义、发展动力、与传统零售关系等方面。国外研究主要探讨领先零售企业的商业模式创新经验，或为我省新零售未来发展提供大量具有现实意义的参考，包括实现新零售的方法、途径及主要推动力。

（一）新零售的相关概念

学术界普遍认为，“新零售”的理论源于日本学者中西正雄于1996年提出的“新零售之轮”。文章中表示无论何时，零售组织或零售业态的经营都受一些外在因素制约，如信息、技术、物流、管理水平等，在既定的约束之下，每个零售组织的价格与其所提供服务水平都有一个确定的组合，无数组合形成一条“技术边界线”。新进入者若想成为行业新的组织者，就一定要突破原有技术边界线约束，通过技术革新、提高管理水平、整合物流资源等，形成更高效的价格－服务组合线，新的技术边界线将促使组织演变成行业主业态，获取竞争优势。在新零售之轮下，技术或管理上革新是推动零售车轮旋转的原动力。

中国新零售发起人马云认为，“未来的十年、二十年，没有电子商务这一说，只有新零售这一说，也就是说线上线下和物流必须结合在一起，才能诞生真正的新零售”。杜睿云、蒋侃[①]等提出，“新零售”是指企业以互联网为依托，运用大数据、人工智能等先进技术手段，对商品的生产、流通与销售过程进行升级改造，进而重塑业态结构与生态圈，并对线上服务、线下体验及现代物流进行深度融合的零售新模式，且“新零售”的核心在于推动线上线下一体化发展，关键在于促使线上的互联网力量与线下的实体店终端形成真正的合力，同时促进价格消费时代向价值消费时代全面转型。赵树梅、徐晓红[②]也认为，“新零售”是区别于传统零售的一种新型零售业态，“新零售”指应用先进的互联网思维和技术，对传统零售方式加以改良和创新，以最新的理念和思维为指导，将货物和服务出售给最终消费者的所有活动。

（二）农村电商新交易模式的研究

Wen[③]提出农村电商需要采用智能化管理模式，搭建具有现代化信息系统，可完成高度智能化服务的农村电商平台。Jim Budzynski[④]认为农村电商要继续实现盈利，应该坚持战略的时效性。岳云康[⑤]提出“农家店 + 虚拟店”的发展新模式，以整合线上线下资源来加快我国农村电商发展速度。刘军君[⑥]认为可以在农村合作社的基础上开展农村电商。李京文[⑦]提出农村电商要适应“互联网 +”这种新经济形态，从转变思维模式、更新网络贸易方式、加强监管引导单方面提升农村电商。潘奥[⑧]通过分析我国农村电子商务发展前景和挑战，得出需从法律支持、人才培养、信息基础建设等方面加快农村电商转型。

（三）国内外研究现状评述

综上所述，国内外学者对于新零售和农村电商都有较为深刻的认识，对于农

---

① 杜睿云、蒋侃 .《新零售：内涵、发展动因与关键问题》[J]. 价格理论与实践，2017（2）：139-141.

② 赵树海、徐晓红 .《新零售的含义、模式及发展路径》[J]. 中国流通经济，2017（5）：12-20.

③ Wen W. A knowledge based intelligent electronic commerce system for selling agricultural products[J]. Computers and Electronic in Agriculture, 2007, (57): 33-46.

④ Jim Budzynski. E-business: Model for Successor Failure[J]. Agri Marketing, 2001(3): 30.

⑤ 岳云康 . 我国电子商务环境下的移动支付问题研究 [J]. 中国流通经济，2008，（01）：40-43.

⑥ 刘军君 . 农民合作社与网络——农村电子商务运营模式探析 [J]. 吉林省经济管理干部学院学报，2014，(01): 35-38.

⑦ 李京文 . 中国电子商务的发展现状与未来趋势 [J]. 河北学刊，2016，01：107-109.

⑧ 潘奥. 新形势下农村电商存在的问题及剥策分析 [J]. 农村经济与科技，2016，16：80+85.

村电商如何嫁接新零售也有相关的探讨。在浙江，新零售近年发展得非常迅猛。基于消费升级、技术升级、或者企业管理者的先行，它就在我们生活触手可及的各个角落——小到便利店的酸奶，大到天猫商城的冰箱，都蕴含着买家、货物、场所三者共同作用的经济逻辑。如何将新零售和农村电商有机结合，实现“1+1 > 2”的效能，也是我们这个课题所需要探讨的。国外对于农村电商新发展有着较高水平的理论研究，但实际应用还需结合我国国情。国内关于农村电商转型的理论研究颇具规模，但是还需进一步结合各地环境条件、市场结构等特性，更好地将理论运用于实际。

二、新零售在农村市场发展的主要原因

与传统的供应链相比，新时代下的电商平台供产销环节之间的联系更加便利，其可以通过快速、安全、便捷的物流服务实现物资的转移与交付，这是新零售模式出现的前提之一。政府的大力支持是农村新零售迅速发展的另一重要元素。发展势态之所以如此迅猛，主要原因有二，城市有需求以及技术条件已经成熟。

（一）多重政策利好叠加为新零售在农村市场发展提供制度机遇

近年来，国家密集出台多项政策扶持农村地区发展电子商务，2014 至 2018 年的“中央一号文件”（表 16）都高度重视农村电子商务发展，各项政策扶持力度进一步加大，外部环境向好。十九大报告进一步阐释了三农问题的重要性，报告明确指出我国经济在未来的发展过程中要始终秉持“三农”优先发展的理念，实施乡村振兴战略，“中央一号文件”也对互联网技术进农村给予了相关指导。在这些政策扶持下，新零售与农村电商的融合正在如火如荼地进行中，农村电商的转型升级步调正在逐步加快。同时，各省市在国家总体文件的引导下出台了适合本土的农村电商发展纲要，推动当地农村电商在创新创业、投融资、线上线下对接等方面实现突破，全面激发市场活力。

表 16　2014—2018 年“中央一号文件”相关政策

年份	“一号文件”相关政策
2014	启动农产品批发和农村物流的信息化改造，扶持和建设农村电子商务平台
2015	支持互联网、金融、快递、农业等企业参与农村电子商务建设
2016	深入开展电子商务进行农村活动，支持互联网企业开拓农村电子商务市场，加大政策和资金的扶持力度

续表

年份	"一号文件"相关政策
2017	农村电商是应当关注的重要领域，是加快农村供给侧结构性改革，培育农村发展新引擎的重要行业
2018	大力建设具有广泛性的促进农村电子商务发展的基础设施，鼓励支持各类市场主体创新发展基于互联网的新型农业产业模式

资料来源：网络文件整理

（二）收入增长和消费升级为新零售在农村市场发展提供机遇

近年来，我省居民收入增速持续快于 GDP 增速，中产阶级崛起迅速，对于休闲出游、文化体验、跨境购物的消费愿望增加。另外，随着老年群体数量增多和品质生活观念形成，文化体验、休闲旅游、养生养老等市场向好。我省经济正向高质量发展转变，供给侧结构性改革也正在持续推进过程中，这必然会导致消费结构的调整。从近年数据来看，我省食品消费支出占总支出的比重仍维持下行趋势，被视为消费层次较高的教育文化娱乐支出、医疗保健消费支出的占比依旧保持增长态势。此外，我省上半年高端香烟的销售占比在持续上升，不受经济周期变化影响，豪华乘用车的销量依然保持正增长，与普通乘用车的负增长形成鲜明对比。总的来看，我省消费结构正在发生着从传统消费到新兴消费、从物质消费到精神消费、从线下消费到线上消费、从大众消费到小众消费的转变。

（三）新经济快速发展为新零售在农村市场发展提供技术支撑

随着互联网、大数据、云计算等技术的普及，消费方式逐渐显现出数字化特征。技术升级为农村新零售提供发展动力，"物联网 + 零售"拓宽了传统零售的边界，通过云、网、端深度结合，在供应商、分销商、服务商和消费者之间形成全新链接与互动，基本实现智能化、自动化销售。相关研究则表明，线上消费对消费增长的带动作用非常明显，移动支付、人脸识别、新零售等技术和商业模式的不断革新，不仅提高了服务品质，也创新了消费体验。以饿了么数据为例，2019 年上半年线上订单成交量环比大幅增加，平均增速在 8.4% 左右，新增用户多半来自三四线城市。以杭州为例，目前银泰西选、无人餐厅、智能卫生间等新模式在杭州"成功内测"，并向其他城市复制推广。虽然半年度浙江的网络零售额增速较往年放缓，这很大程度是高基数所致，但在社会消费品零售总额所占比重达 63.0%，较去年同期上升 5.4 个百分点，不可否认网络消费已经成为拉动消费增长的重要力量。

（四）电商巨头频繁布局为新零售在农村市场发展增添新鲜活力

巨头的频繁布局激发了农村新零售的活力。阿里巴巴早在几年前就做起了农村淘宝的战略项目，通过与各地政府合作，利用电子商务平台优势突破物流、信息流瓶颈，实现“网货下乡”和“农产品进城”的双向流通功能。去年4月更是大手笔投资45亿，与五星控股集团旗下乡镇零售汇通达达成战略合作；另一电商主力军京东也采用招募农村代理人的方式发展农村电商，制定了产品进农村、农村金融、生鲜电商的三大战略；中国邮政更是利用邮政网点覆盖渗透了中国大部分农村的优势，投入“邮掌柜”系统来发展农村电商；另外苏宁等其他电商也早早在农村新零售领域播下种子。

三、新零售在农村市场发展的总体趋势

农村新零售被视为新零售下半场的关键，在广大农村上大有可为。农村新零售虽孕育着强大的市场价值潜力，是一个值得开发的新蓝海市场，但存在着互联网培育成本高、获客成本高、用户黏度低等问题，与城市新零售相比，农村对整个新零售链条的建设需求更大，一方面意味着它需要更多的时间和金钱的投入，但是另一方面也意味着这里有更大的机会和活力。当城市新零售布局进入饱和，农村新零售能开拓出全新的跑道，这势必需要各类市场主体采用新理念、新模式开拓农村市场。

（一）政府将成为发展“农村新零售”的推动者

政府推动力主要体现在规则建立、利益诱导、提供服务等三方面。规则建立是通过相关法律法规、标准体系建设，约束规范各类市场主体的短期行为；利益诱导是通过税收优惠、财政补贴等扶持政策，激励各类市场主体加大对互联网技术应用的投入；提供服务是通过电商人才培养与基础设施建设，创造“农村新零售”发展所需的外部条件。现阶段，“互联网+”行动计划已经是国家战略，发展“互联网+农村零售”不能单纯依靠农民自身或市场机制的作用，政府应扮演无可替代的角色，主要需将自身行为严格界定在提供政策帮扶和政府服务上。

（二）龙头电商企业是发展“农村新零售”的主导者

农村市场是电商下一轮增长的新引擎，各电商巨头在农村市场开展新零售平台的资源整合，阿里巴巴、京东、苏宁的线下便利店计划相继曝光，农村电商会

与传统农村商业实现线上线下的深度融合，农村市场的商业体系将会有更深度的变革。完善的竞争与协作机制作用力会促进行业龙头企业不断整合与细化分工，如果缺乏这种作用力，“互联网 + 农村零售”的发展就会止步不前。通过近年来的电商下乡行动，加上邮政以及各大快递公司的电商站点拓展，现在基本每个乡镇及行政村都有快递代收发点，考虑到不同渠道分散，后面各电商平台、物流公司应该会开展资源整合优势互补的合作，能做到各个平台信息、场地、人员共享，不但能够提升农村新零售的运营效率，还能提升消费者的体验。

（三）农村居民是发展“农村新零售”的拉动者

在农村新零售发展的过程中，农民身兼双重角色。作为农产品的供应者，希望能以适当价格将农产品销售出去获得高收入；作为工业品的购买者，已脱离了简单、低质的随意商品即可满足需求的初级阶段，希望购买到高品质且价格优惠的服装、交通、通讯以及农资产品，而且对农业技术及金融服务需求强烈。传统的线下渠道明显无力满足上述新需求，开始转向线上渠道，近年农民网购金额大幅攀升证明了这一趋势。

（四）供应链、社群经济是发展“农村新零售”的关键环节

当前，多数农村常住人口居住集中度低，物流节点的建设一直是电商下乡的瓶颈环节。通过供应链 + 物流便民的模式改造，增加乡镇与农村的电商信息交流传递、货物集散、电商资源整合共享，解决好退换货、安装维护、农产品上行等农村电商的痛点，实现新零售渠道下沉。从最简单的方便快递收发货物开始，在此基础上才有更进一步的品牌、规模、连锁、社交、社群等新零售模式的发展。同时，我们也要注意的是，随着新零售时代的来临，传统电商的价格优势不再明显，人们关注的不仅仅是价格，还有客户价值。农民通过新零售平台要建设的不仅仅是商品物流渠道，还有社交平台的建立健全。借助新零售平台不仅仅能买到前所未有的商品，还能方便的把自己的产品如瓜果禽蛋、手工产品、民间工艺、传统小吃等方便地在新零售平台展示推广销售，就可以很好的增进客户黏度。

（五）产业集群、特色资源、联动发展成为“农村新零售”的主要发展模式

产业集群发展模式，是指在一定的区域内集聚着一类有产业协作关系的企业、供货商、配套服务企业和专门的管理组织和协会，通过区域集聚组建专业化生产资料集聚区域，这样可以形成相对比较较强的市场竞争力，使内部企业和商

户共享区域内公共基础设施和市场空间，降低物流成本和信息交流成本，形成区域集聚、产生规模效应、增强区域竞争力。以浙江省海宁市为例，它是我国皮草的大型集散地，该地区较好的引入电子商务平台，依托传统皮草绒产业发展起来，为县域经济的发展注入了活力。阿里研究院发布的《从“客厅革命”到“厨房革命”——阿里农产品电子商务白皮书（2016）》显示，基于农产品销售额排名，浙江海宁位列全国农产品电商50强县的第一。

特色资源型发展模式，是指在具有丰富的特色产业资源的农村，加强对营销途径的重视，提高特色资源利用率，建立集约型农村经济，依靠知名的特色农作物和工业制成品有力支撑整个地方经济的快速发展。以浙江省庆元县为例，庆元有着“中国香菇之乡”的美誉，是世界人工栽培香菇的发祥地、全国最大的香菇集散地。从20世纪90年代初到现在，务农人员工资上涨10多倍，生产资料价格不断上升，菇农队伍也在萎缩，而香菇销量仍在增加。原因在于庆元香菇市场通过以交易规模化、空间信息化、冷链一体化、配套多样化四大服务体系构建大型综合专业市场的功能体系链，使得庆元香菇在线上线下都有较好的知名度。

另外，在此两类农村新零售模式之外，目前农村电商用户主要依托两种电商平台：一种是各级地方政府部门根据农民实际需求，自建或与企业合作建立的载有农副产品种植和牲畜养殖的市场供求信息、网上交易项目等内容的网络平台；另一种是依托现有大型电商平台，例如淘宝、京东、苏宁等知名网站。随着对农村市场挖掘的不断深入，特色的农村新零售平台被开发出来，农村商户群体也逐渐扩大，发展显得空前繁荣。

四、“农村新零售”当前面临的痛难点

农村新零售发展也面临着很多变数，当前主要面临着四大痛难点。一是今年下半年居民收入预期不容乐观，势必会影响到消费的表现。同时，居民杠杆率偏高带来的风险问题或进一步抑制消费支出；二是农村电商产品供给与居民消费要求实际上是存在一定的差距，短期内难以在品类、区域、理念及供给机构等方面实现较好的转变；三是农村电商转型中不可控因素较多，技术支撑问题尤为显著，农村电商对于转型的担忧较大且应对能力稍显不足；四是基于农村电商现下的基础条件，新零售投资发展的回报周期较长。这些问题既是新零售企业在发展中所面临的特性问题，也是农村电商在转型中不得不应对的共性问题。

（一）居民消费水平有待提升

诚然，新零售的可持续发展需要消费主导格局支撑。当前经济进入消费主导的发展时期不仅仅是定性判断，更有统计分析支持。关于经济发展以消费增长为主导，应同时满足三个条件：一是消费增长对GDP增长的贡献大于50%，二是消费占GDP比重大于50%，三是居民消费占最终消费比重大于50%。以浙江为例，2017年，全省最终消费对GDP增长的贡献份额和最终消费占GDP的比重均超过50%，预判消费主导时代已来临尚显过早。

依凯恩斯消费函数来看，当前居民收入水平支撑力略显薄弱，或成为制约消费升级的重要因素。首先，居民收入预期不容乐观。以浙江为例，全省规模以上工业企业从业人员增长从2018年5月开始逐月回落，至年末从业人员较2017年减少0.9%；今年1—5月，从业人员同比减少1.7%。这一状况如果持续或有所加剧，将降低居民收入增长预期，从而降低消费支出。同时，今年上半年我省消费物价上升较大。上半年我省居民消费价格同比上涨2.5%，比一季度提高0.4个百分点，也较去年同期提升0.4个百分点。这是在生产者价格指数较大下降下出现的。收入预期不容乐观，势必会影响到消费的表现。其次，居民杠杆率偏高带来的风险问题，或进一步抑制消费支出。今年以来浙江住户贷款余额一直保持20%以上增长，相关数据显示，76%的居民杠杆率已经超过全国平均水平。此外，从五大国有银行的2018年业绩报告来看，个人住房贷款仍是主力，截至2018年末个人住房贷款占个人贷款的比例均在60%以上，这一定程度上反映了居民杠杆过高对于消费支出增长的绑架。最后，居民收入差距仍需缩小。收入增加是消费增长的内在动力，GDP增速与收入增速、不同阶层之间收入差距缩小是消费稳步增长的支撑。但值得注意的是，因了前些年高投资发展模式，居民劳动报酬在国民收入初次分配中占比下降，导致居民收入占GDP比重偏低。今年上半年浙江居民可支配收入占GDP约比重为53.5%，而发达国家这个指标在60%以上。此外，从国家统计局公布的居民收入五等分数据来看，我国2017年高收入户与中等偏上收入户的收入差距比由2013年的77%下降至53.2%，但最高收入和次高收入之间的差距仍超过50%。由于高收入者的消费边际性远低于低收入者，如何调节高收入者税负、扩大中等收入群体以及提高低收入者收入，仍是消费经济的重要命题。

表 17　浙江省历年 GDP 和居民收入增长比较

年份	GDP 同比增长 /%	居民收入实际增长 /%	差距 /%
2013	8.2	7.7	0.5
2014	7.6	7.4	0.2
2015	8	7.3	0.7
2016	7.5	6.4	1.1
2017	7.8	6.9	0.9
2018	7.1	6.5	0.6

（二）消费供给有待创新

一是产品供给与消费需求间有着较大差距。“2012 年境外消费额高达 850 亿美元，相当于消费了 1 个苹果公司；2013 年境外人均消费额 1508 欧元，是欧美国家公民的 3—5 倍；2014 年境外奢侈品消费额 810 亿美元，是国内消费的 3.2 倍；2015 年跨境电商交易规模超过 2000 亿元，保持 60% 的增速”，从这组数据中，我们可以清晰地看出庞大的浙江消费并非缺少需求，而是供给侧出了较大问题。要么是严重缺乏创新，难以引导和扩张消费；要么是严重缺乏营销，酒香也怕巷子深；要么是流通环节过多，交易成本奇高；要么是消费环境恶劣，消费者实在不敢买国货。再者，即便是农村新零售发展的今天，农村文化创意产业、农村民宿业等也没有得到足够的质量保证。

二是新零售区域供给不平衡。省内杭州、宁波等地区拥有较为丰富的商业基础设施，电商资源也相对集聚较多，新零售业态通常优先选择这些城市，如丽水、衢州这些农村电商比较关注的城市，反倒新产业相关的资源就较为分散，企业规模相对较小，新零售发展所需的基础设施也较为匮乏。相较之下，区域间就容易产生不平衡，供给水平就出现了较大的差异性。另外值得一提的是，虽然很多农村人的思想观念在发生改变，但是生于 20 世纪六七十年代的农村居民对互联网缺少了解，对其如何操作和购物的安全性存在忧虑。互联网从购物到派送需要时间，可能使得大量农村人青睐传统零售业；零售业通过互联网进驻农村，在成本控制方面是一个很难解决的问题，这也是电商在发展农村市场时所遇到一大难题，同时如何让更多人了解新零售业的运行、操作方式、保证其购物安全以及让顾客享受到传统零售业的体验与服务招待都是需要解决的难题。

三是新零售企业间或将出现寡头竞争。与线下零售的需求相比，当前的线上平台数量还不是很多，消费者使用率较高的农村电商线上平台更是少之又少。就在少数高使用率线上平台之间，还出现了收购或者寡头这一现象，这可能会影响与其他企业之间的竞争。以阿里巴巴为例，目前线下股权投资共计高达750亿元，涉及银泰商业、三江购物、新华都、联华超市、高鑫零售等数十个项目。传统零售业尚来不及转型升级，已经难逃被收购的命运。实际上，在线上资本入侵线下实体门店的背后，是线上红利的见底以及销售额增速的放缓，天猫“双11”交易额增速也由2015年的63%下降至2017年的39%。阿里巴巴的版图在不断地扩大，正是传统零售企业面临被集中化的表现，在未来新零售业也将进入寡头时代。同理可见，农村电商可选择的范围也越来越窄。

（三）技术支撑有待夯实

从传统农产品零售向农村新零售转型的过程中，技术一直是关键中的关键。从线下到线上，从数据到分析，缺少应有的技术支撑，一直是传统零售转型中的一大困境，这或将也是农村电商转型所面临的大问题。总结来看，主要有三个方面。

一是独立投资只做线上的企业难以负荷巨大的技术成本。从数据收集到整理分析，到运用技术实现，再到具体运用，需要投入大量的人员与资金，一般传统零售都无力承担独立做线上的成本。即使有些规模较大的传统零售有能力负担投资成本，但也往往受后期运营成本的负累。如美特斯邦威投资10亿元做邦购网，集合了网络购物、时尚资讯和互动社区等多个板块，但1年之后黯淡收场，原因之一就是在于无论是资源配置、物流配送，还是营销运营都无法适应顾客的消费需求，浮于表面的数据分析并没有产生明显积极的作用。

二是与技术公司合作的企业需要解决标准化模块的问题。如淘宝网、网易考拉等大型电商平台，都是采用线下商家进驻线上平台的合作模式，但电商平台仅能提供标准化模块服务，个性化需求并不能在平台上得到满足。新零售的标签之一，提供个性化和定制化服务。例如，奥康的顾客可以利用数字技术工具直接参与设计和定制自己的鞋子。这个系统为顾客提供不同的材料、脚型、鞋跟等，使顾客可以很方便地穿上“定制版”的鞋子，而我们打开淘宝网却没法实现个性定制化需求，这也是众多中小零售企业当前面临的困境。同样，农村电商在转型中势必要考虑到特需问题。

三是全部委托的企业也出现了信息不对称的问题。技术公司在数据和技术上有优势，且处于相对封闭的状态。传统零售全权委托技术公司做线上，大量的消费者数据便会掌握在技术公司手中，零售商能掌握的真实有效数据不可控，数据安全问题相对而言比较突出。

（四）农村新零售投资回报周期较长

作为尚未开拓的新零售净土，农村有很多建设需求，虽然这意味着大量机会，但是机会的对立面就是漫长的建设期以及各种不同的困难。

一是普通民营快递无法承担农村最后一公里的物流配送成本。电子商务潮已经火了十多年，江浙沪地区素有“包邮区”这一称号，民营快递已经将全国城市配送时间缩短到了 3 天之内。尽管快递行业竞争激烈并经历长时间的发展，但是快递公司却迟迟未开拓农村的快递配送。这是由于农村地区相对城市而言路况复杂，且各个住户之间居住分散，网络购物的购物量过于零星，无法形成规模效应，这也导致这些快递公司没有解决最后一公里难题的动力。

二是建设完善农村新零售的双向互动功能周期过长。新零售需要打通数据、供应链、仓储物流、服务营销等环节，尤其要到农村，还需增加将农副产品送上食品产业链这一由下至上的功能，更加增加了农村新零售的建设成本。此外，新零售的服务环节尤为关键，主要服务人员还需适应各地不同的文化差异，融入村民中。尽管农村的房租和人工较便宜，但是新零售要形成规模才能实现效应最大化。以菜鸟物流的商品集中仓储站为例，如果在偏远的小山村直接建设商品集中仓储站，虽然能提高配送效率以减轻物流成本，但是如果没有足够的基础设施来提供基层数据，那么各种商品的库存需求数据就不准确。

五、“农村新零售”可持续发展的对策建议

农村电商受限于物流网络、技术支撑等原因，发展速度不及城市。然而随着城市电商逐渐饱和，国家提倡发展农村电商，农村新零售被当作新零售下半场的关键。虽然农村新零售仍面临着诸多困难点，但在许多垂直细分领域以及在周边服务上存在大量崛起机会。在新零售大背景下，农村在原有较为薄弱的电子商务基础下要进行新零售的发展建设，这意味需要技术成熟、管理跟上、经济效益为正，每个条件相互平衡，才能推动农村新零售健康可持续发展。不可否认的是，

农村新零售一旦形成规模效应，农村新零售优势将爆发出巨大能量，目前来看则是任重道远。

一是推动传统农村商贸接受新技术、新模式的改造，打造一批农村新零售范本。制定实施《国务院办公厅关于深入实施“互联网+流通”行动计划的意见》，支持有条件的农村地区与国内著名电子商务平台合作，率先建设农村新零售范本。引导农产品交易市场、实体商贸企业发挥线下体验和服务优势，逐步向网络展示、到店体验、在线支付的体验式消费转型。利用大数据、云计算、生物识别、人工智能、虚拟现实、区块链等核心技术，积极培育体验消费、定制消费。优化线上线下协同互动的消费生态，积极推进一批新业态新模式的试点示范，在总结完善的基础上加大推广应用。

二是提高政府服务水平，扶持大数据相关产业的发展，为农村新零售发展保驾护航。以“最多跑一次”改革为牵引，大力实施数字新政，深入实施大数据建设示范工程，积极培育面向数字内容、电子商务、分享经济、互联网金融、智慧物流等领域的技术服务平台和系统解决方案。推动农村新零售企业等建设相关领域大数据库，强化商品质量监管大数据运用，不断提高商品市场供给质量。加强政府与社会合作，以新零售领域的大数据分析常态化机制，提升大数据运用能力。

三是加快推进消费领域供给侧结构性改革。有较大的效率升级空间保证农村商品消费的多样性和体量，农村新零售才能保持一定的增长动力。增加高品质农产品消费，着力引导农产品生产企业增品种、提品质、创品牌，更好满足消费升级需求。支持和鼓励一批老字号秉承匠人精神，在传承品质文化的基础上通过新技艺、新审美、新连接，打造高品质、特色化的农产品精品。

四是深化收入分配改革，扩大中产阶级群体。这既是经济增长的主要动力，也是实现农村电商转型升级的重要途径。以民富优先破题收入分配改革，加大国民收入分配结构调整力度，显著提高劳动报酬在国民收入分配中的比重。建立健全居民财产权保护制度，使中等收入群体对政策具有稳定的预期和现实的保障。加大农村扶贫力度，促进农村居民收入有序增长。进一步完善就业和创业体系，在社会保障、税费减免、行政审批等方面予以突破，促进社会资源通过共享实现高效充分利用，有效促进居民增收。稳定房地产市场价格以降低居民生活成本，探索清理房地产开发和交易过程中的行政事业性收费，切实降低房地产开发和交易成本，有效居民消费支出增长。

五是放宽市场准入门槛，培育居民消费热点。结合人民对美好生活的向往，放宽市场准入门槛，从吃穿住行到教养康享入手，推动社会资本进入养老服务、医疗健康、休闲旅游等居民消费热点领域。加快推进信息消费、网络消费等消费领域的政策细则出台，完善政府消费监管，为加快培育新零售的增长点，营造健康、安全、有序的发展环境。

六是完善社会保障体系，稳定居民消费预期。政府需在医疗、保险、养老、教育、失业救助等方面实施相关惠民政策。或可参考日本，日本在针对低收入者和失业者专门制定涵盖基本生活的社会救助专项措施，建立了贫困人口由国家救助、低收入群体由福利保障、工薪阶层由社会保障的立体化安全网络。我们或可参照此，建立健全完善的社会保障体系，合理界定低收入者、短期失业者、更换工作群体的数量和范围，精准实施基本保障政策，以达稳预期目的。或可采取发展公租房、经济适用房等政策，坚持房子是用来住的理念，有助于减少居民部门的可支配收入中用于购房的支出，从而增加其消费支出。稳定房地产市场价格以降低居民生活成本，

新零售时代背景下，随着国家各级政府出台支持农村新零售的政策，互联网电商龙头企业不断开拓农村市场，农村市场消费额占社会商品总消费额的比例增长显著，农村新零售必然会有一个较好的未来。然而，值得一提的是，互联网只是一种基础设施，进入到移动互联网占主体的新零售时代后，新技术目前也只能简单减少中间环节。广大农村市场的发展需要根据乡镇农村人口分布的特点、城乡居民消费习惯的改变以及生态农业的高速发展，打造能以点带面的电商网点，这不仅仅是应对消费的升级，还能为乡村振兴带来推动和促进，真正实现农村新零售健康可持续发展。

访谈篇

筚路蓝缕　北山精神

FANGTANPIAN

BILU LANLU BEISHAN JINGSHEN

电　商　兴　村

第一章　村庄发展特点和创业访谈

第一节　栉风沐雨、砥砺前行
——北山村老村主任吕周雄访谈录

受访人及身份：吕周雄（北山村老村主任）

访谈时间：2018 年 5 月 14 日、2019 年 6 月 9 日

访谈地点：吕周雄家、村委办公室

访谈人：应焕红、李东华、陈怀锦、吕伟红、应洁莹　　**录音整理人：**应焕红

一、北山村电子商务村的由来

我们这个村现在是电子商务村。吕振鸿他们是 2006 年开始做电子商务的。2008 年电子商务搞得很好，当时四川地震，余震很多，所以吕振鸿他们户外产品、帐篷卖得很好。当时吕振鸿、吕振鹏两兄弟从 2006 年开始做，赵礼勇他们就是跟着吕振鸿做的。北山狼的老板也是靠烧饼起家的。

这里以前叫下宅村，2010 年的时候我们缙云县搞行政村并村，原来是北山一个片，中华人民共和国成立前北山是一个乡。现在有上宅、下宅、塘下 3 个自然村，三个自然村并成一个行政村。

改革开放后，20 世纪 80 到 90 年代初很多人就出去做烧饼了，大概有 500 多人，基本上很多北山人都有这个手艺，都会烤烧饼。除了我们这个村还有岱石村。这几年缙云把烧饼这个牌子搞上去后，我北山村以前的“烧饼郎”变成了“北山狼”。

当时没有店面，摆摊很辛苦，钱赚来也不乱花，也存起来。可能今年三五万，赚了存起来。如果还有其他事情比做烧饼赚得更多，那就换行。当时一开始做电子商务时，他们也搞得很辛苦，第一年吕振鸿在壶镇租了一个店面。把户外用品挂在墙上卖，店面因为是要房租的，成本也比较大，还亏了本。第二年（2007 年）搬回家里搞了。这个东西别人买去也不知道你是在店里还是在家里，这样成本就低了。当时做得也很辛苦，刚开始时人家有怀疑，以为他们是不务正业，哪有这种好事情，在家里电脑玩玩，还可以赚钱。老百姓都是很现实的。2008 年吕振鸿大概就有一笔可观的利润了。原来起步时注册了一个北山狼的牌子，赵礼勇也搞了个牌子叫狂野者。生意越来越好了。北山狼这个品牌，你在网上搜索，当时是与阿迪达斯等基本上差不多个名气，睡袋等户外用品都是排前三。我有朋友在新疆，说起北山狼，都打电话问我了。销售量很多，网上就放在前面，他这个产品质量也好。

二、北山村的基本情况

北山村最辉煌的是电子商务。北山村村前这条路以前是没有的。北山是个死角，隔壁是永康新楼乡。我们北山呢是比较落后。汽车路还是一九九几年时才修上。改革开放后北山村主要的收入还是靠烧饼。北山村田地也比较多，种茭白，还有一个缙云特产是番薯，因为旱地比较多，番薯也比较多。我们小的时候说句实在话，还吃不饱，现在对外甥他们讲，他们还认为你是胡说的。

我们村比较贫困，但村民比较富裕。1981 年之前是集体化，1981 年分田，分田以后就自己单干了，能出去打工的都出去了。年纪大一点的就在家里管小孩。在收入方面，主要看自己做烧饼的手艺好不好？地点放哪里？一九八几年也有可以赚好几万的。基本上都是在省内，比如永康、杭州、临安、台州、金华。台州那边个体经济比较发达，买的人也比较多，吃烧饼的也要有点钱，否则还是自己家里做做算了。20 世纪 80 年代、90 年代有很多人资金有积累了，壶镇个体工业也比较发达，很多人办厂，还有的人把钱存到私营企业，利息也很可观，有二分利。比如说 1 万块钱 12 个月就有 2400 块利息，如果我存了 5 万块钱，那收入自然就增长了。那时，钱的数额也少，被人家骗去拿不回来的也是少数。20 世纪 90 年代，借你 5 万块钱，收入也会很可观，现在钱也贬值了。一个店，电话费、电费、水费算算也是不少的开支。办企业也有风险的，壶镇是工业重镇，有的企业有利润，当然也有破产的，抓去坐牢的也有，人找不到了的也有。

三、北山烧饼人的辛苦

有个村民做烧饼几十年了，他那个店现在还在做，现在一年赚个七八十万没问题，他亲戚在那儿做可能赚个 50 万。他七点钟开门，晚上三点钟关门，按这个时间算，已经两个班了。比如政府发给你职工工资一年 10 万，照他这个时间算起来就得要 20 万了。我们做烧饼的去打工，工资是 6000 到 1 万块，比如说我做老板，这个饭店，我搞上一个烧饼桶，请上一个师傅最少 200 块一天，一个月 6000 块，生意好的话，还有提成。比如说今天烤 200 个烧饼，要一毛钱一个，工资最少要 6000 块，6000 块以下是不会做的。

他是在新建，但做烧饼赚的钱是辛苦钱，七点钟开门，晚上要三点钟。不是一天两天，而是天天都这样。人是这样子，睡觉不睡好是肯定不行的，是很辛苦的。我这儿有几个人早几天在杭州肿瘤医院住院住了很长时间，主要是做烧饼时手臂被火搞坏了，是有职业病的，你这个木炭烧起来，一氧化碳是有毒的。冬天有的时候房间比较冷，那么晚上木炭生在那儿，中毒这个事情是经常有的，以前就有人中毒死掉了。

其实烤烧饼，我觉得是很辛苦的。要换一个行业，当然也不容易。我孩子公务员考上去，我跟她讲你们年轻人辛苦什么的这几句话不要讲，我们年轻的时候开拖拉机很辛苦，人家做烧饼，早出晚归，这个辛苦，你是没见过的。你可能在这里写个报告，比如说我的女儿现在当一个领导的秘书，去年中央环保巡查组来的时候，没有一个晚上一点钟之前是回家的，我说你这个一点都不辛苦。我这样子跟她开了个玩笑。我说人家在打麻将打到天亮，一算，运气不好，钱还要输掉。而你一晚上是很有成就感的。你跟人家比，就一点也不辛苦了。你们现在晚上还跑来跑去做调研也很辛苦。

四、北山村电子商务的发展和未来

今天这么多专家、领导到北山村，我们北山人热烈欢迎。本来 2015 年，这幢屋说是要拆了，设计都设计过了，准备要建了，但当时说是这屋要当展馆用一下。

北山村实际呢也是电商出名，农村电子商务是 2006 年吕振鸿、吕振鹏两兄弟开始做起的。2006 年电子商务确实也是比较先进，村里若干年纪大的人都有点想法，你们这些后生人，电脑玩玩，就能赚钱？哪有这么好的事？别个还带着疑问，好像他们是不务正业一样。他们哥弟两个呢实际也不简单，2008 年就赚来钞票了，2009 年注册北山狼，商标搞好，帐篷等户外产品实际上与世界名牌阿迪达斯可以并列。电子商务那两年做得不错，最红火的时候是 2013 年、2014 年，我们北山村没有一天没有人来，各省、各县领导来的很多。发展农村电子商务也是农民增收的一个项目。当时 2014 年台湾有人来问我，说其他地方电子商务都赚不起，为啥你这儿不生产这个产品，反而做得那么好？

说起北山的电子商务，还要从北山烧饼说起。2010 年并村之后是北山村，之前是三个村，这儿是下宅，1500 多人口。还有上宅、塘下两个村 600 多人口。20 世纪 80 年代，下宅有 500 多人出去烤烧饼，基本上大部分人都会烤。实际上现在几个做电子商务好点的人之前都是烤烧饼的，所以他们也有烤烧饼精神。现在县委、县政府也很重视缙云烧饼这个品牌，政府助推打品牌。之前下宅人出去做，实际上还有点被别人看不起。也没有店面，就是个烧饼摊，上面一把凉伞，落雨时把凉伞撑开，早午更晚乌日，比较辛苦。北山人卖烤烧饼最早是一角一个，一角一个你说能赚多少钱？所以烤烧饼赚来的钱他们很珍惜，平时也很节省，不会乱用，你难以想象他会用烤烧饼赚来的钱去买包中华牌香烟抽抽，都是比较勤俭的。所以他们比较肯干、不怕辛苦。之前有外省做电商的人来参观，也认为做电商不是人们想象的那么简单。卖东西要做到凌晨两三点，像农村很多人晚上八九点钟就困了。振鸿、振鹏他们当时做的时候夜里两三点钟还守着电脑，第二日午更很早就要打包。最早的时候，一件东西都要拿到壶镇去寄，成本也比较高。那时汽车也没有，用摩托车送过去，之后用面包车送过去。几个件送去，要时间，要邮费，成本比较高。之后北山做大后，壶镇快递公司统统上来取货，这样成本就省了。邮件打包好，放在门口，他们快递公司就来取。当时市团委也比较重视，其实真正的农村电子商务还是从我们丽水叫出来的。振鸿、振鹏他们确实对电子商务的发展起了很大的作用。振鸿现在在工业区，他是真有带动作用，还有我的一个亲戚赵礼勇也还做得比较好。他们也真是不简单，振鸿和礼勇都是初中毕业，现在他们的电脑操作技术比一般的大学生都要强。

电子商务要真正发展好，离不开法规的完善和诚信的建立，现在国家有关法律法规也规范起来了。你卖货，也要有诚信，也要有品牌意识，也要有质量意识，不能以次充好，做生意人也要正直，要有正气。北山狼这几年每年都保持 6000 万到 7000 万的产值，价格、质量都不错。你如果骗的话，一次可以，两次可以，之后别人就不会买你的了。

电子商务从 2014 年、2015 年开始，逐渐规范起来。特别是永康，永康那边的老板是直通车开来，你这个产品点进去一看，电商的老板就要拿出一两块钞票，所以他们一日是有几万块钞票被别人点了。如果你没生意的话，你就要亏了。有人说，直通车是一个烧钱的工具，直通车开了很久也没什么效果，也没什么回报。我有朋友的儿女，2015 年在义乌开，赚了三四百万，第二年亏了精光。电子商务赚钱也不是想象中那么容易的。货真是一方面，做老板还要有预见性，我这些产品下一年是否卖得出？产品也要经常更新。

接下去，我们北山有一块电商用地，马上就要拍挂了，设计方案已经搞好了，是商业用地，起拍价是 110 万一亩，一幢大楼有 33 米高。现在快要挂牌了。这事如果办好，北山电子商务村也会相应上气点。现在说电商，振鸿到壶镇去了，气氛也没有了。很多人做做，一年赚几万块，感觉赚得太辛苦，也就歇了不做了。

2018 年壶镇还有四个上亿电商，其实他们都是受振鸿做电商的影响。为什么他们生意做得那么大呢？他们文化高，都是大学毕业，比我们北山几个人水平高。壶镇一个叫振涛（音）的，今年 31 岁，无论是美工、拍照都是他自己做，他学历高，人也聪明、肯干、肯吃苦，生意做得很大。还有一个叫吕瑞（音），他今年 32 岁，去年听听都呆掉，他做到 4 亿多产值。我一个叔伯弟在那儿做，听说每天八米五长的货车可以发出四五个车，讲起来他们的东西都很普通，就是桌子、凳子、电脑桌、橱子等。他那儿每年如包装袋、包装纸这些都要花上百万。他也肯吃苦，夜里他自己上班，晚上 6 点到第二天早上 6 点，他们生意做得那么大，实际上所花的心血比一般人都要多得多，确实不容易。壶镇做大点的几个我都很熟，确实电商这块很多人想不到，北山最红的时候，新疆都有人打电话过来，说“北山狼”比你缙云县都更出名了。

电商要搞好，关键是人才。现在不是以前那样随便买台电脑就能做生意了，门槛也高了。比如阿里巴巴那儿要交押金、保证金，若干东西如质量不过关、不卫生、国家明令禁止的都不能卖。以前是不规范的，随便啥都可以，现在越来越规范了。所以电商行业要做好也不是那么容易。我一次在杭州参加电子商务会议，义乌那边一个村的书记发言说，全国所有的县 400 个电子商务协会会长，有 300 个出自义乌。有一个村的旁边就是义乌工商大学，有 2 万外地人统统在那儿做电商，当然，只有 20% 的人赚了钱，还有 80% 的人做做吃不消就不做了，也有没赚钱的。义乌那儿是基地，产品丰富，条件好。

作为北山人，电子商务这块如果要发展下去，也需要把电商工业园这块搞好，建好之后，特别是对年轻人有推动的作用。如果没有年轻人输进去，没有肯吃苦的精神，那么电商行业衰退起来也很快。作为村里，主要是把基础设施搞好点，这就是对他们最大的支持了，主要还是要靠他们自己。

五、发展的根本还是思维问题和团队问题

金台铁路经过北山村，在北山设“壶镇站”，对北山而言，是一个难得的发展机遇。铁路征地的钱，有人认为分完好，有人认为集体也要留点。一个村要长远发展，不能看短期利益，还要看长期发展。如果北山有屋，有商业用房，那才有发展。像高潮村，他们主要有商店，有很稳定的收入。

再过三年，迎宾大道做好，电商工业园搞好，电商的屋建好，那就与现在不一样了。现在虽然讲电商村电商村，但实际上做电商的不是很多了。以前 2012 年、2013 年、2014 年时，下午三四点钟，快递车在村里到处转，货物堆积如山，经营额年把上亿是实实在在的，没有水分。

从征地方面看，坑沿村他们比较民主，表格打好，全村投票，是分钱还是要店面？正常讲应该是要店面。但我们村大部分人不要店面，就是要分钱，这种思想真是没办法。有些七八十岁的老人，年纪大的那批人认为，我是看眼前利益，我现在分点钱到手就好，说不定没几年我也不在了。老年人这种思想可以理解。但一些年轻人甚至村干部也是想分钱的，真是无法理解。火车站征地，如果拿到 10 到 20 间房屋来放到村里，像别人一样当仓库，那利益也很好。

地征去是 5 万几一亩，还有一个返还，5% 的土地返还，还有安置返还，还有货币返还。货币返还是 2 万几一亩。我当村主任时，一个乡领导说，雅湖与上王比，上王落后五年；上王与北山比，北山又落后五年。问题是要有发展才好。若干人认为还是那 2 万几一亩拿来再说，店面不要。金融专家讲，人民币每年按 10% 的比例贬值，而店面呢，不讲它贬值，起码会保值。像房地产一样，什么人都讲贵。比如杭州以前 2 到 3 万元一平方，感觉很贵，那现在呢，好点的地方要 10 来万，北京好点的地方要二三十万，房子照样也卖了。

在北山我是深有体会。不仅村民，就是村干部都还是喜欢分钞票。北山铁路

做着，最早设计方案是拆上宅，之后因为工业园的原因往北退 100 米，上宅拆不着，要拆塘下。塘下在并村前是塘下村，400 来人不到。我们村里也很用力，包括县里、镇里，想把塘下整体搬迁，整个村都移了。本来人口也不多，因为要搬迁，所以要先统计数据，测量队派来，现有房屋统统测量过，有多少平方，算算整体搬迁需要多少钞票，县里想打报告到省里。因为火车站隔壁如果破破烂烂，那旅客看到也不是太好，也必须改造。到村里量，多少长、多少宽、几层楼，但 30% 到 40% 的人家是连家门都不让进。我们去做工作，七讲八讲，不管如何，你不移不要紧，先量了，最终还是有 20% 的人家怎么讲都不行。我想如果整村搬迁了，村民的利益真正拿到手，这才是最主要的，实际上每家每户都有上百万甚至几百万的利益。比如你现在在塘下的房子值 10 万，那你移出去就 100 万，甚至几百万。有户人家是 8 套套房，在塘下满打满算也就是 50 来万，那移出去是好几百万的。所以要发展还是认识问题，以前说治穷要先治愚，真是千真万确的。

以前磐安县委书记写过一篇文章，发表在《浙江日报》上，我很有感触。他说，当时为了村民致富，派一批小姑娘到杭州的宾馆培训学习，怎么当好服务员，但没过多久，这些人就纷纷回来了，说是在宾馆纪律很严，不自由，时间性也很强。想想还是在家玉米羹糊糊、火笼抓抓，除了皇帝就是她最爽了。实际上，做点事情出来，还要吃苦、努力。做老板也一样，大家千万不要羡慕当老板的，只有老板破产，没有伙计破产。打工的人银行 300 块、500 块的都有存款，做老板的你看看表面很风光，但很多人欠了一屁股债。所以要发展，思想观念很重要，落后的思想观念也是制约经济发展的。

我 1991 年当村主任，我思想也比较前卫的，当时要装自来水，没有一个人支持，都反对，说水挑不起食啊？还要装自来水？有时就差这么一点，你像现在，自己出钞票都要把自来水装好。我有个伙伴曾经卖煤气灶，他思想也比较前卫，但那时大家都是烧柴，煤气灶没人要，10 多年之后大家观念改变了，他的生意就很好了。像宅塘村，我问一村民，我说你拆迁拆着后怎么样，他说，讲实话，我之前在宅塘的屋就算 50 万吧，我现在的起码值 500 万。宅塘有一个村民光是收房租就有 80 几万。你比比看，一个正劳力到厂里干，每年能有个 4、5 万收入已经很不错了。像拆迁拆着的，有些全家都有房子，儿子、女儿，甚至还可以卖掉一套，那装修的钱也用不完了。政府拿出大量的钞票，可有些人还不同意。

拆迁拆着是有运气的，但一个村要求发展，村干部要稳定，特别是书记要有奉献精神，要有能力。有一个村，500来人口，只有20个党员。村主任都是围着村书记选。雅湖以前是工业村，他们有五六个后生人，1800元一月，实际上也不是每天都去，他们是有事情就去，一有事情大家马上就去，他们都很热心，事情该办就办了，像拆违，他们效率很高。所以说治穷要先治愚，还要有团结一致的团队。新农村建设是漫长的过程，需要十年、二十年，甚至更长的时间。

第二节　烧饼节庆、民俗经济

——北山村村主任吕周兴谈北山烧饼节

受访人及身份：吕周兴（北山村村主任）

访谈时间：2019年6月18日　　**访谈地点：**吕周兴家

访谈人：吕笑欧、吕岩　　**录音整理人：**吕笑欧

说到浙江地方特色，我们自然会想到风景优美的杭州西湖，除了耳熟能详的城市建筑之外，让我们再走入充满童年回忆的特色小吃“缙云烧饼”，说起这个烧饼，也有一段历史，此次采访了北山村村主任，将简单谈及对本次“烧饼节”的看法。

烧饼是浙江省缙云县有名的传统小吃。以梅干菜和夹心肉为馅，贴在炭炉内壁上烤，最终出炉的饼具有锅里做出来的饼所没有的独特香味，且含有丰富的碳水化合物、蛋白质、脂肪，老少咸宜。因此它也就成了缙云人闲时最爱的美味，以至于很多身在异乡的吃货每次出门都要打包几十个带出去。现在缙云烧饼店在全国各地开的越来越多，深受群众欢迎。

今年已经是北山村举办烧饼节的第三年，而要继续举办到第三年不仅是当地特色文化的一种延续，也是要求其在经济效益上的一定提高。但今年在这方面村主任却表示有了不可忽视的难题：首先，当地烧饼节没有形成完整的产业链。与横店“旅游吃饭住宿”一体式发展相比，现在的北山村显然并没有对应整体化的管理模式来形成范围经济，而是各部分独立、分散，规模效益大大降低。对此，向外学习一些适当的营销策略才是正解。再者，活动成本高也不可忽视。据了解，单是烧饼节一天的支出就高达30—40万，其中仅是烧饼制作成本就是几千块。

一方水土养一方人，一种地方特色的小吃不仅为外来游客带来舌尖上的享受，更是当地人发家致富的重要渠道和不可或缺的回忆。对此，村主任透露：镇里计划在今年补贴一万着手置办烧饼节，致力于打造本地烧饼品牌。但现如今也面临一些现实中的客观问题。

主要问题是担心没有足够的消费市场和人群，到头来前期投入打了水漂，得不偿失。这是一个现实的问题，在没有经济支撑的情况下，烧饼节很难办起来。既然要办起来，在已经投入了经济成本的情况下，最坏的打算也是回本，谁都不想亏到血本无归。可现实中就面临着这种可能性，谈及此处，村主任摇头苦笑，开始大谈举办烧饼节之“难”。

1. 活动内容较单一。烧饼节，烧饼是核心而不能是唯一。很明显卖烧饼不足以支撑整个活动，需要一些旁的内容作为辅衬，而现下的烧饼节就面临着只有烧饼一样可卖的尴尬局面。怎样让活动的内容更丰富、形式更多样，成为今后思考的重点。

2. 活动内容没有吸引力。烧饼是大家日常都能接触到的寻常食物，几乎每个家庭都能做。所以这时，在平常的东西里打造出不平常的味道就是抓住了金字招牌。有新意谁都懂，关键在于如何做，这也成为一大难题。

3. 活动热度不够。一般人会对“免费”这种字眼加以关注，大家会觉得白送的东西才值得自己跑一趟。然而若都白送，制作和举办成本收不回，势必要面临巨大的经济亏损。若不白送，吸引不来足够的热度，品牌打不出去又势必影响前景市场的开拓。如何平衡双方，或者另觅途径打造热度，也是另一大难题。

4. 本地第三产业发展较落后。壶镇是省内有名的机床小镇，侧重发展的是第二产业和重工业。而旅游业和服务业作为第三产业，与外界相比更显劣势。烧饼节作为文化产业，得不到政府的重点扶持打造，仅凭当地人一己之力很难发扬传承下去。

在最后，村主任感叹道，“归根究底，根本目标还是要发展民俗经济。前期利用烧饼节的民俗特色吸引人气，投资打造烧饼品牌，到后期考虑发展连锁经济”。

改革开放前，烧饼行业还是相对辛苦的一类行业，人们起早摸黑、勤勤恳恳，勉强维持温饱。今天，当烧饼慢慢变成一种品牌、成为一种情怀，烧饼节作为当地特色文化的具现化象征也应运而生。时代在进步，人们的思想也将跟着文化流传下去。

第三节 锲而不舍、玉汝于成
——北山狼总经理吕振鸿谈创业经历

受访人及身份： 吕振鸿（浙江北山狼户外用品有限公司总经理）

访谈时间： 2018 年 5 月 16 日

访谈地点： 浙江北山狼户外用品有限公司会议室

访谈人： 应焕红、李东华、吴晓露、陈怀锦、宗素娟 **录音整理人：** 应焕红

一、发展历程：北山淘宝村的形成

从 2006 年我第一个在北山村开网店起，淘宝村的雏形应该是在 2007 年，当时就有人跟了。赵礼勇是 2007 年开始开网店的，他算是第一个跟我学的。因为我们都是同龄人，当时他在开烧饼店，后来他烧饼店就不开了，回北山开网店。从他开始，我们又带动了北山村很多人。

2013、2014 年之后，整个互联网趋于成熟了。原来是发展期，成熟后，导致对农村电商有很大的压力，这是我的个人看法。原来做的都是我们这些 70 后、80 后。以后学校毕业出来做淘宝的，他们的起点就高，他们的文化层次也高。我们这个年代的人，有很多东西是不能理解的，因为原来的淘宝界面是比较简单的，就是只有一个后台，也没有什么广告，宝贝只要上架就可以了。后来整个互联网的功能越来越细化，越来越多，导致要运用很多的技术，各种专业术语也好，各种专业数据也好，导致农村的那些人跟不上，这是原因之一。第二个原因是卖家多了，正好那几年国内的外贸经济不好，大家都调头网上，网上做的越来越多。就像我们户外产品，从没有品牌到有品牌，有品牌后面临的竞争对手是谁呢？是国际化。像我们现在面临的主要竞争对手就是国际和国内的一线品牌。再者就是工厂的工厂店。原来厂家是帮别人加工的，做外贸的。好！我也来开个淘宝店，自己生产，自己卖。这种各种各样的工厂店导致整个环境的竞争越来越大，整个淘宝村就会跟不上。还有北山村背后没有工业支撑，那种很强的多元化的工业支撑，现在只是一个户外产品，这也影响了我们的发展。一个是行业很少，同质化

也是一个原因，关键是竞争大了。

二、独闯社会：做烧饼、办工厂、开书店

1986年，我们村很多人去做烧饼要找伙计，村里有个人跑到我家里来，问我老爸说你家儿子愿不愿意去做伙计啊。找我商量，就去做了徒弟。前后做了近10年的烧饼。后来还办过袜子工厂，在壶镇开了3年书店。

三、超常发展：学电脑、开网店、做品牌、办公司

我2005年的时候在家里买来一台电脑，当时花了三百块钱，去学打字。2005年时就想开网店，也知道有这样一个东西叫淘宝，广告词经常听到说淘淘淘。这台电脑干嘛用呢？外面收购那种高速钢，通过网络去收购。在第一个月还真的做成了一笔生意，应该是在无锡。我发布一个供求信息，他们也会发一些供求信息，我就在网络上知道他们那儿有这种材料，联系好后，就跑到无锡去了。在那儿差不多收了一吨货，用火车的小集装箱运回来。正好，2006年时接触到了淘宝网。

后来开始学，也注册了网店。对义乌市场我有些了解，平时有事没事就去义乌逛逛。开网店后到义乌进货，本想在义乌开，店面都找好了，网线都拉好了，后来想想还是回到了北山。因为前几年我都在外面漂，有小孩后才回到家。当时我小孩要上小学了，我如果还在外面，小孩子又比较小，爸妈一年到头也没几天能看到，我说还是回北山去，爸爸妈妈也方便照顾。

回来后我也进行了调研，首先是物流问题，到壶镇跑了几家地方，当时申通、圆通已经有了，还有托运部，现在我们都还在合作。义乌到壶镇每天都有一班车，从义乌市场上进货，托运到壶镇，再拉到北山，再卖出去。有时用摩托车，送到壶镇镇上，当时是送下去，还没有上门取的，那时全这么干。

后来村里大家都做了，网店也多起来了，我就考虑到，要不要做品牌代理？谈了几家品牌，他们都不愿意授权给网店。后来我与弟弟商量，我弟也支持我去做品牌。刚开始的时候村里开网店的人的货都从我这儿拿，他们只要一台电脑，不需要成本，农村就熟人效应嘛，越来越多的人知道可以在家开网店挣钱。

从2007年下半年开始，北山淘宝村就慢慢地发展起来。原来2008年有十来家，所有的货都是在我家拿的。我发现一个问题，我可以在壶镇开家实体店，有个根据地一样的。第二个我有个想法，我一定要开公司，我的目标是在壶镇开个

实体店，成立一个公司，我要做一个品牌。当时也没有人相信我会开公司，但是我有信心。

2008 年 3、4 月份，我们就把商品注册下来了。然后就开始做了。刚开始也是与工厂合作。现在有我们自己的美工，包括颜色搭配啊、功能设想啊。我们还有一些专利。

四、北山狼精神：让户外走进生活

为什么叫北山狼？是一种定位，一种精神和理念，诠释了一种概念：我们现在隐居城市，工作压力都比较大，雾霾也比较严重。我们希望全民参与户外运动，让户外走进生活，这是我们的使命。我们不一定要去登高山，但我们希望运动起来，健身休闲户外，我们提倡的是一种精神。心所向、身所往，踏出去，去想去的地方。

第四节　无私奉献、报效国家

——访缙云县党代表和人大代表、北山村老村主任、老军人吕启富

受访人及身份：吕启富（缙云县党代表和人大代表、北山村老村主任、老军人）

访谈时间：2018 年 11 月 26 日　　**访谈地点：**北山村村委会议室

访谈人：应焕红、应洁莹　　**录音整理人：**应焕红

我叫吕启富，今年 79 岁了。从 1976 年开始当北山村村主任，到 1989 年结束，当了 15 年。我当村主任期间封山育林搞得挺好，我们种树植树，当时村里 30% 的收入靠山林，村里一百块收入中有三十块来自山林。以前我们是烧柴，不像现在是烧煤气，柴椏头四毛一百斤。村里把山林划界，一个生产队一块，一块多少钱，这是第一项收入。第二项是金针山。全县都有名，有 200 来亩。当时把山开出来种金针，就是黄花菜，把金针山承包给村民，3 万多块一年，村里有纯收入 3 万一年。现在村委的这个房子，是 1980 年左右建的，也是当时我亲手建起来的。我当村主任，印象很深的就是种树植树，这样村里也有些收入。当然生产队种麦、种豆，是他们自己的收入。

我 1958 年去福建当义务兵，是气象兵。现在其他旧物件基本没有保存了，但还有退伍证、一条旧棉裤，也算是纪念品了。我当义务兵三年都是在福建的，1961 年 11 月 22 岁时退伍回来。1965 年当民兵连长兼团支部书记，当了 10 年，从 1976 年开始当村主任。

我是当兵回来当民兵连长兼团支部书记，当了 10 年，奖状也很多，主要是我把民兵管理得好。当时说要深挖洞、广积粮，有一段时间形势很紧张，村里民兵武器都有发过，成立下宅武装排，有 30 来人，年龄在 18 岁到 35 岁。武器是县人武部发的，是真枪真弹的。三联乡武装一个营，其他地方如上王有、坑沿有、杨顿有、李庄有。我们是每日训练，还到九松寺打靶，当时真的也很紧张。杭州还有七〇四工程，我们 30 年前去参观过，当时门票是一块二一张。

生产队时，生活很困难，吃也吃不饱。当时是集体生产，“出工一条龙，收工一阵风”。收工回来大家都很快，出工不出力。北山村当时有 700 多亩田，旱地有 500 亩，700 亩种水稻，500 亩种玉米、番莳、大豆等。整个壶镇洋旱地我们算最多了。失地保险，我们一个人是一亩二分六，算是多的。责任制时，我们每人有半亩田，一般其他地方只有三四分。当然这个是平均数，有些生产队也没这么多。

关于文物，北山村原来有壶镇洋出东门缙云县第一个大牌坊，可惜已经拆掉了。溪头那么多牌坊没有比我们这个好，我们这个是皇帝批准的，上面有“圣旨”的字样，大官到这儿都得下马。我的太婆有五个儿子，说是五份头，我这份是第三份，第三个儿子。北山村也有大祠堂、小祠堂，现在都已经拆了，真是可惜。大祠堂起码有 800 年历史了，小祠堂是做戏的。现在我们村路口那个祠堂，他们的太公年纪要小点。在五份头中，我们是三份，他们是四份。

我获得的荣誉很多，1984 年参加过县党代表大会，1987 年当县人大代表。

我们北山村因电子商务出名，在 2015、2016 年时参观的人很多，现在相对少了。那个电子商务园，征地征去也好几年了，希望能早点搞搞好。

第五节 老骥伏枥、倾心付出

——访北山村老年班班长、北山太极队创始人吕鼎贤

受访人及身份： 吕鼎贤（北山村老年班班长）

访谈时间： 2018 年 5 月 14 日、2018 年 11 月 25 日

访谈地点： 北山村村委会议室

访谈人： 应焕红、吴晓露、宗素娟　　**录音整理人：** 应焕红、宗素娟

一、我的家庭和工作经历

我叫吕鼎贤，今年 75 岁了。我呢，有两儿两女，都已各自成家，两女儿年龄比两儿子大些。大儿子丽水中专（卫校）毕业，在缙云五云镇开牙科诊所。小儿子原本是电工，因中风失去劳动能力。大女儿与丈夫在壶镇开羊肉店。小女儿在陕西跑带锯床。大孙女 13 岁，在读小学。

我有兄弟姐妹 3 人，两男一女。初中毕业后，我跟姐夫学传统镶牙手艺。从前壶镇总共有 3 个牙科医生，主拔牙、镶牙，其他治疗什么的都不会。30 来岁时在丽水开过一年牙科诊所。年轻时，长年东奔西跑，上门做传统镶牙，一做几十年，走南闯北，去过云南、辽宁、吉林、新疆、青海等地，哪里可以做（镶牙、拔牙）就去哪里，赚钱抚养 4 个小孩以及赡养父母。

其间也一直有种地。45 岁后因无资质证明，回乡养蚕、做农活，种水稻、玉米等。我们这儿地很好。父母分给两间房子。养蚕 20 多年，至 64、65 岁左右。以后开始帮扶儿子，照顾孙辈至其上小学。

二、关于老年会的管理和活动

村里现在 60 岁以上老人，整个北山村有 400 多人，下宅有 300 多人。2017 年，我开始做老年会会长。我们老年会也有班委，有五个成员，有会计、财务，还有食物保管。这五个委员是选举的，班委是按照票数多少选出来的。班委选好以后，（票数）第一是班长，班委里面再（按各自所长）分工。老年会的会长是三

年换一次，也是选举产生的。

我创办了办公室，整理杂乱的图书，创办了龙灯队。老年会现在有太极队，活动形式有大合唱、独唱、架子鼓、花头抬等。老年队的设施是村里的，活动经费是筹集的。我当上班长后，做了很多。比如年初一上午召开茶话会，请了村里办企业的人，还有外村在这里办厂的人来参加茶话会，来喝杯茶，出点钱，搞了两万多。现在已经开始准备了，老年节时（九月初九）去赤岩山“迎案”。在红白喜事期间，老年会如果自己烧饭的话，碗、盘、锅、灶都有，桌子、凳子都有，有 80 多张桌子。

活动时，因为年纪大了，所以有时也有点担心。比如做白事，7 月有一次，送他们去上山。先到我们这村委，吃了中午饭，送他们去。一个队员年龄大，78 岁了，他要去赶车、上车。这里出发的人走路去，走到半路，因为坟墓很远，得坐车去。他上车的时候，摔倒了。从那个时候起，我就不鼓励他们去了，到时候出了问题负责不起。自己愿意去的，老年会不负责。

老年会对村里的老人是有帮助的，比如有人生病，我们会去看望他。但有时也适得其反，本来是这样的，比如有个老年人病了，我们派个人去看他。现在不是这样了。为什么呢？因为他病了躺倒床上，你去看他，他就觉得自己不对劲了。老年会去看他，他就觉得自己很快就要不行了。现在是他走了以后，出殡了，我们再派人送他一程。

壶镇镇老年会开过两次会，叫我去。干什么呢？说是要办老年电视大学，问我开不开。我说不开。为什么不开？我说，你们来开什么会啊？都是讲一些口头话。老年人是要看得见、摸得着的东西。我的意思是，你给钱我好办事，让老年人享受，这是第一等的好事情。光开会的话，我不喜欢。政府来验收的时候，我也是这样讲的。老年人就是这样，看不见、光听得见，没啥用。讲空话、口头话，有什么用呢？只要有钱，我肯定办得起来的。现在是，4 万 5 的活动器材，我还嫌少，但是没钱，村里哪里有钱？买这些东西，都是我脸皮厚，一次次去求来的。

我们村现有老人 364 人，每年每人发 100 元，60 岁以上就有，就算今年加入也有。一年发一次。也有人提出来要 70 岁以上才有，因为 60 岁以上很多人还在赚钱，也有这样的意见。八月半时，有人来推销月饼，说买点月饼分分，我的意思是分两筒给大家，也就二十来块钱，我们几个班委商量下，说这个不能兴，如果今年有明年没有，那又会有意见。像九月九重阳节也一样，也没分。

我搞了个值班制度。我们每个生产队有 2 个组长，我想老年会搞值班，其实也简单，就是开门、关门、烧开水、扫地。我与大家讲清楚，都是无偿的，愿意的留下来，不愿意的退出去。村领导也认为，有人值班好，如果外面有人来也可以接待一下。但也有人有意见，说老年班还值班，还领工资？我们这儿如果没人值班，门一锁，那很清静。值班制度建立后，开始一个月，是真的无偿服务。第二个月，我说多少也发点报酬，这样他们来值班也会有责任心，我到村里讨，每天 20 元。我呢，好事做过头，我表格做好，我一个人去领，领好分给大家，因为每个人都去领也很麻烦。结果有人说我每个月领 600 元工资。我值班也是 20 元一天，其实有些小开支都还是我自己付出的，比如买副手套之类的，几块钱我报销也很麻烦。

三、北山太极队的成立和比赛活动

北山太极队成立于 2017 年冬。练习形式有四种，它们是大刀、剑、扇、太极拳。大刀有 50 来人，平均 40 多岁，年纪最大的有 80 岁。剑有 60 来人，学 16 式的，花样剑有 9 个。扇有 70 来人。拳的大团队有 100 来人，其中打得最好的花样太极拳有 8 人。

我们太极队的老师是吕美英，她也是北山人。吕美英老师很棒！自去年由我开始邀请她来当我们的教练，她一口答应下来，一点架子也没有，一开始我们组织了 10 来个人，都是上了年纪的，什么叫太极都不知道，更不要说有基础，可我们教练总是耐心、细心地一个动作一个动作地教，而且都面带笑容，从不发脾气，一直让每人都学会为止。我们太极队伍如今已扩大了 100 多人。我们的老师自从当了我们的教练后基本每晚必到，不管天晴下雨，从不间断，而且分文不取，全是义务付出。我们的太极队现在能取得一些成绩，没有她是不可能的。因此我们在 2018 年村春节联欢会上总结了两句话：“倾尽所学、诚心施教。”做了一面锦旗送给她，以表我们团队的一点心意。她对我们北山的无私奉献精神我们要永远铭记在心。经我们团队各组长协商，在年会上奖给我们的老师特别贡献奖。

我们平时每日都练，除了下雨天。经费方面基本都是自费，一般的衣服，白色的衣服和鞋子一起，要 118 元；金丝绒的要 228 元。2018 年 7 月参加绍兴比赛的衣服是三件套，花样太极的，需要 1000 多元，都是自己付的。一把剑，还有名字刻着的，要 228 元。大刀是 320 元，有些是这做的。

北山太极队今年比赛成绩显著。今年共参加了三次大的活动，一次是九月九重阳节赤岩山的“迎案”活动，一次是 7 月参加“震元杯”第十三届浙江国际传统武术比赛，一次是 10 月丽水市的第七届传统武术邀请赛。

2018 年 7 月，我们参加绍兴的国际比赛，外国选手也有参加，规模很大。壶镇北山太极队参加由“浙江国际传统武术比赛组委会”组织的“震元杯”第十三届浙江国际传统武术比赛，得到了一等奖、二等奖、三等奖奖杯三个，荣誉证书 6 份，获得了“发展中华武术特别贡献奖”“发展武术运动贡献奖三等奖”。陈月秋等 8 人获“集体姐妹花花样 24 式太极拳”（混 G2 组）集体项目第一名。陈月秋等 35 人获“集体 24 式简化太极拳”（混 H4 组）集体项目第二名。陈月秋等 30 人获“集体太极扇”（混 H2 组）集体项目第三名。共获得 8 金、35 银、30 铜。我们去丽水参加邀请赛，得到金牌 32 块，银牌 10 块，铜牌 10 块。

现在正准备 2019 年的太极年会。我们太极队成立一周年了，我们要搞个一周年庆典盛会，要邀请各级政府领导、各级武术界领导，邀请刘玉兰老师和她的师姐师妹们，邀请丽水太极各队的老师和拳友们，壶镇太极各队的老师和拳友们，前来参加我们的盛会。还有白云山武术学校的师生来表演。

我们北山村太极队开始创办时只有十几个人，一直到现在增加到 100 多人，为什么有那么多人呢？因为练太极的各项功夫对人的身体有极大的好处。只要你练下一套功夫，就能使整个人精气神倍增，就像我年纪已有 70 多了，一套功夫练下来，冬天全身暖和，夏天一身汗洗了澡后整个人要多舒服就有多舒服。所以参加练习的人越来越多。另外我们村自从有了太极队后，整个村的风气和名气有了很大的提升。以前大家一般吃完晚饭后不是看电视就是打麻将扑克聊天的，自从有了太极队，大家都是吃了晚饭就急忙到广场来参加训练，好多人连洗碗都要散场后回去再说，你们说积极性有多高。

学打太极，我们村村民都非常支持，对整个村的影响也比较好，以前村民就是打麻将、看电视，活动单一。现在打太极的积极性很高，如果有比赛，那热情更高了，准备得更精心了。要去参加比赛前，有时下雨天也在练。

我们北山太极队学了几套功夫后经常去各村表演，得到了各村的点赞和好评。在 2018 年农历九月初九赤岩山大庙会，我们团队去参加，在各个场地表演，观众们喝彩声掌声不断，个个都竖大拇指点赞。这说明我们的表演得到了大家的认可和肯定。

我们太极队在比赛中得到了荣誉和奖牌，但大家不但没有骄傲，反而练习得更加努力和认真，晚上团队练习必到，有的早晨自己几个人相互训练。大家都非常努力，持之以恒，一点都没有松懈。我想我们太极队今后会更加努力，使自己的功夫进步更大，团队的作风越来越好。

四、关于村春节联欢晚会

筹备一台村春节晚会真是不容易，在经费上，上面也有点支持，县文化局说，节目要积极向上，有 15 个节目以上，都可以争取一些经费。现在一般是预付的形式。

为什么要办联欢会呢？我们村自从并成一个大村以来，我想应该搞点活动。以前我们这经常做戏，很热闹。有一天，我们几个人商量着搞点活动，吕老师说，要搞就搞好点，规模大点，质量高点，同时要符合上级有关部门的要求，也争取一定的资金支持。开始时，我们也不清楚有这些支持，之后了解到很多年以前有些村就在办村晚了，也得到了上面的支持。他们办的资金是预付，先给你。然后我们就搭舞台，贴标语，做横幅，挂灯笼。那天在村广场，四周都挂满灯笼，吉庆得很哪！

舞台，我们用木板和凳子搭起来。以前想做架，觉得费用高，以后用了很多凳子搭起来，搭了一个长 9 米、宽 7 米的舞台。音响，我们村没有比较好的音响，是一个热心的企业老板借给我们的。主持人是本村的，现在在丽水教书。我参加了，也讲话了。我是 2007 年开始当老年班班长，对我而言，有“三个第一”，当班长第一次，办联欢会第一次，学太极第一次。

我们村的村民对搞活动很热心，如果现在我说每人捐款 200 元，只要我开口，他们都会很快送过来。还有物品，也会买来。比如地毯，以前家里用过的有些还可以用，有些是因为破了或脏了不好用了。有一次，几个妇女过来说，想再买点地毯，我说我们经费呢？她们二话不说就筹集了 2000 来块，马上到壶镇把地毯买好了。

五、关于村民矛盾调解

我还对村里有些矛盾进行过调解，像老娘舅一样。

以前有一次火烧山烧起来，把一家的大栗树烧掉几棵。他们叫我去给两家调解。我先到一家，我说你可以出多少？他说几百块没事。我说500可以吗？他说多了，300行不行？我再到另一家，我说火烧山烧掉，也是没办法的事，我说我给你们调解，别人给你多少就多少，5元一株，60株300块钱。有人说，火烧山烧掉什么时候还有赔偿的？其实以前也有人赔偿过。为了调解，我还特意去买包好点的烟，平时我只抽六七块的烟，那天我买包20多块的烟，我只是想把这个事调解好。

还有一次，去年12月，两户人家打相打，电话到我这儿，叫我过去讲讲平，以后不要这样继续吵下去。本来这事也是村治保主任的事。我把双方都叫来，我和村治保主任一起坐中间，他们两家的儿子坐两边。我是两边各打“四十大板”。其实双方都有不对。我说现在大家都自管自干，不一起干，为啥要结冤家啊？其实都是小事引起的，一方话多一方打人，一方走过另一方的家门口说了句不那么好听的话被另一方听到，另一方就打了他，话多不对，打人更不对。一个人呢，话那么多干吗？你多讲既不会长高也不会长长，何必呢？还有你打人在现在社会那更不行了。我说截止到今天，如果以后再打的话就不管了，叫其他有关单位管。在我的调解下，他们双方的儿子握手言和。我说，以后再不要打了，再打我是不管了。我是两边捺捺的，主要是双方的两个儿子。这样把双方矛盾调解好。

第六节　勤勤恳恳、任劳任怨
——北山村会计吕德生访谈录

受访人及身份：吕德生（北山村会计）

访谈时间：2018年9月25日、2018年9月26日、2019年11月24日

访谈地点：北山村村委办公室

访谈人：应焕红、吴晓露、陈怀锦、宗素娟、应洁莹　　**录音整理人：**应焕红

一、从小持家和生产能手：耕田能手、拖拉机手、电工师傅

北山村有个百岁老人，还会唱山歌，那个山歌是我给他翻译的，我这电脑上有。因为电视台要过来，说他的山歌很好听，但缙云话听不懂。其实我们这里还

有个北山腔。为什么会有北山腔？因为我们这里是缙云、永康交界，以前北山腔是很古怪的，现在老的北山腔已经基本上没人说了，但新的北山腔又出来了。不知是怎么回事，就是说住在我北山，就会有北山腔出来。比如说“街狗”，他们说“街个”。再如“街狗翁拷你死”，他们说成是“柯你死”。所以比较难懂。网上那个百岁老人唱的山歌的歌词就是我翻译的，我在他那儿呆了一个下午，他一边唱，我一边记，把他唱的山歌逐字逐句翻译出来，我再在文字上组织下。那个百岁老人去年、前年都还到田里干活，之后因为跌了下，他们儿子就不让他到田里去干了。你如果问他，他会说，都是我儿子不让我干的啊！这个山歌的资料很有趣的，是劝赌的，也很有教育意义。

我是老三届，1970 年前后，我们的毕业证书还是革委会发的，“学习期满，准予毕业”。这个中学证书我还放着。1966 年我父亲去世，我就参加劳动了。生产队挣工分，我虽然年纪轻，但工分不低。正劳力是 10 分工分，我 16 岁就挣 10 分了。16 岁怎么会这么高？是因为有两个特点。一个特点是人大个，力气很大，16 岁时我起码可以挑 200 斤。昨天给你们讲的“人尿”，那个粪桶，起码 80 斤一桶，我两桶挑起来很省力。水库旁边那个田，我是一口气就可以上去。第二个特点我会耕田、耙田、犁田，样样都会，这三样活我都会，我十四五岁就会了。我家是养牛世家，我六七岁就放牛了。当时有些田只能种玉米，地很硬，很干燥，老师傅一人一牛一天最多耕一亩，他们早上六点就去了。而我呢，要早上八九点才去，一亩田一个上午就耕了七八分了。我耕过的田大家都喜欢，好种，所以我的工分高。

有一头牛是互助组时我入社就开始养的了，当时学校放学了，我就去放牛了，暑假、寒假都是要去放牛的，星期六以前是上半天课，另个半天也是要去放牛的。我这只牛以前有时会抄人，看到人就要抄，那个牛角很厉害。有一次一个小女孩走到那牛旁边，牛就用牛角挑了下，把人搞伤了。我是骑在牛背上，只有我驾驭得了。

我十三四岁时工分是五六分，16 岁时就 10 分了，17 岁时 9 分半，18 岁时就名正言顺 10 分了。为什么 17 岁时 9 分半呢？少了半分呢？可能是那时我不太肯耕田。后来那牛由另外人去耕，他是一个人不行，需要两个人，一个人在前面牵着，一个人在后面耕田。当时他们把牛的眼睛包起来，夏天，天也热，你把它包起来，那牛就更难受了，更加火了，它想休息也没得休息，所以就抄他了，流了很多血。牛要抄人的时候，眼睛是红红的，是可以看出来的。但这牛与我是有感情的，是我从小把它养大的。如果我耕，那我耕两亩比他们耕一亩收工还要早。

我是在塘下第四队，当时农业学大寨，1975 年时四个队合并，叫大队核算。我是 16 岁开始当会计。1972 年学会开手扶拖拉机，1978 年学会开重型拖拉机。在三联公社的农机站，重型拖拉机基本是搞运输的。现在杭州到宁波的老路，哪里几公里，我现在很多地方都可以记住。东面是宁波、临海，西面是衢州，去运氨水、石灰、化肥等。氨水是从衢州的化工厂运过来，以前壶镇每个生产队都有。那时氨水是主要化肥，那个尿素是要分配的，氨水是不要分配的，只要你有运输工具就可以运来。

1987 年我开始做电工，像包工头一样的。1987 年开始有电工证，还去参加过遂昌第一期电工培训班，是丽水地区电力局办的。学习期是 18 天，来回共 20 多天，全是自费的。1987 年在农电站干了。后来农电改造，“两改一同价”，一改是农电体制改革，另一改是农网管理改革；一价是城乡同价，以前是城里的电便宜农村的贵嘛。我现在还有 60 多家工厂的电管起来的。电有有功电、无功电之分，电表上考核是按这些电量的不同来考核的。壶镇的好几个大厂，有关电的内容，我还是要去参谋的。比如如何布线等，只有我去看过他们才放心。

电工是特殊工种，我是去丽水考过的。厂里安全这一块，如果出现事情，那就要整改，如果是我改的，他们就容易通过验收。电工这个是要肯学，比如我到一个书店，进去就看有关电工的书。有些书很贵，100、200 的，我也要买。开始的时候，我管了几个厂，经验就逐渐积累起来了。比如哪条明线、哪条火线，电工是有操作规程的，“左明右火”，就是说左边是明线，右边是火线，这一点是铁定的。像现在的电器出来，一个开关，L、N 都标得很清楚。国外如果有人来验厂，那就很严格。但像电这块，他们挑不出我的任何毛病。但是现在的年轻人不一样，在这个方面还要加强。

我现在主要工作是在村里，电工是兼职。比如说早上七点去下，一个小时，八点多我就回来了。像昨天中午，我去搞一个变压器，原来是四组，我去加了两组。有些是位置不对，要钻孔，要移过。功率不够的话，我们现在最简单的办法就是用电容补偿，大厂有时也有发电机。

打字，我是自学的，还是用五笔呢，五笔很难学，我是把金山打字学习版装在电脑上，如几分钟打多少字那种。我是盲打都可以打，不要看键盘，比如像

“四川”的“川”字，字根字，都会打。我盲打，指头的位置都放好，这是很规范的。我之前也没有去培训，都是自己学的。

二、生产习俗和生活往事：烧饼村、肥料粮、看大鳖

1958年办食堂时，下宅是一个独立单位。上宅、塘下，还有子草坑等四个村一起办食堂。我那时读幼儿园，一开始办食堂是很好的，大概一年半以后就苦了，就开不了火了，就办不下去了。当时原因有两个，一个是1961年的自然灾害，一个是要还苏联的债。

我是1966年16岁时当会计的，是大家开社员大会选的，因为我读过初中。

我们这个村是烧饼村，缙云有两个烧饼村，一个是北山村，一个是岱石村。还有东山村专门提供炉胆的。我们每一年有1400多万收入，实际上赚得比电子商务还要多。1984年到1986年有405个烧饼桶在外面，那时工资是36元，一个烧饼一压、一烤，赚5毛钱。“缙云烧饼”做品牌是从2010年开始的。我们这个村现在有烧饼大师2个，高级师4个，烧饼师傅1个，这都是“烧饼办”评的。2017年还有400多人在外面烤烧饼。2018年少了点，也还有280人左右。可以说，烤烧饼是北山村年纪大点的人的第一桶金，那时他们是30多岁，到现在是50几、60几的样子，很多由他们的儿子辈接班了。

土改以后分田到户，到1958年以后是互助组，把生产资料、田地并了，后来办食堂，再公社化。我们在一起劳动，收成回来都拿到塘下去分。到1960年时出了个农业60条，到1983年责任制前都是用这个的。以后从安徽小岗村开始，实行农业生产责任制，到1985年第一轮真正的土地承包。

塘下当时有4个生产队，每个队分成2个组。我这个组到第二年才分。第一轮土地承包，有的按人口分。当时生产队是定口粮的，男劳力一年560斤，女劳力490斤。这个60条上面有规定。生产队分配，一是要先保证国家的农业税，这个是一斤也不能少的。第二，才按照工分、口粮进行分配。口粮比例每个生产队不一样，如果收成好，也可多分。这里还有一个肥料粮，这个你们肯定很生疏。肥料粮是这样的，比方说，如果下午4点要收工了，你大小便放在外面，那么肯定要被父母亲骂，这个是肥料，肯定要放家里的。当时一桶粪一元钱，一桶尿大概可以装90斤，要有16度。当时有验度器，检验尿的度数。这个是计分员在检验。一般的，小孩子的度数很低，因为它很稀；年纪大的人很浓，所以度数就

比较高。一般最高是16度，最低是6度。以前很少用化肥、尿素，只用这些有机肥。

我是1972年开手扶拖拉机，1978年开重型拖拉机，浙江的台温处（台州、温州、处州）、金衢严（金华、衢州、梅州）都去过，下三府杭嘉湖去得少一点。1965年时，左库那儿看大鳖，就是“鼋”，当时瓯江有鼋的，这县志上都有。前去参观的人每天有好几万，大家亲戚带亲戚。现在乡政府对面的那个厕所，一年的肥料粮有一千多斤，他们就那个时候富起来的，而其他地方比较穷。生产队时的老人说，他的梦想是，如果有一天能够吃饱，死了也甘心。现在也经常有人这么回忆。

还是再说说肥料粮，比如放牛，牛回家后要大便，我们用畚箕去装，一畚箕30斤到50斤，这个是很值钱的。如果牛回家之前要拉，那就要赶紧压住牛屁股，不让它拉出来，要到家拉到牛栏里。早上出去放牛，或者下午三点多吃过点心去放牛，那要让牛在家先拉下，“放尿放屎才出去”，不放就打它，用那种竹子做的毛竹丝抽它。当时小孩子还要到村里到处转，拿一个小畚箕，去捡鸡粪，一放学就要去捡。那种验度器是买的，在农业资料公司的农资部有卖。现在也还有，与验酒的差不多。我也好几年没看到过这种东西了，去年我们家做酒，我亲戚买了一个，但与之前的验度器还是有区别。在肥料粮中，还有比如锅灶灰也是很值钱的。锅灶灰有白的、有黑的。如果是火慢慢冷却了，那灰是白的。我们是用篾丝箩装的，白的一箩50来斤，是六毛到八毛钱，黑的一箩是两毛钱。你想，当时正劳力干一天也就两三毛钱，所以这个一箩灰是很值钱的。

社员大会是这样的，一个人专门敲铜锣，一个人叫，有时站在后山上叫：“今天晚上要开社员大会了！”因为当时村里的人基本都在撑工分，所以大家基本都会来。当时村里革命领导小组，我是副组长，我们有5个人，就像现在的村委一样。假如县里、公社开过会，我们一回来就要传达。后来我大哥当组长，我也帮他传达。

我是老电工了，1964年北山有个电站，只有15千瓦，现在房子还在那儿。因为电压不够，电灯很暗，1972年从陶滩变电所拉过来部分电，这个电站就不用了。之前的北山水库，储水量只有15万方。水库曾经在1952年时坍掉过，那个洪水都把大衣橱从村里冲到坑沿。1972年时这个水库更新了，成了“更新水库”，现在的储水量是104万方，附近的村如上王、坑沿也有小部分股份。现在这个水库主要是饮水用，灌溉方面已经很少了。主要原因一是工业园区建立后，田征用了，田地少了；二是现在也很少种水稻了。

三、生活习俗和民间传说：草袋饭、草袋太公、“资饭”

我们这儿生产蒲扇和草袋。草袋就是用打蒲扇的石草打的，用来“资饭”（壶镇方言，就是把饭装好带到外面吃的意思），装东西用。草袋，下面有四只角，上面有绳子可以抽紧。饭“帝”（壶镇方言，就是“装”的意思）归去，背到山里去，这就是草袋饭了。关于草袋饭，还有个故事。听说岩下村有个妇女怀孕了，很想吃草袋饭。她老公就买来草袋，搞了草袋饭给老婆。很有意思的是，他们女儿生出来，就是与别的孩子不一样，真是有点像草袋。当然也是传说了。

草袋有大草袋和小草袋之分。“资饭”是用小草袋。以前“资饭”是这样的，一般是用草袋，因为草袋比饭箩更便宜一点，是几分钱一个，好点的一角一个。如果用饭箩那是高级点了。以前双抢时都是要“资饭”的。如果条件好点的话，斤把饭是要“资”去的。饭直接放在草袋里，要“嗯嗯”捺实，饭是捺实才好吃，再放点生菜（壶镇方言：腌菜）和梅干菜，那是喷香的啊。壶镇人都是做“墩饭”（就是“竹捞饭”，是当地一种饭与粥的特殊做法）。

还有个草袋太公。听说在岩下村，有个懒秀才，教过书，毛笔字写得很好，能出口成章、出口成诗。讨饭时，手上一点竹简拿起来敲，“一个媛眷（女孩子）惠真惠，日里夜里做草袋”“可结（指勤奋）真可结，草袋拿到溪头（这里指“壶镇”）卖个好价钿”。他讲起来，很贴切，很贴意，很好记。做草袋还是早几前才歇掉，村里很多人都会做，我老婆也会做。

蒲扇每家每户都要用，因为那时没有电风扇。当时塘下、上宅、后沈、庙里这四个地方都生产蒲扇。当时，像我娘她们都坐在一起，一边讲大话、笑话，一边编蒲扇，其乐融融。我也有点会做，只是蒲扇的转角转不起。手艺好的人一天可以打三四十把。扇把一般是男人做的，最早也是用石草做，之后用玻璃丝做，红红绿绿的很漂亮，用玻璃丝做那价格就高了很多了。这种行业到了有电风扇之后就慢慢消失了。之前草袋、蒲扇也运到杭州、上海去。做草袋、蒲扇没什么工具，就是用一块石头压着石草，角弯好，然后再编，质量好差就看你的角弯得好不好。塘下的经济收入以前全靠这点草袋、蒲扇，几乎每家每户都会打。

四、其他：村民房屋、狮子山、北山班、北山小英雄、乡贤

关于村民的房屋，应该说是经历了好几代了。北山发源最早是在上宅，有个“下墙门”那儿，最早的太公是住在那儿。那里有个水井还在的，它这个井有个特点，水不是很深，横边有个洞，你钻下去还可以躲藏进去，很有意思。之前是泥土筑成的屋，就像那幢有标语写着的那个屋。之后村民富起来了，三层楼、四层半也多起来了。

我们这儿有座山，叫狮子山，有块石头有嘴巴，头像狮子。我们的太公雄公就在这块山的腹地，刚刚在“生儿”这个地方，所以吕氏现在这么发。

北山之前有个戏班，应该说在壶镇洋也算是有名的。最早干良（音）当小生，他是缙云婺剧团考进去过，之后吕良星、吕樟堆哥弟两个去代，他们俩现在70多岁了。北山班之前很有名，正月都要去外村做戏，壶镇洋基本上每个村都做过，仙居县那边也去做。比如花旦吕唐富，他是专门在婺剧团当过师爷的，现在农村有些红白事时还出去做，比如打八仙等。

北山小英雄叫黄海玲，是上宅村人。当时《浙江日报》也报道过，是我们小学时的榜样，每年清明北山小学全体师生都要去扫墓。

有一位在澳大利亚墨尔本的北山华侨吕唐雄，是当地的浙江商会会长，是一位致力于家乡建设、为华侨和丽水牵线搭桥的老华侨。他是比较客气的，如果缙云人去，他都会很热情地接待。

第七节　刻苦钻研、辛勤为民
——访北山村乡村医生吕丁富

受访人及身份：吕丁富（北山村乡村医生）

访谈时间：2018年11月27日　**访谈地点：**吕丁富家

访谈人：应焕红、应洁莹　**录音整理人：**应焕红

一、个人经历和从事农村卫生工作

我叫吕丁富，1943年生，今年75岁了。我是1958年北山小学毕业。基本在

家种田地，也到前路住了好几个月，去打铁。当时是22岁，去当学徒。

生产队时我当会计当了好几年，为什么要出门呢？主要是我感觉当会计有点烦，不想当了，想推也推不了，所以出去学打铁。

1965年6月26日，毛主席提出了“把医疗卫生工作的重点放到农村去”的指示，当时农村缺医少药，毛主席的指示大家都很重视并认真贯彻。1969年办医疗站，当时叫“赤脚医生”。我呢，从1969年10月份开始受当时村党支部和村革命领导小组的委托，当上本村的赤脚医生。之前我对医学方面一点也不知道，我是边学边干，上面有人带，当时大家都是从零基础开始学。我在县卫生局的直接领导培育下，担负起本村的医疗卫生、防疫保健以及协助计划生育等工作。自从从事这个工作以后，认真学习医学卫生知识，刻苦钻研医学技术，集思广益，精益求精，提高自己的医务技术水平，为村民服务。

1980年4月经县卫生局考试考核合格，取得了乡村医生证书。1996—1997年经浙江省乡村医生各项业务知识技能系统培训，考试合格，取得了毕业证书。2004年通过县卫生局培训学习考取了乡村医生执业证书。2005—2006年期间参加了乡村医生注册培训，经考试合格，取得了乡村医生注册培训合格证书。2005年至2012年间的各期乡村医生注册培训都考试合格。

从事农村基层卫生工作四十多年，开始是在本村提供医疗服务，当赤脚医生，农村中主要是伤风感冒、小伤小痛、山上跌去碰去等，还有比如割稻手指割到等，一般都是常见病。我也上山采药，处理社员小伤小痛和普遍的常见疾病，以及打防疫针、种牛痘、宣传各种卫生常识等农村保健防疫工作。白天、夜晚，随叫随到，从不计较个人得失，以革命人道主义精神为人民服务。

改革开放后，集体经济有所减弱，医疗站改为卫生室，赤脚医生改为乡村医生，并转变为自负盈亏，房屋、设备、资金，所有的一切都要自己解决了，因收入少，一直靠贷款维持。但是我一直以来坚持为人民服务，坚持公益性质，免费为村民做一般检查、量体温、测血压等，从来不收挂号费。

从事乡村医生以来，历来服从各级政府的领导，政府给我们的任务都能认真完成，特别是非典等重大传染病流行期间，每天监测外来人口，登记、测体温，实行零报告等，不怕苦、不怕累。在2012年的居民健康档案管理工作中，能积极做好宣传工作，主动向村民介绍健康档案和体检的好处，力争重点人群知晓率100%，体检率98%，努力完成居民电子档案的录入和管理工作。

二、关于修谱和祖宗的故事

20世纪90年代之后，很多村开始修谱，比如左库村修好了，白六村修好了，姓汪村修好了，我们吕氏宗亲也想修。这套谱是1996年开始修，1998年完成。我的主要工作是调查，每家每户去收集资料，比如几家几户、几个人、何时出生等。我们的始祖是世章公，“自始祖世章公，于南宋绍兴（1150），徙居苍山之下，好水之滨，山环水抱，风光绮丽的壶镇，至今已绵延800余年，历32代”。[①] 他生了两个儿子，一个吕英，一个吕雄。英公很早就去世了，安葬在仙都那边的野洋黄龙山。雄公安葬在与永康交界处的狮子山。

上代的时候，太婆是从姓叶嫁到北山，她有四个儿子，其中第二个儿子特别聪明。有个姓叶的娘舅，是当官的，很喜欢这个外甥。因为他们两家关系也很好，就把这个儿子过继给这个娘舅，改为姓叶。这在乾隆五年（1740）编写的《印山谱序》中有记载：“七世北山彦恭公，元配印山叶氏均大公之女。诞育四嗣。次嗣名珪，字怀让者，舅氏时庸公，爱其才，私自器之，即立以为已珪子。”之后这边衰退去，姓叶那边好起来，之后姓叶有资金拿出来清明祭清，以后都是姓叶的人资助，他们年年来祭清。之后，北山人因为争山而与别人打官司，官司打输掉了，就把田地卖了。姓叶人知道后，再出资把卖掉的这些田地赎回。字墨写过，说这些东西都是祖上留下来的，你们不能再卖掉了，我们也有份。这在咸丰七年（1857）四月订立的《吕叶合约》上有记载：“在昔，北山彦恭公，娶英山叶氏为妣，生四子。次子，曰珪公，出继英山母舅时庸公为后，始之以婚姻继之，以嗣续至今。恪守百世，不为婚之礼。虽异姓，犹同姓也。不幸彦恭公子孙，其在北山者，数世之后，遂失其传。其在英山者，情深报本。于雍正年间捐资十有余两，助入北山总常，以供彦恭公祭祀。以故清明上墓，英山子孙，亦得拜祭分胙。近因北山总常为王姓争控，山场常产废卖几尽。英山珪公子孙，恐昔年捐资无着，而彦恭公祭祀久必废坠，托众向理蒙众处，妥将北山总常已经出卖活赎之田一段：土名坐永邑四十四都洋溪大圵下，下半圵，田数丘，计秧一百把零。两家备价钱四十四千文，其田赎回，永作彦恭公祀田。两家承分值祭。清明散祭，分胙，对关均分。惟愿立约之后，两空同心积发。庶几祖宗血食之久，永远无坠。欲后有据，立合约二约各存一纸为照。”[②] 一直延续到1949年，还有这样的“常住”（指

① 缙云《壶溪吕族志》编委会编：《壶溪吕族志》，1998，第1页
② 缙云《壶溪吕族志》编委会编：《壶溪吕族志》，1998，第129页

家族公共资产）。姓叶人每年清明都会来祭清。现在呢，姓叶人基本上都是这个太公发出来的，基本上都是姓吕的了，原来姓叶的没什么人了，讲讲是姓叶，其实是姓吕。

还有叶姓、吕姓不通婚，为什么不亲上加亲呢，因为是同姓，都是自己人，都是一个太公发出来的。这在乾隆五十七年（1792）编写的《两姓和宗序》中有记载："今缙东吕叶两族，自恭二公以来，数百余年，而不闻有一为婚者。曷故礼同姓不为婚，异性而不为婚？或者其怼甚乎。吾谓吕叶之不为婚，非怼也，亲亲之道也。亲亲都何？同宗也。"①

三、父亲为儿子感到骄傲

我两个儿子振鸿、振鹏，他们都是非常肯钻研、肯吃苦的，我为他们感到骄傲。他们这样生意、那样生意，做过的事情很多。振鸿 14 岁就去学打岩，以后烤烧饼、办袜厂。当时我也很支持他办厂，但我们也没什么实力，决定都是他自己做的。现在他母亲穿的袜子都还是他当时做的，线袜、尼龙丝袜都做过。在杭州开水果店，在壶镇开书店。1998 年，我记得发这本宗谱时他在壶镇开书店的，发谱时他去领的。本来是要出门的，但因为孩子要出生了，不能走远，所以在壶镇做生意。在壶镇市坛那边，还是先把屋租来，再决定做什么生意，想想那个地方开个书店还可以，所以就开书店了。以后哥弟俩开网店，逐渐发展起来。

① 缙云《壶溪吕族志》编委会编：《壶溪吕族志》，1998，第 47 页

第二章 村庄特色经济和文化访谈

第一节 精益求精、工匠精神
——北山村老村主任、糊灵师傅吕葛吐访谈录

受访人及身份：吕葛吐（北山村老村主任、糊灵师傅）

访谈时间：2018 年 9 月 26 日、2019 年 6 月 4 日　　**访谈地点：**吕葛吐家

访谈人：应焕红、宗素娟　　**录音整理人：**应焕红

一、我的家庭和我的糊灵经历

我叫吕葛吐，1943 年生，我有四个儿子，都成家了，三个在壶镇，一个在杭州采荷。大儿子在自来水厂工作，二儿子搞装修，三儿子在杭州当老师，小儿子在家搞物流。

从我爷爷开始糊灵，我是第三代。北山村现在能糊灵的就我一家，糊灵壶镇洋就是我这里有，也是比较出名的，其他地方做法不一样。糊灵在新建也有，东乡也有，但做得没有我们这边好。南乡曾经有人叫我过去辅导他们，我没有去。缙云有东乡、西乡、南乡之分。壶镇一带算东乡，新建属西乡，大洋那边叫南乡。缙云三乡就是这么分的。有人说其他地方做得像“鸡碎”，就是说做得比较差。

我的父亲有兄弟三个，他是老大，还有老二、老三，也继承了爷爷的手艺。我儿子是第四代了，他自己一个人也会做。我大儿子是在自来水厂搞技术的，50 多岁了，17 岁时就会做了。

我 12 岁就小学毕业了，因为跳级，所以早一年就毕业了。当时打工也没地

方打，所以就随父亲学糊灵。我 13 岁开始学，18 岁就单独做了。大儿子也会单独做，有时到金华那边做，金华那边的收费会高一点，比如七一农场那边起码高一倍。

以前是随父亲到别人家里去做，工具、纸等都是带过去，现做现贴，工夫很大，一般都要两三天，随剪随凿随画，所有工序都放在人家家里做，一般两三天做一个灵，做大点的要四天。一般是做七间、九间，十三间的没人做，除非家里特别富裕。以前三间头都有人做，五间也有人做。以前都是讲二层楼，二层七间、二层九间，九间算是最好的了。三间，那是很小，前面没有围厢。

1958 年，当时是大兵团生产，评一、二、三级，我被评为三级，一年干出头也是五块钱，一般都是三块钱，一年有五块已经很不错了。13 岁开始学，都是随父亲一起去做。之后父亲身体不太好，我就单独出去做了。

糊灵这活在文革期间断过，从 1976 年开始慢慢恢复。在壶镇，1953 年那时一间是五毛钱，按当时币制是五千元。一间是五毛，七间是三块五。到 1963 年时，收费是一元钱。

我自己毛笔字写得还不错，也有画画的功底，做灵时这些画都是我自己完成的。

1958 年时是在人家家里做，从 1958 年做到文革前的 1965 年。之后文革后，糊灵因为说是搞迷信，所以就不能做了。之后我在生产队干，1964 年和 1965 年去干过打岩头，当时洪坑岭水库在建设，我就在那儿干活，七八元一天。当时已经感到非常好了，一个冬天干完，如果能有 100 元的收入已经是相当自豪的了。当时听说广东 3 天有 100 元收入都很想去，感到很能发财。

1976 年之后就开始全面恢复了。糊灵也可以公开做了，以前有时还偷偷地做，之后可以公开做的了。像做戏，是从做《红楼梦》开始的。

二、糊灵的生产方式和工作程序

现在糊灵我自己还在做，比如明天就要到永康去做。做这个活有两种方式，一种是上门做，一种是做好送过去。一般是在家里做好，全部原材料都在家里。要做几间，主要看花多少钱了。一般是分几档，九间、十间、十三间，十三间最多，十三间收费是 850 元。当然你要花 1000 多元，也是可以做的。间数还是十三间，但里面装潢不一样。最多的是 100 元一间，十三间就是 1300 元，一般 800

元、900 元就够了。

一般程序是这样的。先问主人，你要做几间？定下来后，开始派篾、搭架。篾的尺寸要算好，等架子搭好后再贴纸。要把纸花凿好，颜料填好，花画好，字写好。现在这些作料都是放在家里预先做好，在家做这些作料要好几天，在外贴基本一天可以贴好了。

我做的工艺品，肯定是要做好的，做好是做我的牌子。壶镇有一个企业老板的父亲，是 10 多年前的事了，他做了 26 间，在壶镇可能是第一了。前面有 13 间，后面有 13 间，整个连起来是 26 间。现在前面是做二层，后面是做四层。

现在糊灵也有采用复印的。印好直接贴上，我做的都是自己手工做的。现在技术不一样了，手工做的，无论是颜色、花草种类都不一样，但复印是都一样的。现在的人重要的是面子，花多少钱是次要的。现在人家头，糊灵也只是表示下心意，复印不复印人家也不会说。现在在家，不论何时，我都可以准备料作，料备好后随时可以去糊。糊也是很费功夫的，像十三间，要从早上 6 点半一直到晚上 9 点半才能完成。一般我 6 点去，6 点半就开始做了，有时到晚上 9 点半还完成不了，要到 10 点以上，做十几个钟头。收费基本上是 700 元、800 元，好点的也有 900 元、1000 元的。现在最少也要做九间，像三间、五间的基本没人做了，因为牌子倒不起，做得太少，要被邻居笑。现在的人增加 200 元、300 元无所谓，主要是对逝去长辈的尊重。壶镇有一老板，自己来订，说要做得最好，他的亲属也来看过，觉得很满意。我说，我无论如何不会给你做差，做得好也是我的牌子，做差了也要被别人说啊！

糊灵时，男人和女人，大人和小孩，对联怎么写，都是有规定的。像这首，是中堂用，“父竟去矣想当年顾命亲承言犹在耳、我实哀哉倘异日超庭请训属望何人”，是儿子写给父亲的。一个灵一般用两对对联，像这首是对女人的，“玉骨冰肌寒六月、霜松雪柏颂千秋”，这是女人过代过去可以写，这是一对；还有一对是特指个人的，比如出生日期、什么字行，这要根据牌位的实际情况去写。像这首“黄泉路隔欲见无泛、死后想思儿时入梦”，是活人写给死人的，像这首是平对，一般年纪大的人都可以用。像这首“父方之训犹在耳、罔极之恩何时忘”也是平对，不管女人、男人都可写。很多是门对，门上用很多。

对联还有短对、称对之分。短对如七言、八言。长对有十一言、十五言。像这对“洁守闺门一生节与冰霜厉、克主妇道千古心同日月明”，有十一言。像“父竟去矣想当年顾命亲承言犹在耳、我实哀哉倘异日超庭请训属望何人”是十五言。一个灵有上百字，现在一般用七言、八言比较多。

灵的好差如果我不说你们也不知道。像我们做十三间，街沿要做 8 个柱，其他有些人是做 2 个柱，这个差别就很大的了。做柱，就要包柱，包柱还要做柱纸，做柱纸的功夫很大的，柱多了，就要花很多的工夫。

篾是当时派，派篾也是技术活。从结构上说，晒头有 6 叶、4 叶之分；中堂有上中下三层之分；窗户也有上中下三层之分。街沿柱，我最少要做 8 个柱，下厅要 4 个柱。一个灵的柱子有几十个，没有几十个是站不牢的，要用纸筒过、金锡纸包过。

关于画，像狮子，有雌雄之分，左边是大手位，右边是小手位，不能放错。中堂，有上中下三堂，像“望喜图”，可写“山中自有千年树、世上难逢百岁人”、“有酒有肉多朋友、无烟无茶少弟兄”。在上中堂可写“世上万般皆下品、思量唯有读书高”“入山不怕伤人虎、只怕人情两面刀”。在画上，比如用八仙的故事，如吕洞宾要用箭、铁拐李背乌芦等。还有哪吒，小孩一看都知道。

篾派好，柱搭好，再用花草配上去，像屋顶、屋栋、窗花等。一套花料做好要好几日。在字方面，要写“春兰凝财气”“夏竹引清风”“秋菊多佳色”“冬梅兴雪芳”。

糊灵也是技术活，而且要很仔细。比如某个动物有雌雄之分，那么左右就不能放错。我也没读过什么书，主要是靠练出来的。一个灵，十三间要花一个星期，成本虽然不是很高，但主要是技术活，每天的收获并不是很多。

金华的做法我也知道，我们在壶镇做的一般的产品到金华还是很好，金华胡沙塘（音）过去一个雅畈镇，很远的山村我们都去过。之前一个河南人，看到我做的灵，感觉很好，都想叫我到河南去做，我问他几天能到，他说车费他出，两天就到，我想要坐两天车，我都没有收入了，来回要好几天，我感觉不是很合算，就没去。

我的生意主要是秋天和冬天比较好，夏天太热，做白事请人吃饭，饭菜容易坏，场面不会很大，所以我的生意会有点影响。8 月份过去后，生意就会好起来。

三、关于糊灵认识和困难经历

1960 年那时是最困难的时候了，有时到人家家里做，他们说，老师啊，我没菜给你配唉！以前到永康，像米都要自己带去，永康现在是比我们缙云好，以前还是我们好，有一户人家说，老师啊，吃的东西你吃你自己的，菜我这儿贴点给你，你知道是什么菜？给我们父子吃的是番莳叶，就这么一个所谓的菜，他们自己连这个菜都没有，他们吃的是烂菜叶，是田里捡来的。那时候是真穷啊！

从收费上来说，最早是七间五块，之后六块，再之后是一间一块，大概是20世纪60年代。那时没有自留地可以种，从1964年开始，基本核算下放到队里，有一个“六十条”政策出来后，再有自留地。从1964年开始，我们北山村的土地都分给生产队了，现阶段的管理都还是与那时一样的。下宅村村级集体土地没有，建房的地哪里来呢？1964年都分完了，现阶段还是这么管理。村一级用地，必须到生产队征收上去。村口那些房子那儿以前都是田，都是生产队的。1986年每个生产队按人口计算，每人抽23平方米，收到村里建房，批屋基。

一般我们出去干活吃都是吃得饱的，农家一般对我们都是招待很好。我们爷儿俩出去，一般也就两日，多点也就三日，一般都是招待不差。我父亲曾经对我说过，我们学手艺是吃百家饭，走到外面，吃是有规矩的，如拿肉只能拿一点点，多点是不能拿的。以前做泥水、做衣服、做篾等都是这样。以前是打铁最好，“铁上红一红，木匠两三工”，就是说，打铁时要把铁先烧红，铁烧红打成工具就等于木匠好几工工资，比如一把锄头就算好几工。

糊灵，永康、金华那边都有，金华那边我去糊了好几年。在海外的价钱很高，一个灵要好几千块。这种糊灵文化说起来也有好几百年了。永康那边打工的人很多，有内蒙古的、新疆的、西藏的，他们那些地方也有，只是做法与我们有很大差别。也可以这么说，整个国家都有，比如重庆的民工在我们这儿做铁路，我在家里糊灵，他们到我家看，他们说，他们那儿也有，就是做得没有我们好，做得矮矮的，样子也不太好看。像我们做手艺的，是边做边学，整个规则是有的，但具体怎么做是可以修改和创新的。

海外的人相对来说对糊灵比较看重。以前他们回来，送我们一个金戒指已经很不错了，但现在我们这儿对金戒指也不觉稀奇了。以前他们送我们一台电视机，感觉已经非常客气了，但现在我们的电视机已经很普及了。他们从海外回来，看到灵，拍了很多照片，前前后后，还有录像，他们相对比较重视。这也是表示他们对父母长辈的一点孝心和心意。

四、关于糊灵行业的传承和未来发展趋势

今后，糊灵行业我认为会逐渐消失。因为以后白事都会简单些了，在农村也逐渐公墓化了，包括风水先生之类的行业也会消失，因为公墓的位置现在也都是抽签决定的了，用不着风水先生了。现在还讲究海葬，之后我感觉在白事方面也是会移风易俗的了。现在年轻人基本没有想学糊灵的，我们村现在与我同一辈也会糊灵的只有几人了，大家觉得糊灵都是与逝者有关联，感觉总是不那么好，有些人回家还要用稻草烧起来辣一辣，这样才会感到扫掉晦气。

我们这皮（土话，是“辈分”“层次”的意思）人现在还有三人，是叔伯哥弟。我爷爷有三个儿子，我父亲是老大，我这边就我一人。二叔有四个儿子，小叔有三个儿子。我说的三人就是指我和二叔、小叔的儿子。二叔份还有一个儿子在糊，小叔份也有一个儿子在糊。

我的四个儿子，大儿子 17 岁就会做了，有次我不在家，他 17 岁就到永康去做了。其他几个儿子单独做可能做不了，但都会来帮忙。

二叔、小叔的儿子也有在做，如果我们来不及做，就电话过去，他们都会来帮忙。有时候是日子重着，生意多，事情急，就叫他们帮忙。有时是共日出，同一天要把这白事办了，所以要赶做。

我们这皮（代）有三个人，我儿子这皮（代）也有三四人。关于传承，如果我们三人走了，我想以后的人画也画不了，写也写不了了。今后，我想随着社会的发展，可以用其他的形式来表示对逝者的尊重，肯定会简单化的了。现在还有海葬。以后人的眼界、思想会更开放，火化化掉，骨灰带回来，安葬了就好了。有些地方是摆在灵堂里，连公墓都不做，我们这儿现在还有公墓。现在灵糊好，还要解结，有一整套程序。解结我是不会，之前我父亲与我说过，解结这些东西不要去学，说是“空手出门、满手回家”。像解结，鸡、肉、粽子以前是全部可以拿回去的，现在好点了，有些也不要了，以前这些东西很珍贵。像三碗米、糕和粽子、豆腐、肉都要拿去。我父亲说像这个不要学，这是父亲把从业心得并传给了我。

第二节　医术高明、技艺精湛
——访北山村乡村医生吕丁富

受访人及身份：吕丁富（北山村乡村医生）

访谈时间：2019 年 6 月 15 日　　**访谈地点：**吕丁富家

访谈人：陈淑婉、陈渭清、吕岩　　**录音整理人：**陈淑婉

缺医少药病流行，何处解忧觅救星。

赤脚悬壶施法水，逢春枯木又抽青。

曾经，有一种医生不叫“白衣天使”，而是叫“赤脚医生”，没有穿白大褂，却有着雪一样纯洁的高尚情怀。

1965 年 6 月 26 日，毛泽东同志针对农村缺医少药的局面提出了应该把“医疗卫生事业的重点放到农村去”。为了响应“六二六”英明指示，中国各大农村培养出了一大批不脱产的基层医疗人员，纷纷办起医疗站，让广大群众有病可医。1968 年，毛泽东在上海《文汇报》的一篇报道中作出批示“赤脚医生就是好”！从此，就有了“赤脚医生”这个新名词，并红遍大江南北。

北山村吕丁富虽只有小学学历，但他为人通情达理，做事严谨负责，思想积极上进。于是在 1968 年冬，受村党支部和村革命领导小组的委托，吕丁富成为“赤脚医生”，担负起村里医疗卫生和防疫保健以及协助计划生育等工作。他先后到上王卫生所和白竹新民公社培训一个多月，学会常规的打预防针、种牛痘、测量体温、包扎伤口等基本医疗操作技能。由于西药稀缺，还得细读药书，上山采药填补紧缺。

辛劳采得山中药，怯痛解忧乐病人。有一年，为了预防流感，他上山采了很多松树毛，放在大铁锅里煎成汤，供全村老百姓免费喝，为了让每个村民都能喝上，还亲自把松毛汤送给在田间地头劳作的村民。为了给村民提供方便，有时会上山下地给村民打针，也经常去学校为学生们打针。

病客路边倒，加班先救人。有一次明明是黄昏下班时间，忽见门口有个 10 来岁的孩童昏倒在地，双颊顿然失色，惊恐万状。吕医生毫不犹豫抱起孩子回医疗

室，又把脉又按摩，立马作出急救。想第一时间通知孩子家人，结果没人在家。吕医生二话不说点上煤油炉，向邻居借来一个药罐，煎了他亲自翻山越岭采来的草药，喂孩儿连服两汁后才慢慢苏醒，一看钟点，早已过了晚餐时间。

有一次难得带儿子去庙底看电影，结果傍晚关门吃过晚饭后又撞上了一个严重跌伤的病人，头部弄出个大窟窿，血流不止，必须立即剪掉头发，清理伤口止血缝线。经过几番折腾，等把伤员安抚好，已经是又饿又累，电影早已放完散场了。吕医生先人后己，不计个人得失，发扬人道主义精神，实在难能可贵。

改革开放后，集体经济解体了，医疗站改为村卫生室，赤脚医生更名为乡村医生。

吕医生勤奋好学，刻苦钻研，于 1987 年 4 月参加县卫生局考试合格，取得乡村医师合格证书。1996 年至 1997 年，经浙江省乡村医师各项业务知识技能系统培训，考试合格，领到毕业证书。在 2003 年非典重大疾病流行期间，吕医生每天一丝不苟，夜以继日坚持给村民测体温、量血压，做好外来人员登记工作，及时作出报告。2004 年，吕医生通过县卫生局培训学习，考取了乡村医生执业证书。

有缘善写红十字，立德常学白求恩。吕医生一边学习一边行医，一直履行救死扶伤、病人高于一切的医德，良心治病。一次，同村里有个结婚不久刚怀孕的姑娘，在烤烧饼时不小心被某物体碰伤乳房，积淤病变成奶毒。姑娘家害羞不敢住院治疗，向壶镇医院开了盒青霉素叫吕医生打针。由于怕姑娘家害羞，吕医生起初也不多问，只是很好奇成人每次用青霉素的量怎么会是 40 万单位，至少也得 80 万单位啊！

出于医生的职业敏感，吕医生终于开口问姑娘了，姑娘才一五一十道明来龙去脉。吕医生一看病情，大吃一惊，乳房涨得通红肿大，不堪入目。吕医生赶紧叫姑娘去大医院手术，不然，后果会很严重。倔强的姑娘死活不肯去，非要吕医生医治不可。在姑娘一家再三要求下，吕医生也起了恻隐之心，最终答应医治。

吕医生凭借多年积累的刀创经验，毅然拿起手术刀，恰到好处地在乳房开了一刀，顺利处理了 5 斤左右的脓水，然后把伤口清理干净再缝针。姑娘终于如释重负，不久就痊愈，万万没想到医药费只需 32 元，手续费一分不计。磨得快刀辛几许，拈来信手解沉疴。姑娘一家感谢莫及，拿出自家最正宗的一斤土蜂蜜送给吕医生以表谢意。

吕医生精益求精，集思广益，不断学习研究。在 2005 年到 2006 期间，参加乡村医生注册培训，经考试合格，取得了乡村医生注册培训合格证。

吕医生行医 40 多年，感人事迹不胜枚举。曾经，有许许多多像吕医生一样平凡的赤脚医生，默默为乡村医疗事业作出不平凡的贡献。在医学发达的今天，他们虽然退出了岗位，再也没有一席之地，但“赤脚医生”这个名词已经成为永不褪色的铅字。

第三节 烧饼世家、三代情缘

——访北山村村民吕宅兴

受访人及身份：吕宅兴（北山村村民）

访谈时间：2019 年 6 月 18 日　　**访谈地点：**吕宅兴家

访谈人：陈淑婉、吕岩、应孟荣　　**录音整理人：**陈淑婉

缙云烧饼，传统的风味小吃，脍炙人口。它是一种情怀，是一种梦想，是一种文化。一个饼桶走天下，是曾经很多缙云人养家糊口、发家致富的好门路，北山烧饼世家吕宅兴一家三代与缙云烧饼结下了不一般的情缘。

一、长工摇身变烧饼郎

吕宅兴父亲吕土福 1913 年出生在北山村一个贫苦的农民家庭，自小乖巧能干，13 岁就到元古一人家当长工，替主人家放牛、卖种栽。每一次去永康卖种栽，头脑灵光的他都能卖上好价钱，除了该上交的钱，能替家里赚到几把好种栽。

主人家非常赏识他，适逢冬季农闲时，就带他去永康卖烧饼，当时 5 分钱一个的烧饼，没有肉馅，只是抹上些许猪油，倒也香喷喷的，一天也能挣到不少钱。18 岁的他正式做了徒弟，把技艺和生意经学在手头记在心头。1929 年，吕土福 21 岁刚出头，就出师起担，因为北山离永康近，所以挑起饼桶到永康跑戏场、赶庙会，时而摆在人家的街沿头，时而摆在凉亭卖，这种流动式的摆摊很辛苦，哪里热闹就得往哪里搬。他先后把烤饼技艺传授给两胞弟，兄弟出师后也一直以烤饼营生。后来，他陆续带过学徒达八九十人，现在北山村里年纪大会烤饼的几乎都是他徒弟。

寒来暑往，年复一年，吕土福从未间断过，直至1975岁才告别饼桶，一辈子的辛劳没有让他过早地衰老，92岁才仙逝。整整58年的烤饼生涯，赢得“土福烧饼”的美名传四方，饼香飘过千家万户，的确挣了不少钱，培养三个儿子长大成人，先后买田置地，在北山村建了一幢七间头，无疑响当当地羡煞人。

二、“宅兴烧饼”美名扬

13岁的吕宅兴是家中的长子，耳濡目染，小学没毕业就随父学艺，从此也与缙云烧饼结下了不解之缘。

14岁的他就能把父亲烤的烧饼端到户头去卖，跟随父亲做了十来年，足迹遍布丽水、缙云西乡、永康石柱至方岩一带。言传身教，他不仅传承了父亲的烤饼技艺，还学会了怎样做人。他谨记父亲的教导：做人无信不立，诚信第一；生意之人要买卖公平，童叟无欺，善待顾客；良心赚钱，食材须新鲜、面粉要上等、工艺要到位，薄利多销，烤好每一个饼，这样才能赢得好口碑，才能有长久的立足之地。

树大要分家，23岁的吕宅兴接过父亲手中的“接力棒”，开始独立烤饼营生。刚开始的那几年也如父亲当年打游击一样，今天跑庙会，明天赶戏场。永康下里溪、下加畈、新建长坑等地遍布他的足迹，虽然辛苦有加，但苦中有乐。挑担奔波好多年后，终于在永康石柱镇租了一间店面安顿下来，从此再也不用四处奔波那么辛苦了。

光鲜亮丽、脆而生香、厚薄适中、肉馅鲜美，吕传兴的烧饼赢得众多顾客的青睐，排队等候，常常供不应求，连县城顾客也纷至沓来，有的一家四代都吃过他的烧饼。有趣的是，石柱周边地方演戏时，或有什么活动时，村干部都会替他预留烧饼摊位。随着生意日益兴隆，当地的老百姓干脆就把他烤的烧饼称为“宅兴烧饼”，名气传扬十里八乡。而他始终不忘初心，把好质量关，烤好每一个饼，善待每一位顾客。

古话说得好：三十六行，行行出状元，职业不分高低贵贱，只要用心坚持，都能有所作为。小小烧饼，居然烤出了大名堂。“宅兴烧饼”备受永康市当地政府部门的重视。自2006以来，吕宅兴连续七次受邀参加永康市举办的农展会，并在首次农展会上就获得了优胜奖，先后在永康市时代广场美食节上获得优胜奖，在石柱镇美丽乡村美食活动中多次得到好评和奖励。“宅兴烧饼”多次吸引记者去采访，曾多次在《金华晚报》《永康周报》《缙云报》刊登相关报道。2014 年，他成功注册了“宅兴烧饼”商标品牌，标志着“宅兴烧饼”跃上了一个新台阶。然而荣誉和财富背后的艰辛，岂是一般人能体会得了的。2019 年，72 岁的吕宅兴带上老婆操起老行当，在壶镇赶了四次戏场，精气神不减当年。

三、前赴后继有担当

三代烧饼缘，一世烧饼情，吕宅兴坚守 40 来年的烧饼生涯，积累了丰富的精神财富和物质财富，先后带出了百余名烧饼师傅，纷纷走南闯北，遍布全国大中小城市 。

要问烧饼情缘深几许，他的三个女儿都继承父业，经营烧饼店多年，创造了不少财富。其中二女儿吕旭荷和女婿吕泉飞已有 20 多年的烤饼史，近几年在永康市石柱镇掌管店面，接替父亲的事业，夫妻俩同心同德、起早摸黑，秉承爷爷和父亲刻苦耐劳、诚实守信、薄利多销的经营理念，使得门庭若市，生意红火如初，每天都得工作十多个小时，腰酸背疼自不用说。

石柱镇岩洽村有一位老人家是“宅兴烧饼”的常客，因生病住院后吃不到烧饼，心里不愉快。吕旭荷知道后连忙烤了几个烧饼给老人家送去。房东的儿子在浙二医院工作，母亲每次问需要带点什么，儿子说别的不要带，就带几个“宅兴烧饼”。“宅兴烧饼”依旧流传八方，温馨故事“装满一箩筐”，连外国朋友也念念不忘这缙云味道，频频到店品尝，竖起大拇指啧啧称赞。

由于烧饼易存放，天热时可存放三天，天凉时可存放一周，根据顾客需要，夫妻俩起用了烧饼快递，给远在他乡想吃烧饼的顾客捎上一口家乡的味道。北山烧饼世家，走过了三代人的漫长岁月，开店对他们来说，不仅仅是为了生计，更是一种味道和精神的传承。

自 2017 年以来，北山村在正月初八连续隆重举办了三届烧饼节，让四面八方而来的顾客免费品尝，为打造缙云烧饼文化留下浓重的一笔，这和吕宅兴一家三代对缙云烧饼的坚守和传承有着千丝万缕的关系。

四海皆为客，不忘家乡情。2014 年缙云烧饼办成立，特聘吕宅兴为缙云烧饼培训基地辅导员。他毫无保留地将烤饼知识和技艺讲解传授给烧饼学徒，尽自己的努力，在有生之年为缙云烧饼文化的传承贡献一分力量，为社会输送更多的烧饼师傅，活跃于中国市场，让缙云烧饼发扬光大，走出缙云，走向世界。

第四节　烧饼世家、传承光大
——访北山村村民吕文龙

受访人及身份：吕文龙（北山村村民）

访谈时间：2018 年 5 月 14 日　**访谈地点：**吕文龙家

访谈人：应焕红、李东华、陈怀锦、宗素娟、应洁莹　**录音整理人：**应焕红

我叫吕文龙，1945 年 8 月出生，虚岁已经 74 岁了。现在在丽水帮儿子带小孩。学历是初小。

我是在责任田分田那年就开始去外面做烧饼了，30 多岁就开始做，大概是 1986、1987 年。

我女婿是烧饼大师，缙云县有五个。我自己没有参加评选。第一批是五个大师，第二批是高级师傅。2014 年之后开始评缙云县烧饼大师，也有证书。

我是实行生产责任制以后两三年就出去了。以前在遂昌，后来到丽水。在遂昌做了七八年，最早在遂昌是一毛二、一两粮票一个烧饼。所以当时还背了几千斤的粮票回来。有部分是给老爸交农业税，有些多余的没用就丢掉了。当时一天有营业额七八十块，一天卖七八百来个烧饼。早上呢，是六点起床，晚上九点半关门。70 块钱里面的毛利大概有 30 来块。以后呢，上涨到一毛五、两毛，现在烧饼已经四五块钱一个了，一天有几千块营业额了。

我女婿现在在杭州庆春东路采荷新村那儿，就是四季青过来一点。儿子、媳妇在丽水，十多年了。现在 2000 来块一天营业额，一年大概也有可以赚不少。

第五节　北山剧团，唐富花旦
——访北山村村民吕唐富

受访人及身份：吕唐富（北山村烧饼世家）

访谈时间：2019 年 6 月 15 日　　**访谈地点：**吕唐富家

访谈人：陈淑婉、陈渭清、应孟荣　　**录音整理人：**陈淑婉

北山村依山傍水，人杰地灵，村俗文化底蕴深厚，很早就有“小唱班”，历史悠久，据村民说至少应有一百年历史。

1956 年冬，北山村村民为庆祝北山水库（即更新水库）竣工典礼，做了一场大戏。村民们欢呼雀跃，群心涌动，有小唱班吕传通等人相当的后台功底，何不自个也办一个戏班？于是，一群风华正茂的年轻人意气相投，一拍即合。

心动不如行动，果然不是戏言，立马张贴“剧团自愿报名”，报名踊跃，短时间内前后台 52 名角色一一到位，其中女演员 3 人，男演员 49 人。为何男女人数悬殊这么大呢？原来在那个思想守旧的年代，女人去当戏子就是低人一等，有损名声。据说这三位村姑后来出村演出，父母也一路跟随去剧团看管，免得遭是非。年仅 18 岁的村民小伙吕唐富自告奋勇，也一马当先报了名。

年轻人做事就是雷厉风行，把活动集中地点设在吕传通处，而后各自纷纷集资，有如梁山好汉聚众喝酒般之阵势喝了“上堂酒”（也称“穿鼻酒”），意即一旦入班，不可反悔。

生旦净末丑，角色齐全，合理分配人员是重要环节，得按身高、体型、音质、特长等有针对性地对号入座。经过精挑慢选，英俊秀气的吕唐富个子不高，体态娇小，当然非花旦角色莫属。永康新楼有个名叫德银的老先生大字不识一个，却能背出 80 多部剧本，是当年有名的教戏先生，曾在缙云婺剧团执教多年，北山村人三顾茅庐聘请而来，实属荣幸。

万事俱备只欠东风，落实行头是一大难题。所幸的是，北山村村大队长吕金通对村办戏班非常重视，判山卖树为戏班筹办行头。民兵连长吕宝康任戏班主要负责人，相当于现在剧团团长一职。就这样，“北山业余剧团”应运而生了。

演员们白天从事生产队农活，晚上一起去学戏，给清贫艰苦的年月加入了一味丰富的调味剂，日子过得不亦乐乎。年轻人悟性强，聪明加勤奋，不出几月就学得像模像样了，会演《碧玉簪》《鸳鸯带》《武松打店》等剧本。花旦吕唐富更没得说了，柳眉蛇腰，一颦一笑，余音缭绕，尽显妩媚风姿，简直难以分辨出是男扮女装。当年村里庆祝国庆节，演员们一个个脱胎换骨，登台精彩亮相。戏班的诞生，为风景如画的北山村增添了一道瑰丽色彩。

当年除了村演，北山戏班还先后到后沈村和雅湖村演出，得到观众一致好评。

1957 年至 1958 年期间，北山戏班分别到石明堂、岩下、长兰姓徐、坑沿、后沈等周边村庄义演。所到之处，台上演员入戏入情，演得有声有色，台下观众座无虚席，看得如痴如醉。花旦唐富惟妙惟肖的表演迷倒了一大批年轻人，据说有个小伙子在戏台前看得入迷，散场了还迟迟不肯离开戏场，呆呆地搜寻着花旦勾魂的倩影。

戏班曾到临海—石柱公路指挥部演出，赢得了好评。曾在雅湖公社出演三个戏班拼会场，得到锦旗奖励。演员们出村演出，一般都选择在农闲时节的正月到十二月这个时间段，不记工分也不收工钱，村里负责供饭。花旦吕唐富回忆道，令自己刻骨铭心的一件事是在后沈村做戏吃夜宵时，省下一个官粟饼带回家给儿子吃，把儿子乐得眉开眼笑。不过，很多村子会送几包香烟或一面锦旗以表谢意。据说有一年到岩下村做了一台戏，大方的岩下村领导给了 60 元戏金，演员们感恩戴德，不好意思全部照收，回礼 20 元给岩下村。

不图回报，只为心中那一份快乐和追求，演员们不怕山高路远，不畏艰辛劳累，曾经去上角、仙居等地演出，多次路遇翻车事故，所幸每次有惊无险。

在某村演出时，由于露天戏台现搭，场面狭窄，小生花旦在翻打过程中，戏台斜塌，不慎跌落台下，幸好没有造成很大人员损伤，回头立马登台继续演出。

人不留客天自留，有一次在槐花树村演出，两天三夜的戏即将过场，天空忽地下起了鹅毛大雪，欲走不能。怎么办？剧本做完了，上台唱清戏？不行！那对不住槐花树村民。戏班负责人立马派人去乌西坑请先生，演员们加班加点苦练，次日就登台演出新剧本，让村民再饱眼福。

寒来暑往，演技日益精进，演员们先后学会《大破牛头山》《珍珠塔》《唐伯虎访秋香》等，以及加演短剧如《牡丹对课》《马超追曹》《九龙山》等 30 多部剧本。眼看戏班日趋完善成熟，前景可望。然而好景不长，由于“破四旧”运动爆发，戏班无奈暂停演出，长久处于瘫痪状态。直到 1979 年，古装戏得以开放，戏班再度活跃起来，陆续到仙居、东岸、陈坑、桂山、团结等地方演出，深受大众喜爱，声名远播。

1982 年冬，改革开放浪潮席卷全国各地，北山村也分田到户实行单干，村民干劲冲天全身心投入农业生产，无暇顾及演出了，戏班也随之解散。戏箱行头一律存放在老年班活动室，由于长期闲置，部分已经霉烂，还有大部分遗留至今。参加当年戏班演出的 52 名演员，至今健在的还有七八人，北山戏班也随岁月的流逝从此封存在人们的记忆里。

戏班解散，梦想还在，花旦吕唐富继续登场，只为那不悔的执着和那一段未了的情缘，曾先后被唐市、岩下、永康等地聘请当先生教戏。青出于蓝胜于蓝，每教一年，演员就能出师走红台。聪明能干的吕唐富还在后台当过几年老练的鼓板先生。1981 年，吕唐富投奔到大园剧团继续演戏生涯。忆少年，忆不过似水流年，当年身轻似燕娇滴滴的花旦——吕唐富，手脚腰板已不如当年，不打紧，扮演老生角色还是风韵十足的。就这样，穿靴架袍，走过四季，演绎着他不一样的不惑之年。

1982 年，吕唐富终与舞台依依告别，终究，于他而言，戏剧已成为他生活的一部分，有着特殊的情感和不一样的情怀。他曾悉心指导过新民村鼓手，村里每一年的迎案活动、送参军、鼓乐队，始终如一积极参与。

戏子们唱的是戏，演的却是酸甜苦辣的人生，诠释的是人世间伪丑恶、真善美，都是传统文化的传承者，都是值得尊敬之人。而今，年事已高，时年 82 岁高寿的吕唐富先生依然精神焕发，细腰直背，笑带春风，依稀可见当年迷人的花旦风采。耳濡目染，言传身教 ，吕唐富热爱生活、热衷民乐的优秀品质深深影响到他的儿女们，影响到更多身边的人，为乡村民俗文化的发扬和传承增彩添色。

第六节 北山石磨、美食文化

——访北山村村民吕云鹏

受访人及身份： 吕云鹏（北山村村民）

访谈时间： 2019 年 6 月 18 日 **访谈地点：** 吕云鹏家

访谈人： 陈淑婉、周闽尧 **录音整理人：** 陈淑婉

“咯隆呃，磨豆腐，磨柞乌，磨柞白，好请客，客已来，坐上陪，酸菜豆腐赶快端上来。”这是曾经很多农村孩子小时候常挂嘴边唱的农谣。

那些年山里人的菜谱里，有豆腐有肉算是“排长”了。一般逢过年过节，红白喜事时才会做豆腐。为了方便制作，北山村大部分家庭也和其他村子一样，都会置办一台石磨。石磨有厚有薄，由两排磨盘组成，安放在四只又长又粗的木脚上。石磨有轻有重，北山表妹家的石磨比我家的笨重许多，不是成年人还真的磨不动。表妹说，过年时，家里每年要做十二多斤豆的豆腐，如此费力的活，大家得分工干。家庭成员中我表妹排行最小，当然分配到掭豆水的任务，这活相对省力些，其他人员轮换着磨豆腐。

磨豆腐的前期工序是脱豆瓣。脱豆瓣是轻松活，只要把豆放在磨面上，不用马笼扎直接用手把住磨柄一圈圈转起来就行，豆子会自动沿着石磨孔滑到石磨下面的坐团里，“唧唧唧”，一下子就把豆脱成两瓣。一开始掭豆水还真外行。磨一圈，必须掭上适当的豆水到石磨孔上。表妹人小个矮手也短，要么掭得多，要么掭得少；时而撞着马笼扎，时而掭不中石磨孔，一点水准也没有。加上表妹的吊儿郎当，弄得黄豆瓣像天女散花样撒得豆腐桶里、黄泥地上、石磨凳上全都是。大人半骂半哄：伐经心掭，裤团瓜扇你烂！豆腐锅焦豆腐花莫想吃。大人哄小孩，动不动用吃来诱惑，山里的孩子就是朴实，三哄两哄就被哄得服服帖帖了。

表妹学会了掭豆腐，跃跃欲试想磨豆腐了。天哪！这是压在孙悟空身上的那块五指山吗？表妹嚎叫道。都使出吃奶的劲了，石磨怎么还转不起来？人多力量大，表妹忙叫表哥一起上。兄妹俩一左一右使劲拉，“咔嚓”！转到半圈刹住了。原来用力不当，松出了马笼扎，“哎哟”！痛死了！真是的，还撞痛了下巴。怪只

怪配合不默契，力量再大也没戏，表妹一脸的哀怨，愤愤地甩掉了马笼扎。

表妹家是村里唯一的养猪娘户，猪圈里大猪小猪多的时候达十五六头，豆腐水、豆腐渣自然是这些个活宝们的上等饲料。高营养的摄入，使小猪生长势头极好，圆圆滚滚，膘壮膘壮，成了村里养猪户的抢手货，根本不需拉倒市场上去卖。看到一头头小猪出嫁，换来的一帖帖花花纸钱，表妹突然间觉得自己的功劳还真不小。家里养了几年的猪娘，表妹就做了几年的掭豆姑娘，当然也吃了几年的豆腐锅焦和豆腐脑。为了犒劳大家，厨娘们把兑黄豆剩下的仅有的几块豆腐烧成红烧豆腐或酸菜豆腐或豆腐丸子，一家人津津有味地享用着丰盛的美餐，这样的幸福感只有在那个贫穷的年代才能领会得最深刻。表妹经常得意扬扬在我跟前分享她的幸福与快乐。

石磨不仅可以磨豆腐，还可以磨米粉、磨豆粉、磨宅子，总而言之，五谷杂粮全可以磨。曾经的水磨糕、千层糕的味道，至今令人回味无穷。石磨用场最大的除了磨豆腐就是磨米粉了。把籼米或糯米加橘皮炒熟加上适当的红糖冷却后磨成粉，缙云土话叫作 ong，直接可以食用，并用于拜年。表妹说，她家外婆、大伯婆、巧叔婆，这些婆啊公啊级别高的，全都拿这个去拜年，跟我家的境况完全相似。所以每年临近过年，最起码得磨上三十多斤的 ong ，幸好磨干货比磨水货省力多。多蹭了几年饭后的表妹，力量也渐长了，觉得自己应该是为大人们出力的时候了。于是乎，轻装上阵，抓手勒臂加大马力，期望石磨“呼呼”转得能像风车一样快。谁知欲速则不达，摇头摆尾的荡头太大，结果把马笼扎上面的吊绳“嗖”地给荡断了，差点又撞痛了下巴。米粒撒了一地，幸亏抢得及时，没打翻团箕里的 ong ，不过，团箕里米粒混一起了。好事多磨，真是犯铁扫帚干不了好事。那一次，我正好在她家，看到表妹无奈得真想痛快哭上一场。

吃一堑长一智，表妹说，后来再没出现类似的情况了。但会经常遇到糖块粘在石磨排中间磨不动。这个时候，必须移动石磨排，用刀子把磨排上的糖板锉干净，方可继续磨。磨 ong 最大的好处是一边磨一边就可以分享劳动成果。在柴间随便摘一张柴叶折成小匙就可食用。甜甜的绵绵的香香的米粉扪在嘴里，常常笑得喷个满面。

我是个地道的山里孩子，表妹经历过的也是我所经历过的，同样和石磨之间发生了许多啼笑皆非的故事，如今忆起依然历历在目。

上排压下排，因为反复的碾压，石磨的条纹自然磨平了，必须请采磨匠重新采出一条条纹路。一把凿，一个锤采出了农家人的生活印记。一圈圈，一年年，沉重的石磨陪伴着农家人的苦乐年华，磨出一盘盘丰富多彩的农家特色美食。

民以食为天。那些年，有了石磨，解决了落后农村很多有关吃的问题，石磨成了山里人不可缺少的生活用具。北山人，用他们的勤劳和智慧，年复一年，磨出了美好生活。当然，童年纯真浪漫的故事和曾经唱得滚瓜烂熟的农谣，都不会随着岁月的流逝而忘记。

第七节　北山布鞋、独具匠心
——访北山村村民吕云芳

受访人及身份：吕云芳（北山村村民）

访谈时间：2019 年 6 月 22 日　**访谈地点：**吕云芳家

访谈人：陈淑婉、吕岩　**录音整理人：**陈淑婉

手工布鞋在中国已有三千多年的历史。可是随着时代车轮的滚滚前进，胶鞋、皮鞋、塑料鞋等丰富多彩的鞋业如同雨后春笋般蓬勃发展。手工布鞋在许多人眼里成了“老人鞋”“老土鞋”，在相当一段时期里被人们所淡忘。近些年，一股民族风、复古风铺天盖地而来，布鞋又重振江湖，再现风采。

据说，最早的手工布鞋是山西侯马出土的西周武士跪像所穿的手工纳底布鞋。而最占据我视线的是电视剧里民国时期那些身着蓝色布扣上衣，黑色中裙，脚穿方口布鞋的女学生。那种纯纯的青涩的感觉，真叫人难忘。

小时候，每逢过年，都能穿上母亲做的崭新布鞋。为使全家老少都有新鞋穿，母亲早早就得准备。别看一双鞋，工序可复杂，阿姨很认真地述说着。

软硬适中的鞋底是怎样纳出来的？旧衣服算是发挥了极致的作用。帮母亲拆旧衣服是阿姨孩时经常做的事，因为不费力，所以很乐意。母亲把拆下来的旧布条用面粉糊一块一块黏在一起，捋平，就像做千层糕一样，一层又一层不断增高，纳成了“千层底”。那时候，家人穿白色衣服不多，白旧布条自然是少。为了提高鞋底的美感，母亲偷梁换柱，弄假成真，把深颜色的旧布条纳中间，把白布条纳外边。在母亲的巧手装扮下，白鞋底就诞生了。记忆犹新，阿姨的谈吐一点也不含糊。

纳好了不同尺码的鞋底，就做鞋帮了。每年做了新衣服都会留下一些布头。母亲根据不同的式样，选取不同的布色。统一色的做男鞋，有花色的做女鞋。记得小时候穿过好几种不同款式的鞋。春夏季穿的是单鞋，也叫“四方口”，脚背留一方口，透气凉快。再加一条鞋带，缝上暗扣，防走路时掉跟。秋天穿的叫松紧鞋，脚背封实，两边缝上小寸松紧，方便穿脱。棉鞋也有两种款式：一种叫“四折滚”，一种叫“三块头”。做棉鞋的鞋帮复杂得多，鞋面通常选用暖和舒软的灯芯绒当面料，中间夹入茸茸的棉花。“四折滚”简易些，不用鞋带不用松紧，分左右两块，中间后跟缝合就好。“三块头”也叫“飞机头”，鞋口处分三块，中间的叫“口舌”，两边的叫“翅膀”，再配上鞋带就好了。滚口沿是鞋帮的最后一道活，挑一根长布条把鞋圈包住缝好。要想把鞋做好，做好鞋帮是关键。布鞋居然还有诸多式样，不禁勾起我泛黄的记忆。

“姑娘家学会了做鞋，长大才能嫁个好人家。”阿姨说，也许真的是因为母亲经常唠叨的这句话，促使母亲做鞋时经常围着她转。所以在她十来岁时就学会了搓麻线。刚开始学时，由于屁屁太小，老是压不住麻线，时不时地掉出来。由于麻丝添得不均匀，搓起来的麻线是粗一段细一段，像蚯蚓一样（壶镇腔“麻罕段”）。阿姨很聪明，没下多大工夫就学会了。“娃儿不错！有出息。”母亲的夸奖就像湖面上被暖洋洋的春风荡漾成的欢快小浪花，不停地跳动着。有了动力，阿姨越搓越好，越搓越有兴致，真真切切帮了母亲不少忙。

给搓好的麻线上了蜡，光滑多了，织鞋底时就事半功倍。角钻引洞真费力，引穿“千层底”，还真得有点手上功夫呢。不仅如此，还能织出花样，那叫绝！“团圈织”“直竖织”“对头织”，母亲样样都会，疏密有致，犹如满天星。最欣赏的是母亲织鞋底时的那种铿锵有力，又不失温柔的典型的农村妇女形象，还有拉麻线时发出的“呼呼”声，令人心生向往。听得出阿姨对她母亲的无比崇拜和敬仰，不遗憾，后来很少呆在老家的阿姨终究还是学会了做鞋。

准备好了麻线、鞋底、鞋帮，就可“上鞋”了。鞋帮和鞋底务必对应吻合，缝歪了，鞋就难看啦。母亲缝的鞋总是端正细致，落落大方。再用鞋闩栓一下，鞋形饱满，杠杠的。阿姨不紧不慢，讲得有条有理，脸上洋溢出满满的笑意。

阿姨说道，小时候，过新年有新衣服没新鞋，是一件多么不开心的事。记得有一回，母亲手指受伤，没能如期完成一家人的新年鞋。大年三十，阿姨哭着闹着。母亲没办法，只得在寒冷的大年夜里，在昏暗的煤油灯下，忍着疼痛为她赶做新鞋，一直熬到深夜。长大后，阿姨每每想起这件事，一股自责愧疚之情直涌心头，一阵莫名的酸楚掠过鼻尖。

布鞋不仅穿着舒适，走路轻捷，更称心的是不太会发臭。阿姨说她家儿子和他爸现在一年四季大部分时间穿布鞋，那臭味自然就消失了。

最重要的还没说呢，阿姨马上接着讲述，按照北山村习俗，女方必须要给新郎新娘各自做双布鞋，还必须给男方的长辈（公公婆婆、舅父舅妈、姨夫姨妈、叔公叔婆）做鞋，以示尊敬。难为母亲为她做了十多双棉鞋和单鞋，这是一项多么伟大的工程。出嫁那天，一双双布鞋整整齐齐的摆列在刷着中国红油漆的木脚盆里，分外醒目，随着轿夫悠颠悠颠的在蜿蜒的山路上晃荡着，简直是一道美丽的风景线。阿姨清楚记得，出嫁那一刻，眼里噙满着泪水，是感激是喜悦！是不舍是感动！母亲是用她的心血给自己的女儿长脸。

阿姨的母亲只是中国千千万万农村普通妇女中的一员，做了大半辈子，穿了大半辈子的草鞋，又做了一辈子的布鞋，她们用勤劳和智慧续写着中国几千年的鞋文化，她们满腔热情，坚强执着，创造着时代女性的自身价值。

文献篇

村落印记 文献撷英

WENXIANPIAN

CUNLUOYINJIWENXIANXIEYING

第一章　1949 年前的文献①

一、北山基图小引

壶溪五云之一大都会也。我祖崇三公，独徙居北山，殆有潇丽出尘之想。然而山水弥清，景物弥静。眠牛飞凤拱其前，金星塔石拥其后。五圣翠崔而北来，跌水曲折而东注。远襟萝带，石牛近挹，龟星象鼻。耕于斯，读于斯，聚国族于斯。五百年来寖昌寖炽。甲第云蔓，簪缨蝉联。地灵与？人杰欤？抑我祖秽功累仁所贻者厚欤？谨绘其图以垂不朽。

二十世裔孙〇范、国源、国华、国清

二十一世裔孙绍华、作邦、志程

百拜谨识

二、北山派序

从来源远者流长，本大者末茂。伊古世家巨族，其先必有所积累，而后本支百世，弗替引之。顾非常之人，所以垂裕后昆者，不尽关功业之赫奕一时，大都清风亮节，卓绝人寰，其诒谋为最远。古人云："富贵不归故乡。如衣锦夜行。"为此说者，未必无所见。然意存炫耀，往往为识者所鄙。何如飘然外物，潇洒出尘之足以廉顽而立懦哉？缙邑东六十里地名壶溪，岩壑秀绝，神仙之窟宅也。汴宋之季，吕夷简公十一世孙，世章公由台括卜居于斯。薰其德而蚁附者众，遂成一大都会。越四世，有应梦公者，出尹宜兴，宦成归拂衣迁北山。疏浚潭艺枌梓，寻幽选胜，菟裘自娱。不数世，而保世以滋大，椒衍冠裳，与壶溪并峙。谓非贻谋之过人欤？嗟乎！古今来酣豢于功名，多知进而不知退。即退矣，鲜不辉煌绿野、广田宅而接宾朋，为宗族交游光宠。又其甚者，书空咄咄诧傺无聊。视公之

① 参见缙云《壶溪吕族志》编委会编：《壶溪吕族志》（一），1998 年。

入山，惟恐不深；入林，惟恐不密。度量相越如何？而予则谓：公不啻择而取之也。缙云于宋明间为才薮，理学、经术著作略备。予每延接诸生，询及先世图籍，半皆残缺。即今圣天子陶尧铸舜，加意右文，屡下明诏，搜求遗书。而括苍汇记，以及乡先辈诸藏本，均无存者。况壶溪迭遭兵燹，手泽杯棬之痛，巨室之所同也。而吕氏谱牒独全于北山舜贞、体亨二公之手。脱非应梦公之胥宇创垂阿护而佑启之殆巳。夫敬宗，收族礼之大经也。予读吕氏之谱，世次炳如昭穆，灿如家训，肃如旌别阐扬之意，秩如其绳武之贤。人文之盛，既了然卷帙中。而渊源之所自，益信公之立德，为不朽也。公于吕氏为大宗，派分北山，犹圣裔孔氏之派。与衢贤裔言氏之派，于越恬退廉让之泽，永世无穷。予固知其集庆锡羡未有艾也。敢诠次数言，而为之卷。

龙飞乾隆三十八年（一七七三）岁在癸巳季冬月谷旦

庚辰恩科举人缙云县博士

四明后学仇启昆熏沐顿首拜撰

三、北山宗祠特祭四世杨外祖同妣志

利厚则泽长，恩深宜报。重蒙其利，而不生感慨者，必非人情。爰念自古圣王，重农桑以足衣食。惟赖塘池以浇灌注，所以防荒旱，而备水涝也。邱中沟洫，罔不利导，以达其支。因而服先畴者，念旧德睹河洛者思禹功。盖水居五行之一，其功莫大焉。若我杨外祖者，于今数百年矣，惜乎名号不传，亲族莫稽。而功之垂后者，未有艾焉。一村之水利，关系大塘。自往年洪水冲塌，肥田几成荒土。幸倡首有人，再为修筑，而水利依然普沾。高下四邻，荒歉屡告。而我家黍稷稻粱，均获有秋。诚以此外祖当年畚筑之力也。因之宗祠初建，即行将享，位列东房。今适宗谱重修，安可不刊入谱牒，以绵功德于不朽？因请梓以寿于后。祠有祭，谱有登，庶外祖之阴灵永慰。而我家之报德，亦颇尽也。是为志。

乾隆十有七年（一七五二）岁次壬申葭月谷旦

崇三公裔下孙〇瑗、嘉相、发正、荣莩、〇范同拜撰

四、北山德行邑庠生琼公字次玖号两琢祠堂记

记曰：君子将营宫室，宗庙为先，厩库为次，居室为后。祠堂之建，由来重已。是故孝子慈孙，具有尊祖敬宗之心，必为谋栖托之乡。俾先人灵爽，得所式

凭后嗣。孝思得以展布，此心始安。北山岳先太祖，有讳两球公者，饬躬圭璧，厉志经书，品重学优，士林矜式。其后嗣簪缨继起。若者，而书香弈叶；若者，而乔梓欣荣；若者，而义方教子。理学名家，不宁惟是。且有才高应对，而待诏名扬。洵谓地方之望，闾里之光。倘不为作庙立祠，则质等璠玙腐同草木，大孝尊亲之谓何？岁丙寅（一八六六）七世孙、八世孙等感念及此。集合子孙，协商妥议，为建一特祠，以示尊显。幸诸孙在会，一致赞同。乃择门前甸基之合阴阳者，为基若而亩；乃度常山木材之合为楹者，绳墨若而树；乃使泥木各工之足胜臂指者，为匠若而人。庀材开工，构成正寝五间，门厅五间，南北两庑，各三间。并于门厅中间建一戏台，以供演剧。其北庑墙外，又建厨屋四阆，为祭祀备馔之用。惨淡经营，迁延五载，至庚午（一八七〇）秋始蒇事。落成日奉主入祠，举行献奠，寅以半子之亲，躬与盛会。目见是规模砻密，枚枚酷类閟宫；体势巍峨，奕奕真成寝庙。想两琢公在天之灵，当必指而笑曰：贤哉，有孙建成斯庙。吾之精灵庶几得所，凭依吾之血食，庶几得以永奠矣！何幸如之。夫是役也，共费白金五千有奇。于积贮外，兼售田若干以充其数。当事诸公，不知费煞几多心血也。兹因华族重修宗谱。孙佩珪、国琳等请记于余，余不揣谫陋，总其始末援笔而为之记。

中华民国二十有五年（一九三六）岁次丙子仲夏月全浣谷旦

陇川孙婿卢寅拜撰

五、北山宗祠记

维兹宗祠之嗣建也，虽原于始祖之灵，而实平今皇上之恩。此其中盖有天焉，非尽人力之所能为者。粤稽鼎革之初，山寇窃发，戊子（一七〇八）、乙未（一七一五）凡两遭壶沉。四境之内，村落民居，悉归乌有。人丁稀而耕作少，所遗常田祀产，薄艺寡收。输官而外，无几赢余，即欲供修岁事，乃故宫茅棘绵蕞难施。春露秋霜之感，缺然莫展者，多历年所矣。迨康熙己巳（一六八九）、甲申（一七〇四）幸获蠲租，且庆屡丰焉，而祀田之入始困积。

先君坤一百八十六翁，矢志建祠。同族长律先、邦道、惟春、体亨等，设修生息百有余值，随而鳌朝夕在念，纠诸族英尔彩、惟俊、惟文、惟开、延芳、秀卿、如卿、元卿、鸣周及兄祝三弟跃三，侄舜韶、舜奇、献其、淮珍、商玉，长男琮、次男琼等，继志述事，久之内无侵蚀，外无负偿，通会可有千金。己丑

（一七六九）冬乃图竖造，拓基址，庀材鸠工。不逾年而后寝、前厅两庑门垣，次第底绩，底几观美。至於辛卯（一七七一）仲冬卜吉迎主。亲朋来贺，赞赏有加。鳌等亦着不觉其所以然而然者，故曰：此其中有天焉。特是创之非艰，守之维艰。盖宗有宗法，祠有祠规。孰敢戏渝，玩亵猥云。我将我享，神罔时怨，神罔时恫也乎。爰相与申饬旧章，添酌夫上治、旁治、下治之义。以辄前修，以开后起，则氏族之殿，其有望矣。夫是为记。

时康熙五十一年（一七一二）岁次壬辰

六、附载跋语

叔祖振声与侄荣萼之为是作也，洒洒洋洋数百言。联氏族、笃宗盟，水源木本之思，承先裕后之意，胥于是乎！在雍正癸卯（一七二三）年间，以谱事落成，未获刊载。然吾族之隶在印山者，虽另为编帙之存，而精神之流通，血气条贯，实本自宋淳祐进士崇三公。越三世，福三公来焉。炳炳鳞鳞，祖功宗德之训何可忘也？而叔祖与侄惓惓之意，亦不敢没用。付诸梓，知吾族与壶溪北山，始由合而分者，未尝不可由分而合也。至世系之条分缕晰，载在他序。及叔祖与侄之言甚备，复何赘哉？谨跋

乾隆十七年（一七五二）壬申余岁印山裔孙元蔼

七、壶溪北山吕氏纂修宗谱序

括苍，古称成德，隐真洞天。丽其阳而居者，壶溪吕氏为望族。壶溪者好溪也。好溪自大盘山逶迤而下，澎湃奔腾，涛雷激射，水石喷薄。至壶溪而岳峙渊澄，花明柳暗。那神仙之窟宅，实台婺之通衢。旧传有无隐公者，背竹杖提玉壶徘徊溪上。忽焉缩杖，归壶入溪而沉，莫得去迹。故壶溪别号壶沉。予授徒眷西楼时，吕子兴远、莫安负笈而来，历有年所。由壶溪沿流北上，坐括苍山之北坞为北山。北山吕氏，予家清房孝友公妣所自出也。景有眠牛、飞凤诸胜，直与壶溪相掩映。于溯洄之间，特地较偏隅，致逾幽静耳。己酉（一七八九）冬予授丽阳博士。壬子（一七九二）夏二子谒予官舍，具述其家纂修宗谱。乡耆秀中有讳丰年、音隆、渊源、首元、宗祊、膺场、志程、承禧、沛霖、观光、应龙者，问序于余。余按吕氏世系，盖自汴宋之季文靖公十世孙克炎公为台括守，其第八子世章公由台括卜居于缙，遂为壶溪始祖。越四世，进士应梦公出尹宜兴。归营菟

裘，寻幽选胜，始迁北山。自是以来生齿日繁，闻人代出，迄今几八百载。氏族之盛，冠弁缙东，岂非吕先德之遗荫长耶？顾念溯源别流，事必有纪。守先待后，存乎其人。今吕氏复取其家乘，而重修之。叙少长，别亲疏。正规条，严褒贬。将先王上治、下治、旁治之义，胥于是乎在矣。谱竣之日，乡父老以时合族而食，取其风俗而整齐之，与其子弟而教诲之。俾秀者，诗书鼓箧；朴者，孝弟力田。行见世德发祥，宗功衍庆，振振绳绳，保世滋大。固宜与苍峰并峙，好水俱长也。若夫相业箕裘，一脉之家风宛在；儒林奕叶，历朝之正学可循。则予尤于吕家诸君有厚企焉。北山既于余有旧戚，而壶溪二子，复相从日久。爰不揣而为之序。

乾隆五十七年（一七九二）壬子蒲月谷旦

辛卯科举人丽水县儒学教谕永邑正禄顿首拜撰

八、北山八咏即用山阴前辈壶溪八咏韵

《古庙飞凤》

庙貌巍峨列画屏，千年禋祀散烟青。分明好似岐山凤，独向高冈振羽翎。

《玉案眠牛》

玉峰平峙夕阳晞，好似吴牛卧石矶。扑地居民多瑞应，花蹄时卷白云飞。

《寺园凝翠》

冷落诋园竹万竿，纷披翠握挹清湍。沿溪多少萧疏景，留与幽人隔岸看。

《塔石浮岚》

晴岚一片绿猗匕，淡荡清风细匕吹。磊石如棋飞黑白，坐谈恍对乐何其。

《石龟跌水》

匹练腾空势欲吞，分流寺外漱云根。梵声才罢涛声急，泻出松头月一痕。

《紫草落钟》

荒址素寞倚寒山，无复钟声倚庶顽。故老至今谈逸事，怪他飞去五云间。

《仙姝胜迹》

双双仙子散空花，缥缈峰头望眼赊。欲借丹青图胜迹，玉容半被淡烟遮。

《五圣岩前》

乱峰何处觅村船，中有山僧扫石眠。壁上遗诗茫莫辨，幽寻日访竹林禅。

乾隆癸巳（一七七三）吕月谷旦

四明仇启昆题

九、印山谱序

古者，天子建德，因生赐姓。左氏曰：姓者生也。以此为祖，令之相生，虽下及百世，而此姓不改。伯恭公曰：三代之时，曰姓者，统其祖考，所自出百世而不变者也。而子孙别为氏者，不胜其多焉。有以王父字者，有以先世谥者，有以所居官者，有以始封邑者。孟仲、季臧、东门、子叔同出于鲁；淤国、封印、公父、伯张同出于郑；向华、荡乐、鳞鱼、仲老同出于宋；栾高、崔国、叔仲、东郭同出于齐。溯其流可知其源，寻其叶可知其根，抑何易耶？秦汉以来，世守一氏，传千余年，而不变者，遍天下皆是也。可谓简而易知者矣。然人罕有能辨其氏族之源者。欧阳子有曰：人而不知其姓氏所自出，则涣若凫雁矣。伯恭公曰：古之氏族繁而知者反多，今之氏族简而知之反寡，盖由谱牒之明与废而已。自谱牒不明姓氏舛错，世多以子孙诬其祖父者。若敬之为文，籍之为席，以讳而改，疏之为束，枣之为棘。以难而改，犹可言也。至于张孟之灌氏，李元亮之骆氏，是异姓而相冒者也。赵彦昭之与巫通谱，郭崇韬之远拜汾阳义甫，以通显而尊为父兄，罗隐以才名而呼为叔父，是同姓而相冒者也。其何以上尊祖宗，而下联族属乎？吾家鼻祖世章公，随父历任台、栝、临安。爱壶溪风景之美，而卜居焉。越四世，崇三公以宋进士而解绶归老，誓不臣二姓也。乃偕子什三公，谓北山山环水绕，有衡门泌水之风，徙居其地，遂素志也。再越四世，福三公出继印山。溯印山之鼻祖则是天祐公起一世也。尝稽谱系，惟叶氏较他姓为最清。若松阳，若寿昌，其谱牒自春秋楚令尹叶公以来，支分派别，了若指掌。印山亦其苗裔也。然自福三公出继以来，历今二百余年，叶氏之先灵，所赖以永传弗替者，皆吾族福三公后也。癸卯冬宗兄荣季、侄奇生、林生、雨生、挺生等有水源木本之思，而推源其先世所自出。孝子仁人之用心，固当如是也。亦诚大异于欧阳子所讥，与夫世有诬其祖父者矣。乃因谱事将竣，未便汇为一简。故特明叙其始迁之由。与夫支派之所自别，亦若香溪之章与童、高隆之诸葛，与诸暨之邵，姓虽异而宗则一。昭穆有序，叔侄昆季，犁然不紊。俾世世子孙知吾二姓，同出一源。庶亲者无失其为亲也。福三公其祥之长发，秀者志芸窗，朴者勤东作。嗣后振振绳绳，与吾家共绵瓜瓞之盛，亦孰非世章公明德昌后之验欤？

雍正元年（一七二三）岁在癸卯三冬之吉
岁进士候选训导壶溪同宗孙振声顿首拜撰

十、祝文

康熙五十七年岁次辛卯仲冬吉旦，孙鳌等迎崇三公入祠。

恭惟我祖，南宋从王，临安驻马，东上栝苍，壶溪卜筑，四世其昌。

经营别墅，北坞之阳。难兄难弟，两地联芳；书升标榜，雁塔维扬。

宜兴筮仕，廉节自将。亲民悉俾，父母歌行。欢声载道，卓异邻邦。

钦行在即，女真侵疆。檄徵原职，拂袖还乡。忠臣义士，潜德流光。

清白子孙，长发其祥。于今为烈，斯大斯张。丕承佑启，混混靡忘。

感时追远，春雨秋霜。孔安成寝，黝垩官墙。潢污蕴藻，般荐豆觞。

来歆来格，于戏尚飨！

十一、吕叶和宗叙

栝苍之阳有壶溪焉。自汴宋世章公卜居此地，盖于兹六百余年矣。其子孙有在本地而发祥者；有迁异地而昌后者；又有流泽异姓而蕃衍者。壶溪之地，烟居稠密，户口殷繁。文人学士之聚族而处者，指不胜屈。虽地属嚣廛，而人每多醇谨可风，故号邑东巨族。此所谓在本地而长发其祥者也。壶溪而东五里有苍峰，逾壶溪而西十里曰北山。两地自分派后，日有起色，而北山为最。北山泉甘而土肥；山环而水绕。其室家之盈余，文风之丕振，直与壶溪并峙。此所谓迁异地而克昌厥后者也。由壶溪而南距二十余里，曰英山，英山本叶氏也。自宋翰林宫讲公，崛起台郡。越六世，讳天佑公徙居于斯。而祀统遂以永传弗替。暨三世均大公诞育太姑，择配北山吕彦恭公。生四子：长曰玉，次曰珪、三曰瑞、四曰瑊。是时吕叶谊属姻娅。尚不得以和宗目之。及均大公再传时庸公，以北山珪公为继嗣。是时螽斯揖揖，瓜瓞绵绵。英山中之或耕或读，箕裘于以不坠玉叶于焉传芳者何？莫非珪公后裔乎？而珪公实本于北山。何莫非崇三公之遗泽乎？而崇三公实原于壶溪，亦何莫非世章公之余波及远乎？此所谓流泽异姓，而奕叶蕃衍者也。所虑者世远年湮，其于喜庆吊慰等事，几至秦越异视矣。独赖彦恭公厝后沈枣木岗。地连北山，每年清节祭扫，两姓子孙共拜坟茔，共燕祭胙，犹有和宗睦族之道。因略叙源流，俾后来子孙，知吾二姓，同出一本，庶亲者无失其为亲也。为序。

龙飞乾隆三十八年（一七七三）岁在癸巳季冬之月谷旦
崇三公下英山派第十六世孙绍芳、绍宗、绍因
十七世孙凤鸣、凤翔、凤丹、凤喈、凤苞、凤高、凤德
同百拜谨识

十二、两姓和宗序

古有朱陈二姓，以一村而世为婚姻，论古者恒奇之。今缙东吕叶两族，自恭二公以来，数百余年，而不闻有一为婚者，曷故？礼同姓不为婚，异姓而不为婚？或者其怼甚乎。吾谓吕叶之不为婚，非怼也，亲亲之道也。亲亲者何？同宗也。独是吕以世章公为始祖，而所居则有壶溪、北山、苍峰（五里牌）等处。叶以天佑公为始祖，而独聚族于英山各地。其地各姓其姓，各祖其祖。曷以云同宗乎？言继也。继者何？吕自世章公卜居五云壶溪。越四世，崇三公徙居北山。自崇三公传及四世成六公，娶我英山均大公之女为配。生四子：长讳玉、次讳珪、三讳瑞、四讳瑊。而珪公存心忠厚、立品端方，有大过人者，我祖时庸公甚爱之。夫时庸公乃均大公之长子，天佑公第四世孙也。生一子，讳谦，字怀恭，行恭一。尝指此子而与祖妣胡氏言曰：吾如此子之环环何？祖妣曰：吾观今之与吾子相往来，相倡和，虽同胞无以过者。甥也盍取以为继。时庸公曰：吾有此意久矣。遂立珪公为次子，改吕为叶，易名为逊，字怀让，行恭二。嗣是而寖昌寖炽。英山中列屋而居，比族而处，文风于焉丕振者，皆恭二公之苗裔也。传曰：有妫之后将育于姜。又曰：在其子孙，光远而自他有耀，兹其犹是乎？噫！吾家当元末明初，不有恭二公、叶氏之宗祖。不其馁而，而得旁支以继之。累世滋大使五世以前之精爽，有所式凭，五世以后之云礽，无可限量者，其殆我祖天佑公之积德，有以致之乎？抑亦世章公之灵，阴扶默相，虽族茂东平，犹不足以快其意，于是而复昌奕叶于南阳乎？恭二公父成六公，实厝枣木岗。曩者吾家助金十有余两，立祀产于北山，以计久远。迄于今犹登斯邱，而发水源木本之思，而岁祀不绝。是不忘恭二公，并不忘恭二公之所由来也。亦可见祖泽之所留贻者远矣！然则恭二公本吕氏也，而以继于叶恭二公之孙子，继继绳绳于英山中者，奉叶祀也。而实本于吕，故伯叔兄弟，依然同姓称呼；祭祀往来，犹是一家姻睦。吾故曰：吕叶不为婚，亲亲之道也。但虑年湮而谱牒不修，或本同姓，而视若秦越。甚且源远而支派渐疏，或因异姓而构为婚姻，则虽好若朱陈，不且为凄渎姓矣乎？幸值吕家家乘重修，敬叙源流。明吕与叶地虽分，而族则合；姓虽异，而宗则同。庶使世世子孙，视吕如叶，视叶如吕，则不为婚之。吕叶不且较婚姻之朱陈，而更恩

情之垦至哉！是为序

乾隆五十七年（一七九二）岁次壬子孟夏月谷旦
崇三公下英山派第十六世孙绍因拜撰
十七世孙志林、秀林、凤丹、凤喈、凤苞、华蓁
十八世孙菁同谨识

十三、吕叶同源序

缙邑之东曰壶溪。壶溪之间，泉甘而土美，俗雅而风醇。吾鼻祖世章公居之，自宋迄今，六百有余岁矣。服先畴者，不知凡几；食旧德者，实繁有徒。虽湫隘嚣尘，地属争利之所。而诚悫谨厚，习尚敦庞之风。以故声名文物昭其仪；孝弟忠信著其德，真觉族甲栝郡，而声施五云者也。且祖宗之流泽极远，而子孙之发祥甚多。东则有苍峰，曰止而曰时焉；西则有北山，爰居而爰处焉；南则有英山，攸宇而攸宁焉。之斯三者，不无小大之差，而均为壶溪世章公之后裔也。春英山叶姓，一世祖天佑公，本自台郡，宋翰林讲官之后。其与壶溪之鼻祖，本歧途而各出者也。兹何以云同宗共派哉？传曰：有妫之后，将有于姜，五世其昌。其北山吕彦恭公之谓乎？夫公娶于英山叶钧大翁之女，诞育四男。次曰珪，仪表非凡，才能出众。当斯时也，止联朱陈之好，非有鲁卫之亲。及再传舅氏时庸公，以珪公为嗣。因而永传勿替，则蔓草可歌也，而椒聊亦可咏是。吕原非叶，而叶实属乎吕。岂若龙门系出重黎，兰台远宗于菟。张孟之为灌氏，元亮之于骆氏，冒附先朝，托名望而思自表异哉？矧后沈枣木岗，彦恭公之佳城，现在北山清明佳节，两姓子孙会集拜祭，共谳祭胙，犹见亲睦之休。匪但音问想通，庆吊相与，往来而已也。兹因纂修玉牒不日告成。春也不揣鄙陋聊序源流，俾后世子孙，知东楼之吕与英山之叶，实异派而同源。毋致秦越之相视焉可。

道光五年（一八二五）乙酉蕤月
英山同宗孙佾生茂春百拜撰

十四、吕叶合约

立合约：北山吕璋、堿两公派下，祀孙廷和、方有、寿昌等，英山珪公派下，祀叶乾元、新初、维彪、周建、炳南、朱华等。在昔，北山彦恭公娶英山叶氏为妣，生四子。次子曰珪公，出继英山母舅时庸公为后，始之以婚姻继之，以嗣续

至今。恪守百世，不为婚之礼。虽异姓，犹同姓也。不幸彦恭公子孙，其在北山者，数世之后，遂失其传。其在英山者，情深报本。于雍正年间捐资十有余两，助入北山总常，以供彦恭公祭祀。以故清明上墓，英山子孙亦得拜祭分胙。近因北山总常为王姓争控，山场常产废卖几尽。英山珪公子孙恐昔年捐资无着，而彦恭公祭祀久必废坠，托众向理蒙众处，妥将北山总常已经出卖活赎之田一段：土名坐永邑四十四都洋溪大圠下，下半圠，田数丘，计秧一百把零。两家备价钱四十四千文，其田赎回，永作彦恭公祀田。两家承分值祭。清明散祭，分胙，对半均分。惟愿立约之后，两家同心积发。庶几祖宗血食之久，永远无坠。欲后有据，立合约二纸各存一纸为照。

咸丰七年岁次丁巳（一八五七）四月吉旦

北山派祀孙 廷和、方有、寿昌

肃齐、梦章、仲魁

东居族长 发献、敦伦、建焕、玉连

美甫、金富、肃扬

英山派祀孙 乾元、新初、兆昌、周建

炳南、维彪、朱华

代笔 景洪

俱有押

第二章 北山村有关合同、申请报告[①]

第一节 生产经营和承包合同类

一、关于下宅大队承包黄花菜生产的合同书

关于下宅大队承包黄花菜生产的合同书

为了发展生产，大队经营黄花菜生产，根据1981年实践证明，加强生产责任制为好。经大队双委决定采用承包责任制的形式。双委到金针山实地按收益面积、估产价值，留有余地，净收入计值叁仟元正上交大队，并安事告群让广大群众所知，采取投票方式，为上交大队最高者为得票承包。双委会于11月24日夜召开投票会，参加投票先交押金弍佰元正，共有柒人参加投票，结果吕某某投票上交大队为伍仟壹佰弍拾元正为得票承包，今特订立合同如下条文。

甲方：大队管委会

乙方：承包者

一、承包时间为1982年收入壹年

二、纯收入上交大队现金：

1. 乙方投票承包上交大队现金伍仟壹佰弍拾元正。

2. 乙方在金针采摘完成交清甲方款。

三、产品处理：

1. 乙方应优先完成上级有关所属单位派购任务。

2. 甲方向乙方提存金针干壹担，甲方给国家收购价格付给乙方，并不计奖售。

3. 乙方完成国家任务前提下，有剩余产品由乙方自行出售。

---

① 资料来源：北山村村委

四、承包面积及管理工作：

1. 甲方金针基地上奄、和尚山沿、大常山、西尺屾等金针山（不包括今年已掏栽更新种植的金针地）由乙方经营生产，但其中上奄今年掏栽地由乙方种植不计报酬。

2. 甲方有寺山未种植金针，给乙方种植粮食及其他农作物，乙方种植时间不能影响下手交接承包。

3. 乙方不能在承包面积金针地套种农作物及其粮作物。

4. 乙方在金针采摘完成后，在阳历九月底把所承包的金针基地中耕深翻土一次，甲方估工资计壹佰肆拾元正，由甲方付给乙方二分之一。

5. 甲方金针基地中有大粟（包括寺山）、茶叶、毛竹，由乙方护样（养），不得任意砍伐，其大粟、茶叶产品归乙方所有。

6. 乙方承包金针基地应由甲方掏栽种植所需的种栽。

7. 乙方承包金针基地无权处理支配出售种苗。

五、生产工具、生产资金：

1. 乙方在产生过程中所需的生产成本、肥料由乙方负责。

2. 乙方生产中所需的生产工具、烘干生产、场地仍然按八一年承包吕某某合同书一样。

六、乙方在生产过程中产品发生失窃与破坏，甲方应协助乙方解决处理。

七、以上合同双方遵守执行。

乙方承包者：

甲方代表：下宅大队管委会

1981 年 11 月 27 日

二、关于下宅大队医疗站承包合同书

关于下宅大队医疗站承包合同书

甲方：下宅村民委员会

乙方：

一、乙方向甲方承包办医疗站，自负盈亏（包括劳动报酬）。

二、甲方借用乙方房屋三层楼下大房壹间，医疗工具及停放药具（按财产登记入册）。甲方垫付乙方备用经费，原医疗现金和库存药物，共计 378.11 元（叁仟柒佰捌拾壹角壹分），乙方须分两年归还。甲方各占百分之五十。

三、甲方规定乙方电灯在没有特殊情况下只许在 40 支光（瓦）以下。

四、甲方垫付乙方工具除房屋之外有损失由乙方负责赔偿。

甲方代表：

乙方：

1982 年 3 月 12 日

三、关于下宅大队加工站承包加工合同书

关于下宅大队加工站承包加工合同书

甲方：下宅大队管委会

乙方：承包者

甲方定加工站采用劳动报酬承包方法，定全年度总收入归乙方 25% 作为劳动报酬。由于投票承包人数多，选取以投票低于 25% 的最低者得取承包。于 1982 年 3 月 17 日夜召集要承包者参加投票，吕某某投票百分之壹拾捌为最低者取得承包者，现经双方订立合同如下。

1. 乙方向甲方投票承包全年总收入中，劳动报酬为百分之壹拾捌，内包括加工工资、机修、出餐（差）、购柴油、一切误工开支。甲方定付给乙方劳动报酬，按每月月终付给乙方百分之捌拾现金（年满一次付清）。

2. 甲方每日加工费收入，虽为乙方办理，办理盖章手续。

3. 乙方每市日加工三天，壶镇市日前一天起连加三天，随（如）无电隔日补足，三日内包括机修在内，出餐（差）县车旅费由甲方决定，每日补陆角由甲方负责，如红白喜事、开封山，除以上事外，无故旷工，每天培（赔）工资壹元伍角三。

4. 乙方在加工中对电动机、起动器损坏，应负担赔偿百分之二十。

5. 加工站什用加工工具，由乙方管理使用，如有损失乙方培（赔）偿。

6. 乙方半途而废，甲方有权具（拒）付百分之二十工资。

甲方代表：

乙方代表：

承包期限：1982 年 3 月 25 日起到 1983 年 3 月底止。

1982 年 3 月 17 日

四、关于下宅大队代销店承包合同书

关于下宅大队代销店承包合同书

甲方：下宅大队管委会

乙方：承包者

为了发展生产，保障供应，方便群众生活，特订立双方有关条文如下：

1. 乙方是原承包者，在年初议定 1983 年上交甲方每日壹元正，现由于形势发展需要，社员个人开设商店增加，乙方在 1982 年 12 月 1 日至 1983 年 3 月底止，共计四个月，应交甲方计币壹佰叁拾元正（需在 4 月 15 日交清）。

2. 乙方承包期，自 1983 年 4 月 10 日至 1986 年 4 月 10 日止共三年，每年交甲方计币壹佰伍拾元正（需在 1983、1984、1985 年 11 月底交给甲方）。

3. 关于货物移交处理，乙方原承包库存货物，及三年承包期库存货物，甲方不接收，由乙方自行处理。

4. 关于资本，甲方原已垫付乙方资本，乙方需在 1983 年 11 月底交清给甲方（本、息）。

5. 甲方原有工具、房屋给乙方管理使用，现继续给乙方管理使用，在承包年如有损坏少件乙方一概倍（赔）偿。

6. 上级计划分配给社员供应物资，由乙方负责提货供应社员。

7. 乙方需要开支管理费（电灯费等）一概自负。

8. 乙方需承担传递有关电话告示。

甲方代表：

乙方代表：

1983 年 4 月 15 日

五、关于下宅大队小祠堂火舍承包合同书

关于下宅大队小祠堂火舍承包合同书

甲方：下宅大队管委会

乙方：承包者

甲方有小祠堂火舍承包给乙方，开设饮食等行业，经双方协商，订立有关条文如下：

1. 甲方包给乙方小祠堂火舍，共三年（1987 年 11 月 6 日至 1990 年 11 月 6 日止）。

2. 乙方上交甲方承包费三年共肆佰捌拾零元零角零分，立合同之日其款付清。

3. 甲方包给乙方的小祠堂火舍：（1）由甲方负责砌墙（闭）与祠堂通往的墙门口。（2）火舍朝东需开门口、楷、门，由乙方负责。（3）目前及三年内需修理、补漏所需的物资，经费由乙方负责。

4. 乙方承包三年内交甲方押金肆拾元正，三年期满后，甲乙双方不再承包，由乙方负责闭复开的门口、楷，方可退给押金。

5. 立合同一式式份，双方各存五份，日后为照。

甲方代表：

乙方代表：

1983 年 4 月 15 日

六、关于戏台建造承包合同

关于戏台建设承包合同

为了广大群众的心愿，经下宅村委研究决定将本村戏台承包，采用包工包料，经双方同意订立合同如下。

甲方：下宅村委会

乙方：承包者

1. 甲方有戏台一座，需建长 11 米（中长 11.40 米）、宽 10.70 米。

2. 戏台脚挖宽 1.50 米，深 80 厘米，高度从基脚止台面 2 米，台柱基脚六个面面 80 厘米正方，需用水泥由甲方负责材料。

3. 原料由乙方用块石砌，双披墙下脚 1.50 米，上面 50 厘米。

4. 甲方负责填泥方。

5. 乙方需在 11 月 25 日前完工。

6. 甲方验收合格，承包款壹仟伍佰元一次付清，押金同时付回。

7. 乙方在承包前需交押金 200 元。

8. 乙方承包后不施工，逾期不完工者没收押金 200 元。

9. 本合同一式两份，双方各存一份，日后知照，不得翻悔。自订立之日起生效。

甲方代表：

乙方代表：

1983 年 4 月 15 日

七、关于村加工站绞面房承包合同

关于村加工站绞面房承包合同

为了增益双方经济收入，经本村双委研究决定，本村加工站绞面房承包如下。

下宅村双委称甲方

村民吕某某称乙方

1. 甲方承包给乙方加工站，三年承包费肆仟伍佰元正。

2. 乙方给甲方交纳全村电费损耗，加工站电表修理，收电灯费交电灯费，确保村民照明正常。

3. 甲方承包给乙方三年，承包押金壹仟元正，中度（途）不加工，没收押金。

4. 甲方三年退还乙方押金，按活期利息计算。

5. 甲方加工站房屋绞面房柒间，价值 10000 元，出了火熄事故，乙方负责赔偿。

6. 甲方加工站内机器及用具，被盗者，由乙方负责赔偿。

7. 甲方加工站用具一概由乙方自负。

8. 甲方加工站机器，包括钢磨贰台、碾米机壹台、电动机贰台，由乙方负责收（修）理。

9. 甲方上级电费增长、减少由乙方自负盈亏（加工电费增长按加工费增长推算）

10. 甲方上级停电伍天以上，按全年承包费壹仟伍佰元，按 360 天推算退还乙方，伍天以内不计算。

11. 甲方电费未增长，定乙方谷每担 0.35 元、麦 1.20 元、玉米 1.20 元、猪吃玉米 1.20 元、碾蕃莳 0.25 元，加工每市三天。

12. 甲方承包给乙方绞面房叁间等物，三年承包费陆佰元，在合同前交清款。

13. 乙方期满，验收时交还甲方，碾米机、磨粉机、电动机正常交还。

14. 双方订立合同一式二份。双方不得翻悔过。订立之日生效。

甲方代表：（签名盖章）　　　　乙方代表：

1989 年 2 月 20 日

附：粮食加工站麦条加工机器、电器设备登记清单（一式叁份）

铁锤 2 个、钢磨 1 把、尖钳 1 把、17—19 套筒一把、皮带冲 1 杆、大小磅秤 2 台、秤锤（砣）800 斤、脚盘 2 个、小方箩 12 只、大箩 1 只、算盘 1 只、电动机（1.5 千瓦、7.5 千瓦、17 千瓦、10 千瓦）共 4 个、碾米机 1 台、蕃莳机 1 台、棉花机 1 台、台虎钳各 1 张、电表 2 个、启动器 1 个、风车 1 台、橙 1 支、半面箱 1 只、面机橙 1 支。

八、关于村金针山承包合同

关于村金针山承包合同

为使村民增加收入，经本村研究决定，将本村官塘岴、大香山、四尺岴、胡石牛、和尚山沿金针山承包给各农户种植，特立合同如下。

甲方：下宅村民委员会

乙方：

1. 甲方有金针山原名官塘岴田有界三年承包款 288 元（1990 年交 116 元、1991 年交 96 元、1992 年交 76 元）每年 2 月份收款，由农户承包种植，若到期不交承包费，停止种植。

2. 甲方承包给乙方从 1990 年 3 月至 1992 年 10 月 30 日止，期满甲方另行转包。

3. 本合同自立之日生效，双方各存一份，日后知照不得翻悔。

甲方代表：

乙方代表：

1990 年 3 月 23 日

九、关于村金针山承包种植蚕桑的合同

关于对金针山承包种植蚕桑的合同

为了贯彻一村一品、发展经济，使广大群众发展蚕桑生产，走上脱贫致富道路。本村有上安山一处承包给各农户种植蚕桑，特立合同如下。

甲方：下宅村民委员会

乙方：

1. 甲方有上安金针山一处承包给乙方种植蚕桑 3 亩，承包期从 1990 年 10 月

至 1995 年晚秋蚕上山为止，承包费 75 元。

2. 乙方在承包期满，桑树归村所有，不计算苗木款。由甲方重新反包给村民，1995 年晚秋蚕上山后，桑树由下手整枝，桑柴归上手承包者。

3. 乙方承包期满为甲方保留，每亩桑树成活率以 950 株为基数，小于 950 株处理每株培（赔）偿伍元。

4. 本合同一式两份，双方各存一份，日后知照，本合（同）自立之日生效。

甲方代表：

乙方代表：

1990 年 3 月 23 日

十、下宅大队建造房屋大包干经济合同

下宅大队建造房屋（办公室仓库）大包干经济合同

甲方：下宅村民委员会

乙方：

1. 甲方包给乙方建造房屋 7 间，连南边楼梯围墙，以大包干方式计人民币陆仟叁佰元正。

2. 甲方包给乙方原料：浆砌条石（20*40）（笼石杜绝）、水泥板 147 片、水泥杠梁 7 根、楼梯踏步（步数、长度实地支）

3. 工程量：楼下一层（条石高 20*40 共 7 块），水泥板安装（包括水泥浆涂蓬）、间沿柱（条石 20*30）加工平面、门口、楷（不包括各框）连角刘平（包括木砖机）

4. 甲方给乙方期限自立合同之日起在 70 天内完工。

5. 甲方付款乙方：分二期。第一期伍仟元正，第二期验收后付清。

6. 乙方给甲方建筑需保质拐杖量，按期完工。

7. 立合同壹式贰份，各存壹份，备存为照。

甲方代表：大队管委会

乙方代表：

1984 年 3 月 2 日

十一、义务积累工具体细则

义务积累工具体细则

1. 18—60 岁的派积累工。

2. 1990 年度劳动积累工，每人 20 天（其中 4 天由生产队安排，16 天由村统一安排）。

3. 残疾人员不派工，18 岁以下 60 岁以上不派工。

4. 有派劳动积累工互相可代工，没派劳动积累工一律不能代工。

5. 男工每天为 10 分，女工每天为 5 分。上午计 4 分，中午计 3 分，下午计 3 分工资。每天定 5 元。结算找补压平。

1990 年 2 月 20 日

第二节　农田改造和公路建设类

一、关于旱地荒坡改田要求立项的申请报告

关于旱地荒坡改田要求立项的申请报告

壶镇镇人民政府：

我村共有 1400 余人，旱地荒坡坐落在村西有金高圩、上余岴等地梯形式约 400 亩左右。目前种植的是蚕桑、棉花、番薯、玉米等农作物，但要靠雨水调匀才能获得收成。可村民花的劳力大、收获少。为了让子孙后代幸福，把这片旱地改为良田，提高经济效益，早已有了如此心愿。

20 世纪 90 年代初期在政府关心支持下，利用更新水库的溶水，做了三面光的水泥的一条渠道，为改造我村的旱地打下基础。

如果把上面的旱地荒坡改田，种上水稻和经济作物，旱涝保收，还为国家交纳税收 14000 元，村民增加收入 8000 元，投工少，收益多，为下宅村民早日实现小康带来福音。

下宅村旱地改田后，还会带动比邻的上王、坑沿等村的大片旱地为粮田，为实现农业机械化夯定基础。

目前旱地改田，我村干部群众的积极性十分高涨，正在处理有关旱地的办法措施。要求你们将我村旱地改田工作列入镇政府开发的项目。特别在我村资金困

难的情况下，希给予多照顾、解决为盼，特此报告，希上级批准为望。

下宅村

1997 年 9 月 10 日

二、关于旱地改田要求补助资金的申请报告

关于旱地改田要求补助资金的申请报告

缙云县土地局：

我村去年冬天在上级政府关怀下，引导我村在旱地改田的有利条件下，我村已向土地局打了报告，今年上级批准了改田项目。县土地局、农经委和镇政府领导到我村进行视察，指导我村旱地改田并进行立项。

近来我村传来改田喜讯，干部群众一致认为要把我村能改的旱地全部进行改田。大约面积在 300 亩左右，改变我村的落后面貌。我们广大干部群众正在大力处理有关政策问题，迎接上级有关部门到我村进行规范化设计。

我村干部群众对改田信心百倍，在上级政府的大力支持下，在我村资金困难情况下，要求县土地局和有关单位，给予资金补助来解决我村在改田中的实际困难。表示万分感谢！

下宅村民委员会

1997 年 9 月 4 日

三、关于村民换田的协议书

协议书

壶镇镇下宅村铁店山生产队，因做路、建房所需，今向高和坑队调换良田，经双方讨论同意特订立协议条文如下：

高和坑队为甲方

铁店山队为乙方

1. 甲方有田壹坵坐落铁店山，干福屋前边共计式佰柒拾玖平方米。铁店山队金堂弯路边，原种植户吕某某田式佰柒拾陆平方米，进行调换，双方不计算现金找补。

2. 甲乙双方调换后，以后不再变更。但全村田地全部统一再进行分配后，可进行变化。在没有统一前，由甲方自行处理，乙方无权干涉。

3. 本协议一式弍份，甲乙双方各执一份，日后知照，永无翻悔。

甲方代表：

乙方代表：

1994 年 10 月 8 日

四、关于申请水渠补助的报告

关于申请水渠补助的报告

兹有壶镇镇下宅村高和坑生产队，离村有 2 公里左右的自然村，种植良田 60 多亩，都是靠天田，遇旱就是没收获的一个队。

自从三联乡更新渠道开始，我队曾向三联乡政府和人大提出做支渠，当时列入规划，由壶镇水管站测量设计，由于扩镇拼乡运动一来没实现此规划。

本条支渠长 700 米左右，需投资总额 30000 元左右。完成本工程后，可为高和坑队及 8 队、6 队三个队旱涝保收达 80 亩，改变我村受旱面貌。

我村根据上述情况作出研究，按镇政府对农田水利三三制进行投资，我村在经济困难的情况下，要想尽一切办法来完成以上三个队的水利支渠工程的投资项目。

要求镇政府和水管站给予大力支援，及时作出规划和解决，希给予批复为盼，特此报告。

此致

下宅村民委员会

1995 年 3 月 19 日

五、关于开发毛竹基地申请立项报告

关于开发毛竹基地申请立项报告

缙云壶镇林业站：

兹有壶镇镇下宅村，原有山林面积 4250 亩，坐落在永康、缙云交界处，其中靠子叫坑、木杓岎、洋岎有山林面积 1000 多亩，1997 年已部分被火烧山，效益不好，山坡平坦、土质肥。经村双委研究决定，开发种植毛竹基地 400 亩左右，希望有关部门给批准立项为盼，特此报告。

下宅村

2001 年 6 月 2 日

六、建设公路募捐书

募 捐

下宅村位于括苍山麓北端，南北距离壶镇、新楼十华里，靠永康群山环抱。山路崎岖曲折，可每天来往上千人次，碰上集市赶集人络绎不绝。自改革开放以来，永康县公路运输发生了巨大变化，新楼公路通到山坞村，与下宅村接界。下宅村村民自发起来要求建设壶镇到山坞公路。这对加强永康与缙云两县边缘的联系，发展两县边缘的生产和建设、改善人民生活、加强两县间的团结、增进友好往来都将会发挥重要的作用。它的建成，使临海、黄岩、东阳、义乌等地旅客和货物能以较快的速度完成运送过程，促进城乡交流。

壶镇至山坞公路，途经下宅村地段，计长五华里，公路面宽八米、桥梁两座，预计投资二十万元。目前，下宅村自力更生投入公路建设，实现了缙云、永康边缘人民的多年共同心愿。可是造路资金短缺，恳请各界人士伸手支援。如能如愿，我们自当立名致谢！

缙云县三联乡下宅村委员

下宅村建公路小组

1991 年 4 月 8 日

（缙云县三联乡人民政府：同意，永康方向募捐，请各单位，请广大人民群众给予大力资助。1991 年 4 月 8 日）

第三节 山林护养和采伐申请类

一、关于山林护养的合同

合同约

兹有缙云三联下宅大队原有方元头、跌水岩里、金高椅、龙潭背、天作坞（南、北两块）等山坐落永康新楼公社上坑里大队，经双方协议，委托上坑里大队护样（养），特立以下几条，希照执行之：

1. 所有北山大队坐落上坑里古管的山均由上坑里大队护样（养）。

2. 凡有破坏封山育林制度的应互相联系，在一般情况下均由上坑里大队制度处理。

3. 日后开山、砍、割或出拼应由双方协议书后再进行之。

4. 毛柴、松树，上坑里 40%、北山下宅基 60% 分成之。

5. 自协议日起以上几条坚决执行之。

6. 长期由上坑里大队护养。

上坑里大队代表：

下宅大队代表：

上坑里革命领导小组

下宅大队革命领导小组

1969 年 5 月 21 日

二、护养山林合同书

护养山林合同书

为了搞好封山育林工作，今为永康新楼乡新楼村水鸭任任某某双方协商订立山林护样（养）合同，条文如下：

甲方：缙云县壶镇镇下宅村民委员会

乙方：永康市新楼乡新楼村任某某

1. 甲方有山坐落在水鸭任面前山、棺材洞背贰块。

2. 甲方包给乙方护样（养）封山育林承包期叁年，1995—1997 年底止。

3. 甲方包给乙方护样（养）山林的树（包括松、柏、杂树）归甲方所有，其松树桠双方各百分之五十分层（成），松树桠、毛柴定三年开封山一次，但乙方未收期不准上山砍树桠、青柴。

4. 乙方期满由甲方定时开封山，其树桠、毛柴估价分层（成），乙方若需要树桠、毛柴受判，甲方优先准乙方受判，但不准砍松树、枯树、杂木。

5. 乙方不准在山上开垦种植、割青、放牛羊，若犯者按甲方山林制度管理。

6. 甲方坚决维护乙方护样（养）山林，协助乙方对破坏山林者进行处理，并对罚款现金甲乙双方 50% 分层（成）。

7. 乙方在承包期中管理不发，甲方有权收回乙方承包合同另选他人护样（养）。

8. 以上合同一式贰份，双方各执一份，日后知照，从 1995 年起生效，本期全接 1990 年 3 月 21 日合同一样护样（养）。

甲方：下宅村民委员会代表：

乙方：永康市新楼乡新楼村任某某

1995 年元月

三、护养山林合同书

护养山林合同书

壶镇镇下宅村原有山冷水岴、红岩坑、后撩平、叶里仙桃、深岴、高枝岴、领牛娘横山、三弄坑、蜂窝后等，经双方协商订立合同条文如下：

甲方：下宅村民委员会

乙方：下宅老人协会

1. 甲方有山冷水岴、红岩坑、后撩平、叶里仙桃、深岴、木杓岴、高枝岴、领牛娘横山、三弄坑、蜂窝后等山。

2. 乙方承包期定三年，每年看山工资每人 2000 元，定二人上山看样（养）。

甲方每年支出 4000 元，付款期二期付款，6 月 30 日一期，12 月 30 日一期。

3. 乙方在看山期不准带柴下山，若违犯山林制度按甲方山林制度严肃处理。

4. 乙方在看山中若有发现违犯山林制度者，甲方立即上山进行处理，给于（予）一定奖金。

5. 乙方在看山期每月准四天下山拿米菜，若超过时间一天倒扣工资弍天。

6. 乙方在看山中若遇有打击报复现象，由甲乙双方协同进行严肃处理。

7. 甲方对山林进行定期检查，进行奖罚制度。若调换看山人员，由甲乙双方同时上山进行检查，作（做）好山林移交手续。

本合同一式叁份，双方各执一份，日后知照，自立合同之日生效。村长一份。

甲方代表：

乙方代表：

1995 年 4 月 5 日

四、造林规划

造林规划

三联乡下宅村，为了切实搞好稳定和完善林业生产责任制工作，促进林业生产发展，经下宅村双委山林研究决定订立以下造林规划：

1. 本村原有山红岩坑大炮止老鼠椃横山，山一座，面积 330 亩，发展造林，规划在三年内造林杉木，1991 年造林 110 亩，1992 年造林 110 亩，1993 年造林 110 亩。

2. 造林双委决定，发动全民造林，作义务工计算。

下宅村村委

1990 年 6 月 9 日

五、关于间伐林木的申请报告

关于间伐林木的申请报告

壶镇镇人民政府：

兹有壶镇镇下宅村，为了北山公路的建设，前段由村对本工程投资 80000 元，现镇政府分配我村公路投资 45000 元，房屋拆迁 21000 元，本村近期需投资 66000 元。现本村经济困难无法解决，为了公路早日通车，振兴壶镇经济，我村申请洋岴山林木进行间伐 100 立方米，资金投入本公路建设，希有关单位给予批复为盼，特此报告。

下宅村

1995 年 3 月 21 日

六、关于间伐松木的报告

关于间伐位于永康县上坑里山松木的报告

缙云县林业局：

壶镇镇下宅村有人口 1400 多人，山林面积 4000 多亩。在 1992 年底，在本县交通局资金的扶持和村投资 55000 元下，完成壶镇通往永康山坞村公路（下宅段 2.5 公里）砌坎破方的路基工程。同时，镇政府拨款 10000 元完成桥梁的桥墩工程。因为，村集体经济紧缺，桥梁的桥面及三四间小屋的拆迁迟迟未落实，致使下宅村地段汽车不能通车。

新近，永康县交通局直接与我们村联系，若不持续动工完成公路的不接通扫尾工作，它将改变路线。目前，只要实施资金 50000 元就可竣工。何况，镇政府一再表态，以后资金给予再支持。

鉴于上述情况，村新双委有信心决心完成事关大局的公路建设工作。在集体统管山林中坐落离本村 15 里路永康交界的山林不便于管理状况下，特地申请间伐位于永康上坑里山的松木 60 立方米，松木规格直径 10 厘米，以解决我们燃眉之急。

敬请上级及时批复

此致

敬礼！

壶镇下宅村

1994 年 5 月 17 日

第四节　房屋建造和拆迁租赁类

一、关于三联乡下宅村扩大村建设规划的报告

关于三联乡下宅村扩大村建设规划的报告

缙云县城乡规划办公室：

三联乡下宅村共有 350 户，1370 人，耕地面积 785 亩（其中水田 652 亩、旱地 133 亩），耕地分布村东、村西（溪东、溪西）两边，划分 20 个村民小组，其中有铁店山、介毛坑、岩路塘三个自然村。村集体收入是靠 240 亩黄花菜基地、粮食加工站、5000 亩山收入，支付集体福利事业、管理费用。村民主要收入依靠农业、其次副业。

下宅村于 1983 年 10 月由三联乡基建办公室测量员应跃福等两人前来我村进行测量、描图，经过了两个月时间的艰苦工作，完成了测量描图任务，至今已四年时间。在四年中每年 10 月份要求建房的有八十多户向村委会写申请，尽（甚）至打报告要求解决建房基地。村党支部、村委会认真地按省规定，（对）大、中、小户住房面积进行审查，报上级审批，可上级都没有批复。到 1985 年 11 月才从测量员应跃福家拿回规划图，村民建房化（花）名册。今为此根据我村当前实际情况，村民住房急需解决，搞好村建设规划是当务之急，上下基层干部，有关机关单位切勿掉以轻心，搞好我村建设规划应按现有住房布局，应按耕地土地布局，应按现日常饮水、用水自然条件因地制宜。为此经党支部、村委会认真讨论，报告上级：

1. 下宅村建设规划村民建房于 1986—1996 年，十年时间。

2. 规划面积、地点由三联乡基建办公室应跃福测量规划图仍然不变。（指 1983 年 10 月通过双委决定方案）

3. 为了解决村民对建房基地（地基）紧张局势，作长远规划，再扩大规划面积，村西边、西尺路水田 7.8 亩、村下水田 3.7 亩、村东边 5.5 亩。

特此报告，恳求上级批复核准为望！

此致

敬礼！

三联乡人民政府

下宅村委会

1986 年 2 月 5 日

二、三联乡 1990 年度村民建房的联审

三联乡 1990 年度村民建房的联审

为了严格做好 1990 年度村民建房审批工作，控制报批户的弄虚作假现象出现，三联乡人民政府与下宅村干部进行联审。按照三政字（90）13 号文件的规定，本着实事求是、增加透明度的原则，经研究决定，同意你村建房户如下：

户主姓名	人口 / 人		合计 / 人	住房面积 / 平方米	同意面积 / 平方米	坐落地点	耕地	非耕地
	男	女						
吕 * 田	4	1	5	71.2	39	后溪沿	田	
吕 * 进	2	2	4	53.2	48	后溪沿	田	
吕 * 明	1	2	3	42.7	38	后溪沿	田	
吕 * 旺	1		1	18.3	48	后溪沿	田	
吕 * 德	1	2	3	53.4	27	后溪沿	田	
吕 * 焕	1	4	5	91.5	191	后溪沿	田	
吕 * 法	3	2	5	90	20	后溪沿	田	

续表

户主姓名	人口 / 人		合计 / 人	住房面积 / 平方米	同意面积 / 平方米	坐落地点	耕地	非耕地
	男	女						
吕 * 良	3	3	6	90.8	35	后溪沿	田	
吕 * 飞	2	2	4	75.8	45			宅基地
目 * 秋	2	2	4	55.9	48	下祠堂		宅基地
吕 * 云	2	2	4	73.7	47	下祠堂		宅基地
吕 * 福	2	2	4	75.3	45	下祠堂		宅基地
吕 * 德	2	1	3	42	48	下祠堂		宅基地
吕 * 江	2	2	4	49.2	48	下祠堂		宅基地
吕 * 海	2	2	4	47.4	48	下祠堂		宅基地
杨 * 山	1	1	2	45.6	48	下祠堂		宅基地
吕 * 玲	2	1	3	45.1	48	菜园里	田	
吕 * 雄	2	2	4	59.2	48	菜园里	田	
吕 * 兵	2	2	4	78.1	32	塘孔	田	
吕 * 龙	1	1	2	36.2	44	塘孔	田	
吕 * 倪	2	2	4	53.2	48	塘孔	田	
吕 * 强	2	2	4	76.6	44	三百田		晒场
吕 * 龙	2	2	4	72.9	48	三百田		晒场
吕 * 兵	3	1	4	81.5	39	三百田		晒场
吕 * 有	1	3	4	86.5	6.3	柿山		山
吕 * 飞	2	1	3	87.5	6	柿山		山
吕 * 法	2	2	4	107.5	6	柿山		山
吕 * 明	1	2	3	50.4	6	柿山		山

续表

户主姓名	人口 / 人		合计 / 人	住房面积 / 平方米	同意面积 / 平方米	坐落地点	耕地	非耕地
	男	女						
朱 * 玲	2	1	3	62	22	柿山		山
吕 * 福	2	3	5	95.3	20.3	上祠堂		宅基
吕 * 法	3	2	5	79.2	14.2	上祠堂		宅基
吕 * 相	2	2	4	69.3	6.3	柿山		山坡
吕 * 虎	2	2	4	73.8	6.3	柿山		山坡
合计	64	61	125	2190.3	1267.4			

三联乡人民政府

1990 年 12 月 8 日

这次共有 33 户，共 125 人，户均 3.79 人。

原住房面积共 2190.3 平方米，人均 17.52 平方米。

共“同意面积”为 1267.4 平方米，人均可增加 10.14 平方米。增加后人均面积为 27.67 平方米。

有 6 户建房需要占用耕地，其余 27 户是在宅基地、晒场、山坡上建房。

三、关于申请建房报告

申请建房报告

缙云县教体局：

我村小学在文革期间建有四间教室，还有一座古祠，古祠危房面积 782 平方米，学生的活动场所、教室两间、教师房间、住校生房间、办公室、厨房都是在古祠，广大师生都很担忧生命安危。本村现决定新建校舍，教室两间，办公室及房间八间，建房占地面积 192 平方米，建两层，预计建房经费 46080 元左右。

小学学生来自四个自然村，平常修理需要木材都由本村自负，这次建房也以本村为主，本村有现金仅 9000 元（来自各户自留山款），原用于平整一块地。现决定用于建设教学的校舍，其余经费向本村村民捐资，向其他三个自然村也筹一部分来解决建房问题，还有危房拆除折旧用到建房上。

本村是个贫困村，建房经费尚短缺，恳望上级帮助解决部分资金，建好教学用房，使广大师生解脱后顾之忧，安心教学，再不在危房上课。

我们决定在双抢后开工，力争今冬明春进入新教室。

三联乡下宅村委

1989 年 6 月 20 日

四、关于改建北山小学校舍的申请报告

申请报告

壶镇镇政府：

我们北山三个自然村，在壶镇边远落后地区，近几年里村里虽然建了不少新房，主要是靠村民出外烤烧饼赚点钱，而村里根本无经济收入，有点收入是靠山上几株树。但十年树人，百年树木，坐吃山空，特别是近几年来为了北山小学的校舍建设，村里尽了最大努力。1990 年新建了一幢有两间教室、八间老师房间的二层混合楼，接着又建了四间学生活动室，两间老师厨房，去年又改建了厕所、门楼，以及 1970 年建的四间旧教室的外表粉刷。年年对教育有所投入，近几年就投入了十多万元。再加上 1970 年建的校舍总投入在二十多万元。我们作为经济落后的山村，应该说肯为教育花血本。

但是，整个壶镇的经济迅速发展，北山小学的校舍仍是远远落后在其他学校的后面，特别是 1970 年建的四间教室的单层楼，经过二十多年的风风雨雨，已破旧不堪，再加上没有天花板，夏天教室里热得像蒸笼，冬天北风阵阵，冻得师生浑身发抖。碰到下雪、冰雹，满桌都是雪和冰雹，根本无法上课。随着人们的生活水平提高，家庭住房条件改善，在这样的教室里上课读书，确实使我们于心不忍，到了非修建不可的地步了。

北山小学曾多次向我们各村提出建议，同时可能向你们提出申请，这完全是正当的。我们各村和政府部门有义务帮助他们解决。我们三村双委考虑到修建必须有长久之计，所以我们决定要修，就要用水泥板代替天花板，这样既是长久之计，又有利于师生的安全。据我们初步预算，共需 25000 多元资金（其中水泥板 9200 元、杠梁 8000 元、老师工 4000 元、教室内粉刷 4000 元）。

但要我们三村拿出这样一笔钱，在我们经济落后的山村，确是很大的困难，

特别是近几年，每年要上交20000的教育附加费，已使我们想尽了办法，所以我们只好求救于镇政府，要求拨款给我们解决。我们想小学是教育的基础，北山小学虽小，读出的学生照样出人才。今年下宅村就出了四个大学生。我们经济落后，更需党和政府的扶持和上级的关心。只要你们帮扶我们一把，我们三村的干部、村民以及北山小学的全体师生会永远感谢你们。

此致

敬礼！

申请单位：下宅村双委

塘下村村委

上宅村村委

1995年11月28日

五、关于寺山由大队统一安排给社员申请建房屋基的协议书

关于寺山由大队统一安排给社员申请建房屋基的协议书

当前，本大队和全国各地一样正开展“农业学大寨”，掀起大办农业、高速度发展农业的新高潮。

本大队根据浙江省革委会（1978）64号文件，关于坚决制止浪费土地的通知，在大办农业中爱惜土地、保护现有耕地是一个极其重要的问题。几年来，社员建房之需不大，但占用了部分良田的现象是存在的。另一方面，是占用屋基较乱。为坚决贯彻执行浙革（1978）64号文件，现经大队、生产队干部、社员代表讨论决定，在保护耕地面积基础（上），为解决社员住房困难，现将寺山给社员申请建房屋基的协议书如下几条：

1. 寺山原是由大队统一划分给各生产队垦荒种植的，现决定收回由大队管理。

2. 在寺山范围内，过去未经大队同意，没申报批准手续，所建粪坑（池缸）、猪栏屋、饲料池等，决定一律不申报补批手续，而且要拆移，拆移的资金、人力自负。

3. 寺山范围内，集体、个人没申批准手续，不得擅自任意占用造建种植。

4. 集体、个人需在寺山建房的，由集体、个人写申请，由大队申报上级批准，由大队统一排列到基地后，方可建竖房屋。

5. 大队统一排列屋基每间长为间沿至后墙位止路八尺肆丈正、宽壹丈叁尺伍寸

八、拆迁协议书

拆迁协议书

甲方：下宅村民委员会（简称甲方）

乙方：（简称乙方）

为了建设社会主义新农村、改造旧村、节约土地，达到合理利用土地、方便群众的目的，因甲方造公路原旧房进行拆迁，现经甲乙双方充分协商决定，特制订拆迁协议规定如下：

1. 甲方同意乙方坐落小祠堂的旧屋，占地面积 49.8 平方米给于（予）拆迁安排。

2. 乙方原小祠堂拆迁无条件服从甲方统一安排，落实地点永定桥。

3. 甲方落实乙方报批面积 49.8 平方米，收取土地开田造地费，每平方 0.6 元，共计款 29.88 元。

4. 乙方拆造报批手续，由甲方负责办理手续，并交纳乡的土地使用费。但建房押金由乙方负责。

5. 甲方办理审批手续后乙方 49.8 面积拆除后，再发施工证允许动工，否则按违法建房处罚。

6. 甲乙双方盖章后生效，永不翻悔，永存为照。本协议一式四份，甲乙双方存一份，报乡政府二份。

甲方：下宅村委会

法人代表： 乙方：

1992 年 3 月 25 日

九、房屋租赁合同

房屋租赁合同

出租方（以下称甲方）：壶镇镇北山村

承租方（以下称乙方）：

北山村小学使用权出租，经村双委集体研究公开招标产生承包人，本次招标公开、公正，按程序订立合同如下。

一、承租标的：北山村原小学校舍。

二、租期：陆年。从农历 2002 年 1 月 1 日至 2017 年 12 月底。

三、租金：计叁拾陆万玖仟零佰零拾零角零分，￥369000 元。（按投票产生额）

四、经营范围：必须符合国家法律法规，不得从事违法经营，违法责任乙方自负。

五、乙方在租期内所有需付费的项目和物品等，如房屋修理费用，水电费用等，均由乙方自负。

六、乙方在生产工作过程中要注意安全，安全问题乙方自负。

七、如因国家建设，不可抗力因素，需终止合同的，双方应提前通知。

八、本合同一式二份，甲乙双方各存一份。

甲方代表签字：　　　　　　乙方代表签字：

缙云县北山村

2011 年 11 月 30 日

第五节　生活收支和村规民约类

一、下宅村口粮标准

1989 年 7 月 30 日

1 岁：100

2 岁：120

3 岁：140

4 岁：160

5 岁：180

6 岁：210

7 岁：230

8 岁：260

9 岁：300

10—11 岁：330

12—13 岁：370

14—15 岁：420

16—17 岁：470

男 18—70 岁：580

女 18—65 岁：510

男 70 岁以上：500

女 65 岁以上：500

二、下宅大队一九八二年财务收支预算表

1. 收入项目

（1）金针山：5120 元

（2）加工站：1500 元

（3）代销店：460 元。

合计：7080 元。山林（以山样山）不计收入。

2. 支出项目

（1）拥军优属款：900 元

（2）五保户：108 元

（3）民办教师、幼儿班工资：550 元

（4）电影：300 元

（5）民兵训练：810 元

（6）大队干部会议工及补贴：3600 元

（7）管理费用及杂费：1200 元

小计：7468 元

（1）生产队干部会议工：1440 元

（2）补贴：1152 元

小计：2592 元。

为了便于统一管理，生产队干部会议工、补贴由大队向生产队提取 2592 元。军属款、五保户、民兵训练、教师福利一部分等共 2568 元需向生产队提取，总需要向生产队提取 5160 元，按照田亩负担，每亩 6 元。

三、关于安排好五保户生活的协议

关于安排好五保户生活的协议

敬养五保户是全社会的责任，使他（她）们能幸福度晚年是全社会的希望。为了更好地安排好五保户老人的政治和生活，公社与你们大队特作如下协议：

1. 凡是你们大队现有五保户，经大队同意，本人自愿，公社批准方可入公社敬老院。

2. 每个五保户的生活费由原大队负责，每年供应原粮伍佰斤，人民币柒拾元整（粮食在内），其余开支均由公社负责。

3. 五保户现有的一切财产（包括房屋）一律归原大队或生产队所有，但要待五保户去世后才能作处理。

4. 五保户去世后的安葬地点由原大队负责安排，丧事经费公社负责壹佰元整人民币，其余开支由该大队负责。五保户去世后由公社通知原大队，原大队接通知后，务必在肆拾捌小时内将遗体运回原大队。

以上协议双方共同遵守。

三联公社代表：

下宅大队代表：

1984 年 1 月 18 日

四、壶镇镇下宅村村规民约

（1）1997 年的村规民约

壶镇镇下宅村村规民约

强化村务管理、增强自治能力、促进经济发展，维护社会稳定。按照上级方针政策办事，结合本村实际，制定村规民约。

一、发挥干部职能、实行村务公开

1. 以党支部为核心，充分利用村委及群众组织，密切配合，为村办实事。

2. 村务实行八公开：

（1）干部误工补贴公开（2）集体资产经营公开

（3）各业承包投标公开（4）村级经济收支公开

（5）救灾各种补助款公开（6）义务工劳动积累工公开

（7）村民建房审批公开（8）计划生育指标公开

二、落实党在农村政策

1. 按时完成国家税收、教育费附加、各业承包款及大田承包款。逾期不交，采取必要措施予以兑现。

2. 户所经营的耕地、自留地、宅基地等均属集体所有，户只有经营种植权，没有所有权，若非法转让、出卖都要处置，追究责任。经营户耕地严禁抛荒，若有抛荒每亩予以500元罚款，由村收回承包土地。

三、加强土地管理，搞好村镇建设

1. 村民建房必须附（符）合审批条件，手续齐全方可动工，任何人不的（得）乱占土地，如建粪缸、池、饲料池、打井、临时建筑，先批评教育，限期拆除。对拒者，支付村里清理误工，并取（处）50—200元罚款。讲究公开卫生，做好村容村貌。

四、提倡晚婚晚育，自觉实行计划生育

1. 结婚要登记，不的（得）非法同居和生育，自觉履行结扎、放环、透环等工作。已生一男孩的不能再生，已生一女（孩）的必须要有间隔。严禁杜绝无证生育和计划外生育，有违犯生育的由镇政府处理。

五、文明生活

1. 树立尊老爱幼，履行赡养老人的义务，不的（得）打骂虐待老人。邻里和睦相处。凡有不文明行为先批评教育，罚款50—100（元）处理，严重者交司法部门处理。

2. 搞宗派、权势欺人、恶语中伤、拨弄是非、打架欧（殴）斗的处以罚款。

3. 有意毒害他人家畜、农作物蚕桑、鱼苗等按上述对待。

4. 不搞封建迷信，反对铺张浪费，坚持婚丧事俭办。

5. 加强山林管理，搞（好）山林开发，维护山林资源，有违者按山林管理制度处理。

6. 严禁赌博行为，特别教育小孩不能参赌。

7. 管理好火熄，特别对小孩不能玩火，老人床上用火取暖的安全工作。

8. 管好村里的用电、用水制度，以防伤亡事故。

9. 爱护公物，保护好公共设施，如有偷窃、破坏者查明要严肃处理。

10. 有同坏人坏事作斗争的有功人员，应以表扬，并用现金100—1000元奖励。

以上条约希各村民自觉遵守，互相监督，望兄弟村各单位协助。

壶镇下宅村

1997年9月12日

（2）2018 年的村规民约

2018 年北山村村规民约

为健全自治、法治、德治相结合的乡村治理体系，更好地发挥村民自治组织及全体成员自我管理、自我教育、自我服务的作用，推进依法治村，依据《中华人民共和国村民委员会组织法》等相关规定，特订立北山村村规民约，供全体村民共同遵守执行。

一、拥护中国共产党的领导。认真学习贯彻习近平新时代中国特色社会主义思想，执行党的路线、方针、政策，遵守法律、法规和村民自治章程，自觉履行公民义务，争做新时代文明村民。

二、接受村党支部和村民委员会的领导和管理，积极参与集体组织的各项活动，支持和监督村委会的工作，经常向村两委会提出合理化的意见和建议。

三、爱护村交通、通讯、供电、问题、卫生、绿化、办公、污水处理等设施。

四、自觉弘扬慈孝文化。家庭成员间要平等相待，长辈要关心爱护小辈，为孩子树立好榜样；子女要孝敬长辈，履行好赡养老人的义务，做好日常行孝“五件事”（一天一问候、一月一交流、生日一份礼、清明一祭祖、过年一团聚）。不慈孝不能得“孝老文明星”，不能当选文明家庭。

五、自觉弘扬志愿精神。做到邻里和睦相处，团结互助，积极关爱留守老人、留守妇女、留守儿童、残疾人和困难家庭，形成你帮我、我帮你的良好风尚。

六、自觉开展移风易俗。传承节俭优良传统，反对铺张浪费，做到婚丧喜事简办。单方面操办婚丧宴的，宴席桌数不超过 20 桌；婚嫁双方合办婚宴的，宴席桌数不超过 30 桌。非亲人员随礼不超过 100 元。婚丧事车队车辆不超过 6 辆。操办丧事时花圈总数不超过 10 个，出殡鼓乐队人数不超过 6 人。

七、人人爱护生态环境。实行门前三包：1. 包卫生。负责放钱屋后环境清扫，不乱丢垃圾，不乱排污水，做好垃圾分类，随时保持整洁。2. 包绿化。负责保护房前屋后花草树木，并精心护养。3. 包秩序。房前屋后不乱堆杂物、不乱停车、不乱晒衣被、不放养家禽家畜。

八、自觉参加文明积分管理。建立新时代农民文明银行，由村文化礼堂文明理事会具体负责，设立文明户人均积分榜，每季度对得（扣）分情况进行公示公告。每年组织开展评选（复评）“六星文明户”，按照总户数的 10% 评选村级“最美文明户”，县和乡镇择优评选镇级、县级“最美文明户”，并实行多种奖励制度。

九、自觉遵守建房审批制度。建房做到先拆后建，未经审批不得乱搭乱建任何房屋或简易棚，若发现，立即无条件清理，并取消三年内建房审批资格。审批建房时需向村委会交纳10000元押金，从审批之日起18个月内，外墙必须粉刷完毕，且及时清理建筑垃圾，否则没收押金。照规办事的，工程结束后予以退回押金。

十、自觉执行计划生育政策。杜绝计划外生育，凡计划外生育者不得享受上级、村里一切优惠政策。

十一、村民不得到他人山上乱挖冬笋、鞭笋、春笋，如发现乱挖者，每根赔偿50元；对举报者每根奖励30元。

十二、严禁任何人在本村辖区范围内的溪里和水库池塘电鱼、毒鱼、炸鱼、网鱼。如有违者，电、毒、炸鱼者每次罚500—10000元，给子举报者奖励2000—5000元。网鱼者每次罚500—5000元，给予举报者奖励500—2000元。情节严重或屡教不改者，交由执法机关处理。

十三、积极参加新型农村合作医疗，履行兵役义务，做好民兵工作、拥军优属工作。

十四、积极维护社会治安和社会稳定。做好防火、防盗、防事故工作，及时劝解调解矛盾纠纷，促进安定团结。倡导文明娱乐，不参与赌博，杜绝毒品。一经发现，由上级相关部门对其进行批评教育，情节严重者移交执法机关处理

十五、本村规民约适用北山村全体村民，如有与国家法律、法规、条例相抵触，以国家法律法规条例为准。

十六、本村规民约经北山村村民代表（或户主）会议审议通过，自发布之日起执行。

壶镇镇北山村村民委员会

2018年8月15日

五、第一批缙云烧饼特色村申报表

第一批缙云烧饼特色村申报表

村名	壶镇镇北山村	
总人口	从业人数	产值
2220 人	234	6640 万元
整体情况介绍	北山烧饼自本村烧饼师傅吕宅兴父亲 13 岁打长工时学来，一直传师接代，按现有人口计算，有会烤烧饼的师傅已达 620 人。2017 年做烧饼生意的有 234 人。现本村有烧饼老师 2 人，专教如何烤烧饼，有烧饼大师 2 人，烧饼高级技师 2 人。2017 年烧饼产值大约可达 6640 万元。	
乡镇审核意见	盖章	

第三章　会议记录[1]

一、会议名称：两委会

会议时间：1984 年 8 月 26 日

开会地点：金针烘房

参加会议人员：吕某某等 10 人

记录人：赵某某

会议内容及决议内容：

1. 本村杜某某户受火灾，原三间屋，二间已烧，留有一间暂可居住。全村发动群众救灾，共有米麦 461 斤，人民币捌元式角正及衣物，送上户。经决议，该户家底空，杜某某本身眼睛不好，目前妻又受病，定给予救灾费，村付出人民币壹佰合伍拾元整。

2. 关于收灯费建立责任制。

二、会议名称：党支部、村委会

会议时间：1984 年 11 月 25 日

开会地点：三层楼

参加会议人员：吕某某等 10 人

记录人：

会议内容及决议内容：

1. 执行检查村各单位合同制：1984 年当场兑现，1985 年按合同办事。（1）加工站（2）代销店（3）金针山

2. 关于学校修建楷窗：木料大队负责，木匠工资学校自负。

① 资料来源：北山村村委

3. 关于村工匠工资：

基本工资：木 2.80 元，泥 2.50 元，包工 4 元正。

4. 关于误工工资：

（1）11 月 1 日至 3 月 1 日，每 10 分壹元捌角正。

4 月 1 日至 10 月 31 日，每 10 分式元捌叁角正。

（2）于 1985 年 1 月 1 日起执行。

三、会议名称：支部、村、两委会

会议时间：1984 年 12 月 22 日

开会地点：三层楼

参加会议人员：吕某某等 9 人

记录人：

会议内容及决议内容：

1. 关于山林分柴等以划村小组，是否以村民居住地点划片？经统一思想决定划组，具体业务日后再进行。

2. 关于放电影伙食拉机开支：放电影伙食开支第场补助捌角支付放映机员，拉机不开支，自 1984 年 12 月 22 日起执行。

3. 84 年年终困难户上报乡政府：共 19 人。

四、会议名称：两委会

会议时间：1985 年 3 月 9 日

开会地点：三层楼

参加会议人员：吕某某等 8 人、公社住片干部

记录人：赵某某

会议内容及决议内容：

研究吕某某、朱某某三户受火灾，三户共烧掉楼房三间。

1. 对受火灾户吕某某，还有老屋居住。对朱某某户已无屋居住，该户丈夫已亡，本人有病，子女年轻，家中原困难户，是无家可居户。重点对该户应作先解决。

2. 决定，自我租屋租金由大队负责。救灾朱某某现金式佰元正，吕某某等两

户每户现金伍拾元正。

五、会议名称：两委会

会议时间：1985 年 9 月 4 日

开会地点：金针烘房

参加会议人员：吕某某等 10 人

记录人：赵某某

会议内容及决议内容：

1. 坎木杓乢松树方法报酬：

决议：共 78 株树，分 10 个钩，由双委人员组织人力进行砍伐。建立责任制，自己不能上山组织人力砍伐。报酬，每个钩基本工 4 个，报社务工 2.30 元计算。

2. 砍伐树方法报酬：

（1）方法由村委组织人力上山砍伐

（2）报酬：以定工每 10 分计算，一人一车全部在内每天肆元正。

六、会议名称：两委会

会议时间：1985 年 10 月 4 日

开会地点：金针烘房

参加会议人员：吕某某 10 人

记录人：赵某某

会议内容及决议内容：

1. 研究黄花菜山承包方法、承包费、承包年限。

2. 研究黄花菜山在去年套种处理。

（1）经过发扬人人发表意见书分析，按现有山上实际情况、经济效益，统一思想，决定不留桑叶苗，由承包户处理或集体处理。

（2）黄花菜山承包方法：采用包清金额，划小块，到实地定出承包费。

（3）承包费：总额壹万壹仟元整，承包年限 3 年。

（4）承包范围：黄花菜山（包括空地，未种上苗地）。

（5）寺山：采用承包方法（剔除地所属生产队范围内的大栗树外）承包费弍佰元整。

七、会议名称：两委会

会议时间：1986 年 8 月 28 日

开会地点：会议室

参加会议人员：吕某某等 6 人

会议内容及决议内容：

1. 关于洋岻、下佛堂、冷水孔看山合同

（1）承包看山时间，定若干年。

（2）工资按前所定的洋岻 370 元，下佛堂、冷水孔 300 元。

（3）每月 2 天时间给拿米菜，上下月不能拖。

（4）山上柴只准在庵中烧，不得担任何地方送人、自烧，尽至出卖。

（5）有违犯者按村规民约处理。

（6）松、杉、什树、毛竹，不准砍伐使用或出卖。

八、会议名称：两委会

会议时间：1986 年 12 月 1 日

开会地点：会议室

参加会议人员：吕某某等 9 人

会议内容及决议内容：

1. 关于修建祠堂戏台。

2. 村民自留山山价款按分自留山估价全收，收款期十二月底。

3. 关于本村范围内岩宕，在 12 月 15 日前个人所打的条石自行清理，15 日后封宕，由村进行承包，若有个别人在 16 日上宕打的话，每把锤罚款伍元。

九、会议名称：两委会

会议时间：1986 年 12 月 25 日

开会地点：会议室

参加会议人员：吕某某等 8 人

会议内容及决议内容：

1. 建房押金每间屋共壹佰式拾元：其中式拾元村收管理费用；以二层为准，在一年内建好盖瓦或水泥板方可退回押金。

2. 一幢屋若干间有剩余空基础，此间一律不准开横门开楷。

3. 填基前后幢高低，后幢比前幢高 10 厘米，不按规定定基高低要拆掉重建。自行不拆由集体拆，负一切经济责任。

4. 铁店山队按每人 22.8 立方米计算抽出田归村统安排。

十、会议名称：两委会

会议时间：1987 年 3 月 5 日

开会地点：会议室

参加会议人员：吕某某等 8 人

会议内容及决议内容：

1. 为解决晒场，晒地从村规划屋基田中解决。

（1）晒场，每令地基最高定式元伍角正，其他按地点作价。

（2）原村晒场地，下庄桥上下是否应归村所有。

2. 一些收费项目。

十一、会议名称：两委会

会议时间：1987 年 6 月 14 日

开会地点：会议室

参加会议人员：吕某某等 6 人

会议内容及决议内容：

1. 报批屋基：三人。

2. 发屋基使用证、施工证。

（1）欠村有款户。

（2）前阊门 160 把，原村委决定先西边头建，现施工要东头建，只因出现了矛盾。如东边头建，西边头田无人承包耕种。决定仍然按原来的决定，从西边头建。

3. 屋基对年过期，没有押金，1988 年 6 月底止（阳历）。

十二、会议名称：两委会

会议时间：1988 年 2 月 1 日

开会地点：办公室

参加会议人员：吕某某等 7 人

会议内容及决议内容：

1. 全村分柴组，一定三年。

2. 分柴各户口粮按 1987 年 12 月 31 日基本口粮，有关具体如下：

（1）1987 年阳历 12 月 31 日之前死的、迁出的不列入分柴。

（2）1987 年阳历 12 月 31 日之前迁入的、出生的列入分柴。

（3）吕某某户妻 1987 年 10 月迁出本村，但迁移证不按期交，决定分给柴。

十三、会议名称：1989 年民建房用地规定

会议时间：1989 年 11 月 20 日

开会地点：村会议室

参加会议人员：吕某某等 6 人

会议内容及决议内容：

1. 审批条件：住房面积，三人以下含三人最高不能超 80 平方米，四人至五人最高不能超 110 平方米，六人以上含六人最高不能超 125 平方米。

2. 父子分居各食，要以独立起灶半年以上，可作分户安排。

3. 凡子女已大，确实分家立业的户，其父母留有原有住房面积，一个人口不得超过 30 平方米，两个人口不得超过 45 平方米，多余的住房面积应算子女的住房面积。

4. 凡符合建房条件的，对学校资助 500 元以上的，优先报批，按次排列，多者不限。

5. 1989 年安排建房地点：第一批，三百里两头以南至北；第二批，三百两头以北至南。

第四章　北山吕族“雄公”祭祖仪式程序

主持人：壶溪吕族宗亲代表

祭典时间：农历清明

一、祭祖前现场宣布相关事宜

为尊重宗先族祖，请各《壶溪吕族》祭拜宗亲，保持庄严肃静，请勿高声喧哗、嬉闹。

二、进入正式仪式程序

1. 祭祖第一项：开祭

东平郡，萃涣堂，壶溪吕族，祭典壶溪吕氏太祖“雄公”仪式正式开始！！！

2. 祭祖第二项：恭摆祭礼，礼恭好清明瞻

（1）请高辈分宗亲和吕族长老上前为“列祖列宗”恭摆祭礼。（大蜡烛放两旁，酒杯米饭放正面前；同时摆好后土。）

（2）请高辈分宗亲和吕族长老上前礼恭好“清明瞻”。（说明：大白花礼恭在祖坟中央的碑记上，其他“清明瞻”也礼恭好，相关工作人员进行协助。）

3. 祭祖第三项：亮烛、点香

亮烛：请壶溪吕族长老宗亲上前亮烛。（工作人员协助点好香。）

点香：请壶溪吕族长老宗亲上前亮香。（工作人员协助点好香。）

4. 祭祖第四项：恭迎列祖列宗

恭迎太祖“雄公”，以及壶溪吕族“列祖列宗”！（接下去主持人说：）

今日黄道吉日，我们东平郡萃涣堂壶溪吕族子孙前来进行祭祖，恭迎壶溪吕族太祖“雄公”，以及“列祖列宗”一同前来莅临礼祭。

5. 祭祖第五项：上烛

上烛：请壶溪吕族长老，为太祖“雄公”上烛。（说明：上烛时，俩上烛人，双手捧紧一支亮烛，先向坟前拱一拱，再双手举烛过头顶，走向坟前上烛。）

6. 祭祖第六项：上香

上头香：请壶溪吕族长老宗亲为太祖“雄公”上第一香。（说明：上香时，主祭者双手紧捧三枝礼香，先向坟前拱一拱，再双手举香过头顶，走向坟前上香。主持人等到头香上好后再主持上第二香。）

二上香：请壶溪吕族宗亲代表，为太祖“雄公”上第二香。（说明：上香时，主祭者双手紧捧三枝礼香，先向坟前拱一拱，再双手举香过头顶，走向坟前上香。）

7. 祭祖第七项：斟酒，一敬酒

请壶溪吕族长老宗亲，为壶溪吕族太祖“雄公”以及“列祖列宗”敬酒。（工作人员准备好酒壶给主祭者，主祭者走上坟前斟酒。）

8. 祭祖第八项：宣读祭祝，分发祭祖礼香

（1）宣读祭典祝文（祭祝），有请宗亲代表祭读。（祭读时注意：所有祭拜宗亲要严肃、安静，认真听，不许嬉闹和高声说话。）

（2）分发祭祖礼香。（由壶溪吕族工作人员点香，分发给各吕族祭拜宗亲，每人三支；请各宗亲相互配合，相互协助。）

9. 祭祖第九项：二敬酒

向太祖“雄公”二敬酒。请壶溪吕族东居宗亲代表上前礼斟。

10. 祭祖第十项：敬献鲜花

为太祖“雄公”，以及壶溪吕族“列祖列宗”，礼敬鲜花。（两对花篮 8 人敬献。）

11. 祭祖第十一项：三敬酒

第三次向太祖“雄公”再敬酒。请北居派支宗亲代表，上前礼斟。（第三次上前礼斟，敬酒完后再进行全体祭拜。）

12. 祭祖第十二项：全体宗亲礼拜

（要求所有参加祭拜的宗亲，手捧高香，听候主持人口号，同时三拜。）

（1）全体吕族宗亲立礼！正身！双手礼捧祭香，一齐祭拜太祖“雄公”！以及壶溪吕族的“列祖列宗”。一拜！！！兴！　二拜！！！兴！　三拜！！！！！！兴！礼毕！

（2）上香！所有参加祭拜的宗亲，手捧高香，双手举香过头顶，有序走上坟前，向太祖“雄公”以及“列祖列宗”鞠躬、叩首，敬上祭香。

13. 祭祖第十三项：焚烧纸钱

向太祖“雄公”以及“列祖列宗”焚烧纸钱。

14. 祭祖第十四项：恭送

恭送太祖“雄公”及“列祖列宗”，鸣！！！炮！！！！！！！！！！

15. 祭祖第十五项：分份子

东平郡萃涣堂壶溪吕族，祭典壶溪吕氏太祖“雄公”仪式圆满结束。

各宗亲有序出场，按顺序到路口“分份子”；由宗亲代表等负责分发，上坟祭拜的宗亲每人一份（包括小孩子），到“英公”祭拜的宗亲每人一份。

第五章　民间故事与民谚俗语

第一节　民间故事

下面两则民间故事，是作者吕吉人父亲在2005年82岁临终前在病榻上讲述，一则发生在母亲的娘家，二则就是父亲的近邻，比较真实可信。“木樨花远处香，胡相公显外扬”，加上“本地胡椒不辣”，因此在北山村里知情者不多。而父亲吕吉人却有一种对过路医生身怀绝技的尊崇，也是对自己心力衰竭产生一种意外转机的企盼。

一、献连起死回生救产妇

春暖花开，大地披上了一层新绿，居住北山的土郎中就背着药箱，走村过庄上门去为世人治病。他不贪图那几个诊金，牵挂的是民间随时可能发生的突发疾病，这是他的医德。

土郎中名叫吕献连，这一天，他踏着古道，沿着好溪而下，来到长澜村。这一条路他最熟悉不过了，村庄傍山临溪，道边的古樟、巨枫、老榆撑开有力的枝臂，用浓密的叶片，蔽荫树下的旧宅、道路和流水。连太保十三岁就舍身救人的故事和长澜湖的神奇传说，都耳熟能详。还有溪滩草坪西河柳下的水井，常年满溢；溪边水碓房内产生水流冲击的哗哗声，石齿捣米的蓬嚓声，锣头筛粉的呼嘭声，把古朴雅静的小乡村渲染了几多生趣。

刚踏进村口，献连却被另一种景象所左右，溪岸边的空阔处，几位年长的木匠正抡着斧头长锯，想取料弹墨，准备做棺材。而离空坛不远的明堂里，隐隐传出一阵阵短促的无奈呼唤声。出于职业敏感，郎中意识到这里正在发生一幕人生悲剧。

木匠见郎中迟疑，忙放下手头生活，过来与他搭腔。恰巧村里走出一位亲属，见了郎中更是喜出望外，告知里面是位初生的新妇，已难产脱气，请求他无论如何都要进去看看。

郎中走入现场，新房里崭新的屏风床上有许多鲜血，自草席沿着床裙滴在踏床上，新妇刚被移到西间。只见其苍白的俏脸上还留有挣扎时的痛苦，蓬乱的长发脚跟，还残存着潮湿的汗渍，合着双眼，咬着牙关，手足不见有动弹。

郎中二话没说，上前翻开孕妇眼皮，瞧了瞳神。细心观察其面象，惨白中还留有淡淡的红晕。接着把握其脉搏，就近聆听腹中胎音，轻声而又果断地说出：可救！

只为这两个字的诊断，给家属绝望的心头燃起希望之火。按照郎中有条不紊的指点，分头前往山边地角去寻找所需的草药。而郎中却取出银针，有序地刺激妇孕的人中、合谷等相关穴位，一切都在静穆中进行。稍后，用银簪撬开孕妇的牙关，把刚煎好的药液徐徐往牙缝中渗入。

众人屏住呼吸，默默地观察着现场的每一个细小动作。渐渐地，渐渐地，孕妇有了微弱的呼吸，手脚开始有点微动。随着呼吸的逐渐增强，守候一侧的接生婆发现其腹中有点蠕动。便伸手在孕妇隆起的肚皮上进行轻轻地推压助产。此时，昏厥渐苏的新妇，发出自身本能的天性，鼓气努力，胎儿终于呱呱落地。

婴儿洪亮的哭声，催开了年轻母亲的眼睛。众人紧皱的眉头终于舒展啦！新妇死里复生，母子平安，喜不自禁的婆婆急忙去烧落地面，还特意加了几个鸡卵，来款待这位妙手回春的走方郎中，感激之情，溢于言表。

二、献连洞察视情救醉客

溪头下街有一位老汉，名叫吕廷，老伴早故，儿女都在外头谋生，孑身一个闲居在家，无所事事。平常戏场、赌场时有走动，情有独钟的还是那杯中之物。凭其素性，大场面搭不上桌角，小戏溜处倒可见到他的尊容。大凡婚丧筵宴，每有邻友相邀，必会坦然赴往，决不推辞。正如酒歌所唱：“千粒珍珠一瓮收，君王到此也低头。五岳抱定擎天柱，汲尽黄河水倒流。”

过罢端午，天气开始转热。饭后无聊，吕廷蹬着蒲鞋，摇着蒲扇，撇到上街的吕传韬家中。两人同龄且又同宗，皆喜酒而情投意合。该日传韬家中，正在土烧白酒。

这是缙云人的一种习惯，上年十月糯米酿的黄酒已经抽完，留下的酒糟舍不得喂猪，而加米糠相拌，再放入饭甑置铁锅上炊蒸，进行酒精提纯而获取蒸液，称白酒，也叫烧酒。

来得早不如来得巧，吕廷光临，恰是时候。饭甑口预置的小竹管开始滴液，原汁原味的琼浆正飘出浓郁的香醇。诱人的气味使吕廷喉咙骨翻筋斗——直打滚。见酒友到来，传韬忙叫内家端出现成的生菜、炒豆，随手舀出半杯热酒让他享用，自己一边忙碌去了。

喝酒人不讲究菜肴排场，图得是杯里的滋味。吕廷一个人边看着他们烧酒，一边自酌自饮。酒烧了一个午罢，而他却也一直在旁边陪伴。待传韬夫妻忙完琐事再环顾吕廷时，其早已泊在桌上酣醉如泥，呼之不醒了。传韬知其家里没人照应，就把他扶到竹榻盖上被单，权且安歇。

次日，吕廷依旧躺在竹榻上未醒，呼之不应。传韬诉之邻人，亦束手无策。到了午后，闻其鼻鼾时断时续，探其鼻息，稍感微弱。传韬心里有些着急，恐其长时不醒，会带来性命之忧，慌忙喊人相帮，把吕廷送到后溪沿的壶镇中西医联合诊所，这是壶镇当时最大的医疗场所。

诊所里的医师很多，中医西医全有，于是请坐堂的赵望祥老先生诊断。先生施展历年的临床经验，都没使吕廷醒转，眼见长此下去真会导致诸多不便。传韬自责不该让他喝了那么多的酒，尤其热酒性烈，惹来了如此大的麻烦。托人寻来吕廷儿女的联系地址，不得不去发“父亲病危”的加急电报。

酒醉数日不醒的传闻不胫而走，使整个溪头街都沸沸扬扬。有些热心人提供了一些醒酒的方药，更有人推荐了北山的吕献连郎中，颇有回春之术，善治疑难杂症。传韬闻之，如获至宝，马上跑到北山求医。北山距溪头七八里路，吕姓者居多，系壶溪吕族的北居一脉，这里山水毓秀，人丁发达，民风淳朴。本是同宗族亲，献连又注重医德，听了传韬的一番叙述后，就随他来到溪头。

郎中在诊所里察看了吕廷的病体，捏了脉象，翻看眼神，再仔细询问发病过程。随后，与其子女悄悄说了几句话。原来，行有行规，在别人接诊的地方医治，须征得主人的许可，尤其在已医了几天的大诊所，更要慎重行事。子女咨询了坐堂先生，获得了他们的默许。

病情不可再搁，郎中叫人去药铺撮来小叶青、青木香几味中草药煎汁。挽袖先替吕廷在相关的穴位上进行按捏推拿，然后把熬好的药液用调羹送入病人口中。

一调羹渗入口中，没有任何反应；二调羹落肚，只听得腹中咕咕作响；三调羹只进去一半，吕廷已睁开了眼睛。他环顾左右，见儿女亲邻在侧，还问何故？殊不知自己已经在鬼门关上走过一遭。酒醒，吕廷自然无事。

献连告诉众人，夏日炎热，吕廷是酒醉带痧，最难调理。发痧亦叫中暑，且有多种，治疗手法各有不同，但切忌扎针。而其能洞察玄理，视情治疗，才有此效应。

第二节　民谚俗语

民谚俗语是北山民间文化的重要组成部分，来源于千百年来北山村民在长期的生产生活过程中，对各类自然现象、社会现象、生产现象、人世现象的总结、提升、感悟。这些总结是北山村民一笔重要的精神文化财富。

以下收集的民谚俗语仅仅是一部分，因为数量太多，含义广泛，不可能都收集齐全。这里收集的都是比较典型的、富有教育意义、富有生活气息的民谚俗语。

一、忠孝仁义类

1. 上屋檐水流下屋檐，下屋檐水流阶沿，阶沿水流塘滨沿。

释义：比喻不孝子孙有样学样，父亲对爷爷不好，儿子也对父亲不好，形成恶性循环。

2. 人要心好，树要根牢。

释义：比喻做人要有良心，就像树木长大需要牢固的树根一样。

3. 后生弗用功，老了一场空。

释义：比喻人年轻时候要勤奋努力，不然到老了时候，什么都没有。

4. 后生莫风流，老了吃苦头。

释义：劝告年轻人不要贪恋女色，不然到老年以后肯定会受苦。

5. 街狗咬拉屎人。

释义：狗是吃屎的，却去咬拉屎的人，比喻忘恩负义。

6. 读《孟子》，打半死。

释义：《孟子》此书艰涩难懂，不好懂，不好学，旧时学生经常被老师打手掌、打屁股。

7. 天弗瓜（怕），地弗瓜（怕），来学堂瓜（怕）先生。

释义：比喻小孩子在外顽皮，什么都不怕，但到了学校就被教书先生管得服服帖帖。

8. 当官爹不如讨饭娘。

释义：比喻娘亲对孩子感情深厚，比在外当官的父亲待孩子要好。

9. 活着没人恭，死了动羹挑。

释义：老年人活着时候没人赡养，死了后下葬聚餐，大家吃得起劲。

二、日常生活类

1. 哭一声，重一斤。

释义：比喻婴儿爱哭，是好事，有利于身体成长。

2. 一几笑，一几要（哭），街狗爬锅灶。

释义：比喻小孩子顽皮，爱闹。

3. 嫁个男人满面糊，讨个女人大脚婆。

释义：旧时男子长满络腮胡是丑陋粗野的象征，女人以小脚为美，大脚是不好的。

4. 打蛇莫打断，冤家莫做尽。

释义：比喻做事不要做绝。

5. 做人留一线，日后好相见。

释义：也是比喻我们做人做事不要做绝，要留有后路。

6. 脱布裤放屁。

释义：脱了裤子放屁，多此一举。

7. 口嘴千百般，苦潭（屁股）芥（结）恶（粪便）干。

释义：比喻小孩子顽皮，爱说话，不爱卫生。

8. 十个好汉好种田，公婆两个好过年。

释义：比喻干事的时候人越多越好，享受的时候人越少越好。

9. 山坑冷水切莫食，大树脚下莫乘凉。

释义：山坑冷水据说有蛇卵，吃后肚子里会长蛇虫，千万不要吃；大树脚下据说有鬼怪，不要乘凉。

10. 耕田弗（不）要牛，点灯弗要油，舂米弗要老杵头。

释义：社会发展了，都机器化了，耕田用拖拉机，点灯用电灯，稻谷出壳用碾米机。

11. 留得青山在，弗（不）瓜（怕）没柴烧。

释义：只要留得青山，就不怕没柴烧。比喻只要有人，总有一天会熬出头。

12. 哑口食苦瓜。

释义：等同于“哑巴吃黄连，有苦说不出”。

13. 樱珠好食树难栽，杏梅好食两牌开，枇杷好食核成堆。

释义：樱桃很好吃，可惜树很难栽；杏子好吃，但要掰开两半，把果核去掉；枇杷好吃，但里面果核很多。

三、农业气象类

1. 寅辰公，癸巳婆，弗落（不下雨）无奈何。

释义：寅辰癸巳日子到了，老天一定要下雨，这是没办法的。

2. 南风晓晓，孵田铲草。

释义：初夏时节天气晴好，经常吹南风，有利于铲除田间杂草。

3. 寅戌癸亥，山头作海。

释义：比喻三四月的天气，反复无常，逢寅戌癸亥日子经常下雨，连山头角落都积满雨水。

4. 十月响雷公，十个牛栏九个空。

释义：十月打雷，说明要下大雪，天气冷，耕牛难过冬，很多都冻死了。

5. 正月雷公雪，二月落雨弗肯歇，三月耕硬田，四月晒秧瘪，五月田阙漴作井，六月田岸挂拆裂。

释义：正月打雷下雪，预示二月经常下雨，三月没雨，四月难插秧，五月下大雨，六月天大旱。

6. 大旱弗过七月半。

释义：农历七月半，已到秋季，北方冷空气就要来了，雨水也就多了起来，旱情自然解除。

7. 六月落雨隔田岸。

释义：六月的雨，多属于小范围的雷阵雨，往往这边下得很大，相隔不远的那边却不下雨。

四、社会现象类

1. 天青要落雨，官青要打人。

释义：青天，表示快要下雨了；当官清廉，所以敢于严正执法。

2. 平时来处（家）了嬉，三十日夜养大猪。

释义：比喻平时不努力，急来抱佛脚。

3. 人善人欺天弗欺，人恶人瓜（怕）天不瓜（怕）。

释义：比喻老天是公平公正的，不要欺负善良的人。

4. 墙上狗尾草，风吹两边倒。

释义：墙上的草，因为根系不牢，风吹哪边就倒向哪边，也比喻为人没有主见，或者为人狡猾多变。

5. 蛇有蛇道，鳖有鳖路。

释义：比喻每个人都有属于自己的路可走。

6. 老乌笑黑炭，笑了自身上。

释义：比喻自己也不好，却还笑别人不好。

7. 牵牛上板壁，骑马过大桥。

释义：事情很难办，办事很危险。

第六章　北山村会计吕德生自述

1952年农历五月二十九日，吕德生出生在缙云县壶镇雁岭左库村的一户贫苦农民家庭。上有一个大三岁的哥哥，属老二。家庭住房的面积不足13平方，一张大硬床，一个锅灶，坐在床杠沿就可以在锅里夹菜，床头放个二脚梯，二脚梯用作爬到很低屋的二楼。有客人来菜放锅灶台上，人可以坐在床杠沿及站在门口进来的地方吃，挤一点四五人没问题的哦。

出生的第二年夏天，不幸来临，父亲与母亲吵架后，去到好溪上游的万岗圳潭溺死了，可怜一家孤儿寡母三人，吃不饱，没得穿，除了寒冬腊月能穿上一件衣服和裤子，夏天基本上不穿衣服的。由于吃不饱，身体不好，很爱哭。叫算命人看，说是房子克龙，如要长大，需离祖。后来经人介绍，把我抱到现在的北山塘下的一户家庭里。

亲爷年老，但力气好，生活过的还可以，8岁（虚岁）上学读书，成绩还可以。上了二年学后，开始把父母亲参加生产队劳动的出勤用纸记起来，某月某日干什么事，结果年终生产队的总工分和我记的差了8天。父亲鼓励我去和会计核对，结果是会计有意不给汇总。核对后一分不少给全补了。受到父亲大人们的表扬。通过这次后，我按月到会计处核对，会计就不敢给少工分了。

14岁初中录取，父亲意思他已年老，书也读得比较好，就不要再读书了。听父亲的话，就没去。但很想再去读书。开学一个月后，中学胡鸣老师来我家动员我父亲给我去上学，通过老师做工作，父亲也同意了。我下午就跟胡老师去壶镇中学报到，交了5元钱，实在没钱了。发了书，语文、数学书是发到了，但英语书没有了。也没地方借，因上一个年级是读俄语的，从我们这届起换作英语，只能借同桌同学的看。因已过四个多星期，字母基本教完，少了最基础的教育，学校又有人说，英语分数不计算。思想不重视，结果学期考试，读书起首次得了英语不及格，对我震动很大。不行！必须跟上，太倒霉了，父母亲辛苦供我读书，我还不考及格，一定要跟上。第二学期通过自己的努力，老师的帮助，英语终于

至壹丈肆尺中，排列每座前面天井为壹丈（先建的天井需围墙、墙脚在壹丈以内）

6. 先年批准集体、个人建房屋应允许后年批准建造户，集体牌头墙、接栋、墙接栋不算代价。

以（上）六条协议希遵守，若在实践中有新的情况发现需要变动补充的，须经集体研究，任何俱不得更改。

参加协议书干部社员代表：

吕某某 31 人、赵某某 3 人

下宅大队

1978 年 9 月 18 日

六、建造蚕房申请书

建造蚕房申请书

下宅村委会：

兹有本村村民赵某某，历年积极发展一村一品，种桑养蚕，共种植桑叶陆仟株。目前春蚕生产即将开始，急需解决饲养、场地，为此特向村委会申请建造蚕房式拾捌平方米。地点：本户楼屋西边。特此申请希批准为盼。

此致

申请人：赵某某

1995 年 2 月 12 日

七、关于公路公共场所所需的拆迁申请报告

关于公路公共场所所需的拆迁申请报告

三联乡土地管理所：

兹有三联乡下宅村从湖川至永康山场公路建设，下宅至山坞地段已基本做通，为了早日通车，公共场所所需要拆迁房屋。

需拆迁加工站和小祠堂 19 间，每间 48 平方米，安排在村规划地内，由村统一安排，希上级土地管理部门给予批复为盼，特此报告。

此致

下宅村

1991 年 12 月 13 日

考了个 80 分。

期末，通过学校调查，因我家庭确实困难给了我助学金 18.5 元，书簿减免费 4.5 元，结果还退回了 5 元钱。余下来当作下学期的学费。

由于我身体长得快，饭量大，我母亲一星期给我带 5 斤米，大部分同学都是三四斤。菜基本上是梅干菜，连学校食堂卖的自种菜一二分一小碗也买不起。中晚饭每餐 4 两还是吃不饱饭，怎么办呢，冲白开水加梅干菜，把肚子灌饱。说起来好笑，下午第四节课，如自由活动，活动到哪里去呢，是到食堂等饭吃，别笑！等的人还真不少，其中还有个别老师呢。

有时，上劳动课、体育课，肚子饿，怎么办，学校旁边有卖豆腐圆的，5 分钱两个，大碗的。结果借了同学 2 元钱，害的暑假同学还跑了几十里路来家讨回。想想也实在对不起了。

在学校记忆最深的是有一次工联村牛杏塘边火灾，那时刚好是午睡吧，只听的"雄喜"（不知是名还是号，不过大家都这么叫，此人有点呆，也不呆。）大叫，火烧屋了！火烧屋了！结果同学们都冲向火场，帮助救火。那场大火从中午一直烧到晚上，来了十来个消防队，先来的是本县，过后仙居、丽水、永康、金华、东阳，烧了几十间房子。

1966 年的暑假对我来说又是一个灾难，父亲生病一月有余，结果还是走了。因我太想读书，去学校发了二年级的书本后就回家。因文化大革命一直在继续，学校一直停课，也就再也没去过学校了，也可以说停止了学业。后来工农兵大学生轮不到我，可能是工农兵大学生需要文凭吧，我也收到了缙云县革命委员会发的初中毕业证书。证书是这样写的：学习期满，就予毕业。落款：缙云县革命委员会。也可能是绝无仅有吧。我除了串联去过杭州，以后也就一直在生产队劳动了。我在生产队劳动一天已给我记 8 分工分了，第二年我就已是全劳力了（10 分），在整个地方上按年龄可能我是最高了。

为什么我能挣高分呢？因我从小就放牛，1963 年前我家就养了两头牛，一只大水牛，很大很大。角弯弯的又大又好看，并会戳人，别人不能走近它。但跟我很亲很亲，早上先放一会牛再去上学，放学后还要去放牛，星期六，那时是上半天课，就是放牛，星期天更是放牛。说起放牛，也确实值得回味，只要把牛牵出牛栏，人就骑到牛背上去，直到山上才下来，挺厉害的，不管上坡下坡，有时还要用牛绳抽牛让它跑快一点，不管怎么快比马还是慢一点的，没骑过马，就我的水平骑马应该没问题吧。老爸有一个朋友就在山里面，离村子大约是两个公里吧，星期六下午骑着牛优哉悠哉的去到我的三弟伯家旁边的山上，叫一声三弟伯或三弟伯母，我就不要管任何事了，因三弟伯是我老爸的铁哥们，最要好的朋友。晚上就住在三弟伯家，有好吃的招待哦。明天只要睡懒觉就行，什么也别管了。吃了下午的点心，三弟伯母叫我，你可以回家了。把牛绳子给我，骑到牛背上回家。还是把牛赶快一点吧，有一个叫阴魂山的地方我是很怕的，就在现在的更新水库边，路也就几十米，不知为什么就是怕。就这样好像过了总有四五年吧，现在想想都还很怀念。感谢我老爸的朋友！我的三弟伯、三弟伯母！

话又说回我的高工分吧。由于我的牛对我太好了，也太有感情。我从少年开始就很喜欢耕田、耙田、耖田。到十五六岁时，生产队里谁也比不过我，加上我的牛也已经入社里去，是生产队的了，因为又会抄人，就是喂牛别人也不敢，因我读书，是我老妈喂的，耕田别人更不敢。所以，就我行。别人一天犁一亩田还是早五更。我是八九点钟才开始，一天起码可以犁一亩半到二亩田。所以我的工分不给高才怪呢。还有一个，我力气真的比别人大，十三岁时，生产队分给我家186 斤稻谷，一双大竹箩总有 16 斤吧，总共 200 斤，挑回家是很省力的，不过不好，从生产队的分配站出来的祠堂边门，有一条水沟，原来铺了一块樟木板，不知怎么掉到边上去了，水沟大约有 60 厘米宽吧，年轻气盛，一脚就挑过来了，不对，眼睛一花，背扭坏了，把稻谷放下。坐在箩筐上稍稍休息，又把稻谷挑起回家了。回家后跟老妈说，老妈把菜油敷在扭伤的地方，用剪刀把环括。第二天还是不好动。因年轻体力好，再过几天没事了。不用一分钱当时是好了。不过倒霉的是后半辈子了。为了这个背，二三十岁后，每年就要痛它几次，花的钱也已无数了，好像每年也需医药费数千吧。到现在我的背也还经常一动就伤，不能挑重担。

16 岁那年村里选会计，当时吕玲钟的票最多，我第二，吕玲钟不当，结果就让我当了，从那年起我也算进入了班子内了。后来还兼了本生产队的会计。

生产队会计除记工分、记账、分配物资外，还要对每户上交的人粪肥进行验度。怎么验，用一根农资店买的玻璃计度器，插到用木桶装的人尿内，看计度器浮上来高低，浮高的度数高，浮低度数就低。清水计度器一般显示 0 度，水便的尿，如家生活好，吃得好，有 16 度左右，吃得差的家庭有的还不到 8 度，那每百斤的价钱是不一样的。别认为人粪肥有用吗，因那时化肥缺得按分配，很少很少。

农田用肥主要还是靠人粪肥、猪粪肥、牛粪肥。

1966 年，我经生产队推荐进到北山电站（村里的小电站）。电站人比较多，季节性运行，丰水时发电、加工，没水时，停用。大家轮流上班工作，发电及加工粮食。由于我态度好，加工粮食的手艺好，很受村民喜欢。特别是年长的老太婆，还别说，她们都算好我什么日子上班，要等我上班再来加工粮食呢。说起来当时好像有 10 多个电工，到后来真正成为正式电工的就我一人。

1970 年选举村革命领导小组（现在的村民委员会）时我被选为革命领导小组副组长，兼会计。因本人思想比较保守，只把自己的会计工作及上级布置的任务完成，也就轮不到去公社了。

1972 年，大队里买了一台手扶拖拉机，队里推荐我为拖拉机手，专门为生产队打田，闲时也帮近村人运运农业物资。

1974 年，我想赚一点钱，也就不想当大队会计了，我找了人带我外出江西拉手推车，我没赚到钱。不过会计工作是被我推掉了。

1978 年，公社推荐我到三联公社拖拉机站开中型拖拉机，直到 1986 年拖拉机站解体。我积极为全公社的村及村民服务，运输农业物资，运输本公社社办企业及村办企业的产品等。由于当时车辆少，除了“下三府”（杭、嘉、湖）去得少外，其余地方的公路都跑得很勤，到现在还能记得老公路上的公路碑。因当时客运车辆很紧张，有空时也带一带办事或出门的农民，受到全公社的农民称赞。至今走到外村他们见到我还很热情地招待我。

1984 年，拖拉机分人直接承包，收入比发工资多一点，出勤率也高。1985 年，用仅有的资金把自家的老房屋进行了改建，也算住上了比较好的房子了。

1986 年，我结束了开拖拉机的生活，老婆不喜欢我开车，她担心。但我开车运气还是好的，8 年下来就没出过事故。原准备买辆汽车开，老婆不同意也就算了。转回老本行给人家户里装电灯，一我是老电工，二我的手艺还是不错的，生意越干越多，还小有名气。

1988 年和朋友一起参加了丽水市（当时是地区）在遂昌县举办的全市社会电工培训班，为期 18 天。想起当时的考试，可能和现在的高考也可以比吧，一个教室，20 来个考生，有带着大檐帽的监考官 6 人，还有一个总监考官。不准说话，更谈不上抄了，缙云县 26 人，有 4 人不及格。从此我真正进入到电工行业中去了。

1982 年成立村委会，全村选民参选，我票数最多，按乡里要求，要我担任村民主任。因我开拖拉机，对当干部兴趣不高，我堂哥选上当了。

1994年选举前，部分村民做我的思想工作，认为我有办事能力，又实干，想选我当村主任。因当年村里有几件事已急需做了：一、自来水很需要上马建设；二、从更新水库出来到本村的高田片需要二条渠道，把水引到高坡上的靠天农田进行灌溉；三、本村已有多届没村主任了，烂摊子。通过他们做工作，我答应如果村民真的相信我，我不拉一张票的情况下当选，我肯定不负村民的期望，当好村主任。结果全票当选，我也就接了。接下去担子也重了。

说干就干，就职会议后，两委一班人马上对以后的工作大概作出部署。一期先邀请镇水管站的技术员来测量定位水渠。在镇领导的支持下，马上开工建设，基础挖好后，三面光的正式渠道进行投标承包建设。不到一年，东、西两条两公里多的渠道就发挥了作用。第二年高坡上的农田就都种上了双季晚稻并大丰收，群众喜在心里。

由于村里无资金，自来水的事，要先把资金筹起来再能进行，通过村两委扩大会，准备把封山育林了好几十年的近山松木出判，判了10万元钱。工程叫技术员进行设计，采用公开招标的办法，把水井、水池承包。接下来的自来水管由村里统一安装，接水管按材料计件发放工资。由于资金不足，挖水管坑，除总管由村里负责外，分支的、进户的就摊派到自己有房子的户负责。这样就省了很多钱。八月份开工，过年就吃上了干净的自来水，村民们喜笑颜开，终于告别了一直来挑水喝的历史。

说起装自来水也真的辛苦，当年我应几个朋友之邀给当时的缙云第二轧钢厂当电工。原来我一人值班就行，因我当村主任，在自来水施工时需到现场指挥，加上采购材料要一起决定，不能长时间在厂里，后来只能由我自己花厂里给我开的一半工资，请了一个电工，当年能在厂里修电路的电工真不多，我请来了一个，白天帮我值班，晚上我自己去，但电坏了还真不能说修好就修好，真的坏了，也还得我自己去，为不影响厂里的生产，没办法只能买了个BP机，便于联系，坏了就我自己去修呗，骑摩托去有时也是几分钟的事。省得耽搁了生产，为这事还被老婆骂了，花钱活受罪。

村主任当到1997年换届选举，因干出了一点成绩，大家还推荐我继续当，之后我推荐另一个人当。

1999年当时我的一个堂弟当村会计，他想到深圳打工，但又不想把会计推掉，想我帮他暂代一年，回家后还他当，我愿意当，当时的书记和村主任当然也同意。到 2001 年，村主任知道我是代他当会计，不同意，动员我当。我说我不当，我只是帮他代当。村主任通过联络县农业局为我村下了一个文件，把会计定下来，用公开竞聘的办法落实。大家听说我不当，当时还真的热闹，有十几人报名。后来我觉得很没面子，帮堂弟代，把会计代丢了，我说那我也报一名吧，竞争一下，知道我也参加后，去镇里农经站参加考试就两个人，一个大学生，还有一个我。第二天成绩出来，我高大学生 8 分。说起来不是说大学生水平低，我已当了八九年的会计，写一点合同，订一份协议，开一张证明，是手到擒来的事，没什么奇怪的，他确实没接触过。据后来知道，当时放到镇农办确定谁当，镇里有个别领导希望按村主任的意思说叫我当不当，要由另一个大学生当。农经站的站长，刚从下面乡里调上来，我不认识。他意思镇里既然定下来进行考试竞聘就必须按成绩来，谁成绩好就谁当，后来定下来我当。想想当时是赢了，后来就悔死了。这一当当到 2010 年底，缙云县进行村级撤扩并，塘下村、上宅村、下宅三村合并，用老名称北山村。因上宅、下宅二村的会计比我年长十几岁，已过了年龄的人，我年轻，懂电脑，有一定水平，要我当。通过好几次接触、谈话，我不想当了好不好呀。当时并村成立了一个由原老村两委人员的领导班子，一次我外出温州，下宅书记打电话给我，说镇里很急，要交账目，我真不当的话暂时先把三个村的账目临时交接一下，过一段时间再找一个人当。当时接电话时我在开车，为少接一点电话，开车安全，我就答应了。选好新村委，第一个领导班子会议尾声，我就提出给我找一个会计，年年提，届届提，从一年的一次到两次到三次，到现在还没人接。还好，现在终于有一点头绪了，我已把关于换会计的两委会议记录在会议记录簿上了。我的卸任时间定在今年的农历年底，如果没人接我也不当了。当会计的事也就说到这里了。

在这三十来年的会计生涯中，我算是老老实实，原则性强，态度好，业务水平可以的，会计当中我的电脑水平还是可以的。很多村的会计还叫我师傅呢，上级发我的奖本也一本本很多。凡接触过我的人也都还称赞我工作能力可以。因年纪越来越大，现在想退下来了，但暂时还推不掉。

说回电工，从 1967 年发电开始，到电站停用，大概干了五六年。再从结束开车，到装电灯开始，给农电站打工，外线电工真的可以，但厂里机器的线路从没摸过。1993 年初经朋友介绍到本镇的压延厂当电工，其实水平和技术是一点也没有的。从第一天上班，就拿电工书当师傅。我一直喜欢买书，电工书买了不少，但只看怎么装电灯，怎么架线路，怎么装电表等，临时抱佛脚还真有用。第一天上班，到一台压成品铜带的机器前发现有一大堆5A的瓷壳保险丝堆在机器配电厢的地上，少说总有几百料吧，我问为什么这么会烧保险丝的，原电工说不上。我总觉得有不对的，就去翻书，我去上班知道自己不懂，就把书带上。一翻就翻出原因，可能是电气互锁没接。这台机器是两个人在前后两边，轧棍的两端装了两个电动机带动丝杆旋转，压紧或放松一端的轧棍，使铜带压的厚薄均匀。电动机两边都可以按，同一个电动机在没装电气互锁和机械互锁的情况下，如两人一个按正转，一个按反转就同时正反转的接触器合上，SBC碰线了，不烧保险丝才怪呢！下午机器不干了，老电工也不上班了，我自己一人，把书里的电路图抄好，带到机器边，一边接线，一边看图纸，这算最简单的安装，因确实不懂的情况下，我也差不多搞了好几个小时，现在想想都好笑。总算装好了，叫人一试果然行。当晚就一个保险丝也没烧，当班的成品率从原来的30%提高到75%。第二天早上老板知道高兴的大叫，因为叫我去之前我一直说我对厂里的电路不懂的，后来叫我去，表扬我，说我太谦虚了，从此也得到老板的承认。不过第二天老电工一来大家说起这事，老电工不服了。嘴上不说，不过事来了。当晚要开炉，是低频炉，我还没看过怎么开呢，老电工知道要开炉，特意请假不上班，我不懂怎么办，打电话给他，他村里的代销店有电话，叫我把按钮合上就行，我没办法真的去把按钮一按，合上了，我真以为好了。也就我运气还好，不过说起来老板运气也还好。原来开低频炉冷炉是要先预热，一档一档慢慢来的。在合上开关不到半个小时，炉喷火了，刚好车间主任那晚早一点来发现，马上赶到配电室把开关关了，避免了一次拉坏炉筋管的大事故。第二天一查，知道是老电工有意，老板就把老电工炒了。过两天我发现有一台新压机转速不对，起动的时候力很大，转速也很高，运转了反而没扭力，我又去翻书，一查好像是用三角型起动，星型运转了。第二天，我带着书，一边看，一边接，用了一天的时间改好了，当晚就很好用了。从此全厂的整个产量和质量都大幅度上去了，我的电工在一边干，一边学的过程中，基本上比较自在了。

1994年下半年，缙云县轧钢二厂几个老板找我到他们厂当电工，我就留儿子在压延厂，我去了轧钢厂，在轧钢二厂一当当了6年直到改制结束。

2001年，轧钢厂迁往外地，要我跟到外面厂里去，因我要顾家，又当了村会计，我不去，答应安装时过去帮他们装好。我急着找一个厂好拒绝轧钢厂，我就到浙江恒强当了电工，也帮轧钢厂到外面把机器装好。

2004年农电体制改革，电力公司把原来帮农电站干过的及帮收电费的电工招收到供电所去，我就叫儿子去了，但我儿子也去了江苏朋友的厂当电工。我原准备辞掉浙江恒强的电工，去供电所代班，因对电工的二次线路我比较懂，1995年在县里推荐下，我得到了电工助理技师的职称，当时全县农电工和社会电工就我一个是技师的职称，其余的全是技术员职称。电力部门也需要我这样一个人，电力部门领导同意我代班。因我是老实人，又有一定的电工技术，在恒强厂当了电工管道班班长，和车间主任同一权力，不同意我辞职，我只能一边上供电所的班，一边上厂里的班，一直维持了四年，后来只能叫儿子回来自己去上班。到2010年我因太忙终于辞掉了恒强厂电工，专门给各厂安装线路，修理机床线路。

2001年时，当时退休的老供电所所长一个朋友的厂供电力率很差，厂里的变压器从100KVA起是要力率考核的，力调电费每月要几千元（也称罚款），叫我去给调，第一次真正接触无功功率管理这一块事。说起来好像简单得很，其实也确实复杂，因变压器容量大，但用电量少，谐波多，用尽了脑筋，翻阅了不少的书籍，第一个厂被我攻下来，接着老板们相互转告，一个又一个厂请我，还专门请我全年管理，就这一管很多厂已叫我管了将近20来年。现在还叫我管的有50多个，其中浙江天喜厂从2001年起就一直管到前年为止，因他厂区太多，电工又很多，终于把我辞掉，如真搞不好的再请我去，单收临时工资。

附近县请我去过的有永康、磐安、东阳、丽水、仙居等县，有很多厂去搞过，不完全想想总有200多个吧。这生意一般都是供电局领导在一起开会时相互转告的，也为电力局的领导争了光呢。现在，省局也要对县局进行电力力率考核，县局也对各供电所进行力率考核，像壶镇供电所，因我管理的厂多，叫我帮整治一下，所以根本就不愁，其他供电所就没这样好了。

再说家庭的事，由于我人快大，经继父介绍，18岁就娶了老婆。不过我的老婆比我年长2岁，比我懂事，1972年就生了儿子，开心得不得了。

由于思想好，响应政府号召，进行计划生育，我只有一儿一女。儿子也一儿一女，现孙女已在湖川中学教书，孙子在缙云县高中读高二。大外孙女已大学本科毕业，争取迎国考。小外孙女她说准备读小学了。一家人过着安居乐业的生活。

第七章 《北山村传统民俗风情乡游打造》策划方案

一、北山村民俗风情节导视图

二、打造北山村民俗风情乡游背景

（一）**民俗历史：** 朴素的民间民俗依然保留着特有的原生态，村中民俗美食、民间手工艺、风俗游艺活动也依然传承着那样纯朴自然、活灵活现，在历朝历代无数的变迁中，北山村同样见证了民间民俗这个历史演变的风流繁华、沧桑风雨。

（二）**风水地理：** 北山村坐落在壶镇盆地北部的丘陵地带中，三面小山丘环抱，正南朝向壶镇盆地，开阔朝阳，四季分明，冬暖夏凉，特殊的地理环境，形成了坐北朝南的阳光开阔地势、丘陵地带的独特风水和农作丰富的富饶地理；整个村庄由下宅、上宅、塘后三个自然村组成，走进村中放眼四望，舒心畅然，心旷神怡，是一个不可多得的天然养生福地，自古有壶镇北居之称。古老的北山村不仅兼收南北文化、荟萃各地风情，并依托壶镇千年古镇传统集市辐射之势，形成了各式各样的民间传统民俗之荟萃，成为江南古村落中名副其实的民俗乡愁文化典范。

（三）**乡村经济联动的乡村旅游业：** 北山村不仅有电商经济、烧饼经济，和早期的打岩经济、手工艺经济、农家乐经济，在不久的将来又有动车经济；乡村旅游业作为第三产业，在国民经济的发展中起到了越来越重要的作用；而乡村旅游作为新兴旅游产业，在北山村这个特殊的经济发展体中，更是有着更大的发展空间；再者，乡村旅游结合本土的民间民俗风情，打造具有地方特色的休闲乡游，更是有新的韵意和时代心理的需求。

凸显乡村性格，充分分析对应乡村所具有的独特自然环境、发展历史、生活劳动方式、节庆习俗、乡民精神面貌等元素，对村落的旅游特色进行准确提炼，找到自己的闪光点，从而形成自村经济发展为主体，发展与其他村落不同的第三产业特色乡游，形成创业与休闲，休闲与经济之间的良性互动体系。从而，一方面，通过主流经济的发展推动乡村旅游的发展，创业与娱乐结合，打造出更优美的经济创业环境；另一方面，乡村旅游业可以助推地方特色经济创业的发展，城市居民也在乡村中得到闲适舒畅的心情、新奇独特的体验，乡村向城市居民出售清新的空气、优美的环境、新鲜健康的食品，乡村里的各种传统元素都变为可消费的旅游产品，创业制造者从中获得产业经济利益，并收获健康和快乐。

（四）风情节选题：“民俗风情特色乡游”的打造，以富有文化内涵、历史传承，大众喜闻乐见的观赏性、娱乐性活动为主体，是大家非常感兴趣的一个主题形式，也是商家非常有兴趣参与的一个热点题材；根据这一情况，我们从观赏、娱乐的角度出发，拟重点发展：

1. 民俗美食体验、制作、品赏；
2. 民间手工艺传承人真人现场制作；
3. 风俗游艺现场娱乐体验；
4. 有氧天地农耕体验；
5. 原生态氧吧风俗表演和民俗晚会。

共五大类，可以发展到百余项风情民俗体验活动。

（五）风情节立意：为把北山村打造成原汁原味的“壶镇民间民俗乡游风情村”，又具可持续发展的新方向，发展项目中可以以民俗风情为主旋律，以创意设计推出民俗风情特色为主题；回到童真、回到自然、感受田园乐趣，使“北山村的民间民俗乡游风情村”进行激情跨越；走向高度，带动“休闲体验在北山”的休闲人流；以民俗风情节给大家带来的休闲轻松乡游，形成休闲娱乐轻松氛围；依托北山村的民俗风情村，以点带面，全面展示壶镇范围内古老传承的民间民俗文化、展示文明好客的北山村原生态乡土民俗风情，共同打造美丽北山、休闲北山、风情北山，从而更好地推动各项经济的发展。

三、民俗风情节组织

主体打造团队：壶镇镇北山村

联合打造团队：北山村各村民

合作团队：各投资实体

民俗风情村主地点：壶镇镇北山村范围

四、活动设计

（一）设计重点、设计原则

1. 以北山村为中心设置区，结合北山村周围风水景观和田园风光，还有北山村的各传统村舍道坛，协调规划、系统布置民俗风情节点和各娱乐项目。

2. 一个项目的策划，必须考虑到人流剧增问题，为了控制好风情体验相对应的活动参数，需提前设计好风情旅游项目的集散地和循环体验项目、线路，为主体打造规划，设计大型集散中心一个，主游线路两条，规模农家乐三个以上。

3. 配套旅游风情村的各项管理。

（二）设计主题

1. 经济创业在北山，休闲娱乐到北山！

2. 从北山动车走出外面，让天下电商汇聚北山！

五、乡游活动内容

（一）北山民俗美食现场制作体验

1. 北山乡土风味：传统豆腐制作

地点：北山村第一石板道坛

民俗豆腐制作工艺师：

制作辅助师：

主要活动内容：

（1）欣赏田园原生态制作豆腐传统工艺全过程。

（2）一系列品尝田园原生态新鲜的豆浆、豆腐花、豆腐生，亲自品尝原生态豆腐系列的原生态美味。

（3）现场参与制作田园原生态豆腐：选好已经浸泡的黄豆，多少自己定，在豆腐制作师和制作辅助师的指导下，自己亲自参与制作豆腐，享受制作传统豆腐的乐趣，享受原生态豆腐的美味，自己制作的豆腐，全部属于自己，制作好的豆腐可以带回家分享劳动成果。

2. 北山乡土风味：泡豆腐

地点：北山村第一石板道坛

民俗制作工艺师：

制作辅助师：

（1）欣赏田园原生态的泡豆腐传统工艺。

（2）品尝田园原生态的泡豆腐，价格5元一杯。

（3）自己制作的豆腐，可以亲自去制作成泡豆腐，加工费用一斤豆腐5元。

3. 北山乡土风味：双年糕

地点：北山村第二石板道坛

民俗制作工艺师：

制作辅助师：

（1）欣赏田园原生态的双年糕传统工艺。

（2）品尝田园原生态的新鲜年糕，价格3元一根。

（3）现场参与制作田园原生态新鲜年糕：买好已经浸泡的米，多少自己定，在年糕制作师和制作辅助师的指导下，自己亲自动手双年糕，体验传统双年糕的乐趣，享受原生态年糕的美味，自己制作的年糕，全部属于自己的，自己可以带回家分享劳动成果。

4. 北山乡土风味：炊糯饭

地点：北山村

民俗制作工艺师：

制作辅助师：

（1）欣赏田园原生态的炊糯饭传统工艺。

（2）品尝田园原生态的新鲜糯饭，价格3元一团。

5. 北山乡土风味：双麻糍

地点：北山村

民俗制作工艺师：

制作辅助师：

（1）欣赏田园原生态的双麻糍传统工艺。

（2）品尝田园原生态的新鲜麻糍，价格5元一块。

（3）现场参与制作田园原生态新鲜麻糍：买好已经炊好的糯米饭，多少自己定，在麻糍制作工艺师和制作辅助师的指导下，自己亲自动手双麻糍，体验传统双麻糍的乐趣，享受原生态麻糍的美味，自己制作的麻糍，全部属于自己的，自己带回去，让亲朋好友一起品尝。

6. 北山乡土风味：双白糖（麦芽糖）

地点：北山村

民俗制作工艺师：

制作辅助师：

（1）欣赏田园原生态的双白糖（麦芽糖）传统工艺。

（2）品尝田园原生态的新鲜双白糖（麦芽糖），价格 12 元一斤。

7. 北山乡土风味：恍冠粟花、恍米泡

地点：北山村

民俗制作工艺师：

制作辅助师：

（1）欣赏田园原生态的恍冠粟花、恍米炮传统工艺。

（2）品尝田园原生态的新鲜恍冠粟花、恍米炮，价格 3 元一碗。

8. 北山乡土风味：馄饨、烧饼

地点：北山村

民俗制作工艺师：

制作辅助师：

（1）欣赏田园原生态的馄饨烧饼传统工艺。

（2）品尝田园原生态的新鲜馄饨烧饼，价格烧饼 2 块一个，馄饨 2 块一碗。

（3）现场参与制作田园原生态新鲜馄饨烧饼：买好已经切好的精肉和馄饨皮，在馄饨烧饼制作工艺师和制作辅助师的指导下，自己可亲自动手包馄饨、烤烧饼，体验传统馄饨烧饼的制作乐趣，享受原生态馄饨烧饼的美味，自己制作的馄饨烧饼，肯定是最新鲜好吃的。

9. 北山乡土风味：切糖

地点：北山村

民俗制作工艺师：

制作辅助师：

（1）欣赏田园原生态的手工切米炮糖传统工艺。

（2）品尝田园原生态的新鲜米炮糖，价格 2 元一包。

（3）现场参与制作田园原生态传统手工切米炮糖：买上已经准备好手工切米炮糖，在手工切米炮糖工艺师和辅助师的指导下，自己可亲自动手切米炮糖，体验传统手工切米炮糖的制作乐趣，享受原生态手工切米炮糖的工艺和美味，自己亲手切的米炮糖，肯定是最新鲜好吃的，也是最难忘的。

10. 北山乡土风味：炊荡阳

地点：北山村

民俗制作工艺师：

制作辅助师：

（1）欣赏田园原生态的手工炊荡阳传统工艺。

（2）品尝田园原生态的新鲜千层荡阳，价格10元一斤。

11. 其他北山风味小吃还有：玉米生菜饼、米粉菜干饼、麦果松、豆饼、麻球、菜结麦果、馄饨、烧饼、猪脂葱蒜盐大麦果、洋芋松、大栗、姜糖、糖砂佛、米粉佛、糖画、爽面蛋、芥菜饭、玉米羹、束米羹、发糕、糍糕、敲肉羹、芦籽金团、番薯果、清明果、冷粥糕、牛血汤、麦面汤、猪大肠豆腐丸、大锅螺丝等。

12. 现场北山传统乡土风味产品展销：米泡糖、番薯片、番薯丁、洋芋片、菜头丁、土爽面、梅干菜、土笋干、芋咸、芋头丝、菜头丝、茄子干、金针干、土黄酒、踩菜、豆腐皮。

地点：北山村

（二）传统北山民间手工艺现场展示表演

（为了配合外面团队摄影采风记录，这些手工艺现场表演展示都准备安排在屋外和屋内展示表演，可以很好地对北山民间手工艺进行展示。）

1. 打草鞋：现场制作草鞋，地点：村民街沿

2. 做木：现场做独轮车架，地点：村民街沿

3. 钉称；4. 弹棉絮；5. 打铁；6. 敲火笼、敲洋油箱；7. 打蒲扇、草袋；8. 做灯笼、做笠帽；9. 做蓑衣。

（三）乡土趣味游园游戏（按照活动项目进行收费活动体验）

地点：北山村田野上

1. 田野走独木桥

以风情节统一发放的“纪念卡”为活动参与票，顺利经过独木桥为胜，胜利者可以奖风情节小吃5元代金券，快乐为上，娱乐为主。

2. 扔沙包

以风情节统一发放的“纪念卡”为活动参与票，10 个沙包扔进 8 个以上为胜，胜利者可以奖风情节小吃 5 元代金券，快乐为上，娱乐为主。

3. 点炮台

以风情节统一发放的“纪念卡”为活动参与票，以规定时间内，点燃 10 个炮台以上为胜，胜利者可以奖风情节小吃 5 元代金券，快乐为上，娱乐为主。

4. 盲眼敲锣

以风情节统一发放的“纪念卡”为活动参与票，闭上眼睛，在规定范围内先转三圈，然后走到前面的铜锣，敲响者为胜，胜利者可以奖风情节小吃 5 元代金券，快乐为上，娱乐为主。

5. 爬稻秆棚

以风情节统一发放的“纪念卡”为活动参与票，在规定时间内，爬上稻秆棚者为胜，胜利者可以奖风情节小吃 5 元代金券，快乐为上，娱乐为主。

6. 青龙进宫

以风情节统一发放的“纪念卡”为活动参与票，在规定距离内，10 根筷子扔进酒樽 8 根以上为胜，胜利者可以奖风情节小吃 5 元代金券，快乐为上，娱乐为主。

（四）开展《走进民俗风情天地北山村暨原生态氧吧风情晚会》

地点：北山村原生态田野上

（具体策划另附）

六、执行计划

（一）规划风情旅游村停车场地 2000 平方米。

（二）规划整理好风情旅游项目各类活动的活动场地和地点。

（三）制作好风情旅游活动项目平面导向规划图。

（四）联系好各风情旅游项目的负责人和传承人。

（五）安排好风情旅游各活动项目的具体负责管理人员。

（六）准备和布置好风情旅游各活动的辅助设施。

（七）制作好风情旅游相关广告宣传，以及主题资料。

（八）联系好各相关经营团队。

七、宣传计划

八、争取各方经费和赞助合作单位

由于举办风情旅游是为保护古村落、传承民间民俗风情、留住乡音乡情乡愁，接收社会众创团队的支持。

主题风情旅游村将以独特的方式宣传回报众创团队。

九、组建好北山村风情旅游村的筹委会团队

另附：

《一对一风情旅游村规划、建设、管理与互利方案》

《古村落风情旅游资源整合开发利用调查报告》

《指定农村风情土特产品牌专卖经营方式》

《打造特色风情旅游村的经费预算》

《北山村电商创业展示区》

《北山村乡土人文展示厅》

参考文献

[1] 缙云《壶溪吕族志》编委会编．壶溪吕族志 [Z].1998 年．

[2] 费孝通．乡土中国 [M]. 北京出版集团公司、北京出版社，2016.

[3] 互联网 + 绿水青山：农村电商“丽水现象解析 [C]. 红旗出版社，2015.

[4] 淘宝大学、阿里研究院．互联网 + 县城 [C]. 中国工信出版集团、电子工业出版社，2016.

[5] 潘劲．红林村——一个京郊山村的经济社会变迁 [M]. 中国社会科学出版社，2016.

[6] 崔丽丽、潘善琳．农村电商新生态：互联网 + 带来的机遇与挑战 [M]. 电子工业出版社，2016.

[7] 郑欣慰、雷晓云．不赚钱缺人才仓储难 丽水壶镇北山村淘宝电商感叹“双十一”[J]. 浙江日报，2015-11-13.

[8] 裘一佼．浙江缙云北山村的传奇“网事”[J]. 浙江日报，2016-11-13.

[9] 马凤兴、郑功帅．《城乡统筹发展背景下的农村电子商务发展研究——丽水市缙云县“北山模式”的经验与启示》[J]. 当代社科视野，2013（7）

[10] “北山村”样本淘宝村映像 [J]. 上海证券报，2015-01-13

[11] 张李杨、刘思佳、朱淑萍．“互联网 +”时代，缙云北山与世界一线牵 [J]. 丽水日报，2015-06-02.

[13] 刘永佶主编．中国农村经济——理论探索与田野调查 [C]. 中国经济出版社，2015.

后 记

P O S T S C R I P T

《电商兴村：丽水北山村发展研究》是《丽水市缙云县北山村发展研究》课题的最终成果。《丽水市缙云县北山村发展研究》课题是浙江省文化研究工程（第二期）第二批立项课题中由浙江省社会科学院副院长、研究员陈野牵头的浙江省社科规划重大课题《中国村庄发展的浙江样本研究》（课题编号：17WH20016ZD）中的一个子课题。

自从 2017 年 9 月 25 日《丽水市缙云县北山村发展研究》课题立项（课题编号：17WH20016ZD-6Z）以来，课题组通过认真学习和熟悉课题的研究内容、框架结构、研究方案，多次去北山村进行实地调研，取得了大量的第一手材料，为课题研究奠定了扎实的基础。

2018 年 5 月 14 日至 5 月 16 日期间，课题组深入当地开展了第一次调研。这次调研以座谈会、实地考察、入户访谈等形式，对北山村的村落演化历史、生产经营、文娱生活等进行了深入了解。在与主要村干部的座谈会上，初步了解了北山村的村落构成、自然资源、人口规模等，以及北山村人津津乐道的发展特色，一是由"烧饼村"到"淘宝村"的转型，二是 2017 年以来的正月初八"烧饼节"活动，三是丰富多彩的老年文娱队。结合北山村的发展特色，课题组分别走访了任期七届（非连续）的老村民主任吕周雄、经验丰富的烧饼师傅吕文龙、精神矍铄的老年班班长吕鼎贤、北山狼户外用品有限公司总经理吕振鸿、北山村狂野户外淘宝店的"掌柜"赵礼勇等，深切地感受到这个昔日贫穷落后的偏僻小山村，如何借助互联网的东风，凭着一股敢拼敢干、开拓创新、互助互享的"北山精神"，实现了从传统烧饼村向现代淘宝村的转型，开创了农村电商的"北山模式"，进一步蜕变为富裕美丽的浙江乡村。

2018 年 9 月 25 日至 9 月 27 日期间，课题组深入当地展开第二次集体调研。这次调研以座谈会、实地考察、入户访谈等形式，对北山村村庄的发展历史、村庄基础设施、村庄祠堂庙宇、历史古迹、企业经营管理现状等进行了深入了解。2018 年

9月25日课题组去北山村村委，与壶镇镇驻北山村书记、北山村支委委员、北山村会计进行了座谈。吕德生会计介绍了北山村的发展历史，讲述了“烧饼村”的具体情况和“烧饼大师、烧饼高级师、烧饼师傅”的情况，介绍了北山村实行生产责任制的情况、生产队时村里粮食分配的特点。2018年9月26日，在北山村老年班吕鼎贤班长的带领下，去看望百岁老人吕章木，老人已经103岁了，会用方言唱劝赌歌，《钱江晚报》曾以《缙云山村里有个百岁“山歌王”，一曲〈劝赌歌〉远近闻名》作过报道。2018年9月26日，吕德生会计带领我们去北山村考察村里有关公共基础设施和一些历史建筑。如北山村的动车壶镇站工地、张庆庵、洋深塘水库、更新水库等。2018年9月26日去村民吕葛吐家访谈，吕葛吐师傅是村里的老支书了，也是专业糊灵师，他向我们介绍了糊灵的过程以及他的从业经历，我们也向他了解了他的经营情况。吕葛吐师傅还给我们奉献了一份资料，是村里以前调查统计的“非物质文化遗产普查人员的名单”，包括“民族语言、民间文学、民间音乐、民间舞蹈、民间戏曲、曲艺、民间美术、民间手工艺、生产商贸习俗、消费习俗、人生礼仪、岁时节令”等13大类。2018年9月27日再次去北山狼公司调研，与总经理吕振鸿进行了座谈。一是围绕“北山模式”进行了交流；二是对北山狼公司的经营状况、管理现状进行了了解，并就今后发展重点进行了探讨；三是对“北山模式”可复制的经验和条件进行了分析。

2018年11月24日至11月30日期间，课题组深入当地开展第三次集体调研。这次调研以入户访谈、实地考察、查找复印资料等形式，对北山村的历史文化古迹、村联欢会、北山村太极团队、村经济社会发展等进行了深入了解。这次调研共去了北山村九次，走访了北山村会计吕德生、北山村老年班班长吕鼎贤、太极团队武术老师吕美英、老干部吕启富、乡村医生吕丁富等。2019年11月24日访谈村会计吕德生，取得了一些资料，包括北山村电子商务发展基本情况汇报、缙云县第三次全国文物普查不可移动文物登记汇总表等。2019年11月25日访谈老年班班长吕鼎贤，在2019年九九重阳节壶镇赤岩山“迎案”时，北山太极队的精彩表现赢得了极大好评，这次访谈主要想对北山太极队有更多的了解。吕鼎贤班长介绍了北山太极队参加比赛的情况。2018 年 7 月，北山太极队参加由“浙江国际传统武术比赛组委会”组织的“震元杯”第十三届浙江国际传统武术比赛，获得了多个奖项，“发展中华武术特别贡献奖”“集体姐妹花花样 24 式太极拳”集体项目第一名等。2019 年 11 月 26 日去武术老师吕美英家访问。吕美英老师是全民健身的积极推动者，2010 年就是三级社会体育指导员了。早在 2009 年就自费向杭州名家杨式太极第五代传人刘月兰老师学习 54 式太极剑，经过多年的刻苦训练，练就了一身本领，拳、剑、扇、刀，样样拿手。2010 年曾带领团队参加国际传统武术比赛，得集体金牌；2011 年带领团队参加省、市比赛均得集体金牌。2017 年受北山村老年班班长吕鼎贤邀请去教村民杨式 24 式太极拳，几年来风雨无阻每天晚上都去北山村进行教学。在她精心指导下，2018 年 7 月 15 日北山村武术队参加第十三届浙江国际传统武术比赛荣获“丽水市壶镇北山太极队发展中华武术特别贡献奖”及集体获得 8 金、30 银、35 铜。吕美英获得单项 2 金 1 银，北山太极学员赠送她写有 “倾尽所学，诚心施教”的锦旗表示感谢。2019 年 11 月 26 日访谈了老干部吕启富，1965 年曾任北山村民兵连长和团支部书记，1976 年到 1986 年是村民主任、1986 年到 1989 年是村书记。1958 年参军入伍，在福建当过气象兵。1984 年当选中共缙云县第六次代表大会代表，1987 年当选缙云县第十届人民代表大会代表。他提供了宝贵的当选证和当选证书。2019 年 11 月 27 日去乡村医生吕丁富家拜访。吕丁富医生曾参加过《壶溪吕族志》（1998 年版）的编写工作，他详细介绍了《壶溪吕族志》的编著情况，介绍了北山吕氏的来历，宗谱中的“壶镇北山下宅村村史”和“北山宗祠记”；讲解了“北山派序”“吕叶和宗叙”的故事；并介绍了北山村的有关乡贤情况。还找到了一些他当乡村医生的有关证书，如“浙江省注册乡村医生培训证书”“乡村医生执业证书”“购药证”等资料。2019 年 11 月 29 日，在吕会计的带领下，去下宅村狮山祭拜了北山吕氏雄公墓。这次调研除访谈外，我们共五次去北山村自行查找、翻阅、复印资料，取得了一些村庄资料，包括北山村成为淘宝村之前的资料。此后，应焕红研究员、吴晓露副研究员又多次前往北山村进行实地调研和访谈。

2019 年 6 月 9 日，《北山村发展研究》课题组与缙云县地方志研究人员、文学创作者、摄影创作者及自媒体《缙云优生活》采编人员等一行十多人，与北山村村两委干部和部分村民代表一起在北山村召开课题研讨会。村两委负责人讲述了北山村发展史，吕周雄老主任对北山村电子商务的情况作了介绍，同时也指出了电子商务发展的问题，指出未来电商发展要法规完善、诚信建立、人才培养、加快电商工业园建设等问题。金台铁路经过北山村，在北山设“壶镇站”，对北山而言，是一个难得的发展机遇。与会人员还在村干部的带领下，走访了金堂殿、本保殿、文王庙、石明堂、天灯坛等古建筑，他们对北山村的古村落文化表现了浓厚的兴趣。在走访过程中，还发现了天灯坛这个古建筑。民间俗语说，“南宫钟慧明鼓北山灯”，北山灯以前是非常有名的。虽然现在这个天灯坛长满青苔，但“长生供养”四个字依稀可见，宗谱专家陈渭清老师还给大家讲了这个清代建筑的有关历史。灯杆很高，以前这里挂上灯笼，整个壶镇洋都可以看到。当天下午，与会人员对课题写作进行了座谈。大家指出，北山村是具有革命传统和革命事迹的村落，也是一个具有丰富的人文资源、深厚的人文底蕴的古村落。北山上宅的黄梦麟，是清代缙云有名的文人，其传世文章有上百篇。北山戏班以前很有名，现在花旦吕康富老人打得一手好鼓。要继续挖掘北山历史文化，像北山村特有的语言“北山腔”，北山狮子山“吕氏太公”传统祭祖仪式，北山村的古留秋，北山村的美食菜肴如北山过年米堬、北山金团等都可以继续深化访谈研究。目前，北山电子商务创业园正在紧锣密鼓地创建中，对于北山村而言，这个创业园将很好地解决广大北山网商的发展瓶颈和限制北山产业升级的配套问题。未来在创业园中，可以营造更浓厚的网商创业氛围，提高网商运营能力。有专家指出，旅游业也是今后北山村的主要项目之一。要充分利用现在台金高铁在北山村建“壶镇站”的大好时机，谋划未来旅游发展新规划。

本著作是集体创作的成果，在此感谢缙云县壶镇镇和北山村的大力支持和帮助！感谢壶镇镇镇长周子会、壶镇镇北山村驻村书记李静龙、吕周雄老村民主任、吕伟民书记、吕周兴村民主任、吕德生会计、吕鼎贤会长、吕丁富医生、吕葛吐老书记、吕启富老村民主任！周子会镇长为课题组首次进村调研提供了大力支持，李静龙驻村书记、吕伟民书记、吕周兴主任为课题组的调研提供了大力帮助。在 2018 年 5 月 14 日晚上首次调研中，吕周雄老村民主任对北山村的发展，特别是烧饼村和电子商务村的情况作了详尽的介绍。在 2019 年 6 月 9 日召开的北山村研讨会上，吕周雄老村民主任对北山村电子商务的情况作了介绍，同时也指出了电子商务发展的问题。2018 年 5 月 16 日，课题组前往浙江北山狼户外用品有限公司调研学习，吕振鸿总经理向课题组介绍了他的创业经历。吕德生会计不仅为课题组的调研工作提供方便，还多次为课题组讲述北山村有关情况，给课题组介绍了很多生产习俗、生活往事、生活习俗和民间传说。他带领课题组观看北山村有关基础设施，考察北山村的水库、吕氏雄公墓、和尚岙摩崖题记等，还在百忙之中亲自撰写稿件、提供资料。吕鼎贤同志是北山村老年班班长，是北山太极队的创始人。2018 年 7 月，吕鼎贤荣获“震元杯”第十三届浙江国际传统武术比赛“最佳领队”。2018 年 10 月在丽水市第七届传统武术邀请赛中，吕鼎贤获得“团体项目 24 式太极拳”“MD524 式太极拳”两个个人一等奖。在 2018 年九九重阳节壶镇赤岩山“迎案”时，北山太极队的精彩表现赢得了极大好评。吕鼎贤会长多次接受课题组的访谈、积极为课题组联系有关受访对象、为课题组提供北山太极队的资料并亲自带课题组去吕美英家拜访。吕丁富医生从事农村卫生工作四十多年，退休后，近年来认真做好慢性病管理等公共卫生工作。1996 年开始修谱后，参加宗谱基础材料的调研收集工作。吕丁富医生多次受课题组的访谈，为课题组提供了大力支持。老村民主任吕葛吐师傅从十多岁就开始学习糊灵手艺，课题组先后两次采访了吕葛吐师傅，了解了该行业的运作、经营、传承情况，分享了吕师傅的从业心得，探讨了糊灵行业今后的发展趋势。吕葛吐师傅为课题组提供了大力帮助。吕启富同志是缙云县党代表和人大代表、北山村老村民主任，也是一名老军人。2018 年 11 月 26 日下午，课题组对吕启富老村民主任进行了访谈。吕启富老村民主任荣誉感满满，对自己当过兵、民兵连长、村主任、县党代表、县人大代表等充满着自豪感。

POSTSCRIPT

感谢北山村所有村民对本课题组在北山村调研时提供的关心和帮助！感谢接受我们课题组入户访谈的村干部和村民代表，他们是：吕周雄、吕周兴、吕振鸿、吕启富、吕鼎贤、吕丁富、吕葛吐、吕德生、吕宅兴、吕文龙、吕唐富、赵礼勇、吕振鹏、吕美英、吕云鹏、吕云芳等（排名不分先后）。

感谢浙江省社会科学院领导和同事们的关心和支持！感谢《中国村庄发展的浙江样本研究》重大课题负责人浙江省社会科学院副院长、研究员陈野的大力支持和热情指导！感谢经济研究所副所长、研究员闻海燕的辛苦付出！感谢《中国村庄发展的浙江样本研究》重大课题的其他子课题的老师们的相互帮助！感谢科研部王玮老师的大力帮助！感谢课题组成员的辛苦劳动，他们是浙江省社会科学院李东华研究员、吴晓露副研究员、陈怀锦助理研究员、宗素娟助理研究员。李东华、陈怀锦、宗素娟参与了调研。吴晓露参与了调研并撰写了文章《北山村：基础版块（经济篇）》。

感谢朱国勇老师、陈渭清老师、陈思德老师、吕吉人老师、吕晓阳老师的大力支持和帮助！课题组专程多次拜访朱国勇老师和陈渭清老师，听取他们对本书的写作建议，他们参加了北山村研讨会并亲自撰稿。吕晓阳老师为组织北山村研讨会、赴村调研、联系稿件写作付出了很多的努力。感谢缙云县地方志研究人员、文学创作者、摄影创作者及自媒体《缙云优生活》采编人员，他们是朱国勇、吕晓阳、陈渭清、陈淑婉、麻松亘、吕丰平、吕吉人、赵琼英、施星、杨伶俐、应孟荣、吕小橙、郑军、吕笑欧、吕朱缙、陈颖、周闽尧（排名不分先后）。

由朱国勇、吕晓阳两位老师牵头和组织，多次赴北山村进行调研和访谈，并为本书提供了以下诸多资料和访谈录（排序不分先后）：

朱国勇：《北山村传统民居及建筑简介》《北山村的传统小吃》《北山村的婚嫁生育习俗》《北山村的民谚俗语》《北山村的农业农村经济》《北山村的气候和水系》《北山村的丧葬习俗》《北山村行政区划变动简史》《北山村基本情况》《北山村经济发展简况》《北山村民间宗教信仰简介》《北山村曾经存在或即将消失的传统事物》《北山村主要节庆习俗》《北山歌谣简介》《北山吕氏文化简介》。

吕岩、吕小橙:《北山传统“八大碗”》《北山村传统习俗之“抱拳礼”》《北山村传统风俗之“默字”》《北山村民间习俗——端午节》《北山吕族“雄公”祭祖仪式程序》《民间中医：北山人对干艾蒿的妙用》《北山人的过年风俗习惯》《〈北山村传统民俗风情乡游打造〉策划方案》。

陈渭清:《北山烧饼》《北山迎罗汉》《用散诸民间的历史碎片来还原宋元时期的北山村》。

陈淑婉:《北山剧团，唐富花旦》《北山烧饼世家》《北山石磨，农家人抹不去的记忆》《北山阿姨话布鞋》《北山传统手工业》《歌唱北山老人班》《浅谈北山糊灵之传统手工艺》《北山小吃之水磨糕》《病人眼中的好医生——北山赤脚医师吕丁富》《北山迎案》《北山传统主食之粥捞饭》《走访北山，拙填鹧鸪章》。

麻松亘:《北山村的节俗》。

吕丰平:《美名“烧饼村”　热闹“烧饼节”》《鲜香北山梅干菜》《北山番莳喷喷香》《北山村的过年习俗》《北山村婺剧表演队》《北山村的卫生事业》。

吕吉人:《北山吕氏和杨深塘》《郎中献连》。

赵琼英:《北山村红白喜事的礼仪及变迁》。

施星:《最忆莫过“猪三福”》《北山米泡糖——浓浓年味的必备品》《香肠飘香年味渐浓》《北山馒头——北山人的极品年味之一》。

杨伶俐:《北山村电子商务的历程》。

应孟荣:《缙云的“洋泾浜”——独特的北山腔》。

郑军、吕笑欧:《北山村的企业经济发展》《北山村晚》《北山村未来电商城经济发展》《北山村未来动车站区域经济发展》《北山村烧饼节》。

周闽尧:《北山圣岩寺与古钟》。

吕朱缙、陈颖：摘选文献篇。

感谢北京航天航空大学沈映春教授和浙江省发展和改革研究所吕淼老师的热心指导，并为本书提供了专题篇的文章。感谢我的高中同学项立杰、赵琼英、田利伟、吕章庆、吕伯方等同学的大力支持！感谢我的亲人吕芝月、应慧君、应敏智、吕伟红、蔡璐、应耀骏、应洁莹的大力支持和无私奉献，让我能集中精力完成这项艰巨、复杂的任务！

虽然我们殚精竭虑，克服困难，并对书稿进行了多次修改，但由于各种主客观条件限制，我们的工作还不够细致，调研还不够深入，访谈对象还不是太多，掌握的资料也不是很全面，本书还存在着诸多问题，热忱希望得到读者们的批评指正。

在本著作公开出版之际，要衷心感谢我心中所有的老师和朋友，感谢他们的真诚关心和大力支持！衷心感谢浙江省社会科学院领导和老师们、同事们的帮助支持和关心！

应焕红

2021 年 6 月 28 日于湘湖畔

丛书后记

P O S T S C R I P T

“中国村庄发展：浙江样本研究”项目研究和书稿撰写，由浙江省社会科学院组织院内外相关科研人员集体承担。此刻，面对11部厚重书稿，回顾项目组寒来暑往五春秋的研究历程，前期酝酿筹措的漫长经过、奔波于乡村大地深入调研的艰辛历程、埋首于电脑键盘奋笔疾书的种种身影，均历历在目。感怀系之，作此以记。

本项目于2016年初由浙江省社会科学院副院长、研究员陈野倡议谋划，旨在整合全院从事乡村研究的科研力量，加强顶层设计，开展重大项目研究，为本院凝练一个可持续的科研方向和学术品牌。经与院乡村研究中心主任、研究员闻海燕反复磋商，咨询省市农办，赴村实地调研等前期摸底筹备，于2016年正式动议有关村庄发展研究的事宜。

2017年2月6日，时任浙江省省长车俊在《历史大变局下的农村新集体经济文化建设调研与思考》调研报告上做批示予以肯定。2017年2月13日，时任省委常委、宣传部部长葛慧君批示要求“在本省多选一些村庄做深入研究，形成一批实践样本。如需要，省社科院一起参与”。2017年2月16日，省委宣传部常务副部长来颖杰批示：“请社科院再做深入调查，进行样本总结。”省委省政府和省委宣传部的指示和要求，使我们更加明确和坚定了开展村庄发展研究的思路，加快了项目筹划的进度。

2017年6月，村庄发展研究项目被立项为浙江省社科院重大专项课题。2017年9月，被立项为浙江省第二期文化研究工程重大项目，陈野研究员为项目负责人，浙江省农办原副主任、著名乡村研究专家顾益康先生和闻海燕研究员为首席专家。期间，根据实地调研情况、省市县农办意见、省规划办和评审专家建议，项目研究方案经过十数次的调整修改，最终确立为在全省11个设区市中各选一个村作为研究个案，撰写11部专著，形成“中国村庄发展：浙江样本研究”丛书。

研究与撰写过程中，项目组发挥前期学术积淀深厚、科研人员学科背景多样、组织协调机制高效灵活、项目组成员高度团结等优势，深入乡村和各级农办、档案局、史志办、文旅局等政府部门实地调研，广泛收集谱牒档案、镇村史志、契约账册等文献资料，驻村开展上千人次的口述访谈。项目组全体成员冲寒冒暑，以认真负责、刻苦钻研、严谨踏实、精益求精的研究态度和工作精神，为课题研究尽心竭虑，无私奉献，并在研究中形成了精诚团结、友好合作、交流研讨、互帮互助的优良团队氛围。各子课题负责人认真组织、悉心筹划、精心统筹、务实开展课题研究，带领各自课题组成员通力合作，为如期完成研究和撰稿任务起到关键作用。各子课题的具体科研工作情况，可参见各部专著的后记，此处不做一一赘述。

项目负责人陈野研究员对项目高度负责、执着认真，全力投入、全程负责项目的启动、开展和推进，承担了策划项目，确立研究思路、主题、体例、理论分析框架和研究内容，设计篇目大纲等全局工作；定期组织召开内部讨论会，研讨篇目框架、研究内容、行文规范；数次邀请专家进行指导评审；多次率队赴省市县相关政府部门座谈请教，倾听学习来自乡村建设实践的真知灼见；先后深入数十村庄开展实地调研访谈；根据自查结果和专家审稿意见与每一位子课题负责人商议修改计划，对11部书稿作三次全面统稿，并做多种局部调整。

项目首席专家顾益康先生自始至终关注关心本项目研究，在百忙之中数次参加项目组研讨活动，对研究方案提出具体思路建议，认真评审数部子课题书稿，指导子课题负责人开展研究，特别是以其丰富的乡村工作经验、深厚的学术研究造诣和对本项目的深入了解，为丛书撰写了站位高远、剖析深入、具有提纲挈领作用的丛书绪论。

首席专家闻海燕研究员在项目对接农办系统、联系专家学者、选择村庄个案等方面发挥重要作用，以长期从事农村经济研究的学术积淀帮助相关子课题开展研究。在项目开展的全过程中认真、积极、负责地协助项目负责人陈野研究员开展实地调研、组内研讨、稿件审读等相关工作。尤其力挑重担，担任“绿水青山就是金山银山”科学理论发源地，在我国新时代生态文明建设中具有重大价值、重要影响力的余村发展研究子课题负责人，带领余村课题组取得丰富研究成果。

P O S T S C R I P T

浙江省社会科学院科研部王玮老师承担了项目组内勤外联、会议记录、通知纪要、送审打印等具体编务工作，以其认真负责、细心周到、任劳任怨、不计报酬的工作态度和精神，为项目完成起到不可或缺的保障作用。

借此丛书书稿完成撰写、即将交付出版之际，我们衷心感谢中共浙江省委宣传部、浙江省社科联、省规划办和来颖杰、盛世豪、郭华巍、邵清、陈先春、刘东、董希望等领导对本项目研究的信任肯定及在研究过程中的悉心关怀！衷心感谢夏阿国、邵峰、杨建武、郭占恒、王景新、毛丹、赵兴泉、梁敬明、郭红东、胡豹、任强等专家学者对书稿质量的严格审阅把关和学术指教！衷心感谢张伟斌、迟全华、俞世裕、何显明、胡海良、潘捷军、毛跃、陈柳裕等院领导对本项目研究的重视、关心和指导！衷心感谢北山村、花园村、龙峰村、缪家村、蚂蚁岛村、清漾村、上园村、邵家丘村、沙滩村、棠棣村、余村村两委会和全体村民的热情参与、积极配合和无私奉献！衷心感谢相关省市县农办、宣传、文旅、社科、文化、旅游等众多政府部门对本课题研究和实地调研的大力支持和鼎力相助！衷心感谢浙江大学出版社和责编老师专业、细致、负责的编辑出版工作！

由于我们水平所限，书中错漏不足之处在所难免，恳望各位领导、专家、学者，各位读者予以批评指教！

2020 年 11 月 26 日